앙코르커리어 핸드북

THE ENCORE CAREER HANDBOOK

인생2막의 변화와 창조

How to Make a Living and a Difference
in the Second Half of Life

마르씨 알보허 — 지음

김경희 · 김신형 · 홍혜련 — 옮김

서울특별시
50플러스재단

앙코르 커리어 핸드북: 인생2막의 변화와 창조

The Encore Career Handbook: How To Make a Living and a Difference in the Second Half of Life

초판1쇄 발행 · 2017년 3월 15일 발행

지은이 · 마르씨 알보허
옮긴이 · 김경회 김신형 홍혜련
펴낸이 · 이경희
펴낸곳 · 서울특별시50플러스재단
기 획 · 홍 선
편 집 · 정혜윤

제 작 · 비전북하우스   판매 및 공급처 · 비전북하우스
                        ☎ 02)736-9914, 4243, 팩스 02)736-9917

등 록 · 2016년 5월 19일 (2198261209)
주 소 · 서울특별시 마포구 백범로 31길 21, 3층
전 화 · 02.734.8331
팩 스 · 02.734.8332
홈 피 · www.50plus.or.kr
이메일 · 50@50plus.or.kr
페이스북 · facebook.com/seoul50plus
재단 발간번호 · 서울특별시50플러스 2017-001

정 가 · 13,000원
ISBN · 979-11-958525-4-3 13330

앙코르 커리어 핸드북
인생2막의 변화와 창조

마르씨 알보허 지음
김경회 김신형 홍혜련 옮김

Workman Publishing Company, Inc.
225 Varick Street
New York, NY 10014–4381
workman.com

앙코르의 삶을 결코 살 수 없었지만
그의 삶에서 교훈을 남긴
나의 아버지에게

❧

마음 속 미소를 짓게 만드는
나의 사랑 제이(Jay)에게

❧

그리고 마크 프리드먼(Marc Freedman)에게
이 책으로 당신이 자랑스러워하는 운동이
전진할 수 있기를 희망합니다.

이 책에 쏟아진 찬사

당신이 꿈꾸는 두 번째 혹은 세 번째 커리어를 찾는데 영감을 주는 Step-by-Step 지침서

토리 존슨 굿모닝 아메리카(Good Morning) 기고가

중년에 접어든 분들, 앞으로 무엇을 해야 할지 고민하는 모든 분들을 위한 보물 상자. 이 책은 더 크게 생각하고, 액션을 취할 수 있는 실용적인 방법들을 제시한다.

그렛친 루빈 「The Happiness Project」의 저자

인생2막을 위한 새로운 일자리를 찾아 헤매는 모든 분들을 위한 최고의 가이드북. 저자는 당신이 새로운 일을 찾을 수 있도록 잘 안내해줄 것이다. 일자리를 찾는 모든 분들을 위한 필독서이다.

레스터 스트롱 전 미국은퇴자협회 경험봉사단 대표

이 책은 자기성찰, 발견 그리고 모험을 위한 독특한 프레임워크를 제시한다. 이 책에서 소개하는 여러 인생 이모작 사례는 모두가 대담하게 꿈꿀 수 있도록 귀감이 된다.

안젤라 F. 윌리엄즈 미국 YMCA 선임 부회장

당신은 아이를 잘 키워낸 사람이니, 이제는 당신 스스로를 잘 키울 시간이다. 이 책은 방법뿐 아니라 용기도 복돋아 준다.

샐리 코스로우 「Slouching Toward Adulthood」의 저자

미래 세대를 위해 더 좋은 세상을 만들어주고 싶다면 당신 손에 있는 이 책이 알려줄 것이다.

미쉘 넌 포인트오브라이트(Point of Light) CEO 및 「Be the Change」의 저자

대담하게 꿈꾸고, 용감하게 맞설 자신있는 수백만 명의 미국인들을 위한 최고의 책.

나이가 들면 냉철하게 대처할 줄 알고, 무엇이 중요한지를 알게 된다. 이 책은 그런 지혜를 세상의 좋은 이치를 위해 어떻게 활용할 수 있을지를 알려준다.

저자는 당신이 어떻게 앙코르 커리어를 준비해야 하는지를 아주 쉽고 유용하게 알려준다. 이 책에는 인생2막의 커튼을 올리고 싶은 사람들을 위한 이야기와 조언들로 가득하다.

이 책은 인생의 새로운 단계의 가능성을 조명하고 실용적인 조언을 놀랍도록 균형 있게 다루고 있다. 저자는 당신의 꿈을 실현할 수 있도록 도와줄 것이다.

커리어를 다시 재정비하고 싶거나 더 좋은 사회를 만들고 싶은 베이비부머를 위한 책. 이 책은 앙트러프러너십을 배양한다거나 네트워크를 구축한다거나 새로운 기회를 모색한다거나 불확실성을 포용하는 방법을 알려주는 보기 드문 지침서이다. 강력 추천한다.

목적 있는 커리어 대안을 찾는 중장년 근로자에게 값진 자원이다.

은퇴는 새로운 기회

박원순 서울특별시 시장

어떻게 살 것인가? 은퇴는 끝이 아니다. 그러기에 은퇴는 위기가 아니고 기회이다. 따라서 우울함보다는 설레임으로 설명되어야 한다. 새로운 시작을 위해서 꿈을 발견하고 새롭게 배우고 도전한다는 것은 얼마나 멋진 일인가? 이 책은 여러분의 새로운 50+여정을 돕는 가이드북이다. 가이드북을 따라 인생 후반전의 인생 지도를 그려보자. 그리고 새로운 길을 떠나자. 생각만 해도 가슴이 두근거리지 않는가?

답을 찾아가는 용기

정광필 50+인생학교 학장, 이우학교 초대 · 2대 교장
SBS 다큐 "바람의 학교" 교장

지금 하는 일이 왠지 불편하고 무엇인가 변화가 필요하다고 느낄 때, 그동안 살아온 삶과는 다른 새로운 인생을 꿈꿀 때, 이미 새로운 도전에 나섰지만 벽에 부딪쳤을 때, 이 책의 어디인가에 그 답을 찾을 소중한 실마리가 있다. 그러나 그 답을 찾아가는 용기가 더 소중하다는 것이다!

앙코르 커리어 핸드북의 비밀

한경혜 서울대 아동가족학과 교수
　　　　　서울대 제3기인생대학 주임교수

한국의 베이비부머들이 은퇴 후 삶에 대하여 가장 걱정하는 것은 모아놓은 노후자금이 충분하지 않다는 것보다 무엇으로 삶의 의미를 찾을 수 있을까, 퇴직하고도 생산적인 사회구성원으로서 제 몫을 하면서 살 수 있을까 하는 점이라는 연구결과가 발표된 적이 있다. 은퇴를 앞두고 있거나 막 은퇴를 한 베이비부머들을 위한 프로그램을 진행해오면서 이러한 연구결과가 단순한 숫자가 아닌 매우 실제적인 현실임을 자주 느끼곤 한다. 앙코르 커리어 핸드북은 바로 그러한 지점에서 중 · 노년기에 진입하는 사람들에게 유용한 정보를 제공해준다. 평생 열심히 일을 하다가 은퇴를 하니 마치 차선이 없는 도로 위에 갑자기 내팽겨진 것 같다고 막막한 심정을 토로했던 분에게 권해드릴 만한 실용적 지침서가 나온 것 같아 무척 반가운 마음이다. 번역서이다 보니 한국의 현실에 맞는 응용력이 필요하다는 사족을 달아본다.

50세 이후의 시간,
우리 삶에 더할 것을 함께 생각합니다

우리나라 경제성장의 주역인 베이비부머 세대가 2010년부터 55세를 맞아 회사에서 퇴직하기 시작했다. 지난 수십 년간 쉼 없이 앞만 보며 달려온 이들에게 퇴직 이후 주어지는 여유로운 시간은 오랫동안 기다려 온 보너스일 것만 같았다. 하지만 호모헌드레드 시대, 인류 최초로 맞이한 100세 시대에 퇴직 이후의 삶은 우리에게 커다란 부담으로 다가오고 있다. 우리는 살아온 시간만큼의 시간을 퇴직 이후에 살아야 한다. 어떻게 살아야 하는 것일까, 어떻게 살아야 건강하고 주어진 시간의 주인인 '나'로서 당당하게 살 수 있을까?

지난 시간은 나의 일부, 어떤 경우에는 전부이기도 했다. 그렇기 때문에 새로운 나를 찾는다는 것은 쉬운 일이 아닐 것이다. 은퇴 후 주어지는 반세기라는 시간을 새롭게 도전하기 위해서는 내 안에 더해야 할 것과 버려야 할 것들을 들여다봐야 한다. 그리고 나를 다시금 정리해 보고 주변을 새로운 시각으로 바라보면서 어릴 적 이루지 못했던 꿈이나 도전해보고 싶었던 분야를 찾아 각양각색의 인생2막 희망 스토리를 만들어가야 한다. 이 시간은 우리에게 새로운 도전의 시간이고 가능성의 시기이며, 나를 찾는 시간이 될 것이다.

이와 같은 우려와 기대 속에서 어디에서부터 다시 시작을 해야 하는지 모르는 사람들이 많아 참으로 안타까운 마음이 컸다. 그것은 아마 우리가 알 수 없는 불안함에 눌려 너무 바쁘게만 나를 독촉하면서 무거운 책임감 속에 살아왔기 때문일 것이다. 이제 그 짐을 조금은 내려 놓고, 나와 주변 그리고 세상을 돌아보자.

우리 재단에서는 이런 분들에게 새로운 희망의 씨앗을 찾아 볼 수 있는 정보를 제공하기 위하여 『앙코르 커리어 핸드북』을 출간하기로 하였다. 비록 미국의 현실을 기초로 한 책이지만 우리에게 시사하는 바가 크고 충분한 영감을 줄 수 있는 책이다.

서울시에는 어느 연령층보다 많은 50+세대가 있으며, 퇴직 연령은 점점 낮아지고 있다. 2015년 서울시에서 《서울시 50+세대 인생이모작 실태 및 욕구조사》를 했었는데, 서울시 인구의 21.9%(219만명)가 50+세대(50~64세)이며, 이들의 평균 퇴직연령은 53세라고 한다. 더구나 이들의 경제활동 욕구는 매우 높지만 제2의 일자리를 찾는 것은 너무 어렵고, 찾더라도 경력과 관계없는 단순 노무인 경우가 많아 일자리의 질이 많이 낮아지는 것을 알 수 있었다. 이러한 현실을 보면서 우리는 50+이후의 일자리를 어느 곳에서 찾을 수 있을까 하는 생각이 들었다. 그러나 이 조사에서 한 가지 희망을 보았는데, 퇴직 이후 희망하는 일자리 형태 질문에 대해 '해야 하는 일에서 하고 싶은 일로의 변화를 꿈꾸고, 자기 탐색을 통한 맞춤형 일자리를 찾기를 원하며, 특히 사회공헌형 일자리에도 유의미하게 관심이 올라가는 것'을 알 수 있었다. 그리고 이런 변화된 모습은 우리보다 앞서 미국에서 그대로 나타났다.

미국은 1990년대부터 앙코르 운동(Encore Movement)을 시작했는데, 이것은 '앙코르 커리어'(Encore Career) 개념이 우리보다 앞서 확산되었기 때문에 가능했다. 앙코르 커리어란 중·장년층 및 고령세대들이 인생2막의 시간에 인생의 목적을 추구할 수 있는 의미있는 일에 참여한다는 개념이다. 미국에서 앙코르운동을 펼치고 있는 대표적인 비영리단체인 앙코르닷오르그(Encore.org)의 연구결과에 따르면 44~70세의 미국인 9백만 명이 앙코르 커리어에 이미 종사하고 있고, 3,100만 명이 앙코르 커리어를 모색하는 데에 관심을 갖는다고 한다. 미국에서는 이미 앙코르 커리어를 통해 퇴직 후 보내야 하는 반세기라는 짧지 않은 인생2막의 시간을 의미있게 보낼 수 있는 새로운 대안을 모색하고 있다.

우리나라는 2018년을 기점으로 고령사회로 진입하고 있다. 이러한 문제에 가장 적극적으로 대응하는 곳이 서울시이며, 그래서 전국 최초로 서울특별시50플러스재단을 만들었다. 이것은 시민이 사회적 자산이 될 수 있음을 아는 단체장의 의지와 이를 지원한 시의회의 도움이 있었기 때문에 가능했다. 50플러스재단은 서울시 50+세대의 인생재설계를 돕기 위해 설립되었으며, 인생전환을 준비하는 중·장년층을 위한 50+캠퍼스를 직접 운영하고 있다. 재단은 앙코르 커리어를 모색하는데 필요한 교육과 상담부터 일자리와 활동지원까지 체계적으로 50+세대를 지원하는 '종합지원센터' 이자 새로운 어른문화를 만들어가는 '복합문화공간' 인 것이다. 50플러스재단의 이러한 정책이 더욱 의미를 갖는 것은 혁신적이고 창조적인 실험을 50+당사자와 함께 하고 있다는 점이다. 재단이 출범한 지 1

년이 채 안되었는데 5천여 명 이상이 50+캠퍼스를 거쳐 간 것을 보면서 50+세대의 높은 관심과 열정 그리고 잠재력을 확인할 수 있었다.

이 책이 발간될 수 있었던 것도 50+당사자인 공동 번역진 3인(김경회, 김신형, 홍혜련)의 열정이 있었기에 가능했다. 이들도 인생2막을 준비하면서 이 책을 접하고는 국내 동세대들과 함께 나누고 싶다는 바람과 열정으로 짧은 시간 안에 번역을 해 주신 것이다. 진심으로 감사드린다.

출간을 준비하면서 공동 번역진은 물론 모든 관계자가 이 책에 담긴 일부 내용이 미국 상황에 국한된 정보라는 것을 매우 아쉬워했다. 번역서이기 때문에 국내 실정에 맞게 현지화하지 못한 한계는 서울특별시50플러스재단의 사업으로 채워갈 것을 약속드린다.

이 책이 있기까지 도와주신 모든 분들에게 감사드리며, 의미있는 인생후반전을 계획하는 국내 모든 분들에게 좋은 지침서가 되어 우리나라 50+세대가 우리 사회의 희망의 자원이 되기를 진심으로 기대한다.

서울특별시50플러스재단 대표이사 이 경 희

새로운 인생 지도

대부분 사람들은 다음과 같은 말을 들어보았을 것이다. 즉, 회색 물결의 베이비부머 세대들이 인생 후반기로 접어들어 은퇴할 나이가 되면 노년층의 인구가 갑자기 늘게 되고 그 때문에 세대 간 갈등이 촉발되고, 나라 경제가 어렵게 되는 새로운 시대라는 주장이다. 그런 말을 믿지 말자. 중년 이후 우리 세대는 사회의 폐품 더미가 아니다. 오히려 중년기의 끝과 옛날 방식의 은퇴 사이에 이전과는 아주 다른 생애의 새로운 단계 즉, 앙코르의 시대를 만들어 내려고 애쓰고 있다.

사회는 우리를 청춘 노인이나 아니면 일하는 은퇴자로 부른다. 그들은 우리들이 처해있는 곤경의 시대를 이와 같은 모순된 어법으로 부르고 있는지도 모른다. 우리 세대를 보면 한편으로는 지나가 버린 젊음에 매달리려 한다. 그래서 사람들은 60대는 새로운 40대라고 말한다. 다른 한편으로는 '경로 우대'가 50대이건 60대이건 무차별적으로 이루어진다. 그렇게 해서 1 달러라도 아낄 수 있다면 나는 대찬성이다. 그러나 사람들은 그보다는 과거나 아직은 설익은 초원으로 쫓겨나는 위험을 더 고수하고 있는 것 같다.

그러나 오늘 60세가 옛날의 70세나 80세가 아닌 것처럼 새로운 40세도 아니다. 새로운 60세이다. 마찬가지로 50세도 새로운 50세이다. 실제로 중년기 이후의 전체 기간은 이전에는 경험해보지 못했던 새로운 영역이다. 이 단계로 홍수처럼 밀려오는 우리들이야말로 21세기의 독특한 현상이다.

인생의 단계를 만들어내는 것은 전혀 새로운 게 아니다. 백 년 전에는 청소년기라는 말이 없었다. 이 말은 1904년에 심리학자 스탠리 홀(Stanley G. Hall)이 60세의 나이에 만들어냈다. 더 거슬러 올라가면 어린 시절이라는 말도 거의 없었다. 우리가 지금 알고 있는 은퇴라는 단어도 2차 대전 이후 만들어진 단어이다.

1만 명에 가까운 여자와 남자들이 매일 중년기라는 경계선을 넘고 있다. 이제야말로 '앙코르의 삶'이라는 사회적 발명품을 가속화하기에 최적의 시기이다.

앙코르 생애라는 말이 아직은 낯설게 들리지만 이 새로운 프로젝트는 50세 이후의 삶이 그 자체만으로도 완전한 별개의 시기라는 사실을 받아들이는 데서 시작한다. 이 시기의 특징은 새로운 관점, 새로운 우선순위와 함께 우리가 살아오면서 힘들게 얻은 통찰력으로 무언가를 할 수 있는 능력이 있다는 것이다. 그것은 단순히 유산을 남기려는 게 아니라 자신의 삶을 살기 위한 것이다.

또한 우리들 대부분에게 이 시기는 새롭게 일하는 단계이며, 어느 면으로 보나 인생의 새로운 단계라는 사실을 인식한다는 뜻이다. 어느 누가 남은 인생 30년 동안 골프 치기만을 원하며 또한 그럴 여유가 있는 사람이 얼마나 될까? 참으로 인생의 다음 장을 우리가 진정으로 바랄 수 있는 그 무엇으로 만들어내기 위한 움직임이 일어나고 있다.

수백만 명의 사람들이 일로부터의 자유라는 오래된 꿈 대신 일할 자유라고 하는 새로운 꿈을 좇고 있다. 그들은 앙코르 커리어에 열심이다. 그들은 봉사 정신을 살리면서 현실적으로 지속적인 소득도 올리고, 의미가 있는 일이면서 그들 자신을 넘어 그 무엇을 위한 생산적인 참여를 모색하는 새로운 하이브리드이다.

어떤 사람은 어차피 하지 않을 수 없는 일을 가지고 뭘 그러냐고 그 의미를 깎아내린다. 맞는 말이기는 하다. 그러나 좋은 일이라고 해서 뭐가 잘못인가? 현실을 바로 보고 독창적으로 직시하는 게 뭐가 틀렸다는 것인가?

그것은 국가적으로 보아도 마찬가지다. 국민들 중에 가장 풍부한 경험을 가지고 있는 그들을 내버려둘 수 없는 노릇이다. 그들로 하여금 성인기의 절반이나 남아있는 세월을 그저 놀기만 하게 할 수는 없다. 그들의 인구가 지금보다 두 배 규모로 늘어날 것을 생각하면 더욱 그렇다. 시기적으로도 중요하다. 국가는 교육, 건강과 환경과 같은 부문에서 악순환의 고리에 직면하고 있다.

앙코르 커리어 운동은 이 같은 문제들을 전환시켜 보다 풍요로운 삶과 더 좋은 사회를 창조할 수 있는 잠재력을 대규모로 가지고 있다. 앙코르 인력이야말로 수백만 명의 여성 인력이 1960년대와 1970년대에 생산적인 새로운 역할로 돌파구를 찾았던 이래 가장 큰 잠재적인 인적 자본의 횡재라고 할 수 있다.

인생 후반기에 접어드는 사람들로부터 유의미한 변화를 이끌어내는 일에는 일련의 혁신이 있어야 한다. 그 중에서 앙코르 커리어에 대한 열망을 행동으로 옮기고 싶어 하는 수백만 명에게 보다 나은 통로를 만들어 주는 것이다. 그런 일을 하고 싶어도 지금까지는 스스로 직접 해보라는 식이었다. 안내는 거의 없었고, 곳곳에 많은 함정이 기다리고 있는 험난한 길이었다.

그러나 지금은 도움의 손길이 오고 있다. 오랫동안 앙코르에 대한 믿을 만한

> 앙코르 커리어 운동은 풍요로운 삶과 더 좋은 사회를 창조할 수 있는 잠재력을 가지고 있다.

가이드북이 없었으나 이제는 여러분의 수중에 있다. 이 가이드북은 성년기 인생 후반기에 새로운 비전의 삶을 살려고 하는 모든 사람들을 위한 것이다. 그들은 지금까지는 중년기 이후의 삶이 무슨 의미가 있겠느냐며 그냥 살아가는 시간이라고 일축해왔으나 이제는 기념비적인 삶을 살겠다는 각오를 다지고 있다.

많은 인구가 중년층으로 이동하고 동력을 얻고 있는 마당에 이는 좋은 소식이다. 미래를 위해서도 좋은 소식이다. 수십 년 전에 사회의 규칙을 바꿔놓았던 여성 선구자들처럼 오늘의 앙코르 개척자들이 지속적인 변화를 위해 선봉에 서 있다. 그들은 한 때 노후라고 치부해버렸던 영역으로 새로운 단계를 만들어가는 첫 번째 물결이다. 머지않아 우리들보다 더 오래 살게 될 어린이들과 그들의 자녀들까지도 뒤따라 오면서 이 물결에 휩싸이게 될 것이다.

이 새로운 시대를 의미 있는 것으로 만듦으로써 우리는 지속적인 보상 성과의 기대를 걸 수 있다. 그리고 이전의 모든 인생 단계의 본질을 다시 개혁하는 과정에 들어갈 수 있다. 젊은 사람들로 하여금 사과를 한 입 베무는 것 그 이상의 기대를 안고 삶에 대한 결정을 할 수 있도록 선택의 기회를 열어줄 수 있다.

그렇기 때문에 우리 모두가 이 프로젝트에 책임을 갖고 있다. 오래 사는 것이 개인에게는 좋은 일이지만 사회적으로는 끔찍하다는 세간에 널리 퍼져있는 장수에 대한 험담을 우리 모두에게 지금 당장은 물론 미래의 세대까지 엄청난 혜택으로 전환시키는 가장 좋은 기회이다.

앙코르닷오르그(Encore.org)의 설립자 겸 CEO
마크 프리드먼

목차 CONTENTS

앙코르 커리어 핸드북 인생2막의 변화와 창조

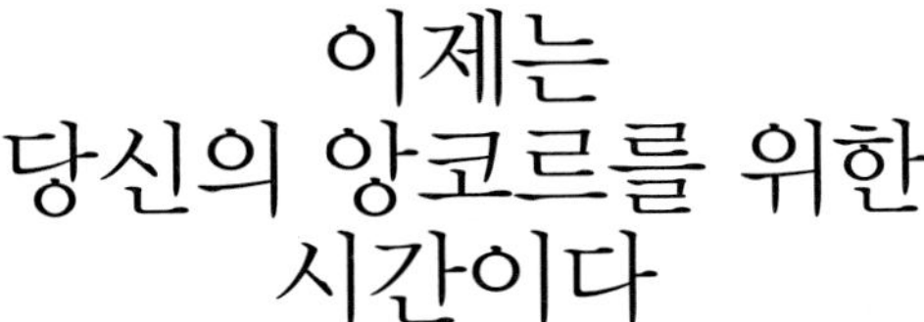

제 1 장

이제는
당신의 앙코르를 위한
시간이다

지금부터 20년 후 당신은
자신이 했던 것보다
하지 않았던 것에 대해 더 많이
후회할 것이다.

– 마크 트웨인 –

미국인의 평균 수명은 지난 100년 동안 47세에서 78세로 늘어났다. 누가 뭐래도 더 오래 사는 것은 축하할 일이다. 그러나 더 오래 사는 것이 불안을 초래할 수도 있다.

베티 프리댄(Betty Friedan)이 쓴 「여성의 신비」(The Feminie Mystique)에 나오는 주부들처럼 수백만 명의 사람들이 수백만 명의 다른 사람들처럼 이름도 없는 하나의 문제를 두고 혼자 고심하고 있다. 늘어난 수명만큼 우리는 무엇을 하고 살 것인가? 여전히 생동적이고 활발하게 활동하면서 늘어난 여분의 삶을 어떻게 활용할 것인가? 그리고 수명이 늘어난 만큼 생활비는 어떻게 충당할 것인가? 늘어난 기대 수명을 살면서 우리는 자랑스러운 유산을 남기고, 사회에 공헌하고, 그러면서 돈을 벌고 싶어 한다. 그러나 그게 어디 쉬운 일인가? 운이 좋아 그렇게 된다면 우리는 더 없이 행복할 것이다.

여러분도 비슷한 의문에 직면해 있기 때문에 이 책을 집어 들었을 것이다.

여러분이 살다가 벽에 부딪혔거나 실직했든지 아니면 "이제는 다른 방도가 없는 걸까?"라고 고민하고 있을지도 모르겠다. 당신의 은퇴 계획이 산산조각이 났을지도 모르겠다. 그리고 당신은 '은퇴'라는 말이 가슴에 와 닿지 않을 수도 있다. 당신의 나이가 40세라면 앞으로 30년 정도 더 일을 해야겠다고 생각할 것이다. 만일 55세라면 10년에서 15년 정도 또 다른 일을 해야 할 것이라고 생각할 것이다. 70세라도 다르지 않다. 파트타임으로 일을 하면서 생활비에 보태고 동시에 당신의 삶에 의미를 부여하고 싶은 것이다.

아직 희망은 있다. 시간이 있기 때문이다. 삶에 대한 열정이 무엇인지 그것을 끄집어내고, 의미가 있는 무언가 일을 할 수 있는 시간이 있기 때문이다. 스스로 돕고 다른 사람을 도울 수 있는 시간인 것이다. 우리에게는 모두 최선의 삶을 살 수 있는 시간이 아직 남아 있다.

보다 좋은 세상을 위한 인생2막

새로운 트렌드로 세상은 변하고 있다. 주인공은 바로 늘어나는 베이비부머 세대이다. 이들은 21세기 중년기의 이야기를 다시 쓰고 있다. 즉, 공익을 위하여 새로운 일터의 무대를 앙코르 커리어로 꾸미고 있는 것이다. 이들의 목적은 더 좋은 공동체를 만드는 것이다. 이 개척자들은 중년기 이후에는 자신의 축적된 경험과 지혜를 이용하면서 젊었을 때에는 할 수 없었던 새로운 일들을 해낼 수 있는 능력을 자신들이 갖게 되었음을 알게 되었다.

이 세상에 긍정적인 영향을 끼치고 싶은 사람들의 욕구는 마치 중년기 디엔에이(DNA)에 프로그램 되어 있는 것처럼 나이가 들면서 점차 강해지는 것 같다. 왜 그런지 아는 것은 어렵지 않다. 나이가 이때쯤 되면 사람들은 고쳐야 할 많은 것들이 무엇인지 알게 된다. 또한 다른 사람을 도와주는 일이 행복해지는 가장 쉬운 방법 중의 하나라고 이해한다. 많은 사람들에게 이 시기는 플루트를 배우고, 제빵 가게를 열 수 있는 마지막 기회일 수 있다. 그러나 미래 세대를 위해 보다 좋은 과업을 남길 수 있는 강한 열망이 있는 시기가 중년이다. 심리학자 에릭 에릭슨(Eric Erickson)은 이 같은 생각을 '발전'(發電) 이라고 불렀다. 나이가 들면 미리부터 후회하고(내가 … 않았다면), 초조한 생각 이 들기도 하고(지금이 아니면 언제?), 책임감을 느끼기도 한다. 어떤 사람들의 경우에는 중년기가 되면 모든 것이 가능하다고 생각했던 젊은 시절의 이상주 의로 되돌아가기도 한다.

흥미로운 것은 사회적 목적을 위하여 평생을 헌신한 사람들은 물론 자신이 선행을 한 번도 한 적이 없다는 사람들까지 나이가 들면 세상을 더 좋은 곳으로 만들겠다는 이 같은 열망이 찾아온다는 사실이다. 후자는 시작하는 방법을 찾는 반면, 전자는 통상 지금이야말로 전혀 새로운 방식으로 영향을 미쳐야 할 때

> "나는 농장에서 자랐다. 농부들은 은퇴하는 법이 없다: 그들은 80대나 90대의 나이에 트랙터에 앉아 죽는다."
> – 다이애나 마인홀드, 마케터에서 성년 후견인으로 전환

라고 결정한다.

게다가 중년기에는 커다란 성취를 이루려는 생각에 우리들이 굳어져 있다는 사실을 보여주는 증거가 있다. 나이가 들면 어떤 것들은 필연적으로 쇠퇴할 수밖에 없다는 것을 우리는 모두 알고 있다. 어느 영화에 나왔던 배우의 이름이 생각이 나지 않는다거나 고양이에게 밥을 주었는지 아닌지 기억할 수 없다. 식당엘 가면 사방이 지뢰밭이다. 조명이 희미하여 메뉴를 제대로 볼 수 없고, 주변의 소음 때문에 바로 옆에 있는 사람의 말도 듣지 못한다. 그러나 최근 신경과학의 연구에 따르면 나이가 들어가면서 좋아지는 것도 있다는 것 이다. 즉, 이전보다 공감 능력이 좋아지고, 아이디어를 종합하고, 이질적인 아이디어들을 연결하고, 복잡한 문제를 해결하는 일은 더 잘하게 된다는 것

앙코르 커리어 핸드북 인생2막의 변화와 창조

이다. 실제적으로 완전한 지혜라는 면에서 보면 우리는 더 똑똑해진다.

이와 같은 사실은 여러 연구와 사람들이 살아가는 이야기에서 사실로 확인되었다. 마크 월튼(Mark Walton)은 CNN 뉴스 앵커에서 리더십 코치로 전업했다. 그는 자신이 쓴 「무한 잠재력」(Boundless Potential)이라는 책에서 후반기 삶의 성취 현상을 연구했다. 결론은 70대, 80대 혹은 그 이상 나이가 들어서 창조적인 삶을 사는 사람들은 보통 사람들이었을 뿐만 아니라 후반기 인생의 삶이 어떤 모습이어야 하는지를 보여준다는 것이다. "나이가 들면 열쇠를 어디에 두었는지 깜빡하죠. 그렇지만 어려운 노사 분쟁을 해결할 수 있습니다."라고 월튼은 나에게 말했다. 그리고 그는 덧붙이기를 우리가 나이 들어 '깜빡' 하는 것은 아주 정상적인 현상이며, 그것도 대부분은 우리가 다른 것을 생각하고 있기 때문이라는 것이다. 그런 점을 보면 왜 국회의원의 평균 연령이 60대 언저리인지를 알 수 있다. 또한 세계 지도자들이 여전히 권력을 행사하고, 위대한 예술가들이 통상적으로 가장 왕성하게 작업을 할 수 있는 나이를 한참 지나고서도 전성기를 맞는지 그 이유를 알 수 있다.

또한 이런 활동을 하는 데에는 대단히 현실적인 필요성이 있기 마련이다. 보너스와 같은 세월은 선불 기프트 카드처럼 공짜로 얻어지는 것은 아니다. 게다가 불경기의 여파로 은퇴를 대비한 저축과 연금은 감소하고 있다. 이런 상황에서 앙코르 커리어는 당신의 생애 후반기에 지속적인 소득을 가져다 줄 수 있는 새로운 모델을 제시하고 있다.

앙코르 커리어는 목적, 열정과 보수가 한데 합쳐진 추구의 활동이다. 즉, 개인적인 의미와 사회적 목적이 결합된 지속적인 작업이라는 것이다. 지역 사회의 불평등을 목격하고, 나이 쉰에 법학전문대학에 들어간 할머니, 은퇴 후 미술 교사가 되어 15년 동안 학창시절의 풍부했던 창의력을 살리면서 활동한 전직 광고회사 이사, 외국 여행을 하는 동안 문제를 발견하고 귀국하여 해결책을 찾아 성공적인 기업을 일군 실업자 엔지니어.

앙코르 계층은 다양하다. 화이트칼라, 블루칼라와 노칼라 그리고 물리적인 작업 공간에 한 번도 발을 들여놓지 않고 가상공간에서 일하는 작업자들이 증가하고 있다. 대학을 마치지 못한 사람도 있고, 몇 개의 학위를 갖고 있는 사람도 있다. 저축해 놓은 것이 거의 없어 생활비를 벌기 위한 일자리를 찾는데 헉헉대면서도 의미 있는 일을 하고 싶어 하는 사람도 있다. 그리고 오로지 이타주의적인 동기에서 앙코르 활동을 하는 사람도 있다.

보통 앙코르 커리어는 직장 일선에서 일어나는 일 때문에 촉발된다. 해고되거나 은퇴 시점이 가까워오거나 뭔가 다시 해보고 싶어서 몸이 근질거리는 경우이다. 또한 직장 밖에서 일어나는 일 때문에도 앙코르 커리어는 이뤄진다. 자녀가 출가하여 집안이 텅 비게 되는 경우, 부모님의 사망, 결혼 생활의 파국, 새로운 애인, 병에 걸리거나 교외에서 시내로 이사하는 경우 등이 있다.

조사에 따르면 현재 미국에서 이미 앙코르 커리어에 종사하고 있는 사람은 약 900만 명이며, 이와 별도로 3,100만 명이 이 분야에서 일을 하고 싶어 한다. 이들의 출신지는 서로 다르지만 앙코르 연령의 많은 사람들은 똑같은 것을 찾고 있다. 즉, 의미 있는 다른 일을 하면서 돈을 버는 것이다.

잡지에 흔히 등장하는 변호사에서 교사로 변신한 인물의 프로필과는 달리 새로운 직업으로 전환하는 것은 그렇게 빠르지도, 쉽지도 않다. 보통 직업을 바꾸는 일은 서서히 일어나는 변신으로 그 과정에서 걸음마 단계, 우회, 인내, 창의성과 스스로 하는 정신 등을 필요로 한다. 어떤 사람들은 이전에 일어난 것을 스마트하게 수정하여 자신의 앙코르 직업을 찾기도 하지만 많은 사람들은 자기 자신을 크게 개발할 필요성을 느끼거나 그러기를 원하고 있다. 이는 어느 연령에서건 복잡한 일이다.

앙코르 커리어 핸드북 인생2막의 변화와 창조

특히 친구와 가족들이 앙코르 커리어로 전환하려는 당신에게 정신이 나간 것 아니냐고 걱정하고, 또 이직할 앙코르 직장에 젊은 사람들이 대다수이고, 그들이 부모뻘 되는 당신과 함께 일하는 것을 반기는 분위기가 아니라면 상황은 더욱 복잡하게 된다.

앙코르 커리어를 시작하는 사람들이 늘어나면서 도움을 주거나 진로 상담을 제공하는 조직이나 단체도 증가하고 있다. 덕분에 앙코르 전환이 조금씩 쉬워지고 있다. 지역 프로그램과 앙코르 커리어에 특화된 커리어 코치가 미국 도시 전역에서 사람들의 앙코르 커리어 진출을 돕기 위해 등장하고 있다. 또한 지역 전문대학도 앙코르 커리어를 위한 특별 재훈련 코스를 개설하여 제공하고 있다. 주로 건강 돌봄, 환경 관련 일자리, 사회 서비스와 교육 분야가 그 대상이다. 앙코르 펠로십(Encore Fellowships)은 비영리 부문의 일자리를 얻기 위해 재훈련을 희망하는 기업의 간부들에게 진로 상담을 제공하고 있다. 트렌지션 네트워크(Transition Network), 리서브(ReServe), 커밍 오브 에이지(Coming of Age) 등과 같은 단체는 빠른 속도로 앙코르 커리어를 위한 허브 구축을 새로운 도시로 확대하고 있으며, 앙코르에 뛰어들면서 지원과 도움이 되는 공동체를 원하는 사람들을 돕고 있다.

이 같은 지원은 중요하며 필요하다. 자신에게 맞는 앙코르 커리어를 찾는 과정이나 변화하는 것은 힘든 과정이기 때문이다. 또한 두려울 수도 있다. 나는 30년 동안 이력서 한 장 써본 적이 없는 사람들과 이야기를 해본 적이 있다. 이 사람들은 링크드인(LinkedIn) 사이트에 사진은 차치하고라도 프로필 하나 올리는 것을 생각만 해도 기가 죽고, 자기 피알 같은 기분이 들어 이상하게 느껴진다고 했다. 학술 프로그램을 조사하고 인턴 자리를 찾노라면 아들이나 손주가 하는 일을 자신도 똑같이 하고 있다는 생각이 들어 어색하기도 하고, 웃기고 있다는 느낌이 든다고 했다. 면접을 가는데 면접관이라고 하기에는 나이가 어린 사람을 만나지나 않을까 하는 두려움은 어떤가? 지금까지는 당신을 앙코르 여행의 모든 단계로 안내할 수 있는 로드맵이 없었다. 막연한 꿈으로부터 시작하여 모든 도전과 이겨내는 과정을 거쳐 앙코르 커리어로 첫발을 내딛는 새로운 모험에 이르기까지를 안내해주는 로드맵 말이다.

당신의 삶에서 만나는 앙코르 순간

그렇다면 당신이 앙코르 커리어를 위한 준비가 되어 있는지 아닌지 어떻게 알 수 있을까? 보통 여러 가지 복합적인 신호가 있기 마련이다. 여러 가지 도전을 받거나 장애물을 만나기도 하고 혹은 지금이 변화를 위한 시기라는 신호를 알아차리는 것들이다.

사람마다 다르긴 하지만 다른 인생의 단계들이 통과 의례를 거치듯이 앙코르 커리어의 길로 접어드는 계기에도 몇 가지 익숙한 패턴이 있다. 아래에 나오는 다른 사람의 앙코르 스토리를 읽고 당신의 경우와 맞는 시나리오가 하나 혹은 그 이상 있는지 생각해 보라. 몇 가지 아니면 모든 시나리오가 당신 생각과 맞는다 하더라도 놀랄 일은 아니다. 겹쳐지는 게 많기 때문이다.

에너지 방전

금년에 쉰세 살이 되는 수원 스미스(Suwon Smith), 자녀는 모두 성장했고 분가했다. 그녀는 이제야 자신의 삶을 돌아볼 수 있었다. 싱글 맘으로 열심히 일한 덕분에 뉴욕에 있는 시티은행에서 자리를 잡았고, 야학으로 학사 학위도 취득했다. 그녀가 받은 보상은 하루 12시간씩 매주 6일 근무였다. "나만 이렇게 사는 거야? 이렇게 살 필요는 없잖아." 갑작스레 이런 후회가 그녀에게 들었다. 그리고 그녀는 뭘 할지 계획도 없이 직장을 그만두었다. 직장을 그만둔 다음날부터 그녀는 이른바 술에 절어 살았다. 온종일 전화벨이 울려대는 직장에 익숙해 있다가 갑자기 집에 있게 되었고, 주변 사람들은 각자 사는 것 때문에 바쁘게 지내고 있어 먼저 친구와 가족과의 관계를 재정립해야 했다. 그러나 시간이 지나면서 그녀는 자신에게 집중할 수 있었다.

스미스처럼 에너지가 방전되면 삶의 페이스를 더 이상 유지할 수 없게 된다. 이때는 호흡을 가다듬고 잠시 물러나 상투적인 표현이긴 하지만 힘든 생존 경쟁에서 벗어날 필요가 있다. 너무 힘들어서 다음에 뭘 할지 생각이 미치지 못하겠지만 새로운 삶의 에너지를 위해서 자신의 무거운 짐을 서서히 내려놓을 방안을 모색해야 된다.

불편한 느낌

낸시 코척(Nancy Kochuk)은 워싱턴에 있는 전국교육협회(National

Educational Association)에서 27년을 근속했다. 다른 사람들은 퇴직할 때가 훨씬 지났는데도 그만두지 않고 여전히 직장에 출근하고 있었다. 그녀 자신은 절대 그러지 않겠다고 다짐했었다. 그녀는 자신의 일을 좋아했고, 일상적인 근무 생활에도 만족했다. 그렇지만 이제는 자신이 기지개를 활짝 펴고 다른 일을 해야 할 때가 아닌가 하는 그런 불편한 느낌이 그녀에게서 떠나지 않고 있었다. 그녀는 조기 퇴직을 신청할 수 있는 시점에서 18개월이 지난 후에 사표를 냈다. 이후 그녀는 요가를 하거나 다른 사람을 더 많이 가르쳤고, 여행을 하고, 영화나 연극을 보러 다녔다. 남편이 표현한 대로 그녀는 '시간과 춤'을 추는 삶을 살았다. 그녀에게는 '되돌려 주고 싶은 욕구'가 있었으나 그것이 무엇을 의미하는지 알아볼 시간이 필요했던 것이다.

당신에게 무언가 불편한 느낌이 있다면 무엇을 하고 싶은지 알 수는 없으나 무엇인가 변화해야 한다는 생각을 가지고 있다는 것이다. 당신은 이전과는 전혀 다른 새로운 일에 뛰어들 수 있다. 아니면 무슨 일을 할 때까지 생각이나 기회를 탐색하는 쪽으로 작은 단계부터 시작할 수도 있을 것이다.

이루지 못한 꿈

대니엘 순구(Daniel Shungu)는 항상 자신의 고국인 콩고 민주공화국으로 다시 돌아가기를 원했다. 그가 열아홉 살 때 미국 대학에 다니기 위해 고국을 떠나온 이후 한 번도 가보지 못했다. 그의 아들 닉(Nick)이 듀크 대학에서 전액 장학금을 받게 되자 아들과 자신의 두 꿈이 하나가 되었다. 닉은 좋은 학

앙코르 커리어 핸드북 인생2막의 변화와 창조

교에 다니게 되고, 순구는 비싼 등록금 부담에서 해방된 것이다. 그는 연구직 및 관리직으로 오래 일했던 장기 근속 중이던 머크(Merck)에서 조기 퇴직을 하더라도 견딜 수 있을 거라 생각했다. 육십 살의 나이에 그는 망설임 없이 회사에 두 달 기한으로 사직 통고를 하고 곧바로 콩고 여행 계획을 짜기 시작했다. 콩고 여행을 통하여 그는 자신의 앙코르 커리어의 기초를 만들었다. 그는 사상충증 연합전선(United Front Against Riverblindness)에서 일을 시작했다. 이 단체는 실명 위험이 있는 비가역적인 사상충증이라는 질병에 시달리며 오지 마을에서 살고 있는 100만 명의 콩고 사람들에게 약품을 제공하고 있다.

당신이 '이루지 못한 꿈'을 갖고 있는 부류의 사람이라면 무언가를 갈망했을 것이다. 가령 학교로 되돌아가거나 외국에서 살아보고 젊은 사람들과 함께 일하고 당신의 창의력을 살리는 일들일 것이다. 그렇게 살면서 갑자기 이제는 가능하다는 생각이 들 때가 있다. 그것이 바로 제2의 기회이다.

마지막 선상에서

프리실라 산티아고(Priscilla Santiago)는 코네티컷 브리지포트에서 지게차 운전 일을 하다가 해고되었다. 그 후 그녀는 자신이 43년 전에 하고 싶었으나 이루지 못했던 고등학교 졸업 학력을 인정해주는 검정고시(General Education Development)에 응시해서 합격했다.

그녀는 여기에서 그치지 않고 후사토닉 지역 전문대학(Housatonic Community College)에서 준 학사 자격을 취득하고, 이어서 포크 대학(Polk University)에서 정식 학사 학위를 받았다. 그녀가 예순세 살의 나이에 졸업한 것이다. 열여섯 살 때 성폭행을 당하고 학교를 중퇴하면서 그녀는 정규 교육 과정의 궤도에서 벗어났었다. 거의 50년이 지나 받은 학위로 다른 성폭력 피해자에게 도움을 줄 수 있게 되기를 그녀는 원하고 있다.

당신이 삶의 마지막 선상에 와 있다면 해고를 당했거나 사업이 망했거나 아니면 당신이 일하는 분야가 너무나도 변해버려 당신이 이제는 아무 쓸모가 없게 되었다는 생각이 들 것이다.

이런 상황이라면 새로운 일을 해보는 것이 당신이 지금까지 해왔던 일을 계속하는 것보다 쉽지 않고 더 어려울 것이다. 지금은 산업이 전반적으로 불경기에 빠져들고, 산업 구조도 제조업에서 지식 기반 경제로 이행해가는 과정에 있어 거의 모든 가정에서 이와 같은 어려움을 겪게 되기 마련이다.

상실

셀리 빙엄(Sally Bingham)은 남편과 오랜 결혼 생활을 정리했다. 딸 셋은 모두 성장하여 독립했다. 그녀는 무엇을 할지, 무엇을 하고 싶은지 곰곰이 생각했다. 결혼 생활 내내 그녀는 자신의 돈 관리조차 스스로 하지 않았다. 이제는 변해야겠다는 용기가 생기자 그녀는 40대에 대학에 다시 들어갔다. 졸업 후에는 신학대학원에 진학하여 쉰다섯 살 나이에 신부 서품을 받았다. 지금 그녀는 일흔 살, 자신이 설립한 단체의 대표로 활동하고 있다. 이 단체는 신자들이 더욱 환경 친화적으로 건전하게 살아갈 수 있도록 돕고 있다. 그녀는 이제 난생 처음으로 돈이라는 것을 벌고 있고, 금액도 꽤 많다. 병, 소중한 사람의 죽음, 이혼, 텅 빈 가정 – 이처럼 힘든 일을 겪게 되면 앙코르의 삶으로 나가는 전기가 될 수 있다.

당신이 상실을 경험했다면 슬픔과 감정적 에너지를 목적이 있는 일로 이끌어주는 새로운 프로젝트에 자기 자신을 몰입시켜 앞으로 나갈 길을 찾을 수 있을 것이다.

양심의 위기

마르시 그레이 루빈(Marcy Gray Rubin)은 텔레비전 작가로 성공했다. 그녀는 이제 직장을 떠날 때가 되었다고 생각한 순간을 아직도 기억하고 있다. 그녀의 아버지가 병으로 위중한 상태여서 돌아가시기 전 직장에 휴가를 내고 아버지 병상을 지키고 있었다. 그런데 며칠 되지 않아 에이전트에게 전화가 와서는 "언제 복귀할 수 있는지, 파일럿 시즌 이전에는 돌아올 수 있는 건지"를 물으며 닥달했다.

루빈은 당장 그날 에이전트를 해고했고, 계속 아버지의 곁을 지켰다. 아버지는 결국 6주 후에 돌아가셨다. 그녀는 애도 기간이 끝나고 새로운 커리어를 찾는 일에 집중했다. 그녀는 "나는 주차를 잘 못했다거나 머리 모양이 마음에 안들어서 하루 기분을 좌지우지 하는 세계로부터 벗어나야만 했다."라고 말했다.

그녀는 학교로 돌아가서 석사 학위를 받으려고 대학원에 등록을 했다. 공부를 마치고 지금 그녀는 심리 상담소를 개업하여 활동하고 있다. 그녀의 새로운 삶은 균형이 잡혀 있다. 텔레비전 작가 때 만큼 돈을 많이 벌지는 못하지만 심리 상담을 하는 일에 그녀는 보람을 느낀다. "다른 사람들의 희로애락의 순간들을 함께할 수 있다."는 것이다.

살다보면 위와 같은 '양심의 위기'와 같은 일이 발생한다. 갑작스레 찾아오기도 하지만 이를 무시하고 하던 일을 계속할 수는 없는 경우가 있다. 자신의 재능을 살리면서 돈도 벌 수 있는 보다 좋은 방법이 반드시 있다는 사실을 알아야 한다.

당신은 은행원, 인사 전문가, 영업 직원, 전기 기술자, 변호사 등 무슨 일을 했든지 간에 오랫동안 근무해 왔다. 당신의 그런 신분을 뒤로 남겨두고 직장을 떠난 후에는 자기 자신을 어떤 사람이라고 설명하는 것이 쉽지 않을 뿐더러 낯설게 느껴질 것이다. 그리고 어떤 사람이라고 사람들이 당신을 전직 인사로 부르기 시작하는 것을 느끼게 될 것이다.

새로운 신분으로 바뀌었다고 해서 당신은 이전의 경력을 버릴 필요는 없다. 전에 하던 일에서 갈고 닦은 기술, 인맥과 타고난 소질을 새로운 직장에서 활용할 수 있는 새로운 방법을 찾게 될 것이다. 이전의 직함과 신분을 언급하면 새로운 직장에서 당신이 이루고자 하는 것에 도움이 될 수도 있을 것이다.

딕 골드버그(Dick Goldberg)는 커리어 초기에 극작가로 명성을 얻었다. 세월이 지난 후 그는 이전과는 다른 비영리 단체 상임이사로 변신에 성공했다. 그는 필라델피아에 있는 전국적인 앙코르 지향 단체인 커밍 오브 에이지(Coming of Age)를 운영하고 있다. 내가 그에게 극작가에서 자리를 옮겨갈 때 어떤 기분이었느냐고 물었을 때 그는 이렇게 말했다. "나는 더 이상 걸음마 아기를 돌보는 부모는 아닐지 모르지만 여전히 나는 정말 아빠이다. 글 쓰는 것도 같은 것이다. 이제 글을 쓰지는 않지만 그건 언제나 나의 정체성에 있어서 중요한 부분으로 남을 것이다."

당신의 공적인 신분이 유동적일 때 새로운 사람을 만나는 것은 확실히 불편할 수 있다. "나는 자리를 옮기려고 하는 중입니다."라고 말하는 것은 어색할 것이다. 그렇다면 당신은 어떻게 소개할 것인가?

- "나는 은퇴하는(retiring) 것이 아니라 나의 삶의 전선을 다시 바꾸고 (rewire) 있습니다."
- "나는 안식년을 보내고 있습니다."

- "나는 다음에 뭘 할지 여러 옵션을 찾느라 바쁘게 지내고 있습니다."
- "나는 ________가 되려고 훈련하고 있습니다."
- "나는 ________에 관하여 더 배우려고 무보수로 일하고 있습니다."
- "나는 좀 더 의미 있는 것을 찾아보려 ________을 떠났습니다."
- "나는 앙코르 커리어를 찾고 있습니다."

앙코르 커리어: 행동파인가? 아니면 신중파인가?

일단 당신이 앙코르 커리어를 결심하게 되면 그 이전의 과정과는 관계없이 앞으로 나아가는데 두 가지 방법이 있다. 먼저 앙코르 커리어에 뛰어들거나 아니면 계획을 세울 수도 있다. 당신이 행동파라면 기회가 오자마자 앞뒤 생각하지 않고 곧바로 뛰어들 것이다. 후에 오랫동안 시행착오를 겪기도 하겠지만 결국 자리를 잡게 된다. 그러나 신중파라면 한 걸음 뒤로 물러나서 상황을 다시 평가하거나 계획을 조정하면서 기나긴 여정의 첫 단계를 대하는 마음으로 뛰어들 것이다.

페트리샤 브룬(Patricia Brune)은 행동파였다. 그녀는 30년 동안 캔자스 시 연방 법원에서 근무하고 은퇴한 지 불과 7일 만에 앙코르 커리어에 뛰어들었다. 지역 YMCA의 상임이사직이 공석인데 자리를 맡아줄 수 없느냐는 한 친구의 전화를 받았다. 브룬은 잠시 생각하고 그 일에 곧바로 뛰어들었다. 그녀는 자신의 학습곡선이 마치 소방 호스에 입을 대고 물을 마시는 격이었다고 말한다. 그녀는 관료주의적인 법원에 대해서는 잘 알고 있었지만 YMCA가 필요로 하는 자원봉사나 어린이 프로그램에 대해서는 아는 것이 별로 없었다.

바바라 곰퍼츠(Barbara Gomperts)는 보다 신중하게 접근했다. 그녀는 만성

앙코르 커리어에 대한 진실의 일부

당신이 앙코르 커리어 전환이라는 엄청난 해역을 항해하려면 다음 사항을 기억하라.

- 앙코르 커리어를 할 때가 되었는데도 앞으로 뭘 해야 할지 모르는 경우가 허다하다. 많은 사람들이 고민만 하다가 시간을 보낸다.

- 앙코르 커리어에 이르는 길은 사람마다 다르다. 어떤 사람은 집안이 텅 빈 둥지가 되자 앙코르 커리어를 생각한다. 아이들을 양육하기 위해 여기저기 기웃거리기도 한다. 앙코르 커리어에 관심이 전혀 없는 사람도 있다. 이혼한 사람도 있고, 결혼을 절대 하지 않는 사람도 있다. 당신이 처한 삶의 상황에 따라 당신이 할 수 있고, 하고 싶고, 또한 여러 해 동안 할 필요가 있는 앙코르 일이 형성된다.

- 어떤 사람은 여러 해 동안 계획을 수립하기도 한다. 그러나 앙코르 커리어로 곧바로 뛰어드는 사람도 있다. 15-20년 동안 지속될 수 있는 새로운 앙코르 일에 잘 정착하는 사람이 있고, 몇 년마다 바꾸어 나가는 사람도 있다.

- 앙코르 커리어는 하나를 얻으면 다른 하나를 잃을 수 있다. 돈을 포기하는 대신에 의미를 찾을 수 있고, 신축적으로 일할 수 있다. 권력이나 영향력 대신에 당신의 도움을 필요로 하는 사람들과 더욱 긴밀하게 일할 수 있다.

- 앙코르 커리어로 옮겨가는 한 급여는 줄지만 꼭 그런 것만은 아니다. 앙코르 커리어라 하더라도 다른 일자리와 급여와 복지 혜택에서 경쟁력 있는 수준을 제공하는 경우도 많이 있다.

- 앙코르 커리어로 넘어가는 과정은 당신이 생각하는 것보다 실제적으로는 오래 걸린다.

적인 어깨와 무릎 통증 때문에 마사지 치료를 여러 번 받았다. 바바라는 치료사한테 받은 마사지 치료를 다른 환자들에게 해주기로 결심했다. 그녀는 우선 커리어 중간에 풀타임으로 일할 수 있는 마사지 훈련 프로그램을 조사했다. 대학교에서 사무 관리자로 주 5일 근무하고 있었는데 주 4일 근무로 줄이고 시간을 쪼개어 프로그램에 참여했다. 그녀와 남편은 살고 있던 주택을 매각한 후 비용이 덜 나가는 연립주택으로 이사하여 여유 자금을 마련했다. 그녀는 마사지 치료사 자격증을 취득한 이후에는 자신의 마사지 숍을 열 예정이다. 동시에 지금 하고 있는 사무실 일을 차츰 줄여나갈 예정이다.

당신이 계획파라면 숙제를 하면서 새로운 아이디어가 떠오르면 어떻게 추진할지 여러 옵션에 대해 조사를 한다. 때가 될 때까지 기다릴 수도 있다. 내가 대학에 막 들어가거나, 조기 은퇴 신청이 가능한 나이가 되거나, 저축한 돈으로 생활의 위험을 편안하게 감수할 수 있는 주변 여건이 성숙될 때까지 기다릴 수 있다. 다니고 있는 직장에서 근무 시간을 조정하여 시간을 따로 내어 전직하려는 분야에서 인턴이나 자원봉사로 활동하면서 집중적으로 경험을 쌓을 수도 있다. 새로운 자격이나 기술 혹은 학위가 필요한 경우도 있다. 신중파들은 어떤 경우이든지 앙코르 커리어의 방아쇠를 당기기 전에 여러 가지 단계를 심사숙고하여 결정한다.

나의 초기 앙코르 순간

마르시 그레이 루빈처럼 나도 직장 생활에 변화를 주어야 한다는 사실을 알게 된 순간을 아주 정확히 기억하고 있다. 나는 브라질에 휴가차 여행 중이었다. 상사가 전화를 걸어 휴가를 접고 일찍 사무실에 출근할 수 없겠느냐고 물어왔다. 내가 부재 중일 때 불거진 문제를 처리해달라는 요청이었다. 나는 한순간도 망설이지 않고 거절했다. 집으로 돌아갈 마음이 없었기 때문이다.

나는 열심히 일하는 편이었지만 잡지 구독회사의 내부 법무 팀의 변호사로 일하는 것에 대해 애착이 없었다. 사실 나의 재능을 나의 가치관과 맞지 않는 곳에 쓰고 있는 것처럼 느끼고 있었다. 내가 별로 좋게 생각하지도 않는 일을 하고 있는데 내 생활을 더 희생하라는 요청은 이래저래 애쓰고 있는 나를 밀어내는 힘으로 작용했다. 집으로 돌아오자마자 나는 사표를 내고, 다음 단계를 찾는 과정에 착수했다. 거의 10년 동안 법조인으로 일한 후 나는 나의 오랜 관심사였던 글쓰기를 하기로 하였다.

나는 프리랜서 저널리스트가 되었다. 글쓰기 교사나 지도사로 일하기도 했다. 그러나 쉽지는 않았다. 그렇게 몇 년이 걸렸다. 나는 또 다시 훈련을 받아야 했고, 새로운 분야에서 새로운 네트워크를 쌓아야 했다. 변호사로서는 경력이 쌓여 중견 대열에 올라섰지만 저널리즘 분야에서는 학교를 막 졸업한 '애송이들' 하고 경쟁을 해야 했다. 힘들었지만 그럴 만한 가치는 있었다. 결국 변호사를 그만두었을 때보다 훨씬 더 좋고 나에게 맞는 커리어에 안착했다. 커리어 변신을 거치는 과정에서 나는 크게 영향을 받았다. 그래서 일과 커리어라는 주제는 내 저술 활동의 중심이 되었다.

이후 십년 동안 나는 잡지와 신문에 수많은 글을 기고했다. 주제는 직장이 어떻게 변화하고 있는지 또 사람들은 어떻게 살아남으려고 변화하는지에 대한 것이었다. 대부분 뉴욕타임스에 기고했다. 나는 이 신문에 커리어 전환(Shifting Careers)이라는 칼럼과 블로그를 개설하였다. 또한 프리랜서 저널리즘을 가르쳤고, 작가 지망생들을 지도했다. 이런 일을 하는 동안 「한 사람/다중 커리어」(One Person/Multiple Careers)라는 책도 저술했다. 이 책은 슬래시(/) 현상에 관한 것으로 자신의 명함에 나처럼 슬래시를 한두 개 사용하지 않고는 자신이 하는 일을 설명하기 어려운(예를 들면 변호사/작가/교사와 같이) 다중 커리어로 살아가는 사람에 대해 써 내려갔다.

뉴욕타임스의 칼럼을 쓰면서 나는 마크 프리드먼(Marc Freedman)을 인터

뷰를 할 기회가 있었다. 그는 작가
이면서 사회적 기업가로서 목적상
(Purpose Prize)을 설립했다. 이 상
은 60세 이후에 앙코르 커리어를
통하여 특별히 사회적 공헌을 한
사회적 혁신가에게 10만 달러의 상

금을 수여하고 있다. 그가 「앙코르」(Encore)라는 신간을 막 출간했을 때였다.
이 책은 은퇴한 사람들이 자신의 경험을 사회로 되돌려주는 일을 하고 있는
사람들에 대한 것이다. 나는 이 책을 읽고 프리드먼을 심층적으로 인터뷰했
다. 그리고 그가 새로운 인생 단계를 어떻게 바라보고 있는지에 대해 칼럼을
썼다. 그동안 내가 써왔던 다른 스토리와 달리 마크의 이야기는 내 머릿 속에
서 떠나지 않았다.

많은 사람들이 베이비부머의 고령화 물결을 인구 재앙으로 인식하고 있었
지만 그는 정반대로 보고 있었다. 마크는 거대한 고령 인구층이 인생 후반전
에 다양한 방법으로 사회에 진출하여 사회 발전에 크게 공헌할 수 있는 잠재
력을 엄청난 기회로 보고 있었다. 나는 그가 옳다고 생각했다. 사람들은 이전
보다 더 오래 일하기를 원하고 그럴 필요도 있다. 그러나 내가 커리어 초반에
느꼈던 것처럼 우리 중 많은 사람들은 의미가 있는 일을 하고 싶어 하고 또
이전과는 다르게 느껴지는 방식을 원하고 있다.

그 사이에 나는 변화하는 저널리즘 업계에서 나의 설 자리를 찾기 위해 애
쓰고 있었다. 나는 작가로서 내가 하고 있는 일을 좋아했지만 프리랜서로서
생계를 유지하는 것이 점점 더 어렵게 되었다. 뉴욕타임스는 재정적 이유로
칼럼 계약을 취소했다. 나는 다른 일을 찾아 나섰다. 내가 그동안 쌓아온 커
리어와 직장 문제에 대한 고민 배경을 활용한다면 보다 직접적으로 다른 사
람들을 도울 수 있지 않을까 고민하기 시작했다. 오랫동안 독립적으로 일하

는 것을 추구했던 내가 한편으로는 팀의 일원이 되기를 갈망하는 내 자신을 발견했을 때는 참으로 아이러니했다.

이렇게 해서 나는 앙코르닷오르그에서 일하게 되었는데 많은 사람들이 앙코르 커리어를 현실로 만들기 위해서 무엇을 해야 하는지 배우고 있다. 또한 미디어에 출연하고, 인터뷰를 하고, 강연도 하고, 칼럼도 쓰고 있고, 지금은 이 책도 쓰고 있다.

사람들은 종종 나에게 "당신도 지금 앙코르 커리어에 몸담고 있느냐"고 질문을 한다. 내 대답은 약간 애매하다. 나는 앙코르 시기를 50대나 60대 혹은 70대까지로 설명한다. 그러나 우리들 중 40대는 앙코르 커리어를 어떻게 만들어갈 것인가를 고민하면서 그 기초를 놓고 있다. 이 일을 맡고 비영리 부문으로 자리를 옮겼을 때 나는 이 자리가 내가 향후 20년 이상 할 수 있는 일을 준비할 수 있는 앙코르 전환이라고 생각했다. 그런 의미에서 나는 내 자신의 앙코르를 계획하는 단계에 있다고 설명한다.

나는 이 책을 통하여 당신의 앙코르 커리어를 위한 메인 가이드가 될 것이다. 그러나 다른 사람들의 의견도 들어야 할 것이다. 커리어 코치, 재무 전문가, 앙코르 기업가라든지 앙코르 커리어를 실제 상황으로 만들어낸 많은 사람들의 말에 귀 기울여야 할 것이다. 우리 부모 세대에게 은퇴는 즐겁게 여가를 보내는 것이었다.

이 책에서 나는 때때로 관련이 있으면 나의 경험도 부분적으로 공유할 것이다. 또한 다양하게 삶을 앙코르 하고 있는 여러 사람들의 이야기도 읽게 될 것이다. 불확실성과 씨름하는 사람들과 새로운 힘과 열정 때문에 다른 쪽으로 빠져 나온 사람들의 이야기이다. 또한 추진 동력이나 시간 혹은 돈이 없어 앞으로 나아가지 못하고 포기하거나 계획 자체를 단념해버린 사람들까지 만나게 될 것이다.

앙코르 커리어로 전환하는 이야기를 들어보면 쉬워 보인다. 너무 쉽게 보

앙코르 커리어 핸드북 인생2막의 변화와 창조

여서 현실감 있게 만들려고 나는 의도적으로 힘들게 애썼던 사람들을 포함시켰다. 학교로 되돌아가고, 새로운 기술을 배우고, 자녀뻘의 젊은 멘토로부터 조언을 얻는 것은 재미있으면서도 동시에 끔찍한 일이다. 나는 이 책을 통하여 당신이 앙코르 전환을 더 쉽게 할 수 있기를 바란다.

당신의 앙코르 전환이 개인적인 일이지만 또한 더 큰 스토리의 한 부분이라는 사실을 명심하기 바란다. 당신의 재능과 경험을 활용하여 이 세상에 의미 있는 일을 하는 것, 그것은 바로 점증하는 새로운 사회 운동에 참여하는 것이다. 이 운동으로 중년이 된다는 의미가 변하게 될 것이다. 이는 당신이 세 가지 측면에서 승리할 수 있는 기회이다. 즉, 일을 통해서 영향력을 행사할 수 있다. 새롭고 중요한 일을 하면서 당신은 새 사람이 되는 기분을 경험하게 된다. 그리고 미래 세대를 위해 중년기와 그 이후 성공의 기준이 무엇인지 그에 대한 기대를 변화시키는데 도움이 될 것이다. 그것이 당신이 잠재적으로 받게 될 큰 보상이다.

이 책의 사용 방법

당신의 앙코르 커리어를 찾아내는 것 – 어떤 모습일지, 언제 시작할지, 어떻게 감당할 것인지 하는 문제 – 은 전적으로 개인적인 과정이다. 사람들은 구직 시장이 침체된 상황에서도 기회를 발견하고 애써 그 기회를 키워 가고 있다. 그러나 이들이 구인 광고에 지원하는 것은 드물다. 거의 모든 경우 그들은 네트워크, 자원 활동과 새로운 종류의 일에 대비한 재훈련을 통해 자신의 역할을 발견하거나 만들고 있다.

많은 사람들은 정해진 직업을 갖지 않고 프리랜서나 컨설턴트 아니면 앙코르 기업가로 독자적인 길을 가고 있다. 목적지가 없는 것처럼 가는 것 같아서 뒤따라 갈 길도 없다. 그런 이유 때문에 이 책은 당신에게 앙코르 과정을 시

앙코르 준비성에 대한 퀴즈

당신은 앙코르에 준비가 되었는가? 다음 10개 항목의 질문을 읽어보고 '그렇다', '아니다', '글쎄다' 이렇게 답을 하라. '아니다' 와 '글쎄다' 라는 답이 많으면 아직은 앙코르 커리어를 실천에 옮기지 말고 계획을 더 세우는 편이 좋다. 시간을 내어 이 책의 앞 장을 읽어보면 좋을 것이다. '그렇다' 라는 답이 많으면 이 책 후반의 일부 내용에 더 끌릴 것이다. 7, 8, 9, 10, 11장 부터 시작하는 것도 생각해 볼 수 있다.

1. 당신은 앙코르 커리어로 나가도 걱정거리가 없는 편안한 여건 인가? (예를 들면 살고 있는 곳을 떠날 수 없다든지, 다른 사람을 돌봐주 어야 하든지 아니면 건강 문제가 있는 것은 아닌지?)

2. 앞으로 무슨 일을 하고 싶은지 아이디어를 갖고 있는가?

3. 당신의 뇌리에서 떠나지 않는 무슨 이슈가 있는가?

4. 당신의 직장 생활에서 커다란 변화를 만들어낼 수 있다는 인식 을 하고 있는가?

5. 직업을 옮겨도 좋을 만큼 재정적으로 안정되어 있는가?

6. 생각이나 계획을 편안하게 말할 수 있는 상대방이 있는가?

7. 당신은 어느 정도 나이가 들었음에도 당신이 갖고 있는 기술을 업데이트하고, 새로운 것을 배우기 위해서 학교에서 수업을 듣 거나 실습 훈련을 할 수 있다고 생각하는가?

8. 당신은 어떤 환경에서 일하고 싶다거나 얼마나 시간을 내어 일 하고 싶은지 알고 있는가?

9. 당신은 독자적으로 일하고 싶은지 아니면 조직을 위해서 일하 고 싶은지 알고 있는가?

10. 당신은 자신의 앙코르 커리어 과정에서 지금 어디에 있는지 무엇을 하고 싶은지 간단명료하게 설명할 수 있는가?

앙코르 커리어 핸드북 인생2막의 변화와 창조

간 순서대로 안내하지는 않는다. 오히려 각 장들은 당신의 앙코르 전환 과정을 통하여 제기될 수 있는(여러 번도 가능하다) 여러 가지의 특정 이슈들을 다루고 있다.

이 책이 당신 자신의 앙코르 입문 과정이라고 생각하고 차례대로 읽어도 좋다. 당신이 지금 어느 단계에 있는지에 따라서 순서에 구애받지 않고 가장 의미있는 장부터 자유롭게 읽어도 좋다. 옆장의 앙코르 준비성 퀴즈를 풀면 당신이 어디서부터 시작할지 감을 잡을 수 있을 것이다.

제2장은 앙코르 일의 본질과 방법을 탐색한다. 최적의 기회와 가장 큰 필요성이 어디에 있는지, 사람들이 자신의 일하는 생애를 어떻게 설정하는지 알고 싶다면 여기서부터 시작해도 좋다. 가장 유망한 앙코르 일자리를 들여다보고 싶으면 곧 바로 372쪽에 있는 인생2막의 유망 직업 리스트로 건너뛰어도 좋다.

제3장은 당신의 앙코르가 어떤 모습일까 확인하는데 도움이 될 것이다. 삶의 지금 단계에서 당신은 무엇을 찾고 있는가? 당신의 목적은 어떤 의미가 있는가? 열정은 어떤가? 무엇 때문에 당신은 매일 열심히 일터로 나가는가? 당신이 하는 일에 포함하고 싶은 일은 무엇인가? 다시는 절대 하고 싶지 않은 것은 무엇인가?

제4장은 앙코르 전환을 위해 당신의 삶에서 시간과 공간을 만드는데 도움이 될 것이다.

제5,6,7장에서는 앙코르 전환의 핵심을 다루게 될 것이다. 실제로 돈이 얼마나 필요할 것인가? 새로운 사람과 커뮤니티와 어떻게 연결을 할 것인가? 당신의 앙코르가 진행되고 있을 때 당신 자신에 관해 어떻게 설명할 것인가? 15년이나 된 이력서를 어떻게 업데이트를 할까? 여전히 명함을 필요로 하는가? (정답은 '그렇다' 이다. 그러나 당신의 이메일 서명이나 온라인 프로필도 그에 못지 않게 중요하다.)

제8장에서는 머릿속에서 생각하는 것에서 벗어나 실제 세계로 들어간다. 당신의 생각을 가다듬고 진전할 수 있도록 세상 밖으로 나가 추진할 수 있는 아이디어를 준다.

제9장은 몇 가지 강좌를 듣거나 자격증이나 학위를 취득하기 위해 학교로 돌아가는 문제를 고려하고 있는 사람에게 도움이 될 것이다.

제10장은 점차 그 수가 늘어나고 있는 앙코르 기업가를 생각하는 사람들을 위한 것이다.

제11장을 읽으려고 10장까지 다 읽을 때까지 기다리지 않아도 된다. 사람들이 일단 앙코르 커리어에 몸담게 되면 보다 더 큰 문제와 마주치게 되는데 11장에서는 그 문제를 다루고 있다. 이 책은 당신이 앙코르 커리어의 여정 어느 지점에 있더라도 그 길을 밝혀주고, 당신을 격려해줄 것이라고 나는 생각한다.

당신의 질문에 답하기

나는 앙코르 커리어로 전환했거나 시작하려는 수백 명의 사람들과 이야기를 나누었다. 그 과정에서 앙코르 커리어와 관련되어 나올 수 있는 질문은 거의 모두 들었다고 어느 정도 자신할 수 있다.

각 장에서 나는 당신이 어떤 점을 궁금해 할지 예상해 보았다. 그것이 때로는 바로 본문에 나올 것이다. 그리고 각장 말미에는 질문을 묶어서 올려 놓았다. 그렇기 때문에 자주 묻는 질문인

★

여기에 당신의 질문에 대한 답변이 없으면 CH@encore.org로 질문을 보내라. 많은 사람이 비슷한 의문을 갖고 있다는 생각이 들면 앙코르닷오르그에 있는 나의 블로그와 앙코르닷오르그 뉴스레터에 답변을 올리겠다.

FAQs(frequently asked questions)란을 꼭 읽기를 당부한다. 당신이 찾고 있는 해답이 그곳에 있을 가능성이 꽤 높기 때문이다.

FAQs

내가 좋아하는 일을 하면서 생활비도 벌고 세상도 바꿀 수 있을까?

이 질문에 대한 답은 당신이 어떤 일을 하고 싶어 하는가에 달려 있다. 당신이 우쿨렐레 연주를 좋아해서 그것으로 돈도 벌고, 세상에 좋은 일도 하고 싶어 한다고 가정하자. 그러나 이 경우 당신이 좋아하는 사회적 대의(大義)를 위해 모금 전문가로 나서는 일보다는 어려울 것이다.

그렇긴 하지만 당신에게 자기가 하는 일을 좋아한다고 말하는 사람들을 보자. 대부분은 그들에게 의미가 있는 것을 다른 재능이나 기술과 함께 엮어내고, 창조적인 생각으로 앙코르 커리어를 만들어내는 방식을 찾은 사람들일 것이다.

예를 들어보자. 프레드 맨델(Fred Mandell)은 아메리칸 익스프레스(American Express)에서 오랫동안 근무한 후 퇴직을 앞두고 있었다. 그는 50대 중반부터 손을 써서 하는 창조적인 일을 하고 싶어 견딜 수가 없었다. 그는 조각 워크숍에 참여했고, 자신이 재능이 있음을 발견했다. 몇 년 후 그는 안달이 나서 퇴직했다. 이제 그는 시간을 내어 조각을 하고 싶어 했지만 먹고 살 돈도 벌어야 했다. 기대하지도 않았는데 맨델은 조각으로 생계를 유지할 수 있는 일을 하게 되었다. 그는 거장 조각가들에 대해 공부했다. 그는 그들의 리더십과 창조성에 대해 가르칠 것이 많다는 생각이 들었다. 이렇게 해서 그는 「인생을 변화시키는 예술가 되기」(Becoming a Life Change Artist)라는 책을 저술하고 기업을 위한 컨설팅에 나섰다. 조각가의 창조성의 관점에서 그가 아주 잘 알고 있는 기업인들을 상대로 하는 컨설팅 사업으로 발전시켰다.

우쿨렐레를 포기할 필요는 없다. 로버트 프레이지어(Robert Frazier)는 베테랑 재즈 음악가였다. 그는 자신이 평생 열정을 바친 재즈 연주, 어린이와 일하기 그리고 공공 서비스를 한데 결합하여 앙코르 커리어를 만들어냈다. 수요가 많은 공립학교에 음악가들을 배치해주고 있는 음악가 봉사단(Musician Corps)에서 1년 동안 펠로십을 거친 후에 그는 샌프란시스코 만 지역의 여러 학교에서 음악 프로그램을 주관하는 일을 시작했다.

연령차별은 없는가? 차별이 없지는 않다.

연령차별이 실제로 존재한다. 대부분 고용주들은 나이 든 사람에게는 일을 맡기지 않으려고 한다. 나이가 들면 새로운 일을 배우려 하지 않고, 시대에 뒤떨어진 기술을 갖고 있다고 우려하기 때문이다. 이에 대해서 그렇지 않다는 것을 보여줄 필요가 있다. 기술에 관해서도 뒤떨어지지 않아야 한다. 참좋은 링크드인(Linkedin)과 같은 소셜 네트워크를 이용하여 자신의 프로필을 올리는 것도 한 방법이다. 그러면 오늘날 인력시장이 어떻게 돌아가고 있는지 당신이 잘 알고 있음을 보여줄 수 있다. 당신이 과거 직장에서 고용주들의 고정관념을 흔들어 놓았던 전력이 있으면 그 부분을 강조해 볼 수도 있다. 그러나 고용주가 당신의 경험을 높이 평가하지 않는다면 당신이 몇몇 사람의 마음을 바꿀 수 있다 하더라도 당신의 이상과는 맞지 않을 것이다. 당신과 같이 나이 든 시니어가 이미 조직의 팀원으로 일하고 있는 단체를 찾아 집중하는 것이 더 좋다. 아니면 자문역이나 멘토 역할에 맞춰 당신의 강점을 드러내도록 이력서를 맞춰 작성하는 것도 좋은 방법이다. 그리고 인터뷰에서 멘토링에 대해 확실하게 말하면서 당신의 경험을 전수하고 다른 사람으로부터 배우는 것이 얼마나 기쁜 일인지 설명하라. (제7장에서 연령 문제를 정식으로 다루는 방법에 대해 구체적으로 집중 설명할 것이다.)

똑같은 일을 하면서 앙코르 커리어를 할 수 있는가?

자신이 현재 직장에서 일을 하면서 사회적인 선을 위해 공헌할 수 있는 방법을 찾고 있는 경우가 종종 있다. 그것은 한 분야에서 오랫동안 일하면서 습득한 전문 지식 때문에도 그러하다. 당신이 이미 사회적 부문에서 일을 하고 있고, 뭔가 개혁을 하고 싶다면 자신이 창조적으로 할 수 있는 역할이 있는지 찾아볼 수 있다. 당신이 몸담고 있는 조직에 막 입사한 젊은 사람들에게 멘토가 되어주는 방식으로 당신 자신의 역할과 활동 범위를 새로운 영역으로 확대할 수도 있을 것이다.

리자 도넬리(Liza Donally)를 보자. 그녀는 잡지 뉴요커(The New Yorker)에서 30년 동안 만화가로 일하고 있다. 그녀는 이미 오래 전에 좋은 만화를 창작하는 기술을 마스터했다. 최근에 그녀는 재능과 만화가로서 자신의 위치를 이용하여 정치, 여성의 사회 진출, 세계 평화 그리고 본인의 관심사에 대한 공개적인 대화에 참여하게 되었다. 그녀는 TED(미국의 비영리 재단에서 운영하는 강연회로 주제는 기술, 엔터테인먼트, 디자인 등이 있음)와 UN에서 강연했고, 당시의 동영상이 유튜브에 널리 퍼지고 있다.

존 레이놀즈(John Reynolds)는 그의 평생직장이었던 국립공원관리청(The National Park Service)에서 직접 발전된 앙코르 일을 하고 있다. 레이놀즈는 은퇴한 회사 동료들과 글로벌 공원(Global Parks)이라는 단체를 시작했는데 이는 현직 공원관리 직원들에게 멘토링을 해주고 다른 나라와 보존 협력 부문에서 일하고 있다.

현 경제 상황에서도 보수를 받는 앙코르 커리어가 정말 가능한가?

현재 고용시장은 분명히 어렵다. 그렇다고 비영리 단체나 공공 부문의 일자리라고 해서 민간 부문의 고용시장보다 사정이 더 어렵다는 것은 아니다. 사실 지난 10년 동안 비영리 부문 일자리는 2.1% 증가했다. 반면 영리 부문은 같은 기간 동안 연 평균 0.6% 감소했다.

금융위기로 일자리가 급감한 2008년과 2009년이 지난 후에는 비영리 부문의 일자리가 앞으로 늘어날 것이라는 몇몇 전망을 보이고 있다. 2011년에 3,000개의 비영리 조직을 조사한 아이디얼리스트닷오르그(Idealist.org)는 비영리 부분의 고용 전망을 '조심스럽게 낙관적'이라고 기술을 발표했다. 당신에게도 기분 좋은 이야기이다.

세상을 구하는 일이 어디 쉬운 일인가? 나는 정말 어디까지 할 수 있는가?

어느 누구도 세상을 구할 수는 없다. 그러니 당장 그런 생각 자체를 버리자. 대신 당신이 의미가 있을 것이라고 알고 있는 일을 할 수 있도록 범위를 좁혀서 집중하자. 몇 명이 모인 소수 그룹이라도 좋다. 교사, 사회복지사, 요양 전문가와 사회적 기업가 등 사회의 공익을 위해서 활동하는 사람들이라고 해서 일상적인 근무 생활이 언제나 좋을 수는 없다. 그러나 이들은 자신들이 하고 있는 일이 보다 좋은 사회적 선을 위해 공헌한다고 믿고 있기 때문에 높은 만족도를 보이고 있다.

미국은퇴자협회(AARP)에서 자원봉사와 시민참여 프로그램의 책임자로 활동하고 있는 바브 퀘인턴스(Barb Quaintance)는 스스로에게 되뇌는 주문에 대해 말했다. 즉, 변화를 이끌어내기 위해 우리 모두가 놀랄 만한 일을 할 필요는 없다. 왜냐하면 우리 같은 많은 사람들이 제각기 할 수 있는 일을 하면 그 효과가 쌓이고, 그렇게 되면 변화를 이끌어낼 수 있기 때문이다. 그렇게 해야 의미 있는 큰일을 해야겠다는 스트레스를 받지 않게 된다.

민간 부문의 영리 기업에서 일하면서 나의 앙코르 커리어를 찾을 수 있는가?

답은 '그렇다'이다. 당신이 대기업 정유회사에서 근무하고 있다면 겨울 동안 저소득층 가정에 저렴한 가격으로 난방을 제공하는 방법을 만들어낼 수 있을 것이다. 그렇게 되면 많은 사람들의 삶이 달라질 것이다. 새로운 백신을 개발하는 영리 법인에서 근무하거나 영리 요양원에서 높은 수준의 돌봄 서비스를 제공하는 사람도 마찬가지다.

영리를 목적으로 하는 대학교에서 가르치거나 교과서를 만드는 영리 회사에서 작가로 일하고 있거나 아니면 영리 병원에서 간호사로 일하고 있다 하더라도 얼마든지 앙코르 커리어로서 업무를 수행할 수 있다. 비영리 부문이라고 해서 특별한 매직은 없다. 영리 기업 환경에서 일하면서 사회적 선을 위해 공헌할 수 있는 방법은 많다.

사실 현실은 어렵다. 앙코르 시기가 부양책임과 건강문제가 어려운 시기와 겹칠 수 있기 때문이다. 이런 문제로 당신은 중요하고 새로운 프로젝트에 투입할 수 있는 시간에 제한을 받을 수밖에 없다. 그렇다면 직장에 계속 다니면서 유연근무제를 하면서 좋은 의료 혜택을 받는 것도 방법이다. 그렇게 되면 앙코르의 변화에 서둘러 뛰어들지 않아도 된다.

전미가족부양자협회(National Family Caregivers Association)를 설립한 수잔 민쯔(Susan Mintz)는 다음과 같이 조언을 한다. "당신이 1차 부양자라면 그 때문에 풀타임으로 일하고 있다는 사실을 인식하라."는 것이다. 그렇다면 시간을 갖고 차근차근 앙코르 커리어를 준비해가도 좋을 것이다.

당신만 그런 것은 아니다. 많은 사람들이 앙코르 나이에 도달하면 다른 사람들이 그들에게 원하는 일이 아니라 자신이 원하는 일을 할 수 있는 기회가 왔다고 느낀다. 그렇기 때문에 언론 매체를 보면 재창조를 통하여

★

건강에 대한 걱정 때문에 제한을 받는다고 느끼고 있는가? 362쪽의 내용을 보라.

실내 디자이너, 여관이나 와인 가게 주인으로 인생2막을 살아가는 사람들의 이야기로 채워져 있다. 이 책은 이런 종류의 커리어를 집중적으로 다루지 않지만 커리어 목표를 불문하고 중년이라면 누구에게나 유용한 재창조의 청사진을 제공하고 있다.

이 책의 모든 사례와 조언은 개인적 의미와 사회적 영향을 함께 찾기 위한 것이다. 공교롭게도 사회적 영향을 끼치는 일은 많은 부분이 교육, 건강과 노인을 위한 서비스처럼 높은 성장과 수요가 많은 분야에 있다. 당신이 이런 분야에 관심이 있다면 이 책이 특히 도움이 될 것이다.

나는 내가 하는 일에서 의미를 찾아본 적이 한 번도 없던 사람이다. 나는 직장 밖에서 하는 일이 정말 중요하다고 생각해 왔다.

어떤 사람들은 직장에서 하는 일과 즐거움을 위해 하는 일을 따로 구분하기를 좋아한다. 반면 그 구분이 애매한 것이 자연스럽다는 사람들도 있다. 이런 사람들은 여가 시간에도 일을 하는데 다른 사람들 눈에는 그것이 일하는 것처럼 보인다. 당신의 직업이라고 생각되는 것 밖에서 당신의 앙코르 커리어를 찾을 수 있다.

그러나 당신에게 대단히 중요한 의미가 있는 일이 당신의 직장에서 하고 싶은 일과 긴밀하게 연결되어 있다고 느끼면 바로 직장 안에서 앙코르를 하는 것도 가능하다.

앙코르 커리어라는 개념은 좋다. 그러나 그 표현이 맞는 것 같지는 않다.

인생 후반기에 하는 일을 표현하는 딱 들어맞는 좋은 용어를 찾기가 쉽지 않다. 앙코르 커리어라는 말이 좋다고 생각하면 그대로 써라. 그러나 당신이 하는 일에 다른 표현을 쓰는 게 더 좋다고 생각하면 자유롭게 하라.

앙코르 커리어 핸드북 인생2막의 변화와 창조

제 2 장

앙코르 풍경

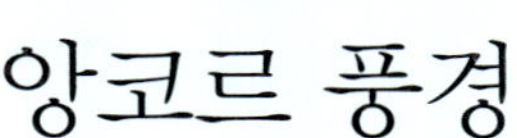

일에서
기쁨을 발견하면
젊음의 샘을
발견하게 된다.
– 펄 벅 –

나의 앙코르 커리어에 대한 아이디어를 어떻게 찾을 수 있을까? 많은 방법이 있다. 관련 책을 찾아 읽고, 웹사이트를 검색할 수도 있다. 학교로 다시 돌아갈 수도 있다. 많은 사람과 이야기를 나눌 수도 있다.

커리어 혹은 라이프 코치와 함께 작업을 할 수도 있다. 여행을 하거나 놀면서 생각하고, 영감이 떠오를 때까지 기다릴 수도 있다. 다음 장에서 설명하는 것처럼 당신 자신을 스스로 평가하고 연습해보는 것도 한 방법이다. 이 책에 언급된 사람들을 통해서 힌트를 얻을 수도 있다. 그들은 자신의 특정 배경과 경험 그리고 재능을 최대한 활용하여 자신에게 맞는 앙코르 커리어를 만들어 낸 사람들이다.

단순히 앙코르 커리어로 무엇을 추구하고 싶은지 아이디어가 없는 경우라면 할 수 있다는 정신으로 힘을 내어 도전해 보는 것이다. 당신 인생의 지금 이 시간에 어떤 역할을 하는 것이 합리적인가? 어느 단체가 당신과 같은 경험을 갖고 있는 사람들을 잡기 위해 기다리고 있는가? 그 일은 하루하루 기준으로는 어떻게 보일까?

당신의 앙코르가 무엇인지 발견하는 일은 어떻게 그 일을 해나갈 것인가 하는 방법상의 문제처럼 힘들고 어려울 수 있다. 이 책은 두 가지 의문에 대한 답을 찾는데 도움이 될 것이다. 당신이 먼저 뛰어들기 전에 앙코르 커리어를 둘러싼 풍경을 잠시 살펴보도록 하자. 즉, 사람들이 어떻게 앙코르에서 일하고 있으며, 어디에서 기회를 잡고 있는지 다양한 앙코르 풍경을 보여줄 것이다.

앙코르 커리어의 풍경

노동시장의 세계가 변화해가고 있다는 말은 진부한 말이 되었지만 이는 사실이다. 풀타임 일자리와 자영업의 경계에 구멍이 나 있어서 사람들이 쉽게 경계를 넘나들고 있다. 그리고 일자리 자체도 계속해서 변화하고 있다. 글로벌 가상공간의 사무실이 늘어나면서 이제는 컴퓨터에 접속만 할 수 있다면 집이나 어디에서든지 일을 할 수 있게 되었다.

당신의 앙코르를 만들어가면서 당신도 이 같은 새로운 노동시장의 변화에 맞출 수 있다. 그러나 그러기 전에 앙코르에 대한 사고를 재구성할 필요가 있다. 일자리를 찾는 대신 프로젝트를 생각해 볼 수 있다. 또한 평생직장으로 일하기를 원하는 대신 1-2년만 원하는 것도 생각해 보자. 직업 하나에 매달리는 대신 몇 가지 일을 하면서 그 사이사이 쉬기도 하고, 훈련을 다시 받기도 하고, 여행을 하는 것도 좋을 것이다. 당신의 앙코르 일자리를 만들어 내는 것은 기존의 풀타임 일자리에서 찾아내는 것과 꼭 마찬가지로 가능함을 명심하자. 우리들 중 많은 사람들은 어느 특정 나이가 지나면 피고용인이라는 상자 속으로 들어가기를 원하지 않는다. 그 대신 자영업, 기업가 정신이나 혹은 행동주의까지 결합시켜 결국 자기 자신의 앙코르를 창조하기 마련이다.

어떤 면에서 모든 앙코르 커리어에는 디아이와이(DIY, do-it-yourself)의 측면이 있다. 앙코르 커리어로 전환하는 것은 애돌아가는 것이다. 당신의 앙코르가 이것이 아닐까 대충 짐작하다가 관심이 생기고, 그 관심을 가지고 당신이 파들어가기 시작하면 일이 되는 수가 있다. 당신의 짐작이 딱 맞았다는 것을 알게 되고, 계속 그 과정을 유지한다면 배워가면서 생각이 다듬어진다. 당신이 어떤 역할을 하고 있을 때 무엇인가 옳지 않다고 느껴지면 변화를 줄 필요가 있다. 아니면 당신이 갖고 있는 아이디어나 삶의 상황이 발전되면 당신은 다른 방향으로 일을 하기를 원하게 될 것이다. 그러나 당신이 하는 모든 일은 어느 정도 가치가 있을 것이다.

믿든 말든 규칙적인 근무시간과 종업원 복지가 있는 구식 일자리는 아직도 있다. 지난 몇 년을 돌아보면 취업 시장은 좋은 분위기는 아니었다. 그러나 미국의 노동 전문가 베리 블루스톤(Barry Bluestone)은 2018년까지 미국 경제가 회복세를 지속한다고 가정하는 경우 구직자보다 일자리가 더 많아질 것이라고 주장한다. 특히 사회적 요구를 충족시키는 부문의 일자리가 두드러지게 증가할 것이다. 부분적인 원인은 베이비부머 세대에 비해 젊은 층의 인구가 훨씬 줄어드는데 반해 사회적 요구는 계속해서 증가할 것이기 때문이다.

어떤 부문에서 앞으로 일자리 수요가 증가할지 예의 주시해야 한다. 한 예로 미국 전역에서 교사의 감축이 일어나고 있지만 그러나 내막을 자세히 들여다보면 많은 지역에서 수학과 과학 그리고 특수 교육의 교사에 대한 수요는 여전히 많다. 당신이 풀타임이나 파트타임 일자리를 생각하고 있다면 372쪽에 있는 인생2막의 유망 직업 리스트를 꼭 보라. 앞으로 유망한

앙코르 프로필: 우회로(迂廻路) 수용하기

테리 워드(Terri Ward)는 마케팅 분야에서 일을 하다가 2009년에 해고되었다. 이후 그녀는 미래 세대에게 영향을 미칠 수 있는 일을 해보기로 작정했다. 그러나 먹고 살기도 해야 하고 돌봐야 하는 자녀도 여섯 명이나 되어서 돈도 벌어야 했다. 한동안은 실직 수당으로 생활비를 충당하면서 버텼다. 그녀는 예전부터 못다한 대학교 학위 코스를 끝내고 싶었다. 그래서 엑커드 대학(Eckerd College)에 직장 성인을 위한 온라인 강좌에 등록했다. 워드는 30년 전에도 이 학교에 다녀서 단 네 개의 강좌를 듣고 학점을 이수해 자랑스럽게 학사학위를 취득할 수 있었다.

한 달 후 워드는 세난도 대학(Shenandoah University)이 운영하는 6개월짜리 커리어 전환 프로그램에 등록했다. 그리고 중고등학교 영어 교사가 되기로 굳게 결심했다. 그녀는 구직 활동을 하면서 경험을 쌓기 위해 대체 교사로 가르치기 시작했다. 막상 가르치는 일을 시작하고 보니 이번에는 교사라는 직업이 정말 자기가 하고 싶은 일인가 하는 회의가 들었다. 집에 돌아오면 스트레스를 받아 두통으로 시달렸다. 동시에 일자리 상황은 더욱 나빠지고 있었다. 버지니아 주 정부가 교육 예산을 삭감하는 바람에 많은 학교에서 영어 교사를 1년 단기직으로만 채용하고 있었다.

워드는 자신이 무슨 일을 해야 정말 행복할 것인지, 어떤 일을 잘 할 수 있을지 곰곰이 생각했다. 그 결과 놀랍게도 그녀는 이전에 일했던 마케팅 쪽으로 다시 돌아가기로 했다. 그녀는 세난도 대학의 카피라이터 직에 응모했다. 그녀가 커리어 전환 프로그램에 참가한 적이 있던 바로 그 대학이었다. "제가 합격 통보를 받았을 때 나는 아이들과 식품 가게에 있었습니다. 너무 기뻐서 막 뛰고 싶었지만 가게 안이라 꾹 참았습니다."

워드는 교사가 되려고 시간과 비용을 투자했는데 그 경험은 그대로 가치가 있었다고 그녀는 말한다. 그녀는 현재 임시 교사 자격증을 갖고 있지만 은퇴 후 추가 과목을 이수하여 정식교사 자격증을 획득할 계획이다. 살아가면서 교사로서 가능성을 열어두고 있다.

앙코르 프로필: 뜻하지 않게 찾아오는 기업가 정신

주디 핸더슨–타운센드(Judi Henderson–Townsend)는 건강의료 기업과 여행사에서 회계 담당 중역으로 일했다. 그녀는 예술 프로젝트를 하기 위해서 중고 마네킹을 찾다가 예기치 않게 환경 사업에 뛰어들게 되었다. 그녀는 마네킹 임대 사업을 그만 두려는 사람으로부터 중고 마네킹 50개를 구입했다.

이 과정에서 새로운 벤처 사업을 위한 아이디어가 떠올라 그녀와 남편은 '마네킹광'(Mannequin Madness)이라는 회사를 설립했다. 마네킹을 매매, 임대하고, 재활용하는 사업이었다. 이벤트 업체, 상품 박람회, 박물관, 예술가와 소매 고객이 이들 고객이다. 덕분에 마네킹이 더 이상 쓰레기장으로 버려지지 않아도 되었다. 그녀는 미국 환경청으로부터 마네킹을 재활용한 공로로 10만 파운드의 특별공로상을 수상했다.

35개의 앙코르 친화적인 일자리가 정리되어 있다.

당신 자신의 앙코르 – 솔로부터 앙코르 기업가까지

티나 브라운(Tina Brown)이 데일리 비스트에 기고한 2009년 에세이가 아주 유명하다. "내가 알고 있는 사람은 더 이상 직업을 갖고 있지 않다. 그들 모두 임시로 일하고 있다."라고 그녀는 썼다. 이것 때문에 국가 경제에 얼마나 재앙이 될 수 있을지에 (이 책이 다른 내용의 책이라면 그랬을 것이다) 대하여 이야기할 수 있을 것이다. 하여튼 자영업이 빠른 속도로 표준이 되고 있음을 부정하기는 어렵다.

기업과 비영리 단체들은 직원들을 해고하고 대신 계약직이나 프리랜서로 그 자리를 채우고 있다. 그 때문에 독립적으로 일을 하면서 생계를 꾸려나가는 사람들이 점차 증가하고 있다. 자영업자를 위한 더 좋은 경제적 보호를 주장하고 있는 프리랜서 조합(Freelancers Union)에 따르면 4,200만 명의 미국인이(대략 전체 노동 인구의 30%) 이 범주에 속해 있다. 여기에는 프리랜서, 임시직 근로자, 파트타이머, 컨설턴트와 전통적인 풀타임 고용이 아닌 직종에서 일하고 있는 많은 사람들이 포함되어 있다.

자영업자들은 앙코르 시기에 갖는 목표와 멋있게 부합할 수 있다. 즉, 풀타임보다는 적게 일하기, 신축성과 약간의 통제력이 바로 그것이다. 항상 자신을 위해 일하지는 않더라도 때때로 자신이 원하고 필요하다고 느낄 때 일할 수 있는 방법을 아는 것은 대단히 유용하다.

당신은 자영업을 솔로 형태로 운영할 수 있다. 아니면 앙코르 기업가도 될 수 있다. 앙코르 기업가는 다른 사람을 위해 삶의 질을 개선하려는 목표를 갖고 영리 사업을 시작하거나 비영리 단체를 설립한다. 앙코르닷오르그의 최근 조사 보고서에 따르면 44세에서 70세까지 미국인 네 명 중 한 명꼴로 향후 5-10년 동안 영리 업체나 비영리 단체를 시작하는데 관심을 갖고 있다는 것이다. 이들 중 반이 생계 문제를 해결하고, 더불어 사회적인 영향력을 행사하고 싶어 한다. 또한 이 보고서에 따르면 많은 사람들은 막대한 간접비를 쓰고, 많은 직원이 근무하는 대규모 조직으로 시작하는 것은 생각하지 않고 있다. 보통 앙코르 기업가 정신은 하나의 조직을 시작하거나 이끌어가는 것이지만 당신의 앙코르 기업가 정신의 브랜드는 당신 스스로 아니면 파트너와 함께 경영하는 벤처이다.

슬래시(/) 마음가짐을 가져라

당신의 앙코르 커리어가 하나의 패키지나 포트폴리오 혹은 명함에 슬래시로 표시되는 직업군이 되는 것은 얼마든지 가능한 일이다. 예를 들어 마케팅 임원과 음악 교사 두 일을 동시에 하는 경우 슬래시를 사용하면 '마케팅 임원/음악교사'가 된다. 나는 슬래시 커리어 개념을 아주 좋아한다. 나의 가장 최근의 책 주제가 한 사람/다중 커리어(One Person/Multiple Careers)였기 때문이다. 이와 같은 슬래시 커리어를 할 수 있는 방법은 여러 가지가 있다. 자원봉사로 사회적 영향을 미치는 일을 하고 동시에 생계를 위해서 다른 일을 하는 것도 그 중의 하나이다(돈 버는 일/무료봉사 일). 당신의 생활에서 일하고 있는 부분을 당신의 관심이 가는 서로 다른 몇 가지 종류의 활동으로 나누어 구분할 수도 있다(운동가/작가/교사). 몇 단계로 나누어 관심이 가는 다른 활동을 하는 것도 가능하다. 슬래시적으로 접근하는 것은 앙코르 커리어로 전환하는데 흔히 이용되는 방식이다. 지금까지 해오던 타입의 일을 계속하면서 생계를 유지하고, 동시에 앙코르 커리어로 용이하게 전환하는 것이다.

반드시 풀타임이 아니어도 좋다. 여유 시간에 여행, 노인과 어린이 돌봄이라든지 여러 가지를 추구할 수 있다. 궁극적으로 슬래시 커리어는 필요한 소득을 올리면서 동시에 당신이 중요하다고 생각하는 일을 할 수 있도록 그렇게 삶을 창조하는 것이다. 슬래시 조합의 커리어 길을 걷고 있는 다른 사람의 몇 가지 방식을 소개한다.

■ 비영리 기금 모금가/앙코르 기업가

데비드 버크(David Buck)는 5년 동안 앙코르 단체인 시프트(SHiFT)를 이끌어 왔다. 그는 이제는 다른 일을 해보고 싶었다. 동시에 보다 안정적인 소득을 원했다. 그래서 그는 노인들을 위한 장기 요양 기관인 베네딕트 건강 시스템(Benedictine Health System)에서 기금을 모금하는 일을 맡게 되었다. 근무 조건은 파트타임이었다. 그는 생활비와 의료 보험을 받았다. 또한 시간이 남아서 그가 최근에 자신이 설립한 비영리 단체인 풍성한 자선활동(Abundant Philanthropy)에서도 일할 수 있었다. 이 단체는 교회의 신자들이 가지고 있는 기술과 재능을 지역 커뮤니티에 활용하는 일을 하고 있는 곳이다. (보다 자세한 버크의 이야기는 173쪽을 보라.)

■ 노숙자 지원가/교수

전직 건강의료 기업의 임원이었던 에드 스피들링(Ed Speedling)은 노숙자에게 도움이 되고 싶어서 지난 10년 동안 여러 가지 방식으로 그 일을 해 왔다. 2005년부터는 미국 필라델피아에 있는 비영리 단체인 프로젝트 홈(Project H.O.M.E.)에서 계속 노숙자를 여러 자격으로 지원하고 있다. 다른 한편으로 존스 홉킨스 대학교(Johns Hopkins)에서 외래 교수로 공중 보건에 대해 강의를 하고 있다.

그는 나에게 "나는 내 이전 정체성의 일부분을 유지하고 싶다. 내가 누구였는지 이전의 나를 버릴 필요가 없다. 과거의 경험을 지금 하고 있는 일에 이용할 수 있다."라고 말했다. 이 단체는 노숙자가 가난의 악순환을 끊어내는 프로젝트를 수행하고 있다.

■ 컨설턴트/아동센터 자원봉사자

스티븐 리스타우(Stephen Ristau)는 자신을 '도서관 남자' 라고 부르는 컨설턴트이다. 그는 자기 동네에 있는 아동센터에서 자원봉사 활동을 하는데 대해 강한 자부심을 갖고 있다. 그래서 그는 자신을 소개하는 여러 곳에서 그 내용을 다음과 같이 포함시키고 있다. 즉, "나는 여러 가지 일을 하고 있는데 그 중 하나로 오리건 주 포틀랜드 도심 지역에 있는 아동 센터에서 매주 자원봉사 활동을 하고 있다. 나는 그곳에서 아이들에게 책을 읽어주고 인간 정글짐 역할을 하고 있다."

핵심은 당신이 무엇을 위하여 어떤 공간을 만들고 싶은지 아는 것이며, 그것이 실제 이뤄지도록 당신의 삶을 설정하는 것이다.

이미 당신이 공공의 대의를 위하여 일 하고 있는 경우

앙코르 커리어는 처음으로 사회적 목적을 위해 일하고 있는 사람에게만 해당되는 것은 아니다. 비영리 단체 경험이 풍부한 사람들도 자신이 일하는 방식이나 방향을 바꾸는 식으로 앙코르 커리어에 진입할 수 있다. 예를 들어 재단이나 비영리 단체의 사무실에서만 근무해온 사람이라면 자신이 돕고 있는 사람들과 보다 긴밀하게 접촉할 수 있는 – 다시 말해 1만 피트 위에서 지상으로 올라가는 것처럼 – 일을 하고 싶어 할 수도 있다. 아니면 다른 사람들과 일할 수 있는 앙코르 커리어로 뛰어들 수도 있다.

수잔 길슨(Susan Gilson)이 바로 그런 경우이다. 그녀는 지역 교육 기관에서 30년 동안 다양한 일을 하면서 주로 위험에 빠진 청소년 문제를 담당해왔다. 수잔은 점점 나이가 들면서 도움을 받고 있는 아이들과 더욱 멀어지고 있음을 알게 되었다. 그녀는 이제는 다른 일을 해야 할 때라고 생각했다. 아이디어를 얻기 위해 여러 가이드 책을 읽고, 책에서 하라고 하는 것은 모두 해보았다. 자기 평가부터 자원봉사까지 그리고 코칭도 받아보았다. 마침내 새로운 일을 찾아 오리건 주 포틀랜드에 있는 엘름 코트 빵과 물고기(Elm Court Loaves & Fishes)라는 단체의 이사직을 맡게 되었다. 이 단체는 60세 이상 노인들에게 따뜻한 점심 식사를 제공하고, 집에서 외출할 수 없는 노인들에게 식사를 배달해주는 밀스 온 휠스(Meals-On-Wheels)와 협력하는 일을 하고 있다.

이외에도 흔히 하는 다른 방법도 있다. 앙코르 커리어 분야가 생소한 다른 사람들을 인도하고, 훈련시키며, 그들의 멘토가 되어주는 것이다.

존 팬슬로우(Jonh Fanselow)는 올해 74세로 아프리카 평화봉사단에서 커리어를 시작했었는데 앙코르 커리어를 추구하다 다시 제자리로 돌아왔다. 컬럼비아 대학교의 종신 교수직을 은퇴하고 명예 교수가 되었다. 이후에도 그는 하이디 더스키(Heidi Duskey)가 중년에 직업을 가지게 된 계기는 마흔 살 때 의사에게 진료를 받았던 적으로 거슬러 올라간다. 그녀는 콜레스테롤 수치가 높았고, 하루에 담배를 두 갑씩 피웠다. 갑자기 그녀는 자신이 이러다가 죽게 되지나 않을까 생각했다. 영양사를 만나고, 미국 폐학회가 운영하는 금연 프로그램에 참가한 뒤 그녀는 흡연 습관을 버리고, 헬스클럽에 등록하여 매일 점심시간에 운동을 했다. 3개월 만에 그녀는 예전과는 다른 새 사람이 되었다고 말했다.

새로 태어난 더스키는 그래픽 디자이너에게 식자 서비스를 제공하는 사업에서 서서히 손을 떼었다. 그녀는 금연교실에서 강의를 하고, 에어로빅 강사 자격증을 취득하였으며, 피트니스 매니저와 트레이너로 성공하게 되었다.

플로리다에서 열린 한 컨퍼런스에서 더스키는 건강과 행복 코치 자격을 얻을 수 있는 훈련 프로그램에 관하여 알게 되었다. 2년 뒤 그녀는 자격증을 취득했고, 코치훈련협회(Coaches Training Institute)가 운영하는 프로그램을 통하여 라이프 코치까지 되었다.

더스키는 새로운 자격증으로 자신을 위한 훈련에서 다른 사람을 위한 코칭을 할 준비가 되었다. 그녀는 몇몇 개인 고객을 받는 것으로 시작할 생각이었으나 우연히 한 의료기관에서 새로운 헬스 코치를 구한다는 공고를 보게 되었다. "나는 입이 딱 벌어졌다. 그 공고문을 제대로 읽었는지 의심했을 정도였다. 왜냐하면 직무에 대한 자격 요건이 말 그대로 내 이력과 딱 들어맞았기 때문이었다."

더스키는 즉각 지원했다. 몇 번의 면접을 거친 후 최종 합격한 그녀는 2008년 50대 중반에 그 일을 시작한 것이다. 복지 혜택이 있는 풀타임 일자리였다. 그때까지만 해도 그녀는 혼자 일하면서 성공하겠다고 생각했었다.

제2외국어로써의 영어 즉, ESL(English as a Second Language) 분야에서 활발히 활동하고 있다. 몇 년 동안 그는 ESL 프로그램을 개발하고 운영했다. 그리고 뉴욕과 뉴질랜드와 도쿄에 있는 대학에서 주도적으로 교사를 훈련시켰다. 이후에도 세계 오지에 있는 교사들에게 강의 코스를 온라인이나 휴대폰으로 제공하는 두 벤처기업의 창업에도 관여하고 있다. 이 과정에서 아프리카에서 가르쳤던 이전 경험이 큰 도움이 되었다.

많은 사람들이 자신의 직업을 통하여 오랜 세월 동안 축적된 경험과 세상을 보는 관점으로 충족되지 않은 사회적 욕구를 바로 볼 수 있어 앙코르 커리어의 길을 찾고 있다. 교사들은 독서 코치나 차터 스쿨(공적 자금을 받아 교사 · 보모 · 지역단체 등이 설립한 학교)에 참여하기도 하고, 정부 기관에서 근무했던 사람들이 사회 활동가가 되기도 한다. (교도소 직원이 사형 반대자로 바뀐 이야기는 79쪽을 보라.)

어떤 사람들은 단지 자신이 일하는 방식을 혁신하고 싶어 한다. 그들은 사무실을 벗어나기를 원하거나 풀타임 근무 시간과 맡은 일을 줄여 더 많은 시간을 자유롭게 보내고 싶어 한다. 이런 사람들이 앙코르 커리어를 결정할 때는 자신에게 맞는 구조적인 근무환경이 가장 중요한 요소이다.

유망한 앙코르 분야와 역할

이제 문제는 앞으로 당신이 어떤 종류의 일을 할 것인가이다. 당신은 이미 그 답을 알고 있을지도 모르겠다. 그렇다면 이 부분은 건너뛰어도 좋다. 당신의 경험을 활용하고, 보수도 받으면서 세상을 위한 긍정적인 변화를 만들 수 있는 당신에게 잘 맞는 일이 무엇이 있을까 아직도 고민하고 있는가? 그렇다면 특히 앙코르 친화적인 몇몇 부문과 역할을 소개하도록 하겠다. 앙코르 친화적이라는 말은 앞으로 수년 내에 그 부문과 역할에 대한 수요가 크게 늘어날 것이라는 뜻이다. 또한 신축적인 근무 시간과 자영업을 포함하고 있어 경험이 풍부한 시니어들에게 잘 맞을 것이다. 많은 앙코르 커리어는 교육, 코칭과 멘토링 기술 부문에 관련된 것으로 이는 인생 경험이 유용하게 쓰이는 활동 부문이다.

6장과 7장에서는 하고 싶은 일을 할 수 있는 가능성을 모색하고 자기 자신을 포지셔닝 하는 방법을 상세히 알려준다.

교육 부문

★ **일자리 기회**

앙코르 부문의 일자리에 관한 정보는 372쪽에 있는 인생2막의 유망 직업 리스트를 참고하라.

무너진 교육을 제대로 다시 세우고, 젊은 사람들이 성공하도록 도와주며, 지식을 물려주려는 욕구 때문에 앙코르한 커리어로 교육 부문은 인기가 있다. 많은 사람들이 공립학교 교사에 매력을 느끼고 있어 중장년들을 위한 교사 전직 프로그램이 전국적으로 늘고 있다. 또한 지원자의 역할에는 대체 교사, 기간제 교사, 심지어 코칭 교사와 같은 파트타임 직종도 있다. 이는 단순히 가르치는 역할 외에도 중요한 영향을 미칠 수 있다.

당신이 성인을 상대로 일하는 것이 더 잘 맞는다면 지역 전문대학이나 다른 환경에서 외래 교수, 풀타임 교수로 시니어 학생들을 가르치거나, 가르치지 않는 교육 분야도 고려해 보라. 학교는 회계사부터 마케팅 전문가와 학교로 돌아오는 중년들과 함께 일할 동년배 상담사도 필요로 한다.

사회복지사, 카운슬링과 코칭

앙코르 커리어에 몸담고 있는 사람들 중에서는 현장에서 사람들과 직접 접촉하고 관계를 맺는 것을 좋아하는 사람들이 많다. 내담자들의 어려움을 들어주고 상담을 원하면 카운슬링이나 라이프 코치 혹은 직접 도와주는 과정에서 1:1 접촉을 통한 교감을 하게 된다. 중독에 빠지거나 상실의 고통을 겪고 있는 사람들을 직접적으로 상대하는 사회복지사

나 카운슬링의 적임자는 동병상련의 마음으로 자기 자신도 아픈 경험을 갖고 있어서 남을 돕는데 뜨거운 열정이 있는 사람들이다.

비영리 부문

영리 부문은 경기 침체기에 인력을 감축했지만 비영리 부문의 고용은 실제로 완만한 성장세를 기록했다. 베이비부머 세대의 은퇴 물결이 밀려오기 시작하면서 비영리 부문은 새로운 인재들을 필요로 하게 될 것이다.

그렇다면 비영리 부문에서 어떤 종류의 일자리 수요가 높을 것인가? 하나의 예로 기금 모금이다. 많은 사람들이 기금 모금으로 몰려오고 있으며 그만두지 않고 계속 머물고 있다. 이에 대해 비영리 컨설턴트인 제닌 밴더버그(Janine Vanderburg)는 그 이유가 "돈을 구하러 다니는 것을 원해서가 아니라 많은 사람들이 이 이슈에 열정적이기 때문"이라고 설명한다.

사회적 목적에 집중하는 비영리 단체들도 영리 기업과 마찬가지로 조직

★ 비영리 부문 일자리 성장

2010년 기준 미국의 비영리 부문에 고용된 유급 인력은 1,070만 명으로 미국 민간 고용의 10%가 조금 넘는 수준이다. 미 전역 세 번째 순위다. 2000년부터 2010년까지 비영리 부문 고용은 매년 2.1% 증가했다. 같은 기간 영리 부문 고용은 0.6%씩 감소했다.

운영을 전문화하고, 프로그램의 성과를 측정해야 하는 상황이다. 그렇기 때문에 앙코르 커리어 부문에서도 회사를 운영하고, 기술과 경영 그리고 금융을 잘 아는 전문 지식을 가진 사람을 필요로 하고 있다. 또한 데이터, 지표와 사회적 영향력에 대한 보고서를 편안하게 다룰 수 있는 사람들도 필요한 실정이다.

건강 관리

앞으로 몇 년 안에 고용 규모가 아주 큰 폭으로 늘어날 부문이 바로 건강 관리이다. 숙련된 직원들이 갖고 있는 소중한 생활 기술, 공감 능력과 지혜가 이 직종에서 유용하게 쓰일 것이다.

미국 노동성에 따르면 빠른 속도로 성장하고 있는 20개 산업 중 10개가 바로 건강 관리 부문이다. 그리고 건강 관리 산업의 일이 많은 비용이 수반됨에 따라 사람들의 건강관리를 보조할 수 있는 다양한 방법들을 고안해내길 바라고 있다.

일반 간호사와 임상 간호사 이외에도 방문 건강 돌보미, 물리 치료사와 이제 막 유행하기 시작하고 있는 많은 직종, 예를 들면 지역 보건사, 만성질환 코치와 주택 개조 전문가와 같은 직업에 대한 수요가 엄청날 것이다. 관련된 노인 관련 서비스 분야도 사회적 목적 사업이나 비영리 단체를 시작하려는 사람들에게는 좋은 옥토가 될 것이다.

건강 관리 분야라고 해서 의학이나 과학적인 배경을 갖고 있어야 하는 것은 아니다. 많은 사람들이 인생 경험을 살려 건강 관리 부문으로 투입되고 있으며, 이들 중 많은 사람들은 의학적인 지식이 전혀 없다. 당신이 외국어를 할 수 있으면 언어 장벽을 해소하기 위하여 사람을 구하고 있는 병원이나 사회복지 기관에서 일할 수 있다.

환경 관련 일자리

환경 관련 직업은 환경이나 지속 가능성에 중점을 두고 있는 직종이다. 재생 가능 에너지 자원이나 청정 에너지, 국토 보존과 재활용 개선 방안 등이 이 분야에 모두 해당된다.

당신이 환경 문제에 관심이 있다면 좋은 소식은 모든 산업 분야에서 지속 가능성을 심각하게 다루기 시작했다는 것이다. 제조 공정이 환경에 영향을 주지 않을까 노심초사하는 기업이 점차 늘어나고 있고, 이런 문제점을 해결하기 위해 기업은 사회적 책임, 커뮤니케이션, 품질 관리 부문에 신규 고용을 늘리고 있다.

건설, 엔지니어링과 건축 분야와 관련된 일을 하고 있는 사람들은 환경 관련 기술을 습득할 수 있는 방법이 있다. 예컨대 리드(LEED, Leadership in Energy and Environmental Design) 자격증을 취득하기 위한 훈련을 받는 것이다. 이를 위해 관련 협회와 지역 전문대학에서 제공하는 에너지 효율이 좋은 건설, 내기후(耐氣候) 구조 주택과 다른 환경 기술에 대한 학과, 온라인 세미나와 평생 학습을 눈여겨 볼 필요가 있다. 환경 프로그램이 어떤 종류의 것인지를 분석해 보면 어느 쪽에 수요가 몰리고 있는지 알 수 있다.

환경 관련 직업에 과장된 측면이 분명히 있다. 그래서 일부 사람들은 새로운 환경 사업이 당초 기대에 미치지 못하고 있다는 결론을 내리고 있다. 어느 정도 맞는 말이다. 태양광이나 청정에너지 기술과 같은 환경 관련 일은 주로 정부 보조금에 의존하고 있다. 인센티브를 많이 제공하는 좋은 뉴저지, 캘리포니아와 일부 뉴잉글랜드 지역에서는 관련된 일자리가 쏟아져 나왔다. 설치

앙코르 프로필: 자원봉사에서 정식 지원으로

주디 울프(Judy Wolfe)는 전설적인 자원봉사자이다. 그녀의 이름이 새겨진 명판을 받았을 정도이다. 그 명판은 울프가 20년 이상 봉사한 뉴욕의 센트럴 파크 동물원에 주요 명소에 자리 잡은 벤치에 붙어있다.

울프가 매주 금요일마다 자원봉사를 시작한 것은 자기 미술 스튜디오에서 나와 다른 사람들과 시간을 보내기 위해서였다. 그때 울프의 나이 마흔다섯 살, 미술가 겸 판화제작자로 활동하고 있었다. 그녀는 센트럴 파크에 새로운 동물원이 개장되었는데 자원봉사자를 모집한다는 소식을 듣고 지원했다. 울프는 동물원 방문객들을 응대하며 대중과 동물원 관리자를 연결해주는 일을 맡았다.

그녀는 동물을 사랑했지만 당시 자원봉사를 시작한 동기는 다소 이기심에서 비롯되었다는 것을 인정한다. 울프는 친구를 사귀고 싶었던 것이다. 몇 년 간 일을 하고 나서야 비로소 진지한 동물 보호론자가 되었다. "당신이 동물원에서 만나는 사람들은 동물이나 동물 보존에 열정을 갖고 있기 때문에 동물원을 찾아온다. 그래서 관심사가 비슷하기 때문에 그 사람들과 가까워지기가 쉽다."라고 그녀는 설명하였다.

자원봉사를 약 11년간 했을 때 그녀는 판화 제작과 그림 그리기에서 은퇴하고, 디지털 사진에 몰두했다. 시간이 흐르면서 그녀는 카메라를 동물원으로 가져와 동물들의 사진을 찍었다. 처음에는 사진을 명절 카드에 사용하였고, 그 다음에는 이메일 뉴스레터에, 뒤에는 자신이 그린 그림, 영화평과 정치적인 생각을 포스팅하는 블로그에도 올렸다.

자원봉사를 시작한 지 20년쯤 되었을 때 동물원의 부원장이 울프에게 동물원에서 사진 다큐멘터리 유급 작가로 일하는 것이 어떻겠냐고 제안해왔다. 울프가 그 누구보다도 동물원에 오래 있었고, 이제는 동물원의 '살아있는 역사'가 되었기 때문이라고 부원장은 이유를 설명했다. 그녀는 수락했다.

기사에서부터 프로젝트 매니저, 판매원, 엔지니어, 임원직에 이르기까지 그 종류도 다양했다. 그러나 청정에너지에 대한 아무런 조치가 없었던 미국의 다른 지역에서는 관련 일자리가 창출되지 않았었다.

정부

미국 연방 정부는 대략 200만 명을 고용하고 있는 최대 고용주이다. 그런데 일반적 통념과는 달리 연방 공무원의 85%는 수도인 워싱턴에서 근무하고 있지 않다.

지금부터 2018년까지 170만 명의 일자리가 지방, 주, 연방 정부에서 창출될 것이라고 전문가들은 주장하고 있다. 공공서비스 파트너십(Partnership of Public Service)의 회장이자 대표이사 막스 스티어(Max Stier)는 "상당한 예산이 삭감되고, 연방 정부 인력이 감축될 것이라는 전망이 나오는 가운데 기록적인 숫자의 베이비부머 세대가 앞으로 몇 년 안에 은퇴할 예정이다. 반면 숙련 기술자들을 필요로 하는 과학, 엔지니어링, 공중 보건, 사이버 보안, 재정, 법무 분야 등 정부의 충원 수요가 지속적으로 증가하고 있다."라고 말했다. 만일 당신이 실외에서 근무하고 싶다면 국립공원과 산림청에 파트타임 일자리도 고려할 수 있다.

가능성을 브레인스토밍 하기

성취감을 주는 앙코르를 찾는 일에 가장 까다로운 것은 어떤 역할이 존재하고 있는지를 아는 일이다. 372쪽에 있는 부록 A를 보고도 아무런 생각이 들지 않는다면 친구와 앙코르를 추구하고 있는 다른 사람들과 함께 브레인스토밍을 해보라. 다음은 당신이 해볼 수 있는 연습이다.

1. 브레인스토밍을 하고 싶은 사람들을 몇 명 모으자. 당신에게 그런 그룹
이 없다면 앙코르닷오르그의 페이스북이나 링크드인에 올리고 합류할 사람
이 있는지 알아본다. 두세 사람을 모아 온라인이나 이메일을 통해서 아니면
직접 만나 브레인스토밍을 하라.

2. 당신이 활용하고 싶은 기술에 대해 생각하자. 어떤 환경에서 일하고 싶
은지, 이슈, 그룹이나 혹은 집중하고 싶은 목적에 대해서도 생각해 보자. 그
런 후에 다른 사람이 도와줄 수 있는지 '만일' 이라고 몇 가지 가정을 붙여 본
다. 아래는 몇 가지 사례이다.

- 내가 만일 멘토 역할을 하고 싶다면
- 내가 만일 카운슬링을 하고 싶다면
- 내가 만일 사무실을 벗어나고 싶다면
- 내가 만일 나의 창조적인 재능을 사용하고 싶다면
- 내가 만일 어린이와 함께 있고 싶지만 교실 밖에서라면
- 내가 만일 노인들과 일하고 싶다면
- 내가 만일 사람들을 관리하는 일에 싫증을 느끼게 된다면

3. 다른 사람들 생각에 당신이 정한 범주에 맞을 것 같은 역할을 모두 말해
달라고 요청한다. 그룹 사람들이 아이디어를 제시하면 그런 일을 하기 위해
어떻게 더 배울 것인지, 장단점은 무엇인지를 하나하나 꼼꼼히 살펴본다. 당
신에게 아래와 같은 추가적인 정보가 필요할 것이다.

- 급여 수준은 어떤지?
- 어느 정도의 훈련이나 교육이 필요한지?
- 파트타임이나 근무 시간의 신축적인 조정이 가능한지?

보수가 얼마인지 알아내기

급여 수준에 대한 정보를 얻는 가장 쉬운 방법 중 하나는 인디드닷컴 (Indeed.com)과 같은 웹사이트를 검색하는 것이다. 급여 색인표 아래에 직무 타이틀, 도시 이름을 입력하기만 하면 그 범주에 맞는 직업의 평균 급여가 나온다.

검색할 때 도움이 되는 단어를 가능한 많이 포함시켜라. 예를 들면 비영리 단체나 정부기관의 커뮤니케이션 직종에 관해 더 많이 알고 싶으면 '커뮤니케이션, 책임자, 정부' 또는 '커뮤니케이션, 책임자, 비영리 단체'를 키워드로 사용하라.

미 노동부의 커리어원스톱닷오르그(CareerOneStop.org)에서 지역별로 급여를 조사하는 방법이 있다. 급여+혜택 항목에 링크하고, 직무 타이틀과 우편번호 또는 주 이름을 입력하면 중간, 상위, 하위 수준의 급여는 물론 당신이 살고 있는 지역과 전국적인 급여 수준을 비교할 수 있다. 검색 범위가 큰 경향이 있지만 어림잡아 추정할 수는 있다.

수많은 사이트에서 사용자가 익명으로 제공하는 상세 자료에 근거한 급여 정보를 무료로 입수할 수 있다. 당신이 정보를 주고 결과를 다시 받는 방식이다. 그렇기 때문에 당신이 회원(기본 서비스에 대해서는 보통 무료다)이 되어야 하거나 당신의 급여 수준과 기타 세부 사항(다른 보상, 도시, 타이틀, 직원 수 등)을 입력해야 한다. 페이스케일닷컴(Payscale.com)에서는 당신의 상황(현재 실업 상태이면 가장 최근의 직업을 입력할 수 있다)에 대한 세부 내역을 제공하면 당신은 '만일 … 한다면'이라는 시나리오에 따라 커리어 변경에 필요한 사전 급여 정보를 검색할 수 있다.

글라스도어닷컴(Glassdoor.com)의 급여 항목에서는 직무별, 회별, 조직별로 급여를 검색할 수 있다. 샐러리닷컴(Salary.com)은 직업 타이틀이나 지역을 입력하면 무료로 일반적인 급여 정보를 대단히 편리하게 얻을 수 있다.

특정 비영리 단체의 급여를 조사하려면 가이드스타닷컴(Guidestar.com) 사이트에서 해당 단체의 연방 납세 보고서(양식 990)를 살펴보면 된다. 여기에는 그 단체에서 상위 다섯 사람의 급여를 볼 수 있다. 집행 임원이나 경영진 이하 직원의 급여에 대해선 알 수 있는 것이 별로 없지만 작은 조직이라면 어느 정도는 알 수 있을 것이다.

당신은 또한 총 직원 대비 인건비 규모를 볼 수도 있다. 그리고 당해 연도와 직전 연도를 비교해 보는 것이 좋다. 비영리 조직의 급여는 현금 흐름과 주 정부 및 연방 정부의 예산에 따라 크게 왔다 갔다 할 수 있다. 파운데이션센터닷오르그(FoundationCenter.org)도 유용한 사이트다.

정부 급여는 투명하기 때문에 아마도 파악하기가 가장 쉬울 것이다. 일자리와 급여 범위가 함께 열거되어 있다. 사실 어떤 도시와 지방 정부에서는 웹사이트에 모든 공무원의 이름과 급여 수준이 올라와 있다.

브레인스토밍의 구체적인 예를 들어보자.

만일에 – 만일에 당신이 사무실을 벗어나서 파트타임이나 신축적인 근무 일정이 가능한 상황에서 어린이 주변에서 일하고 싶다면

제안 1 – 지역에 있는 동물원 혹은 정원이나 국립 혹은 주립 공원에서 어느 정도 시간을 보내도록 하라. 그곳에서 어린이를 위한 프로그램을 운영하고 있는지 알아본다. 해당되면 시도해 보고 그렇지 않으면 다른 일을 시작하는 것을 고려해 본다. 당신이 살고 있는 지역의 미술관이나 과학박물관이나 커뮤니티 센터도 방문해 본다.

장단점 – 프로그램이 운영된다면 시험해 보고 당신에게 맞는지 여부를 체크한다. 당신이 살고 있는 지역에 그런 프로그램이 없지만 필요하다고 인정하면 소규모로 시작해 보는 것이 좋다. (어느 기업가 유형에게는 장점이지만 다른 누구에게는 단점이 될 수도 있다.)

앙코르 커리어 핸드북 인생2막의 변화와 창조

제안 2 – 어린이를 위한 건널목 안전 요원으로 일하는 것을 생각해 본다.

장단점 – 어린이와 함께할 수 있고, 밖에서 일할 수 있으며, 신축적 근무 시간을 원한다면 당신에게 이상적인 직종이다. 어린이 등하교 시간에 맞추어 아침과 점심시간에 한 시간 그리고 오후 3시에 또 한 시간으로 근무 시간을 배정할 수 있을 것이다. 학교가 당신이 살고 있는 곳에서 가깝다면 아주 좋을 것이다. 그러나 출퇴근을 해야 한다면 적절하지 않다.

다음 단계는?

당신이 앙코르 커리어로 무엇을 하고 싶은지 파악한 이후 그것을 어떻게 실행할 수 있을까 방법을 놓고 고민하는 단계로 넘어가면 질문이 바뀌기 시작한다. 이에 대해 커리어 코치 캐럴 맥클랜드(Carol McClelland)는 다음과 같이 설명했다. "어느 시점에서 당신 자신이 무엇을 할지 확고하게 결정을 하고, 당신의 내비게이션 시스템을 그에 맞춰야 한다. 지금까지는 당신이 준비하고, 조사하고, 배워왔다면 이제는 실제로 앙코르 커리어의 기회를 탐색하는 것이다."

그러기 위해서는 먼저 당신이 하고 싶은 분야에서 활발하게 활동하고 있는 사람들이 누구인지, 관련된 활동의 중심지는 어디이며, 어떻게 하면 그 네트워크에 들어갈 수 있는지 알아봐야 한다. 그리고 당신이 하고 싶은 커리어 부문에서 어느 단체가 당신과 같은 사람을 고용하고 있는지 궁금해질 것이다. 아니면 당신이 독자적으로 시작하려면 무엇이 필요할 것인가? 당신이 거주하거나 일하고 싶은 지역에서 이미 진행되고 있는 일은 어떤 것인가?

당신이 조사를 심도 있게 할수록 더 많은 것을 알게 된다. 당신이 어느 특정 직업에 대해서 또는 당신이 살고 있는 지역에 수요가 무엇인지 알게 되면 처음 희망했던 비전이 중간에 다른 방향으로 바뀔 수도 있다. 그것이 이상한

앙코르 프로필: 가정부에서 환경 운동가로

마가렛 고든(Margaret Gordon)은 50세로 캘리포니아 오클랜드에서 가정부로 일하면서 뜻밖의 교육을 받았다. 그녀는 베이 지역의 대기 오염을 감시하는 비영리 단체인 베이키퍼(Baykeeper)의 대표인 마이클 허즈(Michael Herz)의 집에서 청소를 하던 중 주인이 수집한 환경 관련 잡지를 들쳐보기 시작했다. 그녀는 대기 오염에 대한 이야기에 더욱 깊이 빠져들었다.

그녀는 오클랜드 지역의 대기 문제를 생각하다가 그 지역의 많은 사람들이 천식으로 고생하고 있다는 사실을 떠 올렸다. 자기를 비롯하여 손주들도 천식을 앓고 있었다. 그때부터 그녀는 모임에 나가기 시작하였고, 그때부터 암, 천식, 고속도로를 달리는 트럭이나 열차에서 뿜어져 나오는 배출가스와 공기의 질에 대해서 질문을 하기 시작했다.

그녀는 스스로 공부하기 시작했다. 환경 감독 당국이 지역민으로부터 환경 문제에 대한 의견수렴을 할 때 그녀는 참석했다. 고든은 지역 주민들과 함께 고속도로 공사에 반대하는 운동을 벌였다. 노동자들이 유독성 물질에 노출되기 때문이었다. 그러다가 그녀는 서부 오클랜드 환경 프로젝트(West Oakland Environmental Project)를 공동으로 설립하였다. 이 단체는 대기의 질을 연구하고 환경 개혁을 지지하는 단체인데 고든에게 급여도 지급하고 있다.

그녀의 환경 운동은 대단히 효과적이어서 오클랜드 시장은 그녀를 오클랜드 항만의 부청장으로 임명했다. 고든도 환경운동으로 먹고 살게 될 줄은 몰랐다고 술회한다. "아무런 계획 없이 그저 시작한 운동이었다."는 것이 그녀의 이야기이다.

그녀는 환경 운동가가 되려는 사람들에게 다음과 같이 조언하고 있다. 대학에서 기술을 배우고 모든 이론서를 읽을 수 있다. 그러나 현실에서 부딪

히게 되면 아무도 그런 것들을 가르쳐 주지 않는다. 순전히 경험이다. 현장에 가서 늘 듣고 질문을 던져야 한다. 그리고 불편한 것을 기꺼이 감수해야만 한다.

일은 아니다. 예를 들어 당신은 전국적으로 요양 전문 간호사가 부족하다는 기사를 신문에서 읽었다. 그러나 당신이 간호사가 공급과잉으로 넘쳐나는 지역에 살고 있다면 그 직종으로 진출하는 것이 당신에게는 타당하지 않을 것이다. 결국 앙코르 커리어로 나가기 위해 가장 중요한 문제는 당신의 꿈과 현실이 타협할 수 있는 합일점을 찾는 것이다.

FAQs

나는 정원 가꾸기, 요리와 만들기를 좋아한다. 내 기술과 취미를 결합하여 세상에 변화를 주는 방법은 없을까?

먼저 당신의 관심사를 낙후된 지역이나 어려운 사람들에게 적용할 수 있는지 방법을 탐색하라. 낸시 코책은 은퇴한 커뮤니케이션 전문가로 자기 지역에 있는 시니어 센터에 요가를 도입할 수 있도록 추진하고 있다. 경험이 풍부한 미술 행정 전문가인 바바라 알렌(Barbara Allen)은 비영리 단체인 신선한 미술가(Fresh Artists, freshartists.org)를 설립하여 어린이 예술가들의 작품을 기업 사무실에 걸어주고 있다. 대신 기업은 기부를 통해 예산이 부족한 학교에 미술 재료를 기부하고 있다.

다른 사람들이 당신처럼 자신의 재능이나 취미를 어떻게 활용하고 있는지 알기 위해서 자원봉사자나 비영리 구직 정보를 찾아보도록 한다. 인터넷에서 비영리 단체의 일자리를 검색하면 청소년을 위한 다양한 직종이 나온다. 청소년 단체를 위한 비디오 제작자, 모험 기반 교육 프로그램을 위한 요리사와 주방 매니저 그리고 기금 모금을 위한 이벤트 기획자 등 종류가 매우 다양하다. 이들은 모두 당신이 원하는 재능이나 취미를 쉽게 활용할 수 있는 직종이다.

구직 게시판에 신경을 써야 하는가? 그렇다면 어떤 곳이 좋은가?

구직 사이트는 부분적으로 이용하되 전적으로 의존하지 않는다면 유용할 수 있다. 미국의 경우 비영리 단체 일자리를 찾으려면 다음 사이트를 눈여겨보는 것이 좋다. Idealist.org, OpportunityKncoks.org, nonProfit Jobs.org, CommongoodCareers.org, philanthropy.com/jobs, Council on Foundation(Jobs.cof.org)과 Encore.org, 정부쪽 일자리는 USAJobs.org와 Governmentjob.com을 참고한다. 일반적인 일자리를 소개하는 Yahoo!'s Hot Jobs, Monster.com, Indeed.com, CareerBuilder.com, AOL Jobs와 SimplyHired.com도 참고한다. 또한 지역 신문이나 Craigslist.org에도 관련 일자리가 올라오고 있다.

온라인을 통해 구직활동을 하는 경우 입사원서 제출에만 의지하지 말라. 당신의 네트워크를 동원하여 그 일에 대한 정보를 더 알아내는 것이 좋다. 지원 단체와 관련이 있는 인사를 찾아 당신을 위해 좋은 말을 해줄 수 있도록 하면 당신의 지원에 힘이 될 것이다.(당신의 네트워크 활용에 대해서는 6장을 보라.)

Idealist.org 또는 다른 사이트에 올라온 게시물을 보면 구직 공고에 대해 잘 알 수 있을 것이다. 일자리 사이트를 검색하는 것은 최신 취업 동향을 파악하고 정보를 얻는 방법 정도로 활용하라. 수요가 높은 직종과 분야 그리고 다양한 직종이 요구하는 기술의 종류에 관심을 기울이면 무엇이든 유용한 정보가 될 것이다.

내가 지금 하고 있는 일과 전혀 다른 앙코르 커리어를 할 수 있을까?

물론 할 수 있다. 이 책의 마지막까지 많은 사람들이 자신이 하던 일과 전혀 관계가 없는 분야에서 앙코르 커리어를 하고 있는 사례를 볼 수 있다. 사실 많은 사회적 기업가들은 일상적으로 일을 하면서 비영리 단체를 만들고 있다. 그리고 많은 앙코르 커리어 활동가들이 헌신적인 자원봉사나 보수를 바라지 않고 프로보노로 활동하고 있다.

육체적으로 너무 힘이 들지 않는 일을 찾고 싶다. 어떻게 하면 될까?

육체적으로 힘들지 않은 일을 찾고 있다면 사고(思考), 문제 해결, 조사 연구나 창조적인 결과물을 낼 수 있는 지식 기반 프로젝트를 고려해보는 게 좋다. 아니면 사람을 1:1로 상대하는 일도 좋을 것이다. 비영리 단체, 정부 기관과 사회 단체들은 법률, 금융, 테크놀로지, 커뮤니케이션과 마케팅은 물론 개발 전문가, 프로그램 관리자, 사례 관리자와 같은 특정 부문의 전문 인력을 필요로 하고 있다. 많은 경우 상담 직종도 때로는 감정적으로 힘든 직업이지만 육체적인 노동을 필요로 하지는 않는다.

인력 수요가 높은 건강 관리 부문도 좋을 것이다. 즉, 의료 사무 보조, 치과 위생사 또는 보조, 채혈사(혈액이나 다른 액체 샘플을 채취하는 직업), 보청기 전문가, MRI 기사, 약사 보조와 의료실의 다른 여러 가지 직종은 특별한 육체적 노동을 요구하지는 않는다. 물론 그 중에는 업무 시간에 서 있어야 하는 경우가 있긴 하다.

공무원으로 들어갈 수 있는 가장 좋은 방법은 무엇인지?

연방 정부 일자리에 관심이 있다면 시간을 내어 공공서비스 파트너십의 웹사이트(ourpublicservice.org)를 검색하라. 이 단체는 비영리 단체로 연방 정부를 활성화 시키려는데 집중하고 있다. 이 웹사이트에 게재되어 있는 일자리가 있는 곳(Where the Jobs are)과 연방 정부에서 일하기 가장 좋은 곳 (Best Places to Work in the Federal Government)이라는 두 보고서는 연방 정부가 고용하고 있는 상위 영역을 잘 제시하고 있다. 분야별로 검색할 수 있고, 그 영역에서 각각의 특정 직종별로 채용정보에 대한 정보를 얻을 수 있다. 연방 정부의 구직 목록은 USAJobs.gov에 게시되어 있다. 주 정부와 지방 정부의 경우에는 Statelocalgov.net을 방문하면 된다.

먼저 당신이 어떤 이슈에 관심을 갖고 있는지 생각하고, 그 분야를 다루는 여러 기관과 부서와 친숙해져야 한다. 또한 당신이 하고 싶은 역할에 관해서도 생각하라.

민간 부문이나 비영리 부문에서 검색하는 경우 당신의 네트워크 가치를 과소평가해서는 안 된다. 그리고 웹사이트에만 의존하지 말라. 공무원 채용에서 가장 까다로운 것 중 하나는 당신이 그 조직에 대해 잘 모르면 다양한 직종에서 사람들이 무슨 일을 하는지 알아내기가 쉽지 않을 수 있다. 당신에게 이해하기 쉽게 설명해 줄 수 있는 내부 사람을 알고 있으면 큰 도움이 된다.

지원 절차는 당신이 생각하는 것보다 훨씬 시간이 많이 걸릴 것이라고 각오하라. 그렇다고 실망해서는 안 된다. 평생 기업에서 몸담았던 샤론 라이딩즈(Sharon Ridings)는 오랫동안 연방 정부에서 일해온 남편의 제안으로 연방 정부에 지원했을 때 그 과정을 겪고 깜짝 놀랐다. "이전에는 이런 경험을 한 적이 없었다. 나는 가장 단순하게 줄이려고 애썼다. 그들이 묻는 질문에 정확히 맞는 대답을 하려고 했다."고 그녀는 말한다. 결국 그녀는 환경청에 좋은 자리를 얻을 수 있었다.

지역 교육청은 교사를 해고하고, 병원은 간호사를 해고하고 있는데 요즘 이 분야에서 일자리를 얻는 것이 정말 가능한가?

교육과 간호 영역 모두 최근 몇 년 동안 숙련된 인력조차도 해고를 당하고 있다는 것은 사실이다. 당신이 추가적인 훈련과 교육을 받으러 가기 전에 당신이 하려는 일에 대한 필요가 어디에 있는지 아는 것이 핵심이다.

예를 들면 특수 교육, 수학, 과학 교사에 대해서는 수요가 많다. 이런 과목을 가르칠 수 있는 교사들은 학교가 다른 과목의 교사를 내보내고 있는 와중에서도 일자리를 잡을 것이다. 간호직은 지역에 따라 수요가 상당히 다르다. 당신이 재훈련을 받기 전에 당신이 근무하고 싶은 지역에 취업 기회와 수요를 이해하는 것이 대단히 중요하다.

나와는 아주 다른 사람들과 함께 일하더라도 성공이 가능한가?

가능하다. 그렇게 해낸 사람들은 자신들이 일하는 지역과 연관성을 탄탄하게 만드는 방법을 보통 자신의 내면에서 찾는다. 마크 골드스미스(Mark Goldsmith)는 화장품 회사의 임원으로 근무하다가 은퇴했다. 이후 그는 교도소에 복역 중인 젊은 사람들과 함께 작업하는 프로그램을 시작했다. 처음부터 그는 이 사람들 속에서 젊은 시절의 자신을 보았고, 그들이 무엇을 필요로 하는지 곧바로 알 수 있었다고 말했다. 신뢰를 형성하고 서로의 문화를 이해하기 위해서는 지역 사람들이 참여하는 것이 매우 중요하다.

제 3장

당신은
무엇을 희망하는가?

뭘 하면 행복할지
그것을 알 수만 있어도
무지하게 좋은 출발이다.
– 루실 벌 –

당신은 인생의 지금 단계에서 무엇을 하고 싶은지 정확하게 알 수도 있고 아니면 전혀 모를 수도 있다. 어쩌면 난생 처음으로 나는 어떤 일을 하고 싶은가라는 질문을 하고 있는 것일 수도 있다.

당신이 무엇을 할 수 있는가가 아니다. 당신이 무엇을 해야 하는가도 아니다. 다른 사람이 당신에게 무엇을 하기를 바라거나 어떻게 하는 것을 기대하는 일도 아니다.

당신이 백지상태라면 어떤 일에 대해 많은 생각을 하게 될 것이다. 이미 무슨 일을 할지 아이디어를 갖고 있다면 이제 '어떻게'를 두고 고민할 것이다. 당신은 자신을 위해서 아니면 조직을 위해서 일하고 싶은가? 어떤 환경에서 일하고 싶은가? 근무 시간은 어떤가? 돈은 얼마나 받아야 하는가? 당신의 앙코르 커리어는 본업인가? 아니면 본업 이외의 부업인가?

커리어 전환에는 기본적인 두 가지 요소가 있다. 첫 번째는 당신의 내면적인 것으로 자기 자신을 성찰하고 스스로 평가하는 것이다. 두 번째는 현실 세계에서 시험해보는 것이다. 변호사에서 커리어 코치로 전직한 마이클 멜처(Michael Melcher)는 "그것은 뒤틀리고 꼬인 것"이라고 말했다. 대부분 사람들은 이들 요소 중 하나를 선호하지만 가장 이상적인 시나리오는 둘 다 갖추는 것이다.

이 장에서는 연습과정을 통해서 당신에 대해 자기 평가와 성찰을 하게 해서 경험 단계에 접어들 수 있도록 도와줄 것이다. 따라서 나는 당신이 이 책에 나와 있는 순서대로 연습할 것을 권고한다. 할 필요가 없다고 생각하더라도 모두 연습하라. 당신이 만든 연관성에 놀랄 수도 있을 것이다.(당신이 나중에 이 연습 과정을 다시 볼 수 있기 때문에 기입하기 전에 연습 페이지를 복사나 스캔을 해두어도 좋다.)

이 연습 과정을 마친 후 여러 실마리를 하나로 모으면 당신이 무엇을 원하고 있는지 아는데 도움이 된다. 그렇다고 단번에 분명한 해답을 기대하지는 말라. 이 연습과정이 당신의 앙코르 커리어가 무엇인지 수정처럼 명확하게 알려주지는 않는다. 다만 당신이 앙코르 커리어로 옮겨감에 따라 당신이 관심을 갖고 있는 일이 뭐라도 있으면 그것이 무엇인지를 발견하거나 확인하는 데 도움을 줄 것이다.

당신이 30년 전, 아니 불과 5년 전에 관심을 갖고 있었던 것이 지금은 아닐 수 있다. 우리의 상황은 모두 시간이 흐르면서 진화한다. 그리고 우리는 끊임없이 진화하는 이 세계를 바탕에 두고 변한다. 시간을 두고 천천히 자기 자신을 점검해 보자. 당신은 지금 어디 있는가? 지나간 세월이 당신을 어디로 이끌어 왔는가?

당신이 그동안 해오고 있는 일은 따지고 보면 우연으로 출발했을 것이다. 부모님이나 파트너의 압력이나 다른 사람의 영향 때문이었을 수도 있고, 안정적인 생활을 위해서였을 수도 있다. 그러나 이제는 새로운 요인들이 당신이 무엇을 원하는지 결정하는데 영향을 미치고 있을지도 모른다. 그 요인들에 귀

재창조의 패턴

당신이 커리어 전환을 두고 고민할 때, 다른 사람들이 앙코르 커리어를 어떻게 발견했는지 어떻게 전환했는지 몇 가지 공통점을 살펴보면 도움이 될 것이다.

젊었을 때의 꿈으로 다시 돌아오기

돈 타르버튼(Don Tarbutton)은 식품업계에서 일하다가 10년 전에 은퇴했다. 그는 은퇴 자금이 줄어들자 다시 일을 할 수밖에 없었다. 때마침 호스피스 목사를 위한 훈련 프로그램을 안내하는 메일을 받았다. 코넬 대학 시절, 그는 남학생 사교 클럽 하우스의 목사였고, 신학대학원에서 공부를 계속하려고 마음을 먹었었다. 로체스터 대학원에서 입학허가 통지서까지 받았지만 시작도 하기 전에 입학을 포기했었다. 이제 그는 젊었을 때 가졌던 꿈을 되살려 보고 싶어 했다. 그래서 그는 트레이닝 프로그램을 이수하고, 한 호스피스 요양원에서 방문 목사직을 얻었다. "이 일이 나에게는 딱 맞다. 나이가 들고, 주변 사람의 죽음을 목격하고, 언젠가 닥칠 우리 자신의 죽음을 생각하게 하는 가치를 메길 수 없는 참 좋은 트레이닝 프로그램이었다."

취미가 직업으로 격상

롭 레이먼(Rob Laymon)은 프리랜서 작가로 힘들게 살고 있다. 글을 쓰다 보니 일주일에 40시간 꼼짝없이 집에서 갇혀 지내기 일쑤다. 기껏해야 개를 데리고 잠시 산책하는 것 말고는 밖에 거의 나가지 못한다. 이런 생활을 더 이상 지탱할 수 없다고 느꼈을 무렵 요트 한 척을 구입했다. 그리고 요트에 푹 빠졌다. 그는 비싼 취미를 넘어서 요트로 무언가 할 수 있는 일이 없을까 고민했다. 어느 날 필라델피아에 있는 자신의 집에서 가까운 항해 용품 판매소를 방문했다. 상점 매니저에게 "요트를 타면서 돈을 벌 수 있는 직업이 있으면 좋겠다."고 말했다. 알고 보니 그 매니저는 체사피큰 만에서

앙코르 커리어 핸드북 인생2막의 변화와 창조

미국 보이스카우트를 위해 항해 프로그램을 운영했던 전직 이사였다. 이런 대화를 하고, 석달 정도 후에 그는 8명의 보이스카우트 회원을 34피트짜리 요트에 태우고 지도하는 일을 하게 되었다.

커리어 지향점을 변경하기

지니 우드포드(Jeanne Woodford)는 미국 샌 퀀틴 주립 교도소의 최초 여성 교도관이었다. 승진을 거듭하여 캘리포니아 주 정부 교정국의 최고 자리에 올랐다. 그녀는 교도관으로 근무하면서 재소자들을 벌하는 대신 주로 재활 프로그램에 보다 더 큰 비중을 두었다. 그러나 그녀는 4명의 사형수에게 사형이 집행되는 것을 지켜보았다. 이 과정에서 사형제도에 반대하는 그녀의 신념이 더 확고해졌다. 그녀는 개혁에 저항하는 시스템 안에서 일하는 것이 점점 더 힘들어졌고 마침내 사표를 냈다. 그리고 사법 정의 개혁을 위한 여러 단체에 참여하기 시작했다. 교정부문에서 오랜 커리어를 쌓아온 그녀로서는 새로운 일이 아닌 커리어의 연장이었다. 그녀는 사형제도 철폐를 주장하는 비영리 단체인 포커스 사형제도(Death Penalty Focus)의 상임이사로 일하고 있다. 같은 분야에서 일을 하지만 지향점을 변경한 것이다.

새로운 관심 따라가기

다이애나 마인홀드(Diana Meinhold)는 여러 해 동안 알츠하이머를 앓고 있는 가까운 친구의 성년 후견인으로 봉사했다. 그건 쉬운 일이 아니었고 보람찬 일이었다. 이런 경험 때문에 그녀는 자신의 삶을 재창조해야 할 전환기에 접어들면 노년과 관련된 일을 해야겠다고 굳게 마음먹었다.

그녀는 남가주 자동차 클럽(Automobile Club of Southern California)의 집행 임원직을 사임하기로 결정했다. 그리고 알츠하이머 협회에서 자원봉사를 시작했다. 시니어 센터에서 상담하는 일이었다. 동시에 성년 후견인이 되기 위한 자격이나 면허 취득을 위해 조사 활동도 함께 했다. 그녀는 지금 성년 후견인으로 활동하며 개인 사무실을 운영하고 있다. 알츠하이머에 걸려 더 이상 생각하거나 행동할 수 없는 사람들을 위해 그들 대신 생각하고 행동하는 서비스를 제공하고 있다. 그녀는 이 일을 대단히 좋아하고 있으며, 앞으로 더 오래 일하고 싶어 한다. 그녀는 자기 일에 대해 "나는 자신의 의견이나 권리를 스스로 주장할 수 없는 사람들에게 삶의 품위를 지킬 수 있도록 도와주고 있다. 나는 잘못된 것을 바로 잡아주려고 애쓰고 있다. 법률적인 절차나 소외가 있는 곳에 온화함과 휴머니티를 불어넣어주고 있다."라고 말한다.

새로운 것 추가하기

케서린 클라인(Katherine Klein)은 펜실베이니아 대학 와튼 스쿨의 경영학 교수이다. 그녀는 2011년 유방암 진단을 받고 치료를 받기 위해 8개월 휴가를 냈다.

그때 자신을 되돌아 볼 시간을 가졌다. 오빠가 동아프리카로 동물을 보러 여행을 가자하여 함께 여행을 떠나기로 하였다. 그녀는 가겠다고 했다. 오빠는 동물 전문가이며, 동물에 대해 열정적이었다. 그러나 그녀의 열정은 동물에 대해서가 아니라 사람이었다. 그녀는 동료들과 친구들에게 자기는 르완다로 여행갈 것이라고 말했다. 그리고 오빠와 일행들이 사파리를 보러 도착하기 전에 르완다 키갈리에서 여러 회의를 잡았다. 그녀는 첫 아프리카 여행에서 감동받고 다시 아프리카로 돌아가고 싶은 마음이 간절했다. 그 후 1년 안에 세번이나 더 르완다로 여행을 다녀왔다. 매번 르완다에 대해 더 많이 알게 되었다.

교단으로 복귀한 후 그녀는 새로운 열정으로 일을 시작했다. "갈등, 리더십과 변화: 르완다로부터의 교훈"이라는 단기강좌를 개설한 것이다. 27명의 와튼 경영대학원 학생이 이 강좌를 들었다. 이것뿐만이 아니었다. 르완다의 경험 덕분에 클라인은 와튼 스쿨에서 사회적 영향 담당 부학장이라는 새로운 직책을 맡게 되었다.

를 기울여야 한다.

잠시 현실은 잊어버리고 이상적인 상황에 대해서만 생각해 보자. 현실에 대한 부분은 나중에 다시 생각해보기로 한다. 당신이 마음을 열고 무엇이 가능한지 당신의 지각을 확장하면 보이지 않던 욕구들을 확인할 수 있을 것이다.

당신의 앙코르 커리어가 이것 아니면 안 된다며 한 가지밖에 없다고 단정하지 말라. 이 책에 있는 모든 연습 문제를 마칠 때까지 거창한 결론을 내리려고 서두르지 말라.

연습 문제를 하나하나 해결하다 보면 더 많은 아이디어가 번뜩 떠오를지도 모른다. 인생의 지금 단계에서는 당신이 할 수 있다고 생각되는 일이 여러 가지일 것이다. 연습에서는 여러 가지 아이디어를 떠 올리는 것이 오히려 이상적이다. 나중에 어느 것을 집중적으로 탐색할지 당신이 결정할 수 있기 때문이다.

연습 과정에서 특정 질문에 대해서 어떻게 대답을 해야 할지 막히는 경우가 있을 수 있다. 연습을 다 마친 후에도 무엇을 해야 할지 아무런 아이디어가 떠오르지 않을 수도 있다. 그래도 끝까지 참고 계속하라. 질문들이 당신에게는 딱히 중요하지 않은 것일 수도 있기 때문이다. 백지로 남겨둔 질문들을 보고 당신이 어디에 우선순위를 두고 있는지를 알게 될 것이다.

요약 부문에 이르면 모든 연습의 결과를 보고 다음 단계를 결정할 수 있게 된다. 너무 딱딱하거나 심각하게 생각하지 말고, 창의력을 살리면서 즐기기 바란다.

정리하기

생각이 나는 대로 당신이 하고 싶은 앙코르 커리어를 써 내려가라. '교사' 처럼 구체적이어도 좋고, '커뮤니티 서비스' 처럼 추상적이어도 좋다. 당신이 이미 생각했던 아이디어들을 써 내려가면 새로운 아이디어가 떠오를 수 있는 길이 열리게 된다. 아이디어가 없으면 건너뛰어도 좋다. 나중에 연습을 하는 도중에라도 생각이 떠오르면 이 페이지로 다시 돌아와 작성해도 된다.

> "사람들이 꼼짝 못하게 묶이게 되는 이유는 꿈이 너무 많아서가 아니다. 너무 조심스러워하거나 위험을 피하기 때문이다."
> – 마이클 멜처, 커리어 코치

당신이 지금까지 생각해왔던 앙코르 아이디어를 적어 보자.

1. ______________________________

____

2. ______________________________

____

3. ______________________________

____

4. ______________________________

____

5. ______________________________

____

계속해서 다음 연습문제를 하다보면 이전에 생각했던 아이디어를 다시 확인하거나 아니면 미처 생각하지 못했던 것을 새롭게 발견할 수도 있을 것이다. 어느 쪽이라도 상관이 없다. 모든 연습을 마친 후 위에 적은 리스트를 다시 되짚어 보고, 그때도 여전히 유효한 아이디어인지 비교해보는 것도 재미있을 것이다. 그러나 지금은 이런 생각을 잠시 덮어두기로 하자.

당신이 무언가에 끌리는 경우 어떤 신호가 오는가?

우리가 무언가에 끌리게 되면 내면의 가이드 시스템이 작동하여 우리에게 신호를 보낸다. 이런 느낌을 잃어버렸다면 당신이 뭘 좋아하는지 뭘 싫어하는지 자신 있게 말할 수 없을 것이다. 이런 과정 없이 선택을 하게 되면 다른 사람들의 의견에 의존하게 마련이다. 당신에게 무엇이 가장 좋은지에 대해 배우자, 미디어, 자녀, 동료나 형제자매들의 의견을 듣고 선택하게 된다. 내면의 가이드 시스템을 느끼려면 좋은 환경을 먼저 찾는 게 좋다. 집 마당일 수도 있고, 동네 공원일 수도 있다. 집에 있는 방도 좋다. 당신을 끌리게 하는 것이 무엇인지 마음으로 느껴질 때까지 자기 자신을 세심하게 들여다보라.

눈에 보이는 꽃, 분수, 새, 꽃병, 그림이나 빈 소다 음료 캔 등에 마음이 끌린다는 사실이 중요한 게 아니다. 그런 대상들에 끌린다는 것을 당신이 '어떻게' 알 수 있는지에 집중해야 한다. 느낌일 수도 있고, 감각일 수도 있다. 생각일 수도 있고, 내면의 변화일 수도 있다. 그 시그널은 사람마다 다르다. 다른 사람들이 느낀 신호라고 표현했던 것은 다음과 같다.

따스함...들뜸...닭살 돋음...흥분...일치감...힘이 솟음...행복...명확성, 잡아당김...앎

당신이 무엇인가에 이끌릴 때 어떤 느낌이나 내부적인 시그널을 경험했는지 그 느낌을 단어로 표현해 본다. 당신이 경험한 것을 최대한 명확하게 표현

해라. 완벽하지 않아도 좋다. 당신이 무슨 느낌인지 이해하기만 하면 된다.

당신의 시그널을 표현할 수 있는 단어를 기술하라.

____

____

____

이렇게 하면 된다. 당신이 일상생활 속에 단순한 결정을 할 때에도 이 방법을 계속해서 사용해 보자. 즉, 옷을 입을 때나 식당에서 음식을 주문할 때, 영화관에서 영화를 볼 때나 책을 읽으려고 할 때 마음에 끌리는 것이 무엇인가? 당신이 내면의 시그널에 더 잘 알아차릴수록 당신은 그 시그널을 신뢰하게 되고, 당신이 원하는 앙코르 커리어가 모습을 드러낼 것이다.

연습3
당신의 일과 생활을 스케치하기

당신이 하는 일과 생활이 어떤 상황에 있는지 적어 본다. 무슨 일을 하고 있는지는 언급하지 말라. 대신 단순하게 당신의 일상적인 활동의 질적인 면을 자세하게 써내려 가라.

예를 들면 아침에 몇 시에 일어나고 밤에 몇 시에 취침하는가? 직장까지 통근하는가? 정기적인 스케줄을 갖고 있는가? 근무의 일환으로 여행을 하는가? 매일 규칙적으로 하는 특별한 일이 있는가? 누

"셰브런에서는 의사소통 스타일을 이해하는데 도움이 되도록 이와 같은 성격 테스트를 실시했다. 그 결과 사람들은 네 종류의 동물로 분류되었다. 나는 올빼미(분석적)와 돌고래(사회복지사 타입)였다. 나는 지난 몇 년 동안 올빼미 타입으로 일을 해왔다고 생각한다. 이제는 돌고래 쪽으로 가보려고 한다."
– 켄 옹, 셰브런에서 은퇴한 후 헬스 코치로 전환

구와 식사를 하는가? 정기적으로 누구를 만나고 함께 일하는가? 누구를 부양하고 있는가? 지역 활동과 취미를 위해 시간을 내고 있는가? 운동은 언제 어떤 식으로 하고 있는가? 주말에는 무엇을 하며 또 휴가는 어떤가?

____

____

____

____

당신의 동기를 찾아라

당신이 다음 커리어로 무엇을 찾고 있는지 해당되는 란에 표시하라.

내가 앙코르 커리어를 하고 싶어 하는 동기는…

- □ 돈 벌기
- □ 참여하기
- □ 성취감 느끼기
- □ 즐겁게 살기
- □ 관심사와 가치가 나와 같은 사람 사귀기
- □ 체계적으로 내 생활 살기
- □ 내 마음 북돋우기
- □ 만족감
- □ 내면에 있는 나의 기술과 재능을 새롭게 활용하기
- □ 삶의 의미 갖기

- □ 독립하고 싶어서
- □ 내가 늘 하고 싶었던 일하기
- □ 문제 해결
- □ 팀 일원이 되기
- □ 필요성을 느끼기
- □ 다른 사람 선도하기
- □ 다른 사람의 멘토 되기
- □ 풍경 바꿔보기
- □ 새로운 기술 개발하기
- □ 창조적인 삶 살기
- □ 좋은 유산을 남기고 싶어서

□ 영감 받기

□ 신축적인 스케줄

□ 다른 사람 돕기

□ 의료보험과 다른 혜택 받고 싶어서

□ 생산적이고 싶어서

□ 이슈나 내게 의미가 있는
   사회적 문제에 대해 일하기

□ 나만의 독특한 사회 공헌을 하고 싶어서

□ 능동적/건강한 생활 유지

□ 재미있는 일을 하고 싶어서

□ 지속적으로 배우기

□ 풀타임 월급 받기

□ 은퇴 소득 보완하기

□ 내 지식 기부하기

□ 도전적인 삶

□ 은퇴 소득 보충

위에서 당신이 선택한 항목을 다시 한 번 살펴보고, 그 중에서 가장 중요한 동기라고 생각되는 항목을 다섯 가지 써 보라.

내가 앙코르 커리어를 하고 싶은 동기는…

1. ____

2. ____

3. ____

4. ____

5. ____

앙코르 커리어 핸드북 인생2막의 변화와 창조

어떤 이슈에 당신의 마음이 끌리는가?

이제는 당신이 집중하고 싶은 실체가 무엇인지 알아보자. 당신의 마음이 끌리는 이슈가 무엇인지, 당신이 도움을 주거나 봉사하고 싶은 사람이 누구인지 뭐라고 설명할 것인가?

이전에 자원봉사 활동을 해본 경험이 있거나 특정 이슈에 대해 강한 애착을 갖고 활동한 적이 있었다면 당신의 마음이 어디로 끌리고 있는지 이미 어느 정도 알고 있을 것이다. 그러나 당신은 아직껏 어떤 사회적 이슈에 한 번도 끌려본 적이 없을 수도 있다. 설사 그런 경우가 있었다 하더라도 당신의 관심이 가는 이슈에 집중해 보겠다고 생각하기보다는 소득을 창출하기 위한 수단으로만 여겼을 수도 있다.

신문을 읽고, 뉴스를 보고, 잡지를 읽을 때 어떤 이슈에 마음이 끌리는지 생각해 보라. 당신이 해결해보고 싶은 사회적인 문제가 있는가? 자원봉사 활동을 하고 있다면 어떤 이슈나 사회적 대의에 관심이 가는가? 자원봉사를 해야 한다면 어떤 프로그램에 관심이 있는가? 기부할 때는 어느 자선기관에게 하고 싶은가? 여가 시간이나 아무 일을 하지 않아도 될 때 당신은 어떻게 시간을 보내고 있는가? 그래도 답이 떠오르지 않는가? 그렇다면 시간을 내어 사회적 변화를 위한 이슈에 집중하는 웹사이트 Change.org(Top Causes 항목)나 Dowser.org를 검색하라.

당신이 가장 흥미를 느끼는 네 가지 분야에 대해서 적어 보라. 각 분야마다 먼저 넓게 카테고리를 정하고 난 다음에 구체적으로 범위를 좁혀가며 적도록 한다. (예를 들면 넓게: 젊은 사람들과 함께 일하기, 좁혀서: 이민자 가족 자녀의 대학 진학을 도와줌) 포커스를 맞추기 위해서는 무엇을(what) 어디에(where)나 어떻게

> "나는 찾아보기 시작하기 전까지는, 내가 일하고 있는 이런 세계가 있는지도 몰랐다."
> – 롭 레이먼, 프리랜서 작가에서 항해 선장으로 전환

(how)와 같은 질문을 던지도록 한다. 어떤 방식으로 여성을 도울 것인가? 어떤 종류의 학생? 어떤 가르침? 어떤 멘토? 어떤 중재? 나이 든 사람들을 어떻게 도울 수 있을까? 지역사회의 수요에 관해 어디에서 알 수 있을까? 내가 살고 있는 지역의 동물을 어떻게 돌볼 수 있을까?

1. 넓게 ________________________________

____

좁혀서 ________________________________

____

2. 넓게 ________________________________

____

좁혀서 ________________________________

____

3. 넓게 ________________________________

____

좁혀서 ________________________________

____

4. 넓게 ________________________________

____

좁혀서 ________________________________

____

어떤 역할을 하고 싶은가?

당신이 앙코르 커리어로 선택할 수 있는 옵션에는 어떤 것이 있는가? 이를 위해서 당신이 어떤 역할을 하고 싶은지 생각해볼 필요가 있다. 당신의 과거 경험을 지렛대로 활용하는 방식으로 생각할 수도 있다. 아니면 당신의 영역을 확장할 수도 있다. 당신이 뭘 원하는지 잘 모르겠다면 뭘 하고 싶지 않은 것인지 생각해보면 아이디어가 떠오를 수 있다.

지금 단계에서 당신은 다음 중 어떤 역할을 하고 싶은가? 해당되는 곳에 표시를 하자. (복수 응답 가능)

☐ 직접적인 서비스 – 도움을 필요로 하는 사람들과 직접 일하기. 개인, 그룹 혹은 커뮤니티

☐ 어드보커시 – 도움을 필요로 하는 사람을 대변하기. 특정 이슈, 지역, 그룹 혹은 개인에 집중할 수 있다.

☐ 교사, 코칭, 멘토링 – 교육이나 코칭 역할로 사람들을 가르치거나 새로운 기술을 습득하게 하고 성장할 수 있도록 도와줌

☐ 정책 – 주요 이슈와 커뮤니티에 영향을 미칠 법, 규제와 정책의 제정

☐ 모금 – 다른 사람이나 단체들이 봉사하고 변호하며, 특정 사안이나 국민들을 위한 정책을 개발할 수 있도록 필요한 자금을 모금함

☐ 리딩/감독 – 단체를 설립하거나 기존 기구를 도움. 전략적 차원이나 경영 활동에 참여하거나 일상적인 운영에 관여하여 사회적인 영향력을 확대함

☐ 프로그램 디자인/경영 – 단체의 고객을 상대로 서비스를 제공하는 프로그램을 개발하고 실행함

☐ 커뮤니케이션/마케팅 – 사회 변혁을 이끌어내기 위한 작업으로써의 홍보와 마케팅

☐ 조사/평가 – 최적 관행에 대한 조사와 프로그램의 효과에 대한 평가 작업, 이를 통하여 조직의 효율성을 보장

당신의 마음에 끌리는 역할

과거에 해본 일을 계속하고 싶은가? 아니면 이제는 새롭게 다른 역할로 옮겨가고 싶은가?

피하고 싶은 역할

어느 특정 역할에 대해서 당신이 이전에 맡았거나 해본 경험이 있다는 느낌이 있는가? 당신이 이전 경험으로 자격이 없다고 생각했거나 흥미를 느끼지 못했거나 맡고 싶지 않은 특정한 역할이 있는가?

앞으로 발전시켜 나가고 싶은 역할

아직은 자신이 없어 당장 할 수는 없지만 당신이 앞으로 발전시켜 나가면서 하고 싶은 역할이 있는가?

"모두가 커리어의 발견은 시나이 산에 내리치는 번개처럼 신의 계시를 받는 거라고 생각하는데, 대개 탐색하는 것이다."
– 베린다 플러츠, 커리어 코치

당신이 갖고 있는 숙련된 재능, 기술이나 관심은 무엇인가?

당신이 지금까지 일하면서 경험했던 여러 가지 일들과 역할에 대해서 생각해 보자. 열여섯 살 때 캠프에서 그룹을 지도했던 일부터 시작하여 편의점 직원으로 아르바이트를 하고, 최근에까지 몸담고 있었던 일까지 모두 생각해보자.

아래 표에서 보는 바와 같이 첫 번째 칸에는 가장 기억나는 직업을 기술하라. 두 번째 칸에는 무엇을 했는지 기억이 나는 대로 ~하기식으로 써 내려가라. 예를 들면 기획하기, 말하기, 만들기, 디자인하기, 코칭하기, 요리하기, 소통하기, 글쓰기, 피드백하기 등으로 써내려 가라. 세 번째 칸에는 뱅킹, 청년활동, 건강 의료, 법, 건설, 야생 보호, 보험이나 테크놀로지와 같이 그 직업의 중점 영역이나 일에 대해 기술하라.

아래 예에서 보는 바와 같이 나는 오랜 기간 동안 해왔던 두 가지 직업을 기록했다. 그리고 인턴까지를 포함해서 내가 젊었을 때 했던 단기 직업도 적어 넣었다.

직 업	~ 하기	포커스 / 주제
비영리전문가	글쓰기, 말하기, 변호하기	앙코르 커리어, 베이비부머, 사회적 기업
변호사	자문하기, 조사하기, 상담하기, 비용 청구하기	광고, 출판, 사업
언론인/작가	조사하기, 인터뷰하기, 글쓰기, 말하기	커리어, 일, 출판, 비영리
교사	가르치기, 멘토링하기, 독서하기	교육, 저술
검찰청 인턴	조사하기, 파일링하기, 독서하기, 서류 검토하기	형사 재판
법무사무실 서기	파일링하기, 받아 적기, 조사하기, 책 읽기, 편집하기	비즈니스, 부동산, 계약
모텔 리셉션	말하기, 고객 돕기, 전화 응대하기, 여행 정보 주기, 갈등 해소하기	여행/관광

생각나는 직업을 거의 다 적었으면 이번에는 근무 시간 외에 당신이 했던 일을 똑같은 요령으로 작성하라. 자원봉사, 교육, 클럽 활동, 협회나 가족과 함께 보낸 시간 등이 해당된다.

여가 활동	~ 하기	포커스 / 주제
The OpEd 프로젝트의 자문위원회	사람 연결하기, 코칭과 멘토링하기, 자문하기, 글쓰기	다양성, 소통, 훈련, 교육, 글쓰기, 여성의 진보
뉴욕 작가협회 상임위원	가르치기, 조직하기, 커뮤니티 이벤트 프로모션하기, 코칭과 멘토링하기	글쓰기, 커뮤니티 이벤트, 출판
포커 게임하기	게임 주선하기, 말하기, 친교하기, 사람 분석하기, 카드 실력 연마하기	게임, 노는 것
오래 걷기, 걷기	야외 탐사, 걷기, 말하기, 친교하기	자연, 환경

이제는 당신 차례다. 생각이 나는 대로 가능한 많은 칸을 채워라. 당신이 하고 싶은 대로 자세하게 혹은 간단하게 기술하도록 한다.

직 업	~ 하기	포커스 / 토픽

비근무활동	~ 하기	포커스 / 토픽

표의 빈칸을 모두 채웠으면 이제는 두 번째나 세 번째 칸에서 당신이 다음 단계로 끌고 가고 싶지 않다고 생각하면 그 항목을 지워라. 남아 있는 항목 중 현 단계에서 당신이 가장 흥미롭게 느끼는 ~하기와 포커스/토픽에 동그라미를 쳐라.

이 표를 사용하여 당신이 좋아하는 리스트를 만들어라.

당신이 좋아하는 리스트	
좋아하는 ~하기	좋아하는 포커스/토픽
1.	1.
2.	2.
3.	3.
4.	4.
5.	5.
6.	6.
7.	7.
8.	8.
9.	9
10.	10.
11.	11.

일에서 당신이 원하는 것은 무엇인가?

이번에는 당신의 현재 일과 생활에 대해 연습3에서 기술한 내용을 기반으로 하나씩 만들어가 보자.

지금 당신이 생각하는 이상적인 근무 환경을 상상해 보고, 모든 욕구를 충족시킬 수 있는 작업장과 작업 환경을 디자인해 보자. 비현실적이어도 상관없다. 당신에게 의미 있는 것이 무엇인지 또 당신이 무엇을 원하는지 알아보는데 도움이 되기 때문이다. 현실적인 근무 환경에서 얻기 힘든 것이라고 생각하면 '이상적인 세계에서' 라고 표시한다.

질문이 대답할 만한 의미가 없다면 생략하고 다음 단계로 넘어가도 좋다. 연습3에서 빠져있다면 리스트에 추가하라. 리스트를 다시 보면서 처음 떠올랐던 생각을 기록하라. 그리고 연습지를 며칠 동안 곁에서 치워버려라. 다시 리뷰를 할 때 당신은 무언가를 추가하고 싶은 더 깊은 통찰력을 갖게 될 것이다.

> "나도 대부분의 사람들처럼 하고 싶지 않은 일로 시작했다. 나만의 꿈에 열중하기 시작하면 정말로 흥미로운 이미지의 조각들이 떠오르게 될 것이다. 그 조각들에 집중해 보아라."
> – 루스 우든, 전직 비영리 단체장

위치/근무 환경

어디에서 일하고 싶은가? 거리는 얼마나 되나? 통근은 어떻게 하는가? 승용차로, 걸어서, 자전거로 혹은 대중교통을 이용하는가? 근무 장소는 실내인가 혹은 실외인가? 건물은 어떤가? 건물 안은 조용한가? 사무실 인근에는 무엇이 있는가? 집에서 혹은 사무실이 아닌 다른 장소에서(예를 들면 카페나 공동 근무 공간) 몇 시간이나 일을 하고 있는가?

____

____

____

당신의 작업 공간은 어떤 모습인가? 당신의 책상은 어떠한가? 개인 책상이 있는가? 정해진 사무실이 있는가? 아니면 이동하면서 일을 하는가? 일은 직장에서만 하고 집으로 가지고 오지 않아야 한다고 생각하는가?

____

____

____

사람

어떤 사람들과 일을 하고 싶은가?(동료, 피고용인, 고객) 직원은 몇 명 어느 정도가 이상적인가? 10명 미만 혹은 100명 이상? 의뢰인이나 고객을 상대로 직접 서비스하기를 원하는가? 함께 일하면 즐거운 사람이 어떤 종류의 사람인가? 선호하는 나이, 다양성이나 다른 특징이 있는가?

____

____

____

문화

직장은 어떤 분위기이면 좋겠는가? 협조적, 격식이 없는? 아니면 그 반대? 혁신적인? 전통적인, 서비스 지향적인? 창조적인, 도움을 주는, 친절한 분위기인가?(당신이 설명하라) 근무할 때 복장은 어떤가? 새로 출범한 신생 조직, 아니면 기반이 제대로 잡힌 조직? 특별히 선호하는 조직이 있는가? (예를 들어 비영리, 사회적 기업, 정부 기관, 병원 혹은 자영업)

____

____

____

근무 스케줄

당신이 생각하는 통상적인 근무일은 어떤가? 풀타임? 파트타임? 시간제? 아니면 보다 신축적인 근무 시간을 원하는가? 연차는 얼마나 되고 그 외에 쉴 수 있는 날은 얼마나 되는가?

____

____

____

복지

당신이 원하는 복지 조건은 어떤가? 급여보다 더 중요하게 생각하는 복지 조건이 있는가? (예를 들면 부모님이나 손자 손녀를 돌봐주어야 하기 때문에 근무 조건의 신축성, 직장을 쉴 수 있는 기간이나 종류) 당신이 제공할 수 있는 혜택은 무엇인가?

____

____

____

급여

앙코르 직업에서 보수는 어느 정도를 받아야 하는가? (알면 대답하라. 그렇지 않으면 5장에 있는 예산에 관한 연습을 보라.) 보수는 급여로 받기를 원하는가? 아니면 프로젝트 사안 별, 시간 당 아니면 커미션 방식으로 받기를 원하는가?

____

____

____

자영업/직업/포트폴리오

혼자 독립적으로 일하기를 원하는가? 아니면 단체에 소속되기를 원하는가? 자영업을 원한다면 프리랜서, 컨설팅이나 아니면 기업이나 비영리 단체 설립을 생각하는가? 하나의 주된 직업에 전념할 것인가? 아니면 복수의 직종에 종사하는 직업 포트폴리오나 슬래시 커리어를 원하는가?

잠시 한 걸음 물러서자

당신이 작성한 답변을 모두 읽어보자. 당신이 이상적으로 생각하는 근무 환경을 작성한 후 어떤 느낌이 드는가? 당신이 선호하는 것이 어떤 면에서는 다른 것보다 더 우위에 있다고 느껴지는가? 예를 들면 신축적인 근무 조건이 다른 어느 근무 환경보다 더 중요하게 느껴졌다면 당신 대답에서 그런 점이 반영되었어야 할 것이다.

연습9

모두 합산하기

이제는 지금까지 모든 연습에서 나온 것들을 하나로 묶어 보는 시간이다. 반복된 주제나 불일치한 점을 찾아내라. 어떤 부분에 있어서는 명확한데 그렇지 않은 데서 아직도 뭐가 뭔지 모르는 게 있더라도 실망할 필요는 없다. (아니면 모든 것이 여전히 명확하지 않을 수도 있다.) 앞으로 시간이 지나면 그림이 보다 분명해질 것이다.

연습문제를 하기 전에 나는 가능하면 꿈을 꾸듯 이상적인 생각을 하는 게 좋다고 했다. 지금까지 당신이 마음대로 꿈을 꾸어보았다면 이제는 당신이 그림의 떡이라고 생각했던 것을 현실에서 가능성이 있는 커리어들로 현실화시킬 수 있는 방법을 찾아보라.

당신이 작성한 답변을 리뷰하면서 일종의 패턴이나 주제에 대해서 생각해 보라. 지금 단계에서 당신의 앙코르 커리어로 진입하려는 가장 강력한 동기는 무엇인가? 예를 들면 지금까지 연습에서 나왔던 답변들이 암시하는 것들을 한데 묶어보면 당신의 앙코르 커리어의 주된 동기가 무엇인지 드러날 것이다. 연습5에서는 이슈 측면에서, 연습4에서는 가치 측면에서('다른 사람을 돕기' 혹은 '팀의 일원이 되기'), 연습7,8에서는 근무 환경과 삶의 방식 측면에서 알려줄 것이다.

커리어 코치 필리스 머프슨(Phyllis Mufson)은 이를 피라미드를 쌓아가는 과정에 비유한다. 지금은 당신이 기초를 놓는 단계이다. 그녀의 경험에 비춰 보면 첫 단계는 무엇을 하고 싶은지, 무엇이 있어야 하는지 우선순위를 매기고 열정을 알아보는 과정이다. 당신의 재능이나 관심사를 살펴보면서 그것이 무엇인지 힌트를 얻을 수 있다.

이 과정을 먼저 마무리한 후에야 당신은 피라미드를 짓기 시작할 수 있다. 그때가 되어야 조사를 시작하고, 당신의 관심 분야에 대해 더욱 배우고, 당신의 네트워크를 구축하고, 그런 후에야 비로소 당신에게 맞는 일을 찾거나 스스로 만들 수 있다.

연습1 정리하기로 다시 돌아가자. 그곳에서 당신은 앙코르 커리어에 대한 생각들을 적어 보았다. 당신이 처음에 막연하게 적었던 내용들이 여전히 유효한지, 보다 더 정교하게 다듬어졌는지, 아니면 지금에 와서는 생각이 다른 방향으로 바뀌었는지 생각해 보라. 연습1에서 아무것도 적지 않았더라도 지금 단계에서는 몇 가지 아이디어가 떠올랐을 것으로 나는 기대한다.

지금까지 연습을 통하여 배운 모든 것들을 토대로 당신의 톱3 앙코르 커리어에 대한 아이디어를 정리해 보자. 연습을 시작했을 때에 비해 아직도 모르는 게 많을 수도 있지만 적어도 몇 가지는 보다 분명하게 그림이 그려졌을 것이다. 당신이 생각하는 톱3 아이디어에 대해 가급적이면 아주 상세하게 기술하라. 어디에서 일 할 것인지, 통근은 어떻게 하고, 일을 하기 위해 훈련이나 교육을 받을 필요성이 있는지 여부도 설명에 포함시켜라.

아무런 생각이 나지 않으면 372쪽에 있는 인생2막의 유망 직업 리스트를 보라. 앙코르닷오르그 사이트를 방문하여 몇 가지 프로필을 읽어라. 빈칸으로 남겨두어도 좋다. 이 페이지를 표시해놓고 다음 페이지로 넘어간다.

톱3 후보

1.＿＿＿＿＿＿＿＿＿＿＿＿＿＿＿＿＿＿＿＿＿＿＿＿＿＿＿＿＿＿

＿＿＿＿＿＿＿＿＿＿＿＿＿＿＿＿＿＿＿＿＿＿＿＿＿＿＿＿＿＿

＿＿＿＿＿＿＿＿＿＿＿＿＿＿＿＿＿＿＿＿＿＿＿＿＿＿＿＿＿＿

2.＿＿＿＿＿＿＿＿＿＿＿＿＿＿＿＿＿＿＿＿＿＿＿＿＿＿＿＿＿＿

＿＿＿＿＿＿＿＿＿＿＿＿＿＿＿＿＿＿＿＿＿＿＿＿＿＿＿＿＿＿

＿＿＿＿＿＿＿＿＿＿＿＿＿＿＿＿＿＿＿＿＿＿＿＿＿＿＿＿＿＿

3.＿＿＿＿＿＿＿＿＿＿＿＿＿＿＿＿＿＿＿＿＿＿＿＿＿＿＿＿＿＿

＿＿＿＿＿＿＿＿＿＿＿＿＿＿＿＿＿＿＿＿＿＿＿＿＿＿＿＿＿＿

＿＿＿＿＿＿＿＿＿＿＿＿＿＿＿＿＿＿＿＿＿＿＿＿＿＿＿＿＿＿

이 연습을 마쳤으면 잠시 쉬도록 하자. 모든 연습지를 하루나 이틀 당신 곁에서 치워놓아라. (그리고 원한다면 다음 장으로 건너뛰어라.) 며칠이 지나 당신이 내린 결론과 톱3 아이디어 리스트를 다시 살펴보아라. 새로운 생각이 들어 내용이 변했다면 리스트를 수정한다.

모든 것 이해하기

지금까지 당신의 연습을 평가한 결과가 주제를 벗어나 어수선하게 보이더라도 실망할 필요는 없다. 첫째, 당신이 서로 다른 여러 일을 할 수 있고, 잘 해낼 수 있으며, 또한 복수의 일을 동시에 아니면 바꿔가면서 연속적으로 할 수 있다는 의미로 이해하자. 바로 지금 당신에게 타당한 것이 무엇인지, 아니면 당신이 우선적으로 탐색하고 싶은 커리어가 어느 방향인지 생각하는 과정으로 활용하자.

이 단계에서 평가 결과가 서로 일치하지 않거나 차이가 발생하면 다음과 같이 전략을 살펴보고, 그것이 무엇인지 찾아내라. 당신의 목표는 앙코르 커리어를 계속 탐색할 수 있도록 몇 가지 사안을 확인하는 것이다.

- 당신의 마음이 끌리는 신호에 귀를 기울인다. 다른 여러 실마리들보다 어느 한쪽에 마음이 끌리고 있는가?

- 시기의 문제인가? 뭘 할지 실마리가 잡히면 단기적인 프로젝트로 무엇을 할지 새로운 통찰력이 생길까? 다른 실마리가 당신이 가고 싶은 궁극적인 방향을 제시해 줄까?

- 연습에서 나타난 여러 실마리가 서로 상충되는 경우 다른 환경에서 어느 것이 작동될 것인지 실마리를 보고 알 수 있는가? 예를 들면 당신이 공연을 하거나 아니면 미술과 공예 프로젝트를 수행하면서 보낸 시간에 대해 좋은 기억을 갖고 있는가? 그렇다면 당신 생활의 일하는 부분에서 그것들을 필요로 하고 원하는가?

앙코르 커리어 핸드북 인생2막의 변화와 창조

열정이라는 문제

공익을 위한 일을 하는 세계에서조차 많은 사람들이 그들의 가족, 취미와 여가 활동을 열정적인 것으로 간주하고 있다. 반면, 의미가 있는 일을 하고 있더라도 어디까지나 일은 일이라고 생각한다. 그러니 당신도 자신에게 너그러워져도 된다. 당신이 정기적으로 공헌을 하고 있다는 느낌이 들 수 있는 일에 포커스를 맞추도록 노력하라. 그런 마음가짐을 갖고 있어야 오래 갈 수 있다. 아무리 당신이 하는 일에서 큰 보람을 느끼고 있다 하더라도 일을 하다보면 지독하게 힘든 날도 있고, 동료 관계가 어려울 때도 있고, 직장이라면 어디에나 있을 수 있는 어려움을 느낄 때가 있기 마련이다.

커리어 코치 필리스 머프슨은 열정이라는 단어를 쓰지 않으려고 한다. 왜냐하면 간혹 오해를 불러일으킬 수 있기 때문이다. "나는 꽃을 사랑한다. 그래서 꽃 가게를 열겠다."라는 말처럼 꽃에 대한 열정이 꽃 가게로 직접 이어지는 것은 아니라고 필리스는 말했다. 그보다는 꽃을 사랑하는 마음의 밑바탕이 무엇인지 먼저 이해하고, 그 후에 그것을 당신의 직업으로 만들어야 한다는 것이다.

때로는 당신의 열정과 돈도 벌고 좋은 일도 할 수 있는 방법 사이에서 직접적인 연결점을 찾을 수 있다. 롭 레이먼을 기억하라(78쪽). 프리랜서 작가였던 그는 항해에 대한 열정을 살려 보트 항해와 아동을 도와주는 제대로 된 일자리를 얻었다. "나는 보수도 받고 아동들과 일을 하게 되었다."고 그는 말했다.

● 브레인스토밍을 통해 일치하지 않아 보이는 요인을 통합하여 타당한 커리어를 찾도록 하라. 가령, 당신은 여행하면서 동시에 비영리 단체에서 의미 있는 역할을 하고 싶어 한다고 가정하자. 하나의 가능성은 국제적으로 일을 하는 기관과 연관을 맺는 것이다. 여행 시간의 일부를 이용하여 사람을 만나서 연대를 맺고, 최선의 연대 방법을 발견하며, 신뢰성 있

는 파트너십을 결성할 수 있을 것이다. 아니면 여행과 일을 분리하기로 결정할 수도 있다. 그렇다면 당신이 원하는 만큼 여행을 할 수 있도록 근무 일정을 조정하는 일이 중요할 것이다. 이외에도 여러 가지 방법이 있을 수 있다. 가장 중요한 것은 당신이 마음의 문을 열고 창의적으로 생각하는 것이다.

당신에게 뚜렷이 떠오르는 아이디어가 하나가 아니라 여러 가지일 경우에도 그들을 하나로 묶을 수 있다. 이번 장의 연습과정에 대해 자문을 해준 커리어 코치 캐럴 맥클랜드는 "예를 들어 어떤 사람이 작가가 되고 싶고, 강연도 하고 싶고, 진행자 역할도 하고 싶다고 하자. 그렇다고 이 중에 하나만 선택해야 한다는 것은 아니다. 동일한 프로젝트나 주제를 놓고 당신이 원하는 모든 것을 할 수 있다."라고 말했다.

바로 이 대목에서 당신이 조사를 하고, 당신의 마음이 끌리는 신호가 무엇인지 체크하여 당신의 앙코르 아이디어를 구체적으로 만들어가는 일이 중요하다.

그것은 3차원 퍼즐과 같은 것이라고 맥클랜드는 말한다. "퍼즐이 맞춰질 때까지 모든 조각들을 이리 저리 맞춰 보아야 한다. 그렇기 때문에 실마리가 많으면 많을수록 당신이 중요하다고 생각했던 것이 실제로는 없어도 살아갈 수 있다는 사실을 알게 될 가능성은 더 커진다."

좋은 기회를 잡게 되면 직장과의 거리가 10마일 쯤 더 멀어지거나 학교로 되돌아가게 되더라도 문제가 되지 않을 것이다. 어떤 앙코르를 선택할 것인가 하는 문제는 마치 데이트를 위해 적어놓은 체크리스트와 아주 흡사하다. 막상 데이트 상대를 만나게 되면 체크리스트는 무시하고 본능대로 하는 것이 보통이다.

앙코르 커리어 핸드북 인생2막의 변화와 창조

시운전을 해보자

당신이 앙코르 커리어로 무엇을 하고, 어떻게 할 것인지, 지금까지 당신의 머릿속에 맴돌았던 아이디어를 계속해서 다듬어가게 될 것이다. 처음 생각했던 아이디어 중 일부는 버리고, 다른 아이디어로 대체하는 과정을 여러 번 반복하게 될 것이다. "그 결과 아이디어가 몇 가지 후보군으로 좁혀졌을 것이다. 그렇다고 해서 당장 박사 학위를 따라가는 것이 아니다." 맥클랜드는 이런 과정을 통해 "당신의 앙코르 아이디어가 조금씩 분명해지기를 원한다."고 말한다.

당신이 앙코르 커리어로 특정 직업을 염두해 두고, 그 분야가 어떤지 더 알고 싶다고 한다면 이제부터 공부를 해야 한다. 우선 MyNext-Move.org(109쪽의 박스 참조)라는 사이트에서부터 시작하는 것이 좋다. 이 사이트는 직업에 대한 기본 정보, 평균 급여 수준(우편번호로 조회 가능)은 물론 앞으로의 직업의 장래성에 대한 정보까지 제공하고 있다. 또한 필요한 교육 수준, 면허나 자격증 요건에 대해서도 설명해준다. 당신이 구체적인 것을 찾고 있다면 몇 가지 다른 단어로 검색하면 된다.

또한 자신의 경험을 기꺼이 들려줄 수 있는 사람들이 있는지 당신의 네트워크나 지인들 중에서 찾아보라. 그리고 그들로부터 특정 분야나 직종에서 일하는 것이 어떤지, 당신 같은 사람이라면 어디에서 좋은 기회를 잡을 수 있는지 들어보라. 그런 사람들을 한 달이나 일주일에 한 번씩 만나 면담을 갖도록 하라. 같이 의견을 나누면서 당신의 마음이 끌리는 신호를 찾기 위해 연습했던 작업을 다시 생각해 보라.

한 사람씩 이야기를 듣고 난 후에는 당신이 어떻게 느꼈는지 상세하게 기록해 두라. 당신이 면담한 사람이 했던 일을 하고 싶다는 생각이 드는가? 그 사람이 설명해준 작업 환경이 당신은 편안하다고 느끼는가? (정보를 얻기 위한 면담에 관한 상세한 내용은 186쪽 이후를 보라.)

당신이 탐색하고 있는 분야의 사람들을 만나게 되면 그들이 무슨 자료를 읽었는지 물어 보라. 그리고 앙코르 커리어 기관의 출판물, 블로그와 뉴스레터를 수집하기 시작하라. 그 분야에서 핫한 토픽에 대한 웹 세미나나 콘퍼런스가 열린다는 공지를 접하게 되면 반드시 살펴봐야 한다. 또한 강의, 패널 토의와 회의에도 참석하여 그 분야의 최근 동향을 파악하고 동시에 사람들도 만나는 게 좋다. 이런 노력을 하면서 당신의 마음을 끌어당기고 있는 신호를 잊지 말고 기억하라. 구체적으로 당신이 더 많은 것을 알아가는 과정에서 당신은 무엇을 느끼고 있는가?

문제는 당신이 생각하고 있는 앙코르 커리어가 정말로 당신이 좋아하는 것인지 여부이다. 단지 좋은 것처럼 그럴듯하게 보이기 때문일 수도 있다. 이를 제대로 알기 위해서는 보다 자세하고 세밀하게 살펴봐야 한다. 여러 가지 커리어를 동시에 할 수 없기 때문에 당신이 갖고 있는 아이디어 중 하나를 선택하여 상대적으로 짧은 시간 안에 실제로 테스트해 볼 수 있는 방안을 찾도록 해야 한다. 일련의 실험을 해보면 앙코르 커리어에 대한 당신의 아이디어를 점검할 수 있고, 또한 당신이 어떤 일을 하고 싶어 하고, 어떤 일은 맞지 않는지 결정할 수 있게 된다.

아직도 무엇을 해야 할지 그림이 명확하지 않다면 하루나 반나절 아니면 몇 번을 만나서라도 당신에게 설명해줄 사람을 찾아 모임을 갖도록 하라. 해외에서 일하고 싶다면 봉사 중심의 해외여행을 고려해 보라. 교사가 되고 싶다면 며칠 동안 대체 교사를 해보고, 적성에 맞는지 여부를 체크할 수도 있다. 이 같은 실험과 훈련 경험을 할 수 있는 방법에 대해서 8장에서 보다 상세하게 설명하고 있다.

당신이 무엇을 하고 싶은지 결정하기 전에 몇 가지 아이디어를 갖고 실제로 해보는 것이다. 이 책에 실린 스토리를 읽으면 다 알게 되겠지만 그렇게

앙코르 커리어 핸드북 인생2막의 변화와 창조

돌아가는 과정이 몇 달 혹은 몇 년까지 걸릴 수도 있다. 그렇게 돌아가는 상황을 시간 낭비라고 생각하지 말라. 이런 말을 너무 자주 쓰기는 하지만 당신은 지금 여행 중이라고 생각하면 될 것이다. 당신이 생각했던 아이디어가 당신이 원하는 것이 아니라는 것을 알게 될 수도 있다. 그 자체가 발전이다. 여행을 하다 보면 당신이 전혀 예기치 못한 다른 방향으로 가고 있다는 것을 발견할 수 있다. 그런 기대를 가지고 여행을 하되 그것 역시 낭비가 아닌 발전이라는 것이다.

FAQs

나는 새로운 기술을 배워야 하거나, 많이 알아야 할 수 있는 일은 절대 하지 않을 생각이다. 이런 생각 때문에 앙코르 커리어에 대한 나의 선택의 폭이 줄어들지는 않을까?

컴퓨터 앞에서 너무 많은 시간을 보내고 있는 나는 나의 앙코르에서는 컴퓨터 스크린 앞에서 보내는 시간을 줄이고 싶다는 생각을 한다. 나는 앙코르를 생각할 때마다 사람들과 1:1로 하는 일이나 가능한 책상에서 멀리 떨어져 밖에서 할 수 있는 일을 떠올린다. 두말할 것도 없이 테크놀로지를 피하고 싶은 마음은 정당한 욕구이다. 그러나 위 질문에 대한 나의 답은 '그렇다' 이다. 새로운 기술을 피한다면 선택의 폭은 그만큼 줄어들 것이다. 대부분 사람들은 이메일이나 아주 기초적인 휴대폰 조작 기술도 모르고는 살 수 없다. 테크놀로지를 피하면 아무것도 할 수 없는 분야도 있다. IT, 기금 모금, 커뮤니케이션 등이 바로 그런 예이다. 고위 책임자가 되면 기술적인 일을 다른 사람에게 넘겨줄 수는 있지만 전부를 그렇게 할 수는 없다.

사회 부문에서 앙코르 커리어를 하려면 컴퓨터에 많은 시간을 할애해야 한다. 그러나 얼마나 많은 시간을 어떻게 할애하는가는 당신이 무슨 일을 어디에서 하는가에 달려 있다. 테크놀로지가 필요한 부문이나 역할이라 하더라도 당신이 근무하는 환경과 기술 집중도에 따라 다를 것이다.

당신이 가르치는 일, 직접적인 서비스를 제공하는 일을 하고 있다고 가정하자. 어린이나 자연, 노숙자나 장애자와 같은 사람들을 위해서 일을 하고 있다면 컴퓨터 자판을 두드리지 않고도 많은 시간을 일할 수 있다. 그렇다 하더라도 때때로 인터넷에 접속해 이메일을 확인하고, 특정 소프트웨어를 사용하고, 보고서를 관리해야 하는 경우가 있다.

이 문제는 또 다른 영역이다. 이에 대해 정확한 답을 알고 싶으면 관심 분야에서 일을 하고 있는 사람들의 이야기를 들어보는 것이 가장 좋다. 그들이 일하는 과정에서 컴퓨터에 어느 정도나 집중해야 하는지, 최소한의 IT 지식으로 할 수 있는 일에는 어떤 것이 있는지 알아보는 것이 좋다.

그럴 수 있지만 반드시 그런 것만은 아니다. 단체의 예산이 빠듯한 상황에서는 당신이 풀타임이나 사무 공간을 요구하지 않으면 오히려 고용주가 반길 수도 있는 특별한 경우도 있다. 사무실 한 켠을 줄 수 없는 경우가 있기도 하다. 직업을 정의한 것을 보면 풀타임이 아니거나 사무 공간도 필요로 하지 않는 직종이 많이 있다. 즉, 직업 치료사, 대체교사, 태양광 설치 기사 직종이 직종이 바로 그런 경우에 해당된다.

그런 걱정을 하는 사람이 당신만이 아니다. 마사지 치료사, 요가 강사, 보조금 신청서 작성자 심지어는 간호사와 응급구조사와 같은 많은 직종이 앙코

자신에게 맞는 앙코르 커리어를 찾기 위한 자기 평가를 더 하고 싶다면

나는 이 책을 쓰기 위해 자료를 조사하면서 마이어스-브릭스(Myers-Briggs)의 성격 평가 사이트를 다시 방문했다. 몇 년 전에 이 사이트에서 짧은 시간 동안 나 자신을 평가해 보았으나 당시에는 별 영향을 느끼지 못했었다. 그러나 이번에 다시 해보니 참으로 놀라웠다. 평가 결과에 따르면 나는 분명히 ENFJ형(열여섯 가지 개인 성격 평가의 한 유형으로 내향성보다는 외향성, 감각형보다는 직관형, 사고형보다는 감정형, 인식형보다는 판단형 성격)이었다. 이는 '이상주의자'로 불리는 유형으로 항상 비전과 가능성에 집중하고, 현재보다는 미래에 살려는 경향을 갖고 있는 사람이다.

이번 평가는 나에 대해 많은 것을 설명해주었다. 나는 내 자신이 외향적이고 사람들과 어울릴 때 에너지가 나온다는 사실을 이전부터 알고 있었다. 그러나 다른 ENFJ 유형의 사람들이 선택하는 커리어의 경향을 보니 왜 법률 분야가 나와는 맞지 않았는지(사실, 세부 사항과 분석을 너무 강조하고 감정에 대해서는 거의 신경을 쓰지 않음) 반면에 저술, 강연과 사회적 이슈들을 변호하는 일은 나와 자연스럽게 잘 맞았는지 그 이유를 분명히 알 수 있었다.

마이어스 브릭스

마이어스 브릭스 성격 유형 지표(Myers-Briggs Type Indicator, MBTI로 통용)는 스위스의 분석심리학의 대가 칼 융의 이론에 따라 개발된 것으로 사람들이 어느 심리 유형에 속하고 있는지 그리고 사람들이 실 생활에서 어떤 방식으로 의사결정을 하는지 알려주는 오랫동안 인정을 받고 있는 자료이다. 당신의 MBTI 유형이 무엇인지 안다고 해서 꼭 그 일을 해야 한다는 것은 아니다. 그러나 당신이 왜 특정한 방식으로 행동하는지, 어떤 종류의 사람을 만나야 같이 일하기가 쉬운지에 대해 많은 정보를 얻을 수 있다. 그 평가를 해보려면 몇몇 서적에 포함된 종이로 된 평가표를 이용할 수 있다. (인터넷 사이트에서 MBTI를 검색하면 몇 가지 선택 가능한 것이 올라온다.)

MBTI 재단의 공식 사이트(myersbriggs.org)에 들어가면 150달러를 지불하고 온라인으로 평가를 받을 수 있고, 공인된 MBTI 전문가로부터 결과를 1:1 피드백도 받을 수 있다. MBTI는 광범위하게 사용되고 있어서 당신과 같은 유형의 사람들이 선택한 커리어가 무엇인지, 왜 그것을 선택했는지에 대한 정보를 쉽게 찾을 수 있다.

성격유형닷컴 평가(PersonalityType.com Assessment)

이 평가의 개발자는 「나에게 꼭 맞는 직업을 찾는 책」(Do What You Are)의 저자인 폴 티거(Paul Tieger)이다. 이 역시 융의 성격 유형의 틀에서 도출된 것으로 이 테스트는 성격 유형을 커리어 선택의 출발점으로 활용하고 있다. 기본적으로 MBTI를 하려는 사람에게 어떤 것이 적합한지 결정해준다.

기본적으로 MBTI를 손쉽게 할 수 있는 것으로 네 가지 질문을 사용하여 5분에서 10분이면 평가를 끝낼 수 있고, MBTI 전체를 테스트한 것과 같은 결과를 얻을 수 있다. 비용은 14.95달러로 당신의 성격 유형을 정리한 맞춤식 보고서와 함께 어떤 커리어를 선택하는 것이 좋을지를 알려준다. PersonalityType.com 사이트에서 이용이 가능하다.

강점 찾아주기(StrengthsFinder)

마커스 버킹엄(Marcus Buckingham)과 고인이 된 돈 클리프튼(Don Clifton)은 사람들이 최상의 성과를 이루어내려면 자신의 약점을 극복하려고 노력하기보다는 자신의 강점을 살릴 수 있도록 해야 한다는 이론을 주장하여 인정을 받고 있다. 그는 「지금, 당신의 강점을 발견하라」(Now, Discover Your Strengths)는 책도 출간했다. 이 책은 사람들이 갖고 있는 34개의 재능으로부터 당신의 톱5 강점이 무엇인지 알 수 있도록 도움을 주고 있다.

앙코르 커리어 핸드북 인생2막의 변화와 창조

마이넥스트무브닷오르그(MyNextMove.org)

이 사이트는 성격 평가를 위한 것은 아니다. 그러나 커리어 아이디어에 대해서 대단히 잘 디자인 된 테스트 수단이다. 미 노동부의 후원을 받고 있으며, 이 사이트는 커리어 방향에 대해 유용한 정보를 제공하고 무료로 이용할 수 있다. 또한 쌍방향으로 소통할 수 있다. 사이트로 들어가 "당신이 하고 싶은 일을 말해 주세요."라는 메뉴에서 몇 가지 질문에 당신의 생각을 입력하면 그에 맞춰 당신이 흥미를 느끼거나 좋아할 만한 여러 가지 직종을 알기 쉽게 알려준다.

위에서 열거한 이 모든 평가는 수단일 뿐이며 테스트는 아니다. 결과가 틀리고 맞고의 문제가 아니라는 뜻이다. 다만 당신이 어떤 일을 하면 편안하게 잘할 수 있고 만족할 수 있는지 더 잘 이해할 수 있게 해준다. 커리어 코치 마이클 멜처는 "이들 평가 사이트가 앙코르 커리어에 대한 당신의 고민을 일거에 해결해 줄 것이라고는 기대하지 말라."고 나에게 말했다. 핵심은 앙코르에 대한 당신의 생각을 유발시키거나 고취시키는 방식으로 평가 모델을 이용하는 것이다. "당신이 바로 주인이고, 평가는 하나의 도구에 불과하다. 이를 혼동하면 안 된다."

르 커리어를 원하는 사람들에게 인기 직종이다. 이들의 근무 시간은 매우 신축적이기 때문이다. 시간제이거나 파트타임이거나 교대 근무 일정에 따를 수 있다. 피트니스, 웰니스와 코칭 분야도 생각해 보라. 이들은 모두 시간제나 파트타임으로 근무 스케줄이 정해져 있다. 비영리 경영 업무도 프로젝트 단위나 파트타임 조건으로 일할 수 있다. IT 직종, 마케팅, 커뮤니케이션, 보조금 유치는 프로젝트 단위나 파트타임으로 일할 수 있다.

건강 부문의 많은 직업, 예를 들면 간호사, 응급구조사, 재택 건강 보조인 등은 교대 근무나 파트타임으로 근무할 수 있다. (372쪽에 있는 인생2막의 유망 직업 리스트 중 일부가 이 범주에 속한다.)

피드백을 받아라

　몇 가지 앙코르 가능성을 확인한 후에는 다른 사람들로부터 피드백을 받으면 도움이 될 것이다. 당신의 생각과 다른 견해를 듣는 것이 도움이 될 거라고 느끼면 당신이 갖고 있는 보편적인 통찰력과 아이디어를 당신이 신뢰하는 사람들과 함께 공유하면 좋을 것이다. 동료, 가족, 당신을 잘 알고 있는 친구들을 생각해 보라. 그들이 당신에게 신뢰할 수 있는 건설적인 피드백을 해줄 것이다. 당신의 가치관을 이해하고 있는 사람에 포커스를 맞출 수도 있다.

　피드백을 받는 것이 생각만큼 단순하지 않을 수도 있음을 알아야 한다. 이 문제를 두고 나는 몇몇 코치들과 이야기를 했다. 그들은 다른 사람의 의견을 너무 많이 들으면 오히려 지뢰밭이 될 수 있다고 경고했다. "당신이 직장을 옮기려 하는 중이라면 부탁하지도 않았는데 많은 사람들이 조언을 주려고 할 것이다. 그래서 다른 사람들의 의견을 듣게 되면 그것에 치이거나 낙담할 수 있다."고 필리스 머프슨은 말했다.

　당신이 원하는 도움이 어떠한 것인지 구체적이어야 한다면 당신이 원하는 종류의 대답으로 이어질 수 있는 질문을 하는 것이 가장 좋다. 마이클 멜처는 그의 고객들에게 '예/아니오'로 대답할 수 있는 질문에 추가하여 개방형 질문을 사용하라고 말한다. 예를 들면 다음과 같은 질문이다. "이것은 내가 할 수 있는 일처럼 보입니까? 그렇다면 왜 그런지, 아니라면 왜 아닌가요?"

　머프슨은 이에 관하여 아주 좋은 사고방식을 갖고 있다. 그녀는 고객들에게 자신들이 보호막 울타리 안에 새로 심어진 나무들 중의 하나로 생각하라고 말한다. 울타리 안으로 들어올 수 있는 사람을 당신이 결정하라. 그 사람이 아닌 사람들에게는 거절할 수 있는 답변을 생각해 두라. 예를 들면 '나는 몇몇 다른 것들을 들여다보고 있다. 주로 교육과 청소년에 관련된 것들

앙코르 커리어 핸드북 인생2막의 변화와 창조

이다.’ 이러한 식으로 반응하면 친구는 자신의 말을 들어주고 소중히 여기고 있다고 느낄 것이다. 그러나 당신이 딱히 공유하지 않아도 되는 강점을 함께 나누지 않아도 된다. 가령 ‘나는 지금 내가 무엇을 하고 있는지 모르겠어.’와 같은 감정말이다.

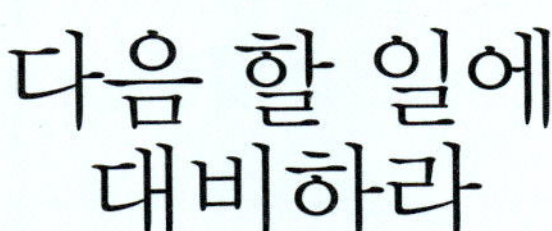

제 4장

다음 할 일에 대비하라

모든 전환은
새로운 성장과 활동의 토대를
준비하는 종점이다
– 윌리엄 브리지스 –

알린 카터(Arlene Carter)의 앙코르 순간은 뜻하지 않은 충격으로 찾아왔다. 그녀가 해고된 것이다. 다행히도 회사는 퇴직 수당을 지급했고, 그녀의 남편은 직장에 다니고 있었다.

덕분에 그녀는 자신을 추스를 수 있는 시간을 가질 수 있었다. 카터는 아침 일찍 해변을 걸으며 뭘 하면 좋을지 '우주에게 인도해 달라고 요청' 하는 심정으로 자신의 미래에 대해 고민했다. 그녀는 과거 일하는 동안 무슨 일을 가장 좋아했었는지 앞으로 무슨 일을 하는 게 좋을지 생각했다. 그녀는 "오래 전에 어떤 사람이 직업은 세 가지 요소가 갖춰질 때 성취감이 가장 높다고 했었다. 그것은 영향을 미치는 일, 돈을 버는 일과 재미가 있는 일이다."고 말했다. 카터는 자신이 했던 일을 되돌아보았다. 부동산 회사, 닷컴 기업의 창업 그리고 자영업 시절까지 그녀는 사회적 영향을 미치는 요소에서 자신이 부족했었음을 깨달았다. 그래서 앞으로 직업을 선택할 때에는 이 요소도 포함시키기로 마음먹었다.

그녀는 작지만 실용적인 단계를 밟기 시작했다. 동네 커피숍에 붙어있던 광고 전단지를 보고 어느 한 세미나에 참석했다. 여섯 명의 다른 사람과 코치가 함께 하는 시간이었다. 그녀는 그들로부터 이력서를 작성하는 법과 구직 활동의 기술을 새롭게 배웠다. 또한 다니는 교회에서 실직 상태에 있거나 능력 이하의 일을 하고 있는 사람이나 직장을 억지로 다니는 사람들이 모이는 그룹에 들어갔다. "그룹 활동을 통하여 나의 믿음은 더욱 강해졌고 , 사기는 올라갔다. 또한 직업을 바꾸는 것에 대해서도 부정적인 시각보다는 긍정적이고 신나는 측면을 집중해서 볼 수 있게 해주었고, 새로운 기회를 찾게 되었다."라고 카터는 말했다.

해고된 지 두 달 후쯤 자원봉사 활동으로 알게 된 한 친구가 근처에 있는 노인 주거 복지 시설에서 기금 모금을 맡아줄 사람을 구하고 있다고 알려주었다. 처음에는 모금에 흥미를 느끼지 못했지만 카터는 복지 시설이라는 말을 듣고 마음이 끌렸다. 모금과 관계된 경력을 꼽으라면 그녀는 과거에 홍보 업무를 해본 경험이 있었다. 그리고 미국 폐암 협회에서 자원봉사 활동을 할 때 모금을 하는 일에 어느 정도 재능을 보인 적이 있었다. 주거 복지 시설로부터 일을 같이 하자는 제안을 받았을 때 그녀는 이번 일이 그동안 자신이 찾던 바로 그 역량을 발휘할 수 있는 직업이라고 생각하고 받아들였다.

카터는 두 달 만에 앙코르 커리어에 안착했지만 대부분 앙코르 커리어로 전환하는 데에는 두 달 이상 걸린다. 카터의 경우는 여러 면에서 일반인과는 다른 방식이었다. 그녀는 자신을 되돌아 볼 수 있도록 시간과 공간을 가졌다. 그녀는 코치를 만났고, 커리어를 위해 노력하는 사람들이 모이는 그룹에도 합류했다. 그녀는 자신의 네트워크를 통해 자신이 새로운 일자리를 구하고 있다는 사실을 알렸고, 그 일은 사람을 도울 수 있는 일이어야 한다는 점을 밝혔다. 궁극적으로 그녀는 자신의 역량을 믿었다.

앙코르 커리어는 사람마다 제각기 다르다. 그러나 거의 대부분 앙코르 커리어는 탐색 기간으로부터 시작한다. 탐색은 자신의 새로운 판에 익숙해지는 시기이다. 탐색은 진화하기 때문에 다음에는 무엇이 나올지는 알 수 없다. 탐색은 변화를 만들려는 당신의 욕망을 공개적으로 표명하는 것이다. 새로운 가능성에 눈을 뜨고 귀를 기울이는 것이다. 또한 질문을 던지며 도움을 요청하는 것이다.

모든 커리어 전환에는 당신이 통제할 수 있는 것과 없는 것이 함께 섞여 있다. 전환 시기나 그 결과에 대해서는 당신이 할 수 있는 부분이 그리 많지 않다. 그러나 스스로 발견하는 과정을 시작할 수는 있다. 변화에 열린 마음을 갖겠다고 할 수도 있다. 당신이 선택할 수 있는 앙코르의 옵션들이 스스로 모습을 드러낼 때에 당신이 내린 결정을 통제할 수 있다.

불확실성에 익숙해져라

대부분의 사람들에게 다른 직업으로 전환하는 것은 몹시 불안한 일이다. 그렇기 때문에 불확실성에 대한 불안감에 익숙해져 편안함을 느끼는 것이 대단히 중요하다. 그래서 전환기에 닥칠 수 있는 여러 험로들을 극복할 수 있는 기술을 발전시켜 나가는 일 역시 중요하다.

당신도 카터처럼 작심하고 앙코르 전환으로 뛰어들기 위해 자유 시간을 따로 낼 수도 있을 것이다. 그렇게 하면 참 좋다. 그러나 당신이 풀타임으로 근무하고 있어 전환 계획을 세우지도 못했고, 잠시라도 직장을 떠날 수도 없다면 익숙한 일상에서 새로운 것을 탐색할 수 있다.

어느 경우에든 당신이 지금까지 해오던 일에 완전히 투자할 수도 없고, 당신이 원하는 바 새로운 일을 찾아서 전적으로 매달릴 수도 없는 그럴 때가 오리라는 것은 의심의 여지가 없다. 이처럼 중간에 끼어서 이러지도 저러지도 못하게 되면 마음이 편치 않고, 불안감까지 느끼게 된다. 다른 사람의 반응도 당신을 짜증나게 만들 것이다. 새로운 사람을 만나면 당신 자신을 어떻게 소개할 것인가? 당신이 누구인지 설명하는데 언제까지 전직 직함을 고수할 것인가? 당신의 재창조를 위해 시간을 조금밖에 낼 수 없는 상황에서 당신은 그 시간에 무엇을 할 것인가?

벳시 월리(Betsy Werley)는 은행에서 27년을 근무한 후에 퇴직했다. 앞으로 무엇을 할지 아무런 계획이 없었다. "아무것도 하는 일이 없는 시간이었다. 내가 어디로 가고 있는지 알지 못했다. 정처 없이 거리를 돌아다니며 다른 사람들을 바라보았다. 그들은 모두 목적지를 향해 걷는 것처럼 보였다. 부러웠다."라고 그녀는 말했다. 월리는 전환기를 잘 넘겼다. 지금은 전환 네트워크(Transition Network)의 집행 임원으로 일하고 있다. 이 단체는 전국적인 비영리 단체로 50세가 넘은 여성들이 다양한 생애 전환기를 잘 넘기도록 도움을 주고 있다. 얼마나 아이러니한 일인가?

> "경험으로 배웠는데 상황이 좋지 않을 때 당황하는 것은 그다지 도움이 안 된다."
> – 직장에서 해고를 당한 알린 카터

윌리엄 브리지스가 저술한 「전환」(Transitions)이라는 책은 이 방면에서는 고전이다. 그는 모든 면에서 큰 변화가 수반되는 생애 전환기를 단계별로 구분하여 정의하고 있다. 즉, 결혼, 이혼, 전직, 출산, 사랑하는 사람과의 사별, 영적 깨달음이나 자아상의 조정과 같은 내면의 변화의 단계들이다. 브리지스는 이 모든 각각의 전환 단계에서 하나의 과정이 반드시 일어나게 되어 있다고 주장하고 있다. "처음에 끝나는 게 있고, 그 다음에 시작이 있다. 그리고 그 사이에 중요한 공백이나 쉼이 있다."라고 책에서 기술하고 있다.

헤르미니아 이베라(Herminia Iberra)도 그녀의 저서 「터닝 포인트, 전직의 기술」(Working Identity)에서 다음과 같은 주장을 펼치고 있다.

> 대부분 사람들은 새로운 직업으로 전환하면서 이를 혼란, 상실, 불안과 불확실을 경험한 시기로 받아들이고 있다. 불확실성의 시기는 처음 생각했던 것보다 훨씬 더 오래 지속된다. 이때는 명문대학 출신이라는 배경도 도움이 되지 않는다. 아무리 경제력이 뛰어나고 가족들의 지원을 받더라도 이 시기의 힘든 감정을 감당하기는 쉽지 않다. 새로운 기업이나 다른 산업 분야에서 유사한 직종으로 전직했을 때나 아니면 우리가 이미 잘 알고 있는 분야에서 수평적으로 이동하여 다른 일을 하게 되면 전직 과정이 그리 어렵지 않을 것처럼 보인다. 그러나 생애 전환기에 일어나는 진정한 변화는 이런 것들보다 훨씬 더, 그리고 항상 무섭게 느껴진다.

'공백이나 쉼' 의 시간이 이 과정에서 대단히 중요하다. 전환이라는 반대쪽에 있는 목적지에 도달하기 위해서는 이 과정을 거쳐야 하며, 단순히 생략해서는 안 된다고 많은 사람들이 동의한다. (사람들이 이 단계를 거치지 않으면 결국 실패로 끝나게 될 것이라고 브리지스는 말할지 모르겠다. 그러나 앞으로 정신과 의사의 상담을 받게 될지도 모르는 일에 여기서 자세히 언급할 필요는 없다.)

수잔 브라운 리바인(Suzanne Braun Levine)은 이 중간기를 비옥(肥沃)한 공허(空虛)라고 부르고 있다. 그녀는 자신이 저술한 「50은 새로운 쉼이다」(50 Is the New Fifty)라는 책에서 전환기를 청소년기와 흡사하다고 주장한다. 길을 잃어버리고, 미래가 어떻게 될지 알지 못하고, 의심과 혼란에 빠지기 쉬운 점에서 그렇다는 것이다. 어려운 말처럼 들리지만 거의 모든 사람이 비옥한

앙코르 커리어 핸드북 인생2막의 변화와 창조

공허에서 결국 빠져 나온다. 자기가 생각하지도 못했던 곳에 귀착하는 경우라 하더라도 그렇다. 리바인은 중년에 이른 여성을 특정하여 이 책을 썼지만 새로운 정체성을 찾으려 애쓰는 남성들도 사정은 마찬가지로 유사한 장애물에 부딪히고 있다. 뭐라고 부르더라도 당신이 누구인지, 어디로 가고 있는지 당신 자신도 확실히 알 수 없는 시기가 있다. 그렇더라도 놀랄 일은 아니다.

대처하는 방법

선불교에 초심(初心)이라는 말이 있다. 이는 처음으로 무엇을 배우거나 해볼 때 느끼는 설렘과 신기함을 기뻐하는 마음이다. 선방(禪房) 교사인 순류 스즈키(鈴木俊降, Shunryu Suzuki)는 그의 저서 「선심, 초심」(Zen Mind, Beginner's Mind)에서 "초심을 갖게 되면 많은 가능성이 있지만 숙련된 사람의 마음에는 가능성이 아주 적다."라고 쓰고 있다. 내가 이 책을 쓰기 위해 면담한 많은 사람들이 대학이나 대학원으로 다시 돌아가 성장한 자기 자식들 또래들과 같이 공부하는 것을 모험담처럼 이야기하며 행복해 하는 것을 보면서 초심이 얼마나 중요한지를 알 수 있었다.

앙코르를 꿈꾸는 당신은 거대한 클럽의 일부이다. 일의 분야에서 우리는 거의 자신을 위해 아니면 조직을 위해 일하든지 간에 전환과 그에 따른 불확실성을 거의 끊임없이 느끼며 살고 있다. 당신이 직장에 계속 남아 있으려면 당신을 둘러싼 환경이 계속 진화함에 따라 당신의 커리어를 몇 번이고 다시 바꾸어야 한다는 사실은 당연한 것이다. 당신은 시간과 능력과 재능을 모두 갖춘 첫 번째 세대로 이를 살리면 얼마든지 의미 있는 앙코르의 삶을 살 수 있다. 그리고 당신과 같은 앙코르 세대들이 많이 있다.

당신 주위에 지도나 영적 지원을 해줄 수 있는 사람이 있다면 지금이 바로 좋은 시간이다. 청년이 대학을 졸업하면 취업 시장을 뚫고 들어가려고 애쓰는 또래 젊은이들이 속한 거대한 커뮤니티의 일원이 된다. 중년의 삶을 재창조하려고 노력하는 사람들도 마찬가지이다. 그들은 자신은 혼자인 것처럼 느낀다. 취업하려는 대학 졸업생이 거대한 커뮤니티를 형성하고 있듯이 앙코르 커리어를 꿈꾸는 사람들도 넘치고 있다. 나 개인만의 문제가 아니라는 뜻이다. 그렇기 때문에 당신과 똑같은 상황에 처해 있는 다른 사람들과 가까이 지내야만 한다. (그룹에 참여할 때 얻는 혜택에 대해서 더 알고 싶으면 129쪽을 보라.)

당신 자신을 소개할 때 당신의 직함이 무엇인지보다는 당신의 관심이 무엇이고, 당신이 무슨 일을 해왔는지를 설명하는 방식이 좋다. 그러면 상대방은 당신이 전환기에 있다는 사실을 잠시 잊어버리게 되고 또 당신의 관심을 공유하는 사람과 연결할 수 있는 기회도 얻게 된다. 그렇게 하는 방법이 궁금하면 6장에 있는 샘플 대본을 보라.

당신의 앙코르 전환에 대해 공개적으로 말하면 다른 사람들이 불안정한 반응을 보이는 경우가 있다. 그들 역시 변화를 만들고 싶어 하지만 어떤 이유로 아직은 그렇게 할 수 없는 순간에 처해있기 때문이라고 당신이 이해하라. 당신의 앙코르 전환으로 당신과 아주 가까운 사람들 즉, 배우자나 장성한 자녀들의 감정이 힘들게 되지 않도록 대비하라. 그런 감정이 있을 수 있음을 인정하고, 당신의 전환에 대해 여러 가지 방식으로 소통하도록 하라.

앙코르 전환을 위해 시간을 내라

당신이 아직 직장에 다니고 있거나 아니면 풀타임 앙코르 커리어로 전환하려고 애쓰고 있더라도 생각하고, 계획하고, 숙고하는 시간을 따로 가져야 한다. 주말이나 저녁, 산보하는 시간이나 커피를 마시는 시간일 수도 있다. 아니면 휴가 기간 내내 혹은 안식년도 좋다. 당신이 워크숍 체질이라면 그런 곳에 참석해서 전환 과정을 추진하는 것도 방법일 수 있다. 아니면 자신이 앙코르로 전환하고 있는 친구를 찾아 매주 그와 만나거나 이야기하면서 진전 상황을 상호 점검하고 서로 격려하는 것도 좋은 방법이다.

위에서 언급한 알린 카터는 새벽 산보 시간을 활용했다. 앙코르 커리어에 대한 윤곽이 잡힐 때까지 시간을 내어 생각하고, 계획하는 준비 기간을 가져야 한다. 몇 달도 좋고, 1년도 좋다.

많은 사람들처럼 실레스트 밀러(Celeste Miller)도 1년 동안 자신을 테스트하는 기간을 가졌다. 그녀는 27년 동안 금융테크 상품 판매, 인력 채용, 경영 컨설팅 분야에서 일을 했다. 그러다가 9.11 테러가 터지면서 그녀의 사업은 타격을 받고 좀처럼 회복되지 못했다. 그녀는 "많은 나날 아침잠에서 깨어나면서 도대체 나는 내 인생에서 지금 무엇을 하고 있는가?"라고 생각했다. 경제적 곤궁과 무엇인가 새로운 기회를 찾는 일이 겹치면서 밀러는 삶에 변화를 주어야 한다고 생각했다. 문제는 무엇으로 변해야 하는 건데 그녀는 그것을 모르고 있었다.

그녀는 여러 가지 파트타임 일을 했다. 이웃 보석 가게에서 잠시 일을 하기도 했고, 웨이트 왓처(Weight Watchers)라는 기업에서(그녀는 이곳에서 40파운드의 체중을 감량했다.) 리셉션니스트로 일도 했다. 그러면서도 그녀는 앙코르에 대한 고민을 계속했다.

탐색 시간에 돌입한 지 얼마 지나지 않은 어느 저녁 그녀의 이모가 전화를 걸어왔다.

★ 당신의 성과를 측정할 작은 방법을 찾아라.

내가 처음 변호사에서 작가로 일을 바꾸었을 때 그것이 내가 잘한 일인지 눈으로 볼 수 있는 지표가 있었다. 나는 매일 이메일 편지함에 들어온 메일을 열어보았다. 그중에 작가로서 발돋움하려는 내 생활과 관련된 메일이 얼마나 차지하는지 세어보았다. 예를 들면 새로운 멘토와 주고받은 메일, 첫 과제를 얻으려는 시도, 내가 속한 작가 그룹의 회원들과 대화 등이었다. 처음에는 이전에 내가 하던 일과 관련된 메일이 더 많았지만 조금씩 변하고 있음을 알 수 있었다. 그렇게 추적하다 보니 내가 새로운 일을 잘하고 있다는 안도감이 들었다. 내가 간절히 원했던 새로운 세계의 사람들과 상호 교감을 하고 있다는 작은 지표에 불과했지만 말이다.

이모는 "돈 걱정을 하지 않아도 된다면 무슨 일을 하겠느냐?"라고 물었다. 그 순간 밀러의 뇌리에 맨 처음 떠오른 것은 교사였다. 그녀 자신도 놀랐다. 전에는 돈을 벌고, 출장 여행을 다니는 것이 커리어 목표였다. 그래서 전통적인 여성의 영역이었던 교육과 사회복지와 거리가 먼 직업이면 상관없다는 태도였다. 그런데 이모와의 통화에 자극을 받고 바로 그날 밤 인터넷으로 검색을 시작했다. 그리고 뉴욕시 티칭 펠로즈(New York City Teaching Fellows)라는 사이트를 발견했다. 이 사이트는 커리어 중간에 교사로 전환하려는 사람들을 위해 프로그램을 운영하고 있었다. 잘 될까 망설이면서도 흥분이 되었다. 그녀는 신청서를 제출했고, 몇 달 뒤에 합격 통지서를 받았다.

밀러 역시 카터처럼 교직이 바로 자신이 원하는 것인지 확신하지 못했다. 그래도 그녀는 그해 여름까지는 한 번 해보기로 결정했다. 여름이 끝나서도 그녀는 포기하지 않았다. 그러나 아직 자신이 진정 원하는 것인지 확신이 들지는 않았지만 기꺼이 한 번 해보기로 마음먹었다.

결과는 그녀가 옳았다. 그녀는 쉰다섯 나이에 처음으로 교사직을 얻었다. 지금은 예순셋의 나이에 뉴욕에 있는 공립 고등학교인 공연예술전문학교(Professional Performing Arts School)에서 교습 프로그램의 디렉터로 일하고 있다. 이 학교에 입학하려면 학생들은 오디션을 통과하여야 한다.

당신의 이사회를 만들어라

요즘에는 기업의 이사회와 같은 조직을 본떠서 만든 개인 이사회가 많이 활용되고 있다. 당신이 신뢰할 수 있는 사람들을 모아 생애 중요한 고비에서 자문을 구하는 것이다. 기업의 이사회와는 달리 심각한 회의를 하기 위해 이사들이 한 공간에 모이지 않는다. 정기적인 회합도 없다. 대신 정기적으로 이사회 멤버 한 사람씩 모두에게 전화나 이메일로 연락을 하면 된다. 당신이 지금까지 살아온 연륜에 비춰보면 누구를 이사회 멤버로 넣을 것인지 알고 있을 것이다. 항상 믿을 만한 견해를 당신에게 밝혀준 친구, 당신의 잠재 능력을 잘 알고 있는 멘토나 동료 그리고 당신이 혼란을 느낄 때 다가갈 수 있는 영적 지도자까지도 좋다. 당신의 배우자나 다른 가족도 이사회 명단에 넣을 수 있다. 여하튼 당신에게 객관적인 관점에서 자문을 해줄 수 있는 사람을 곁에 두는 것이 좋다. (가족은 이런 면에서는 어렵다.)

때로는 당신이 탐색하려는 것과 관련된 전문 지식이나 경험을 갖고 있는 사람의 자문을 받아볼 필요가 있다. 그런 사람들을 만나거나 일정 기간 당신의 개인 이사회에 합류하도록 하는 것이 좋다. 또한 전문가를 고용할 수도 있다. 라이프 코치, 커리어 코치, 사회복지사, 치료사, 전문 상담사 등과 같은 사람들이 당신에게 어려운 문제를 풀어나가도록 도와줄 수 있다.

이렇게 다른 사람들을 참여시키면 계획을 수립하거나 순조롭게 일을 진행하는데 도움이 된다. 알린 카터의 경우에도 교회 그룹과 직업 코치가 지도하는 작은 그룹에 참여하면서 지원을 받았다. 마르시 그레이 루빈(제1장에서 텔레비전 작가에서 치료사로 변신)은 치료를 받고 있던 중에 자신이 심리치료사가 되고 싶어 하는 것을 깨닫게 되었다. 실레스트 밀러는 존경하는 이모와 도발적인 통화를 한 후에 교사가 되는 것을 고려하기 시작했던 것이다.

캐시 에봇(Cathy Abbot)은 에너지 기업에서 선임 간부로 일하고 있었으나 자신의 일에 싫증이 났다. 그녀는 변화를 생각하고 있는 한 동료 직원과 만나기 시작했다. "우리 둘은 만나면 일에 대해 불만을 토로하곤 했다. 안전한 곳으로 가서 마음껏 불만을 터뜨리면서 스트레스를 풀어버리기로 했다."고 나에게 말했다. "그러면서도 나는 조금 더 건설적인 무엇을 해야 한다고 생각했다." 그래서 에봇은 그들이 서로 '책임 파트너'가 되자고 제안했다. 정기적으로 만나 밖에서 식사나 술잔을 나누며 그때마다 서로에게 쿡 찌르듯이 뭔가 행동할 것을 주문하자는 계획이었다. 헤어질 때에는 다음 만날 때까지 다음

당신 자신에게 휴식을 주라

당신은 안식년이란 말을 들어보았을 것이다. "내 생애에는 그런 일이 결코 없을 거"라고 생각할지도 모르겠다. 그러나 안식년 휴가가 더 이상 교수들의 전유물이 아니다. 다른 사람들에게도 점차 일반화 되고 있다. 재충전하거나 목표를 이루려고 잠시 휴식을 가지려는 사람들과 성찰의 시간이 필요하거나 앙코르 커리어를 시작하기 전에 자신을 다시 가다듬으려는 사람들이 안식 휴가를 갖는다.

당신이 어떤 형태로든 구조화된 휴식을 생각하고 있다면 「당신의 인생을 재부팅하라 : 휴식으로 당신의 커리어와 생활에 활기를 주라」(Reboot Your Life: Energize Your Career & Life by Taking a Break)는 책을 한 권 구해 읽어라. 이 책은 당신의 고용주와 가족 구성원에게 당신의 휴식을 납득시키는 문제부터 시작해서 휴식 기간에 먹고 살 돈을 마련하는 창조적 방법에 이르기까지 모든 것을 다루고 있다.

나는 이 책의 공동 저자의 한 사람인 리타 폴리(Rita Foley)를 오랫 동안 알고 있다. 즉, 그녀가 재충전을 위한 휴식 기간에 극성맞게 일하던 기업의 임원 자리에서 그녀 자신이 말하는 '현직' 으로 자리를 옮기기 전부터였다. 현재 그녀는 컨설팅 회사를 운영하며 여러 비영리 단체의 이사로 활동하고 있다. 우리는 어떻게 하면 재충전 휴식 기간을 이용하여 앙코르 전환에 시동을 걸 수 있는지에 대한 개요를 작성하는 작업을 함께 진행했다.

● **최소한 3개월을 가져라.**

폴리의 말에 따르면 휴식 기간의 처음 두 주는 느슨하게 지나가고, 마지막 두 주는 다시 돌아갈 일을 걱정한다. 그래서 시간이 줄어든다. (그래도 미니 안식 휴가라도 당신의 삶을 보정하는데 유용하다.)

● **미래를 생각하라.**

당신이 규칙적인 생활이나 직장으로부터 상당 기간 동안 벗어나고 싶다면 가능한 앞을 멀리 내다보고 계획하라. 충분한 시간을 갖고 자신이 할 일을 체계화 시켜야 한다. 그래야 당신이 돈을 아낄 수 있고, 직장과 당신이 책임을 지고 있는 다른 일을 어떻게 처리할지 계획을 세울 수가 있다. 또한 당신의 휴식 기간으로 영향을 받게 될 여러 사람들 즉, 직장의 동료와 책임자부터 가족 구성원에 이르기까지 준비하게 할 수 있다.

● 당신의 휴식 기간에 쓸 돈을 창의적으로 조달하라.

안식 휴가 때문에 당신이 무일푼이 되어서는 안 된다. 시간을 두고 저축을 시작하라. 친구들과 가족들에게 생일선물이나 명절에 선물을 주는 대신, 당신의 리부팅 자금에 기부하도록 요청하는 것도 방법이다. 여행을 할 계획이라면 서로 집을 교환하든지, 임대를 주는 방안을 생각하라. 당신이 직장 일을 쉰다고 해서 돈을 벌지 않는다는 것은 아니다. 당신이 새로운 미래를 찾아 준비를 하는 동안에도 소득을 만들어낼 수 있는 일이 있는지 생각하라. (제5장에는 여분의 소득을 창출할 수 있는 방법이 기술되어 있다.)

● 프로젝트 계획을 만들어라.

핵심적인 내용을 구성하라. 즉, 휴식 기간에 쓸 돈은 어떻게 조달할 것인가, 어떻게 일을 그만두고 또 다시 어떻게 들어갈 것인가? 어디로 여행을 하거나 어디에서 살 것인가? 이런 것들이다. 그렇더라도 공상을 하고 즉흥적으로 할 수 있는 여지는 남겨 두라. 리부팅을 위한 이상적인 휴식은 준비와 뜻밖의 일에 대응하는 것의 조합이다.

● 당신이 아직 일하고 있을지라도 리부팅 휴식을 가져라.

당신의 달력을 보고 많은 시간을 아예 한 쪽으로 따로 떼어놓고 그것은 절대 변경할 수 없는 모임이라고 생각하라. 매주 그 시간을 이용하여 전화를 하고, 책을 읽고, 조사하고, 정보 수집을 위해 면담하고 만나도록 하라. 이 모든 것은 당신의 앙코르 전환과 관련된 것이다.

● 소통하라.

당신 입장에서는 에너지를 재충전하는 시간을 갖는다고 해서 나쁠 것은 없을 것이다. 그러나 당신의 배우자, 자녀, 또는 당신과 아주 가까운 다른 사람들은 처음에 당신과 달리 볼 수도 있다는 점을 명심하라. 당신이 앙코르 전환을 탐색하더라도 다른 사람들의 입장에서 혹 문제가 있을지 확실하게 생각하고, 그 문제들을 정면으로 다루어야 한다.

앙코르 단계가 무엇인지 탐색하기 위해 어떤 활동을 할 것인지를 미리 정했
다. 몇 번 모임이 계속된 후 그녀의 동료는 책임 파트너를 하지 않겠다고 하
였지만 그녀가 요청하면 만나주겠다고 약속했다.

바로 그 무렵 에봇은 남편과 주말에 조용한 곳으로 여행을 떠나기로 계획
했었다. 그들은 베이비시터를 예약하고 민박집을 찾았다. 그들은 그곳에서
삶의 다음 단계에서 무엇을 하며 살고 싶은지 진지하게 이야기를 나누었다.
그곳에 머무는 동안 그들은 (제3장에 설명한 것과 아주 유사한 연습) 많은 질문 리
스트를 작성했다. 질문서는 '직장에서 고통을 받고 있는 동료'가 그녀에게 준
것이었다. 질문의 내용은 "당신은 삶의 의미를 어디에서 찾는가?" "당신은 어
떤 사람으로 기억되기를 원하는가?"와 같은 것이었다. 그들은 경제 상황까지
따져 보았다. 그녀가 삶의 재창조 과정 준비를 거의 마치려면 아직도 2년의
시간이 더 필요했다. 이런 단계는 앙코르로 전환하려면 꼭 필요한 과정이었
다. 에봇은 결국 신학교에서 석사 학위를 취득했고, 지금은 버지니아에 있는
알링턴 템플 연합감리교회에서 목회를 하고 있다.

전문가를 초빙하라

내가 직업을 바꾸었던 때가 거의 15년 전이다. 나는 그때 커리어 코치를 고
용하였고, 그것이 일을 시작하는데 큰 도움이 되었다. 자문을 구할 사람은 많
이 있었다. 그러나 나를 지지해온 나의 가족이나 친구들에게 내 문제로 과도
한 부담을 주지 않으려고 했다. 그들과 나의 재창조에 대해서 의견을 나누려
면 한 번으로 끝날 게 아니라 끊임없이 계속해야 했기 때문이다. 커리어를 바
꾸는 것은 오래 걸리고 감정적인 문제이다. 나는 그 사실을 알고 있었다. 그
런데 나는 성격이 급한 사람이라 마음먹은 일은 빨리 해결하고 싶었다. 그래
서 나는 유사한 과정을 통해 다른 사람들을 지도해본 경험이 많은 외부 전문

앙코르 커리어 핸드북 인생2막의 변화와 창조

가의 의견을 구했다.

나는 몇 달 동안은 코치와 격주에 한 번씩 만났다. 만남이 끝나자 나는 내가 무엇을 원하는지 어떻게 노력하여 목표에 도달할 수 있는지 알게 되었다. 공식적인 지도 과정이 종료된 후에도 나는 때때로 코치에게 전화를 걸어 전략 회의를 가졌다. 그렇긴 했어도 내가 처음 전문가와 가졌던 몰입과정만으로도 충분했었다. 그것이 나를 밀어 붙였기 때문이다.

당신이 일대일 코칭을 받으면 좋을 거라고 생각한다면 선택의 폭이 대단히 넓다. 최근 들어 커리어 코칭 분야가 폭발적으로 늘어나고 있기 때문이다. 지금은 앙코르 커리어에 집중하는 전문 커리어 코치까지 생겨났다. 앞으로 이런 현상은 더욱 두드러질 것이다. 그러나 아직은 커리어 코치가 되기 위해서는 어떤 자격을 갖추어야 하는지에 대한 통일된 가이드라인이 없다. 그렇기 때문에 어떤 코치를 찾아가야 할지 잘 모를 때가 많다. 개인적으로 추천을 받거나 평판이 좋고 믿을 수 있는 사람을 찾는 것이 좋다.

내가 커리어 코치를 찾았던 방법은 헤어디자이너나 의사를 선택하는 것과 다르지 않았다. 내가 아는 사람들에게 어디 좋은 사람 없느냐고 묻는 것이었다. 이 과정에서 나는 한 사람을 두 사람에게서 추천을 받았다. 그것으로 충분했다. 온라인에서 검색하면 많은 항목이 뜬다. 코칭 자격 프로그램과 관련된 것이 보통이다. 지역별로 코치 명단도 얻을 수 있다.

전문가의 도움을 받는 비용은 싸지 않다. 국제코치협회(International Coach Federation)의 최근 조사에 따르면 북미에서 평균 코칭 비용은 시간 당 200달러가 넘는다. 지역에 따라 큰 차이가 나고, 아직 경력이 많지 않은 경우에는 시간 당 80-90달러를 지불해야 한다. 일부 코치는 상황에 따라 비용을 차등

> "쉰세 살에 나는 아무런 계획 없이 직장을 그만두었다. 내가 알고 있는 건 그것이 무엇인지 뒤로 물러나 알아내는 것이었다.
> – 수원 스미스, 23년 간 근무한 시티그룹을 그만 두면서

지급하기도 하고 혹은 무료로 해주는 경우도 있다. 그러니 면담할 때 물어보는 게 좋다.

국제코치협회의 홈페이지(coachfederation.org)에 가면 좋은 코치를 추천 받을 수도 있다. 라이프 플래닝 네트워크(Life Planning Network, lifeplanning network.org)와 은퇴하긴 너무 젊은 세대(2Young, 2Retire.com)라는 사이트는 규모는 좀 작지만 특히 중년이 넘은 사람들을 대상으로 코칭에 집중하고 있다. 피봇플래닛(PivotPlanet.com)을 이용하면 멘토와 면담을 예약할 수 있다.

많은 코치들이 웹사이트나 블로그를 운영하고 있다. 사이트에 올라온 글을 읽어보면 그들의 배경과 철학을 알 수 있고, 당신이 살고 있는 지역에 어떤 코치들이 있는지, 어느 특정 분야를 전문으로 코칭하는지도(예를 들면 앙코르 커리어, 은퇴하는 연방 정부 공무원, 만성병을 안고 일하는 사람, 비영리 단체 일자리 등) 알 수 있다. 당신이 찾는 기준이 무엇이든지 먼저 '코치'를 검색하는 것부터 시작하라. 블로그를 운영하고 있는 코치를 찾으려면 Alltop.com과 같은 디렉터리를 검색하라. 트위터의 경우는 WeFollow가 좋다.(WeFollow에서 트위터를 갖고 있는 코치를 찾으려면 #coach를 입력하면 검색이 된다.) 트위터에 들어가서 올린 글이 마음에 드는 코치와 채팅을 한 번 해보면 일차적인 자문을 받을 수도 있을 것이다.

그룹에 참여하고 수업을 들어라

짐 벳졸드(Jim Betzold)는 1970년대와 80년대에 대체 에너지 분야에서 일했다. 그는 자신이 하는 일에 열정을 갖고 있었다. (그는 지붕 위에 설치하는 태양광 패널이 보편화되기 오래 전인 1985년부터 자신의 집에 태양광 발전 시스템을 설치하여 사용하고 있었다.) 그러나 정부의 규제로 돈을 벌기가 점차 힘들게 되었다. 생계 문제를 해결하기 위해 그는 주택 모기지 분야로 직장을 옮겼다. 그가 말했듯

앙코르 커리어 핸드북 인생2막의 변화와 창조

커리어 코치의 선정

코치를 한 사람 (혹은 두 사람) 섭외했으면 당신의 앙코르 전환 과정 중의 어디에서 그의 도움이 필요한지를 확인하라. 치료 요법은 받은 것을 이용해서 스스로 할 수 있는 부분이 있지만 코칭은 보통 단기간에 특정 목표를 달성하기 위해서 고안된 것이다.

당신이 하고 싶은 것이 무엇인지 알지 못해 고민하고 있는가? 그런 경우라면 제3장에 기술한 것처럼 일련의 평가를 해줄 사람과 함께 작업을 하면 된다. 네트워킹과 면담 전략을 개발하기를 원하는가? 아니면 특정 커리어 진로를 위해 학교로 되돌아가는 것이 득이 될지 그런 문제로 고민하고 있는가? 여러 가지 평가를 위해 고용한다.

코치가 당신의 앙코르 커리어를 찾아줄 것이라고 기대해서는 안 된다. 그는 당신이 전략을 수립하거나 장애를 극복할 수 있는 방법을 찾는데 도움을 줄 수 있다. 그러나 코치가 당신을 위해 그 일을 직접 하지는 않을 것이다. 어떤 코치는 당신을 위해 직접 소개를 해주는 경우도 있겠지만 일반적인 것은 아니다.

코치를 고용하기 전에 무료로 상담을 받아보거나 맛보기 모임을 갖도록 하라. 이때 다음과 같은 질문을 하라.

- 커리어 코치로 일하게 된 배경이 무엇인지? 고객을 상대로 어떤 접근 방식을 사용하는지?
- 상담이 진행되는 중간에 이메일을 주고받을 수 있는지?
- 1:1 상담만 하는지 아니면 그룹 상담도 가능한지?
- 상담료는 얼마인지? 그리고 상담을 취소하거나 빠지는 경우 환불은 가능한지?
- 직접 만나는 상담이 어려운 경우 전화 상담도 가능한지?

이 그 일이 천직은 아니었지만 생계를 위해서는 어쩔 수 없었다. 그것도 잠시 2011년 시장을 강타한 불경기가 부동산 시장을 침체의 늪으로 빠뜨렸다. 거래를 성사시키기 어렵게 되자 그는 직업을 바꿀 수밖에 없다고 생각했다.

그는 지역 대학에서 50플러스 지역민을 대상으로 시민 리더십에 대한 프로그램을 운영하고 있다는 소식을 들었다. 8주짜리 코스로 한 달에 한 번은 온 종일 시간을 내야 하는 프로그램이었다. 시간을 내기가 무척 어려웠지만 그는 새로운 일자리를 찾을 수도 있을 것이라는 생각으로 지역대학에 등록을 했다. 수업료는 750달러였으나 그 중의 반은 장학금을 받아 해결했다. 그리고 한 번도 빠지지 않고 수업에 참석했다. 과정 중에 참가자들은 자신의 프로젝트를 만들어야 했다. 프로젝트는 자신이 열정을 갖고 있는 분야와 관련된 것이었다. 강사는 프로젝트를 개발하는 청사진에 대해 알려주었다. 즉, 프로젝트의 유효성을 평가하고, 로드맵을 만들고, 일정표 작성하는 방법을 알려주었다.

그는 직감적으로 프로젝트의 과제를 정했다. 대체 에너지였다. 특히 사람들로 하여금 에너지 비용을 줄일 수 있도록 도움을 주는 독립적인 온라인 사이트를 구축하는 과제였다.

그가 대체 에너지에 대한 프로젝트를 거의 마칠 무렵 그는 지역에 있는 대체 에너지 회사를 모두 알게 되었다. 이들 중 일부 기업이 '친환경' 엑스포에 참여한다는 소식을 듣고 방문했다. 그곳에서 그는 한 기업의 전시관에서 특히 흥미 있는 회사를 발견하고, 그 회사 직원과 반시간 동안 대화를 했다. 대화가 끝나갈 무렵 그 회사는 다음 주에 이야기를 계속해보자며 그를 초청했다. 그로부터 며칠 안에 그 회사의 사장은 그를 만난 자리에서 함께 일해보자고 제안했다.

그는 자신이 구직에 성공할 수 있었던 것은 리더십 프로그램 덕분이라고 말했다. "그렇지 않았다면 대체 에너지에 대한 그 모든 조사를 할 수가 없었

앙코르 커리어 핸드북 인생2막의 변화와 창조

을 것이다. 수업을 들었기 때문에 책임감을 갖게 되었고, 프로젝트를 끝까지 해낼 수 있었다.”고 그는 말했다.

커리어를 전환하는 과정은 지극히 외로운 작업이다. 그러나 혼자만 고민할 것이 아니라 같은 고민을 안고 있는 사람, 그룹들과 함께 나누게 되면 전직에 따른 모든 과정이 정상화될 수 있다고 캐럴 베키오(Carol Vecchio)는 주장하고 있다. 그녀는 시애틀에 있는 삶과 커리어 갱생을 위한 센터포인트 연구소(Centerpoint Institute for Life and Career Renewal)를 설립한 이후 지금까

한정된 예산으로 코칭 받기

직업이나 커리어를 무료로 코칭해주는 서비스는 많지 않다. 그러나 아래 몇 군데는 찾아볼 필요가 있다.

- 코칭 인증 프로그램을 운영하는 곳에 전화하라. 그곳에서 훈련을 받고 있는 코치가 무료로 코칭을 해줄 수 있는지 알아보라.
- 노동부가 운영하는 커리어원스톱닷오르그(careeronestop.org)에 당신이 관심을 갖고 있는 영역에 맞는 프로그램을 제공하고 있는지 알아보라.
- 유태인 직업 서비스 국제 협회(International Association of Jewish Vocational Services, iajvs.org)는 대부분의 대도시에서 일자리 검색을 지원하는 자료가 풍부한 대단히 좋은 사이트다.
- 도서관, 종교 단체, 커뮤니티 센터, 지역 전문대학과 당신이 다녔던 학교의 동창회에 프로그램이 있는지 계속 살펴보라. 1:1 코칭은 제공하지 않더라도 그룹 코칭은 가능할 수 있다.
- 당신이 실업 상태이면 당신 지역에 무료 코칭 서비스가 있는지 지역 고용센터에 문의하라. 고용센터는 대부분 직업 훈련이나 교육 훈련을 하고 있지만 무료로 코칭 서비스를 제공하는 코치가 있으면 고용센터 직원은 알고 있을 것이다.

지 30년 동안 그룹 지도를 통해 사람들의 전직과 자아발견을 돕고 있다. 보통 전직을 하려는 사람들은 자기 혼자만의 문제라고 인식하고 있다. 그러나 베키오는 "똑똑하고 자기 인식이 뚜렷한 다른 사람들도 자신과 유사한 전직 과정을 거치고 있다."는 사실을 아는 것만으로도 큰 도움이 된다고 주장한다.

빌 톰슨(Bill Thompson)은 은퇴한 경험이 두 번 있다. 처음에는 미 공군에서, 두 번째는 방위업체인 BAE에서 3년 근무한 이후 은퇴했다. 그가 60대 초에 뉴햄프셔에서 애리조나로 이사했을 때 그의 주변 사람들은 그가 앞으로 무엇을 하고 살아야 할지에 대해 아이디어를 주었다. '야구장의 안내인이 되어라.' '공짜 스키장 패스를 얻기 위해 스키 리조트의 리프트 운전자로 일해라.' '골프를 치면서 틈나는 대로 어린이들을 쇼핑몰로 데려다 주는 셔틀 버스를 운전해라.' 그러나 어느 것도 썩 내키지 않았다. 그때 그는 피닉스 지역에서 앙코르 관련 활동의 중심 역할을 하고 있던 경험이 중요하다(Experience Matters)라는 비영리 단체에 대한 이야기를 들었다. 그리고 커밍 오브 에이지의 4주짜리 프로그램인 '당신의 미래를 개척하라'는 과정에 등록했다. 4주가 거의 끝나갈 무렵 톰슨은 자신이 하고 싶은 일을 하기로 결정했다. 그는 자신의 계획을 파워포인트 슬라이드로 만들어 자기 자신은 물론 다른 사람에게 설명했다. 그의 비전은 자신의 시간을 셋으로 나눠 비영리 단체에서 일하기, 대체 교사로 가르치기와 스페인어

★ 당신 스스로 그룹을 시작하라

내가 법률 분야에서 언론계로 전환할 때 나는 전환 과정에 없어서는 안 될 글쓰기 그룹을 만들었다. 나는 글쓰기 반에서 만난 두 여성과 아주 좋은 관계를 맺었다. 글쓰기 반이 끝났을 때에도 우리는 좋은 관계를 계속 유지할 수 있는 방법을 찾고 싶어 했다. 그래서 우리는 커리어 목표라는 그룹을 시작하고 그룹 이름을 'goils'(girls의 사투리)라고 부르기로 했다. 5년 동안 우리는 종교행사처럼 매주 만나 점심을 함께 했다. 이 시간에 프리랜서 저널리스트가 되기 위해 핵심적인 작업을 했고, 우리들이 목표를 달성하려는 궤도에서 이탈되지 않도록 서로 격려했다. 이 그룹 덕분에 우리는 모두가 직업적인 작가로 변신할 수 있었다고 나는 생각한다.

앙코르 커리어 핸드북 인생2막의 변화와 창조

공부하기였다. 그는 그 계획을 향후 10년에서 15년에 걸쳐 실행하기로 마음 먹었다.

켄 웡(Kem wong)은 예순아홉 살에 쉐브론에서 은퇴한 후 샌프란시스코에 있는 커밍 오브 에이지에서 똑같은 프로그램을 수강했다. 그 프로그램을 마치고 나서 그는 지역 활동을 계속하고, 시간도 늘리기로 결정했다. 그는 비영리 단체인 카이저 페르마넨테(Kaiser Permanente)가 운영하고 있는 '더 건강한 삶' 이라는 프로그램에서 워크숍의 리더로 자원봉사를 하고 있었다. 수강을 이수한 직후 그의 자원봉사 활동은 워크숍 범위를 확장하는 파트타임 일자리로 발전되었다. 다른 사람들도 똑같은 상황에 있었고, 편안하게 공유하는 것을 볼 수 있어서 좋았다고 웡은 말했다. "다른 사람들이 인생의 다음 단계에 관해 다양하고 서로 다른 생각들을 하고 있는 걸 보면 문제가 없다는 것"이라고 했다.

사람들이 앙코르 전환을 할 수 있도록 돕는데 집중하는 단체가 늘어나고 있다. 그 중에서 커밍 오브 에이지와 트랜지션 네트워크(50세 이상의 여성을 대상으로 십여 개의 도시에 있으며, 늘어나고 있음)와 같은 단체는 미국 전역에서 활동하고 있다. 이외 지역에서 활동하고 있는 다른 단체들도 있다. 예를 들면 애리조나의 마리코파 카운티에 있는 경험이 중요하다(Experience Matters), 보스턴에 있는 다음에 올 것 발견하기(Discovering What's Next), 오리건의 포틀랜드에 있는 디자인 인생(Life by Design), 미니애폴리스에 있는 쉬프트(SHiFT)가 이에 해당된다. 웹사이트 Encore.org/connect/local에 들어가 지도를 보면 당신이 살고 있는 지역의

> "내가 전환이라는 일에서 배운 것은 당신이 어디로 갈 것인지 정확히 모른다는 것이다. 그러나 방향감각을 가질 수는 있다. 그것은 요트의 항로를 맞추는 것과 같다. 당신은 한 방향으로 가서 무언가 찾게 되면 그때서야 조금은 다르게 각도를 움직인다."
> – 데이비드 버크, 부동산 전문가에서 비영리 단체의 리더로 전환

단체 목록을 볼 수 있다.

당신 지역에 앙코르 활동이 없는 경우 특별히 앙코르에 집중하지 않는 단체라도 전환을 도와주는 그룹에 가입하는 것을 생각해 보라. 지역 전문대학, 커뮤니티 센터, 종교 단체, 로터리 클럽, 봉사 단체, 여성이나 남성의 그룹 모임, 동창회, 도서관이 이에 해당하는 좋은 기관이다. 기존 활동을 하고 있는 그룹을 찾을 수 없으면 당신 자신이 그런 모임을 시작해보는 것도 생각해 보라. 당신처럼 비슷한 전환 과정을 겪고 있는 사람들을 모으면 더 쉽게 할 수 있을 것이다. 그들이 당신과 비슷한 인생의 단계에 처해 있거나 앙코르 전환을 탐색하는 과정에서 당신과 같은 상황에 있을 수 있기 때문이다.

FAQs

앙코르에 대한 모든 말들이 멋지게 들리지만 내가 직장을 그만둘 때까지는 앙코르 전직에 신경을 쓸 수 없다. 그럼 어떻게 해야 하는가?

당신이 선택할 수 있는 몇 가지 옵션이 있다. 당신이 할 수 있는 것이 이 책을 읽고 생각을 해보는 것뿐이라면 그렇게 하라. 읽으면서 마음에 와 닿는 곳에 밑줄을 긋고 메모를 해두어라. 다른 가능성은 창의적인 멀티태스킹을 해보는 것이다.

당신은 운동을 하는가? 그렇다면 걷거나 러닝머신을 달리면서 관련 오디오 북을 들어보아라.(추천을 원한다면 413쪽의 부록 E를 보라.) 점심 식사를 위해 시간을 비워두는가? 당신과 함께 샌드위치로 점심을 먹으면서 서로 도움을 줄 수 있는 방법을 놓고 브레인스토밍을 할 수 있는 사람을 찾아보라. 가장 좋은 방법은 자연스럽게 일을 하면서 앙코르 커리어로 전환하는 작업을 하는 것이다. 최소한으로 필요한 일만 하면서 남는 에너지를 앙코르 전직을 위해 다음 단계 행보를 위한 전략을 수립하는 일에 사용하는 것이다.

왜 인생의 같은 단계를 겪고 있는 다른 사람들과 연결시키는가? 우리는 모두가 실패할 수도 있지 않은가?

직장에서 일할 때 일상적이고 사회적인 연결이 없으면 고립감을 느끼는 것이 보통이다. "당신이 과거 네트워크를 유지할 수 있다고 해도, 당신의 새로운 인생설계와는 맞지 않을 수 있다."고 캐럴 그린필드(Carol Greenfield)는 나에게 말했다. 그린필드는 보스턴에 있는 앙코르 중심 단체인 다음을 발견하기(Discovering What's Next)의 설립자 겸 대표이다. 비슷한 상황에 처한 다른 사람들을 만나게 되면 믿기 어려울 정도로 큰 도움이 된다고 그녀는 말한다. 특히 오랫동안 당신의 주변에 있었던 사람들이 "당신을 더 이상 불러주지 않는다."는 느낌을 받을 때는 더욱 그렇다는 것이다.

"당신이 어느 커뮤니티에 처음 들어가면 당신이 어떤 사람이었던 것과는 이든 상관없이 당신이 되고 싶은 사람일 수 있다."고 스티븐 조이너(Steven Joiner)는 말했다. 그는 「부문 전환자를 위한 이상적인 비영리 커리어 가이드」(Idealist's Guide to Nonprofit Careers for Sector Switchers)의 공동 저자이다. "어떤 사람들은 이것을 극단적으로 받아들여 그들 인생의 다음 장을 시작할 수 있는 새로운 도시로 옮겨간다."고 조이너는 말했다. 그러나 자신을 재정의하기 위해 사는 곳을 옮길 필요까지는 없다. "삶을 재창조하는 다른 사람들과 새로운 우정과 협력 관계를 구축하면 도움이 된다."고 그는 말했다.

앙코르 전환에 남자와 여자가 어떻게 다른가?

일반화하는 것은 항상 위험한 일이긴 하지만 남자, 여자 그리고 앙코르 커리어에 대해서는 몇 가지 사실이 있다. 최근 설문 조사에 따르면 44세부터 70세 사이에 자신이 앙코르 커리어에 몸담고 있다고 응답한 사람의 60%는 여자이다. 남자는 40%이다. 앙코르 커리어를 추구하고 싶다고 응답한 사람은 여자가 58%, 남자는 42%였다. 그렇다면 남자보다는 여자가 더 사회적인 영향력을 미칠 수 있는 의미 있는 일을 하고 싶어 한다는 것을 알 수 있다. 아니면 최소한 말로라도 그렇게 하고 다닌다.

전환기의 남자와 여자가 어떻게 다른가 하는 문제에 대해 전문가들은 그 이유를 대체적으로 여자들이 남자들보다는 앙코르 전환 그룹에 더 쉽게 참여하고, 전환 과정을 다른 사람들과 공유할 수 있는 방법을 잘 만들어내기 때문이라고 설명하고 있다. 또한 사람들의 전형적인 특징이 가계를 일차로 책임지고 있는 사람이 – 남자이든 여자이든 – 가족을 부양하지 않는 사람들보다는 커리어를 바꾸는 일에 훨씬 더 어려움을 겪는다는 것도 사실이다.

당신
형편에 맞는
앙코르 숫자를 찾으라

일로부터 해방되는 자유가 아니라
당신이 하고 싶은 일을 할 수 있는 자유를
얻기 위해 저축하라.
– 마크 프리드먼 –

돈은 섹스와 대단히 흡사하다. 모두가 다른 사람은 뭘 하는지 알고 싶어 하면서도 자신의 삶에서 일어나는 것들을 서로 공유하는 사람은 거의 없다. 앙코르 커리어를 놓고 나는 많은 사람들과 이야기했다. 다음 몇 가지에 대해서는 내가 확신을 갖고 말할 수 있다.

첫째, 앙코르 커리어 전직에 최대 장애 요인 중 하나는 바로 돈 문제를 어떻게 관리할지 알고 있느냐는 것이다. 이 문제는 전직에 따른 감정적인 면보다 더욱 큰 문제이다. 둘째, 소득 수준에 상관없이 거의 모든 사람들이 앙코르 커리어로 전직을 하려고 방법을 찾고 있지만 경제적인 문제를 제대로 관리하는 사람들을 보면 한 가지 공통점이 있다는 것이다. 그들은 자신이 원하는 삶의 방식이 무엇인지 또한 그것을 지탱하기 위해서는 얼마나 돈이 필요한지 잘 알고 있다는 점이다.

직설적으로 문제 한가운데로 들어가 보자. 앙코르 커리어로 전직을 하면 당신의 경제와 삶의 방식은 어떻게 되는가?

시작하기 전에 미리 경고를 해두자면 여기에서는 당신의 경제 문제를 다루지 않는다. 그 문제를 다룬 좋은 책들이 많이 있다. 또한 413쪽의 참고자료 섹션에서도 많이 소개되어 있다. 여기에서는 당신의 가치를 반영하고 한편으로는 당신의 재무적 미래에 신경을 쓰면서 어떻게 다음 단계의 커리어를 계획할 것인지를 다루고 있다. 앙코르 커리어에 대한 당신의 마음만으로는 부족하다. 당신의 지갑도 그만큼 중요하다.

<h1 style="text-align:center; color:#4a9fd4">선택하기</h1>

은퇴를 하려는 사람들은 은퇴 계획을 세우는 것처럼 앙코르 커리어로 전직하는 데에도 유사한 종류의 과정을 거쳐야 한다. 양자 사이에는 중요한 차이가 있다. 은퇴 계획은 따지고 보면 당신이 쌓아놓은 저축, 사회보장 연금, 투자 자산, 개인 연금이나 퇴직 연금처럼 일을 하지 않아도 들어오는 소득을 어떻게 쓰면서 살아갈 것인가 하는 문제이다. 그러나 앙코르 커리어의 경우 이전보다 많지는 않더라도 약간의 돈을 벌 수 있다는 점이 다르다.

가끔이지만 앙코르 커리어로 전직을 한 후 소득도 이전보다 더 늘고 직장도 더 튼튼해진 경우도 있다. 셸리 빙엄이(30쪽 참조) 바로 그런 사례다. 그녀는 가정주부로 있다가 자신의 종교적 신념과 환경을 잘 결합하여 환경 운동을 하는 성직자가 되었다. 그녀는 이혼을 했고, 지금 나이는 일흔이 되었지만 그레이스 성공회 교회에서 환경 목사와 환경과 신앙의 관계를 심화하는 종교간의 사역 단체인 갱생 프로젝트(Regeneration Project)의 대표로 일하면

토론 길잡이
- 당신은 앙코르 전환할 수 있을 만큼 경제적으로 준비가 되어 있는가?
- 아니면 준비를 위한 많은 계획을 갖고 있는가?
- 은퇴저축이라는 측면에서 당신이 원하는 만큼 이루었는가?
- 행복하고 편안한 노후를 보내기 위해 어느 정도 소득이 필요하다고 느끼는가? 필요한지 알고 있는가?

서 꽤 많은 봉급을 받고 있다. 새로운 커리어 덕분에 빙엄은 자녀를 키우던 집에서 계속 살 수 있게 되었다.

여전히 앙코르 커리어로 의미 있는 일을 하는 것은 금전적인 것보다는 심리적인 보상이 더 크다. 한 마디로 선택의 문제이다. 당신이 하고 있는 일을 좋아하고, 사회적 영향력으로 세상을 바꾸고 있다는 기분이 든다면 당신은 조금 더 검소하게 살고 불필요한 씀씀이를 줄일 수 있지 않겠는가?

많은 사람들은 정도에 달려있다고 말할 것이다. 얼마나 검소하게? 불필요한 씀씀이는 어떤 것인가? 어느 정도 규모로 선택하는 것이 당신에게 합당한 것인가?

당신이 앙코르 전환을 하더라도 소득에 변동이 없을 수도 있다. 특히 풀타임으로 계속 일을 하는 경우에는 더욱 그렇다. 그러나 많은 사람들의 경우 앙

당신의 앙코르 숫자는?

리 아이젠버그(Lee Eisenberg)는 2006년에 발간된 그의 저서 「숫자」(The Number)에서 당신이 노후에 안정된 생활을 하고, 당신이 하고 싶은 일을 자유롭게 하기 위해서는 얼마나 돈을 모아야 할지 알 필요가 있다고 주장한다. 그러나 앙코르 커리어를 하려면 당신의 재산이 얼마나 있어야 할지 다시 말해 당신의 앙코르 숫자가 얼마나 되어야 할지는 개념이 약간 다르다.

세상이 바뀌고 있다. 우리들 대부분은 지금 생각하는 것보다 더 오래 살 것이다. 반면 더 오래까지 살 수 있을 만큼 경제적으로 저축이 충분한 사람은 소수에 지나지 않는다.

그렇다면 계속해서 노인들도 돈을 벌지 않으면 살 수 없는 세상이 올 것이다. 당신이 필요로 하는 앙코르 숫자는 당신이 앙코르 커리어를 통해 벌어들이고 싶은 바로 그 금액이다. (여기에서는 그 금액을 어떻게 산출할 수 있는지 최상의 방법을 생각해보자.)

코르 커리어로 전직을 하게 되면 소득이 어느 정도는 감소한다. 영리 부문을 떠나 비영리 단체나 정부 기관으로 옮기게 되기 때문이다. 또 다른 이유는 복지 혜택이 있는 풀타임에서 혜택이 없는 파트타임으로 바뀔 수도 있고, 근무 시간도 신축적으로 하기 때문이다. (사람들은 보통 비영리 단체의 급여 수준은 영리 단체에 비해 낮다고 생각한다. 그러나 항상 그런 것만은 아니다. 규모가 크거나 자금력이 좋은 비영리 단체는 중소기업이나 다른 영리 법인보다 급여 조건이 더 좋은 경우도 있다. 비영리 법인이라고 해서 저임금이라는 등식은 맞지 않다.) 당신이 앙코르 커리어로 전직하려면 당신에게 적합한 선택을 잘해야 한다. 저축할 수 있는 여력이 줄고, 케이블 TV도 없이 지내야 할지도 모른다. 외식 대신 도시락을 싸오거나 서적을 사는 대신 도서관에서 빌려 보는 불편을 감수해야 할 수도 있다. 살고 있는 집의 규모를 줄이고, 주택 가격이 상대적으로 싼 지역으로 이사를 가야 할 수도 있다.

내가 때때로 사람들을 만나 이야기를 들어보면 앙코르 목표에 맞게 이보다 더 큰 희생을 하고, 삶의 방식도 이전과는 다르게 바꾸기도 한다. 어떤 사람들은 저축해두었던 돈을 기꺼이(그럴 능력도 있고) 써가면서 자신이 의미 있는 일이라고 생각하면 거의 대가를 바라지 않고 한다. 내가 만난 많은 기업가들 중에는 앙코르 벤처를 창업하고 싶은 열망이 너무 강해서 빚을 내거나 건강 보험도 들지 않고 지내는 등 경제적으로 큰 리스크를 감수하는 사람도 있었다. (앙코르 기업가에 대한 자세한 내용은 10장을 보라.)

나라면 그렇게 하지 않고 중간을 따르겠다. 기꺼이 중간 정도 변화하겠다는 것이다. 나 자신도 고수익 변호사 직업을 포기하고 신문기자가 되었고, 그 이후에는 비영리 단체의 직원으로 일하고 있다. 그렇게 되자 나는 서른 살 때 내가 벌었던 소득 수준으로 다시는 절대 돌아갈 수 없음을 알게 되었다. 게다가 나보다 소득 수준이 훨씬 높았던 남편과는 이혼했다. 재혼을 했으나 지금 남편은 나처럼 돈이 주요 관심사가 아닌 직업을 갖고 있다. 남편과 나는 몸이

앙코르 커리어 핸드북 인생2막의 변화와 창조

건강할 때까지는 일을 계속하기로 계획을 세웠다. 우리 나이가 마흔여섯이고, 쉰둘이니 앞으로 최소한 20년은 더 일을 해야 할 것이다.

이 선택은 나에게는 중요하다. 나는 아직도 많은 시간을 일하고 있지만 마음가짐은 다르다. 내가 하는 일을 생각하고 질문을 던지는 것이다. 그런 일을 하면서 월급을 받는다는 것을 나는 소중하게 생각하고 있다. 그리고 일하는 과정에서 의미가 있는 일을 하면서 책임감을 갖고 헌신하는 멋있는 사람들과 끊임없이 접촉하고 있다. 근무시간이 신축적이어서 좋고, 집에서도 일할 수 있어서 좋다. 남편의 직장은 걸어서 10분 거리이다. 우리 부부는 차를 타고 통근할 필요가 없다. 신용카드 광고에 나오는 카피처럼 '가치를 따질 수 없을 만큼' 좋다.

당신은 어떤 삶을 원하는가? 당신은 기쁜 마음으로 어떤 선택을 하고 싶은가? 결국 그것을 아는 것이 중요하다.

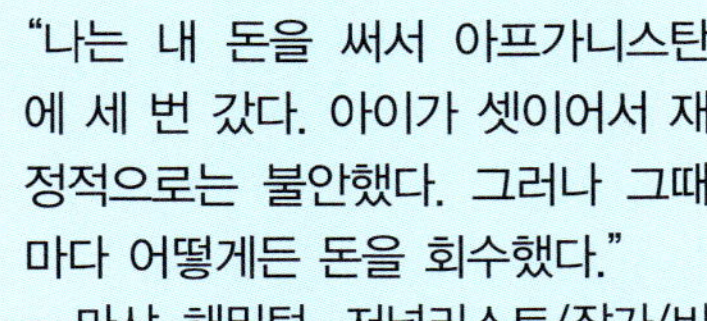

우선순위를 정하라

당신이 이상적으로 생각하는 앙코르 커리어의 범주에 맞는 일로 전환하기 위해 이상과 현실 사이에서 당신은 기쁜 마음으로 무엇을 선택할 것인가? 당신이 바꿀 수 있는 개인적인 예산 항목을 생각해 보라. 대부분 사람들의 경우 삶의 방식에서 가장 크게 변하는 것은 집을 줄이거나 생활비가 적게 드는 곳으로 이사하는 것이다. 당신에게 커다란 만족감을 주었던 것 들(예를 들어 가족과 친구들과 가까운 곳에서 사는 것 아니면 애완동물이 있다는 것과 같은)은 많은 돈이 드는 것은 아니다. 대표적으로 생활비를 줄일 수 있는 항목은 카페 라테를 마시고, 미장원에 가서 머리 염색을 하고, 새 옷을 사는 것들이다.

당신이 하고 싶은 일을 할 수 있게 된다면 당신이 사는데 무엇이 필요할까? 무엇을 갖고 싶은가? 기쁜 마음으로 무엇을 포기할 수 있을까?

꼭 가져야 하는 것 세 가지

1. ____
2. ____
3. ____

갖고 싶은 것 세 가지

1. ____
2. ____
3. ____

포기할 수 있는 것 세 가지 (가급적 매 달 혹은 매 년 당신의 생활비 지출에서 큰 항목 하나를 포함시켜라.)

1. ____
2. ____
3. ____

이제는 당신이 앙코르 커리어에서 얻을 수 있는 다른 형식의 보상에 대해 생각해 보자. 그 중 하나는 물론 돈이다. 다른 것은 목적의식과 만족감이다. 지역 사회에 참여할 수 있는 것, 대단히 좋은 근무 환경, 멋있는 사회생활, 신축성 혹은 안정성도 그 중 하나일 것이다. 당신이 여러 가지 앙코르 옵션을 저울질하면서 돈은 한 가지 보상 형식에 불과하다고 생각하라. 당신이 이전 직장에서 일할 때 비 금전적인 보상이라는 측면을 당신이 선택할 수 있는 앙코르 옵션과 비교해 보아라. 보수는 좋았을지라도 다른 면에서는 어떠했는가? 많은 것을 배웠는가? 삶의 방식을 즐겼는가? 당신이 하고 있던 일에 대해 좋은 기분이 들었는가?

이런 요소가 무엇인지 확인하면서 94쪽 연습8(일에서 당신이 원하는 것)로 돌아가자. 그리고 당신이 생애 다음 단계에서 일하는데 중요하다고 생각하는 다섯 가지를 순위별로 써 보자.

1. ____

____

2. ____

____

3. ____

____

4. ____

____

5. ____

____

이제는 한 데 묶어 정리하자. 위에서 당신이 응답한 '갖고 싶은 것' 리스트에서 하나 혹은 그 이상을 갖기 위해 '꼭 가져야 하는 것'을 전부 편안한 마음으로 포기할 수 있는가? 그렇다면 어떤 것인지 적어 보자.

____

____

____

당신은 이전과 달리 새롭게 검소한 생활을 꾸려나갈 수 있는가?

20세기 삶의 모델은 은퇴 후 30년을 살기 위해 저축하고 또 저축하는 것이었다. 그러나 지금은 보다 지속가능한 노후 생활을 위해서 오랜 기간 동안 지속적으로 소득은 있어야 하고, 지출은 줄여야 한다. 많은 사람들이 80대까지 수명이 늘어나고, 그 이후에도 건강이 양호하다. 우리는 의미 있는 일을 하면서 늘어난 수명까지 살아야 한다.

미네소타 공영 라디오(Minnesota Public Radio)의 경제 담당 수석 기자인 크리스 패럴(Chris Farrell)은 이와 같은 삶을 구축하는 사례를 그의 저서 「새로운 검소: 더 적게 소비하고, 더 많이 저축하며, 더 잘 사는 법」(The New Frugality: How to Consume Less, Save More, and Live Better)에서 소개하고 있다. 그는 미국의 과소비 때문에 최근 경제가 혼란에 빠졌으며, 그로 인한 반발로 사람들은 보다 단순한 가치에 충실하면서 소비를 줄이고 있다고 주장한다. 검소한 생활이 싸구려 인생이 아닌 멋진 삶을 만들어 줄 것이다.

패럴은 검소하다는 것은 대학촌에 있는 주택으로 규모를 줄여서 가는 것이다. 그곳에는 친밀한 앙코르 커리어 구직 시장이 있고, 문화 활동이 풍부하며, 좋은 대중교통 수단이 갖추어져 있다. 싸구려라는 것은 생활비가 엄청나게 드는 도시에서 자그마한 아파트에 사는 것이다. 검소하다는 것은 수량은 적게, 대신 품질이 좋은 것을 구매하고, 협동조합 가게에서 물건을 사고, 친구들과 나눠 쓰는 것이다. 싸구려라는 것은 한 달 후에는 망가져 버리는 값싼 옷을 사는 것이다.

당신은 일상생활에서 이전과는 달리 새롭게 검소한 생활을 어떻게 꾸릴 수 있을까? 생활비가 적게 드는 곳으로 이사를 갈 수 있는가? 에너지 효율이 더 좋은 주택이나 자동차를 살 것인가? 당신이 살고 있는 집의 일부를 임대

하겠는가? 돈을 물 쓰듯 했던 것을 포기할 수 있는가? 보험료를 한 푼이라도 덜 내고 휴대폰 요금제, 인터넷, 케이블 TV 요금을 줄일 수 있는가? 자동차 없이도 지낼 수 있는가? 필요하지 않은 물건을 이베이에서 처분할 수 있는가? 새 것을 사는 대신 헌 것을 고쳐 쓸 수 있는가?

주택은 비용을 줄일 수 있는 여지가 많다. 33쪽에서 언급한 바바라 곰퍼츠와 남편은 단독 주택에서 면적이 작은 아파트로 옮겼고, 거기서 나온 돈으로 마사지 물리치료사의 훈련비용으로 사용했다.

공동생활도 하나의 대안이다. 축소하지 않아도 된다. 거주 공간을 공유하면 된다. 두 명의 친구가 도심의 아파트 한 곳으로 옮겨 가고, 해변 주택에서 살아도 된다. 예산이 빠듯한 사람들 몇 명이 그룹을 이루어 대학촌의 오래된 집에서 룸메이트처럼 살 수도 있다.

마샤 해밀턴(Masha Hamilton)과 데이비드 오르(David Orr)는 둘 다 저널리스트이다. 해밀턴이 소설가와 비영리 단체 상임이사로 일하기 위해서는 경제적 안정이 필요했다. 그들은 브루클린에 있는 브라운스톤의 집을 비엔비(B&B)로 개조해서 그 문제를 해결했다. 모든 가족이 이 일에 나섰다. 내가 해밀턴의 집을 방문했을 때에도 그녀의 아들과 딸은 도착하는 손님이 묵을 방을 정리하고 있었다.

친구들은 개나 다른 애완 동물을 함께 돌본다. 그렇게 되면 전적인 부담을 지지 않아도 된다. 오래 전부터 예술가와 다른 사람들은 물물교환과 같은 방법으로 물건값을 지불하는 방법을 터득해 왔다. 당신도 자신이 갖고 있는 재능이나 물건을 당신이 필요로 하는 것과 서로 바꿀 수 있다. 품목은 무엇이든지 가능하다. 편집하는 일을 도와주거나 집에서 만든 식사, 텃밭에서 기른 야채 같은 것을 주는 대신에 컴퓨터를 배울 수 있을 것이다. 가동 중인 당신의 인적 네트워크를 비공식적으로 이용할 수도 있다. 아니면 모르는 사람과는 물물교환이 활발하게 이루어지는 인터넷 사이트를(예를 들면 Cragigslist.org) 이용할 수도 있다.

그 리스트에서 한 걸음 더 나아가 보자. 즉, 당신이 '일에서 원하는 것' 리스트에 있는 것을 얻기 위해 '갖고 싶은 것' 리스트에서 어느 하나라도 포기할 수 있는가? 그렇다면 어떤 것인가?

____

____

아직은 이 모든 것이 전적으로 과정에 불과하다. 그럼에도 이런 연습을 하고 나면 앙코르 커리어 전직을 생각하는 당신에게 무엇이 가장 중요한 것인가를 명확히 하는데 도움이 될 수 있다. 이제는 빈 칸을 다 채웠다면 다른 곳으로 치워 놓아라. 당신이 현실적인 가능성에 더 근접하게 되면 당신 앞에 놓인 현실적인 선택을 염두에 두고 이 연습을 다시 해보는 것이 좋다.

수입과 지출의 균형을 맞춰라

경제 문제를 생각하는 것은 체중 감량에 대한 속담과 같다. 즉, 체중을 줄이려면 두 가지 방법 밖에 없다. 적게 먹거나 많이 움직이는 것이다. 마찬가지로 앙코르 커리어로 전환하기 위해 돈 문제를 해소하려면 역시 두 가지 방법밖에 없다. 지출을 줄이거나 돈을 더 벌어야 한다. 다이어트에 성공하는데 습관이나 비법이 있듯이 앙코르 전환을 쉽게 하는데에도 경제적인 습관이나 비법이 있다.

계획, 훈련과 저축

당신이 일을 벌이기 전에 신중하게 계획을 하는 타입이라면 앙코르 커리어로 전환하기 전에 가능한 오랫동안 중년기 커리어에 몸담고 있기를 원할 것이다. 그러면서 자유 시간을 활용하여 앙코르 커리어에 필요한 훈련을 받을 것이다. 또한 큰돈이 나갈 것은 미리 지불하고, 가능한 모든 복지 프로그램에 투자할 것이다. 당신이 이 방식을 채택한다면 한 가지는 감수해야 한다. 적어도 당분간은 여가를 보낼 시간이 없어질 것이다.

데니스 듀켓(Dennis Duquette)은 쉰세 살이다. 오랫동안 피델리티 투자회사(Fidelity Investments)에서 집행간부로 일을 하면서 자신의 경제적 미래에 대해 치밀하게 준비를 해왔다. 사정을 알고 보면 그리 놀랄 일은 아니다. 약 3년 전에 그는 노스웨스턴 대학의 온라인 석사 과정에 등록하고, 자신의 경험을 살려 커뮤니케이션, 마케팅과 비영리 부문에 대해 공부했다. 그는 정부 기관이나 공공 정책 분야에서 앙코르 커리어를 하고 싶어서 사전에 준비 작업을 거친 것이다. 그는 2011년 12월 공공 정책과 행정 분야에서 석사학위를 취득했다. 그럼에도 그는 서두르지 않았다. 그는 피델리티에서 일을 계속했다. 그러면서 자신의 '은퇴' 후 다음 단계의 삶을 계속 준비하면서 다른 프로젝트를 수행하고 있다.

쉴 수만 있으면 쉬어라

비용과 편익을 분석하라. 1년이나 2년 동안 학교로 돌아가 공부할 수 있는 경제적인 능력이 되는가? 공부를 마친 후, 고용이 안정적이며 복지혜택이 든든한 직업을 구해 당신이 버는 돈으로 저축 통장의 잔고를 전보다 더 많이 채우고, 그동안 늘어난 빚을 다 갚을 수 있는가? 그렇다면 풀타임 학생으로 등록하여 공부를 하는 것도 나쁘지 않다.

실레스트 밀러(119쪽을 보라)의 경우에는 이전에 리크루터와 컨설턴트로 일했을 때에 비해서 수입이 훨씬 줄었다. 그러나 그녀는 지금 하고 있는 교직을 좋아한다. 이제는 정식 교사가 되어 신분도 안정되었다. 이는 기업에서는 없는 일이다. 지금은 여름방학이면 장기간 여행까지 다녀온다. 경제적으로 안정되었고, 관리도 잘 되고 있다. 교사 자격증을 취득하는데 걸린 2년 동안 그녀는 재무설계사의 도움을 받아 돈을 관리했다. 지금은 이전에 더 많은 돈을 벌었던 때와 비해서도 훨씬 더 돈을 잘 관리하고 있다.

존재를 까맣게 잊고 있던 돈을 우연히 다시 발견하면 참 기분이 좋다. 테리 레미(Tarry Ramey)는 디트로이트에 있는 자동차 공장에서 일하고 있다. 그는 포드 사가 인수 조건으로 제공한 교육비를 활용하여 자신의 간호 교육비를 지불했다. 그의 나이 마흔 살에 자신을 재창조할 수 있는 기회로 본 것이다. 교육 후 새로운 커리어로 전환하면 앞으로 오랜 기간 일할 수 있기 때문이다.

바바라 아브라모위츠(Barbara Abramowitz)는 비영리 단체 경영진에서 36년 동안 일하다가 퇴직하였다. 그녀 역시 파트타임으로 전환하는데 필요한 비용을 확보할 수 있었다. 장기 저축과 그녀와 남편이 받은 상속으로 충당한 것이다. 지금 그녀는 시간을 쪼개어 코칭, 심리치료, 저술과 강연 활동을 하고 있다. 프레드 맨델은 장기 근속한 민간기업 아메리칸 익스프레스를 퇴직하였다. 그는 재취업을 알선해주는 서비스가 포함된 표준화된 퇴직 패키지를 받아들이지 않았다. 대신 회사와 협상을 하여 1년 동안 조각 워크숍을 다닐 수 있는 비용을 지원받았다.

★ 이전과 이후

앙코르 커리어로 벌어들일 소득의 필요 금액만 생각하지 말라. 앙코르 전환을 준비하는 기간도 대비하여 계획을 세워두어야 한다. 앙코르닷오르그의 조사와 펜 션 벌랜드(Penn Schoen Berland)의 여론 조사에 따르면 앙코르 커리어에 이미 종사하고 있는 사람의 67%가 앙코르 전환 기간에 소득과 지출의 갭 즉, 적자를 경험했다. 이들 중 거의 70%는 그 적자 기간이 6개월 이상 지속되었고, 36% 이상은 2년 이상 지속되었다고 응답했다.

> "내 인생의 이 시점에서 생활비를 그것도 상당한 금액을 벌 것이라고 나는 기대하지 않았었다. 쉰여섯 살 때까지 내 자신의 돈도 관리하지 않았다."
> – 샐리 빙엄, 가정부에서 성공회 사제로 전환

앙코르 커리어 핸드북 인생2막의 변화와 창조

소득을 창출하라

당신이 취직을 할까, 앙코르 커리어를 찾을까 고민하고 있다면 임시방편으로 소득을 창출할 일자리를 찾는 것을 고려해 보라. 그 일이 장기적인 측면에서 당신이 하고 싶지 않은 일이라 하더라도 괜찮다. 어떤 사람들은 소득을 최대한 올리기 위해 자신의 재능을 최대한 활용할 수 있는 일을 찾는다. 또 다른 사람들은 비록 소득이 적더라도 자신의 삶을 재창조하는데 집중하기 위해서 충분한 에너지를 줄 수 있는 일을 선호하기도 한다. 문제는 앙코르 커리어로 나가는 전환기에도 경제적으로 버틸 수 있게 하고, 전환한 후에도 돈을 덜 받지만 자신이 원하는 일을 계속 할 수 있도록 돈을 모을 수 있는 일을 하는 것이다.

임시로 시작한 직업이 어떻든 당신의 앙코르 전환을 도와주는 결과가 되더라도 놀랄 일은 아니다. 데이비드 휴(Dave Hugh)는 비영리 부문으로 직장을 옮기고 싶어 했다. 그러나 몇 달 동안 일자리를 찾았으나 뜻을 이루지 못했다. 대신 새로 개점하는 월마트에서 3개월 기간제 일을 잡았다. 일은 시시했고, 급료도 최저 임금 수준이었다. 그 일이 끝난 후에도 자신이 원하는 앙코르 커리어를 찾지 못했다. 그는 또 다른 일을 잡았다. 시간에 민감한 식품의 배송을 체크하는 매니저 자리였다. 결국 그는 아가페 하우스의 상임이사직에 안착했다. 이곳은 형편이 어려운 사람들에게 식품, 의류와 쉼터를 마련해주는 기독교 선교단체였다. 그가 앙코르 커리어를 찾지 못하고 월마트에서 2년을 보냈지만 그 경험은 새로운 일을 하는데 유용했다. "그 일은 뜻밖의 선물이었다."라고 나에게 말했다. "그곳에서 일하는 동안 창고 관리에 대한 것을 배웠고, 식품 배급업체의 사람들도 만났다. 이제는 그때 경험이 아가페 하우스에 도움이 될 수 있다."고 말한다. 적어도 당신이 어느 정도 소득이 있다면 앙코르 커리어를 개발하기 위한 에너지와 시간을 남겨둘 수 있는 그 어떤 일을 찾도록 하라.

앙코르 커리어로 전환하는 과도기를 지나기 위해 돈 버는 직업을 찾고 있다면 당신이 갖고 있는 확실한 경험, 든든한 네트워크와 좋은 평판을 이용할 수 있는 일자리를 우선적으로 고려하라.

다른 옵션은 당신이 잘하는 것, 다른 사람의 지갑을 열 수 있는 일자리를 찾아보라. 나는 이 문제를 놓고 미국은퇴자협회의 커리어 칼럼니스트인 캐리 헤넌(Kerry Hannon)과 브레인스토밍을 했다. 그는 「다음에 올 것: 당신의 열정을 따라 꿈의 일자리를 잡아라」(What's Next: Follow Your Passion and Final Your Dream Jobs)라는 책을 저술하기도 했다. 그 결과 아주 작은 사업을 할 수 있는 여러 아이디어들이 떠올랐다.

당신은 애완동물을 잘 다루는가? 동물을 돌보는 일에는 모든 가능성이 열려 있다. 학구적인 면에서는 어떤가? 그렇다면 가르치는 일을 고려해 보라. 요리를 아주 잘하면 비공식적으로 케이터링 서비스를 할 수도 있다.

내가 알고 있는 어느 트레이너는 부업으로 자동차에 오디오 시스템을 설치하는 일을 하면서 돈을 벌고 있다. 이 일은 취미에서 발전한 것이다. 그리고 헤넌이 알고 있는 사람들 중에는 어두운 밤에 더 이상 운전을 할 수 없는 노인을 위해 운전을 해주는 일로 소규모 사업을 시작한 사람도 있다. 이런 사업을 하려면 약간의 기업가적인 본능과 창의력이 있어야 한다. 그러나 그런 일들은 당신에게 부수입원이 되고, 필요하면 언제든지 주수입원으로 의지할 수 있다.

또 다른 방법은 트렌드를 보고 기회를 잡는 것이다. 나는 전적으로 구직 사이트에 의존하는 것을 아주 좋아하지는 않는다. 그럼에도 구직 사이트는 어느 분야에 일자리가 있는지 알려주는 대단히 좋은 채널이다. 우리는 건강 의료 부문이 성장 산업인 것을 모두 알고 있다. 당신이 실제로 이 분야의 일자리가 어디에 있는지 알아보려면 VCN.org, Monster.com, Indeed.com과 CareerBuilder.com과 같은 사이트를 검색해 보면 큰 도움이 될 것이다.

파트타임이나 탄력 근무 시간제를 원하는 새로운 유형의 회사들도 알아두면 도움이 된다. SnagaJob.com, RatRaceRebellion.com, OnRamps.com(파트타임, 탄력 근무제, 재택근무 전문가 배치), HireMy-Mom.com, UrbanInterns.com, Flexjobs.com, Hourly.com 등이 해당되는 사이트이다.

HireMyMom.com과 같은 일부 사이트는 집에서 자녀를 양육하면서 할 수 있는 일을 찾으려는 여성들에게 많은 도움을 주고 있다. 주 대상층이 자녀를 둔 엄마들이지만 그렇지 않은 경우에도 도움을 받을 수 있다. NeedlesstackJobs, WordPress.com과 같은 일부 사이트는 일부 지역에서만 이용이 가능하다. 당신이 살고 있는 지역에서 서비스가 가능한지 여부를 알려면 주의 깊게 체크할 필요가 있다.

이력서를 올리는데 비용을 부담해야 하는지도 꼼꼼하게 따져봐야 한다. 그런 사이트는 회원 가입을 요구하기 때문이다. 구직 사이트에 비용을 지불하기 전에 온라인으로 조사를 먼저 해보라. 사이트가 믿을 만한 것이면 그곳에 올라온 후기도 살펴보아야 한다. 사용자의 만족도는 어떤가? 당신이 찾고 있는 것과 같은 일자리를 찾는데 도움이 될 것인가? 물론 간과해서는 안되는 사실이었다. 그리고 바로 당신의 지역 신문을 살펴보고, 당신 주변을 돌아보아야 한다. 휴가철이나 계절적으로 일손이 부족할 때 소매상 판매원이나 직원의 빈자리를 메우는 일을 잠시 동안이라도 해보라. 그 일이 당신이 하고 싶어 하는 앙코르 커리어와는 직접적으로 연관이 없다 하더라도 뜻하지 않게 새로운 기술을 배울 수 있고, 당신에게 도움을 줄 수 있는 필요한 사람들을 만날 수도 있다.

지역에서 구직 박람회가 열린다면 그곳도 방문하라. 그곳은 특히 소매 판매원과 같은 일을 찾기에는 아주 유용하다. 당신이 살고 있는 지역에서 가까운 구직 박람회에 대한 정보를 얻으려면 National-CareerFair.com 사이트를 방문하라.

복수 직업을 가져라

앙코르 모델에서는 투 잡을 갖는 것이 흔한 일이다. 예를 들면 '요리사/강사' 처럼 직업이 하나가 아니라 둘이어서 명함에 슬래시로 표시되는 투 잡이다. 직업 하나로는 돈을 벌고, 다른 직업으로는 사회에 되돌려 주려고 자신이 하고 싶은 일을 한다. 투 잡은 장기적으로도 좋고, 앙코르 전환기를 위한 준비 기간으로도 좋다. 가장 보편적인 슬래시 모델은 이미 당신이 자리 잡은 직종에서는 계속 일을 하고, 당신의 남은 열정과 시간을 가지고 일에 집중하는 것이다.

몰리 맥도날드(Molly McDonald)는 다섯 자녀를 둔 엄마이다. 그녀는 여성 암 환자들의 의료비 부담을 줄여 주는 비영리 단체인 핑크 펀드(Pink Fund)를 설립하는데 열정적이었다. 그녀 자신이 암 진단을 받은 후에 그 단체를 출범시켰다. 프리랜서로 글을 쓰고, 마케팅을 위한 컨설팅 프로젝트와 같은 일을 하면서 생계를 꾸려나갔다. "할 일이 너무 많아 나의 문제는 잊어버렸다."고 맥도날드는 말했다. 그녀는 앞으로 기금을 충분히 모아 자신이 월급도 받고, 풀 타임으로 핑크 펀드를 위해 모든 에너지를 쏟아 붓고 싶어 한다.

그러나 그렇게 될 때까지는 핑크 펀드는 그녀에게 부업이다. 이 모델은 앙코르 일자리에서 어느 소득이든지 올릴 수 있는 가능성이 없는 사람이나 사회적 대의와 관련된 일을 하면서 소득을 창출하는 부담을 지고 싶지 않은 사람에게 잘 맞는다.

카탈리노 타피아(Catalino Tapia)는 멕시코 이민자이다. 그는 정원사로 회사를 세웠다. 그는 앙코르 일을 추구하면서도 가까운 시일 안에는 하고 있는 주업을 그만 둘 계획을 하지 않았다. 그는 베이 지역 정원사 재단(Bay Area Gardeners Foundation)을 시작했다. 이 재단은 비영리 단체로 수익금을 이민자 자녀에게 대학 장학금을 제공하고 있다. 그는 재단으로부터 봉급을 받지 않고 있다. 대신 정원 가꾸는 사업을 운영하면서 소득을 올리고 매 저녁이나 주말마다 재단을 위해 일하고 있다. 그는 은퇴하게 되면 비영리 재단을 위해 풀타임으로 헌신하겠다는 계획을 갖고 있다.

세금 공제와 학자금 대출을 이용하라

앙코르 전환을 위해 학교로 돌아가 공부를 하는 경우 들어가는 비용을 사전에 커버할 수는 없다. 그러나 학자금 대출을 받거나 일정한 근무 기간 동안 일을 하면 학자금 대출을 탕감 받을 수 있는 자격을 갖출 수 있다. 또한 세금 공제도 받을 수 있다. 공공 서비스 교육법에 따르면 졸업 후 공공 안전이나 공공 의료, 교육, 사회사업, 비영리 부문에서 일을 하면 연방 학자금 대출에 대한 월 상환 납부금을 줄일 수 있다. 공공 서비스 분야에서 10년 동안 풀타임으로 일하게 되면 학자금 대출을 전액 탕감해준다.

교육에 대한 세금 혜택도 여러 가지가 있다. 일부 사람들은 학교로 돌아가는데 필요한 자금을 연방세법 섹션 529항에 규정된 대학 학자금 전용 투자저축 계좌(대학 저축 프로그램)를 이용하여 조달한다. 이 제도는 젊은 가족 구성원을 위하여 만들어졌지만 연령 제한이 없다. 이 프로그램을 이용하면 투자 자금을 고등 교육에 투입하는 한 세금을 부담하지 않고 인출할 수 있다.

소득 수준에 따라 교육비와 대출 이자에 세금을 줄여주는 혜택도 있다. 또한 당신이 납부해야 할 세금을 줄여주는 세액 환급도 신청할 수 있는 자격이 있다.(과표 금액을 줄여주는 소득 공제와는 반대) 평생교육 공제는 연간 2,000달러까지 가능하며, 직업 능력을 향상시키는 강좌를 이수하는 경우에 받을 수 있다. 그리고 대학학비 공제(American Opportunity Tax Credit, 희망 장학금 공제로 불리기도 함)는 수업료와 관련 경비에 대해 연간 2,500달러까지 해준다.

미 국세청이 발간한 교육비 세금 혜택 자료(IRS Publication 970)를 보면 이 모든 인센티브에 대해 자세히 설명하고 있다.(irg.gov에서 검색하라.) 국세청이 이중으로 세금 혜택을 허용하지 않는다는 사실을 명심해야 한다. 다시 말해 세액 공제와 환급을 동시에 받을 수 없다는 뜻이다. 할 수만 있으면 회계사에게 맡기는 것이 좋다. 또한 저리 스태포드 론(Stafford loan)도 생각해볼 수 있다. 이는 연방 정부가 제공하는 학자금 대출로 금리는 6.8%에 고정되어 있다. 일을 하면서 학사 학위를 받기 위해 공부하고 있다면 연방 정부가 제공하는 펠 보조금(Pell Grant)을 받을 수 있는 자격이 되는지도 알아보라. 재정적으로 어려움을 겪고 있는 학생들에게 연간 5,350 달러까지 학비 보조금을 지급하고 있다. (학자금을 어떻게 마련할지 더 알고 싶으면 304쪽을 참고하라.)

장학금이나 보조금을 신청하라

학생 신분으로 되돌아가 공부를 하거나 실직하거나 아니면 비영리 단체나 공공 부문에서 일할 때 누리는 혜택의 하나는 때로는 장학금이나 수업료와 다른 비용에 대해 감면 신청을 할 수 있다는 점이다. 가만히 있는 것보다는 안 되더라도 일단 신청하는 것이 좋다.

로즈린 벡(RozeLyn Beck)이 이런 사실을 알았을 때는 그녀가 보험업계에서 오랫동안 일을 해오다가 코네티컷 주 하트퍼드에 있는 YWCA로 자리를 옮겼을 때였다. 그녀는 병원과 다른 장소에서 치료견 캐드베리와 함께 자원봉사 활동을 하고 있다. 그 일로 시간을 보낼 때가 벡에게는 가장 즐거운 일이었다. 캐드베리가 치료견 자격 훈련에 떨어져서 다시 시험을 봐야 했다. 벡은 비용에 부담을 느껴 그냥 포기할까 생각했다.

그러나 치료견 훈련에 장학금 제도가 있다는 것을 알고 신청해서 받았다. 캐드베리는 이번에 통과했다. 그녀는 다시 자기에게 의미있는 봉사활동을 재개할 수 있게 되었다. 그녀는 "그것은 사람을 겸손하게 만들어주는 경험이었어요.”라고 말했다. “내가 여유가 있었다면 장학금을 절대 받지 않았을 것이다. 내 자존심 때문에 장학금을 포기하는 일은 하지 않을 생각이었다.”

앙코르에 필요한 자금을 조달하는 다른 방법들

금융 전문가들은 거의 모두가 은퇴를 대비해서 저축한 자산은 은퇴 전에는 건드리지 말라고 조언하고 있다. 그러나 그 중 일부 자금을 인출하여 미래의 소득 창출 능력을 높이기 위해 투자를 하는 것은 현명한 일일 수도 있다. 물론 조기 인출에 따른 위약금에 대해서 잘 알고 있어야 한다. (당신이 로스 개인 은퇴 구좌(Roth IRA)를 갖고 있으면 좋다. 과세 후 자금을 투자하기 때문에 페널티 없이 구좌에서 인출할 수 있기 때문이다.)

또한 유급 인턴직도 고려해 볼 수 있다. 비스타(VISTA), 평화봉사단이나 혹은 아메리코(Americorps)와 같은 전국 차원의 서비스도 좋을 것이다. 급료를 받거나 조교로 근무하는 대가로 학비가 면제되는 대학원의 장학금도 좋다. 이 같은 옵션에 대해서는 8장에서 보다 상세하게 다룬다.

당신이 55세 이상이고, 소득 하위 계층에 근접하고, 실직 상태에 있으면 정부 지원을 받을 수도 있다. 지원 혜택은 주 정부마다 다르다. 어떤 주의 경우에는 훈련비용에 대해 재정지원을 하거나 지역 단체에서 최저 임금 수준의 일자리를 제공하기도 한다. Benefits.gov와 당신이 살고 있는 지역의 원스톱 경력센터(One-Stop Career Center, careeronestip.org)에서 기관 위치를 확인하

★ 재택 근무

여분의 돈을 더 벌기 위해서 재택근무를 생각한다면 WomenForHire.com/ work_from_home/을 방문하라. 이곳에는 커리어 전문가인 토리 존슨(Tori Johnson)이 뛰어난 아이디어와 자료를 제공하고 있고 또한 신용 사기를 피하는 방법도 알려준다. 토리의 회사는 여성 문제에 집중하고 있지만 그녀의 조언은 누구에게나 통할 수 있다.

경제적인 문제에서 흔히 저지르는 잘못

대부분 사람들이 가장 흔하게 범하는 잘못 중 하나는 저축을 좀 더 일찍 시작하지 않는 것이다. 재훈련에 들어가는 비용, 일을 하지 않을 때 버틸 수 있는 생활비로 쓸 수 있는 돈이 있으면 큰 도움이 된다. 반드시 그런 건 아니지만 대개 여유 현금을 쌓아두고 있으면 앙코르 전환기에 경제적 어려움에서 어느 정도는 벗어날 수 있게 해준다.

저축한 돈이 없는 사람이라면 급료, 장학금이나 보조금을 받는 것이 재훈련을 위해서 큰 도움이 된다. 재정 자문에 종사하다가 지금은 작가, 코치와 앙코르 지원을 하고 있는 프레드 만델은 실패하는 사람을 많이 보았다며 아래와 같은 사례를 소개하고 있다.

- 사회보장 연금을 너무 일찍 받기 시작한 경우 (아래를 보라)
- 현금을 써야 하는 일상적이지 않으면서 큰돈을 지출해야 할 상황을 고려하지 않은 경우. 즉, 난방기와 온수 보일러 교체나 신차 구입 같은 경우가 해당
- 건강 의료 비용에 대한 계획을 수립하지 않은 경우
- 직장을 그만두면서 기업 연금 연장을 제대로 하지 않은 경우
- 기업 연금에서 돈을 옮기면 60일 안에는 비과세로 다른 퇴직 계좌로 연장할 수 있다. 사람들이 60일 기한을 놓쳐 내지 않아도 될 세금을 부담하게 되어 고생하고 있다. 그런 일이 자주 발생하고 있다.
- 채권에 투자하면서 자신이 원하면 언제라도 전체 금액을 인출할 수 있을 거라고 생각하는 경우. 만기일 이전에 채권을 매각하면 투자금액보다 적은 금액을 받을 수 있다.
- 당신이 투자를 결정하면서 합리적으로 장기적인 접근을 하지 않고 호재성 기사나 소문만 믿고 따라한 경우

라. 방문하면 더 많은 정보를 얻을 수 있다. 미국은퇴자협회재단의 웹사이트 (aarp.org/aarp-foundation)를 방문하면 여러 가지 혜택을 검색할 수 있다. (Benefits QuickLink를 찾아보거나 Benefitscheckup.org를 검색하라.)

여의치 않으면 자녀들이 대학을 졸업하고 주택 모기지 대출금을 전액 상환하여 채무가 없어질 때까지 혹은 재정적으로 큰 부담이 없어질 때까지 기다려 보는 것도 방법이다. 나이가 들어감에 따라 생명보험을 포기하는 것도 고려해 보라.

더 오래 일하는 데 따른 혜택

당신이 사회보장 연금을 받을 수 있는 나이가 가까워 오는데 앙코르 커리어를 하고 있으면 연금 수령을 늦추는 게 좋다. 나중에 연금 수급액이 올라가기 때문이다. 연금이나 저축한 돈에 손을 대는 대신 은퇴하거나 더 이상 일을 하지 않을 때까지 앙코르 커리어에서 나오는 소득으로 사는 것이다.

마크 밀러(Mark Miller)는 저널리스트이면서 작가로 은퇴와 노화를 전문적으로 다루고 있다. 그는 나에게 설명하기를 "당신이 매년 일을 더 하고 사회보장 연금을 신청하지 않으면 당신이 나중에 매년 받는 연금이 더 많아진다. 또한 저축한 돈을 인출하는 기간도 그만큼 줄어들어서 저축 금액은 더 늘어난다. 결국 은퇴 계좌로 더 많은 기간 동안 돈을 불입할 수 있게 된다."라고 말했다.

사회보장 연금을 언제 신청할 것인가? 이것이 가장 중요한 결정이다. 당신과 배우자가 본전이 되는 나이를 지나 더 오랫동안 살 것이라고 가정하고, 금액을 모두 합산하면 수십만 달러에 달할 수 있다. 사회보장국 웹사이트에 들어가면 연금 수령 개시 일을 언제로 하느냐에 따라 그것을 기초로 당신의 월 연금 수령 금액이 얼마가 되는지 알려준다. (ssa.gov 사이트에서 '당신의 은퇴 연금

추정하기'로 들어가라.) 당신의 재무적 변수를 입력하면 사회보장 연금이 어떻게 될지 그 결과를 바로 보고 싶으면 미국은퇴자협회의 웹사이트로 들어가 은퇴 계산기를 이용하면 된다(aarp.org/work/retirement-planning/retirement_calculator/).

당신이 예순여섯 살 혹은 정상적인 퇴직연령(출생 연도에 따라 사람마다 다름)에 도달하기 전에 사회보장 연금을 수령할 계획이며, 여전히 일을 한다면 당신은 금액의 일부가 지급 유보될 수도 있다. 당신의 근로소득이 일정 한도(2012년에는 14,640달러)를 초과하면 그 초과분에 대해서는 연금 지급이 50% 감액된다. 그렇더라도 당신이 평생 받는 연금에는 변동이 없다. 당신이 정상 퇴직 연령에 도달하면 지급이 보류되었던 금액이 연금에 합산되기 때문이다.

또한 사회보장연금에 대해서는 배우자와 유족연금을 알아두는 것도 중요하다. 강력한 증폭효과를 일으켜 평생 받는 연금액이 크게 증가할 수 있는데 이것은 대단히 중요한 사회보장연금의 특징이다. 사회보장연금에 대한 계획을 세우기 위해서 좋은 자료를 원한다면 마크 밀러의 웹사이트(retiremen-trevised.com)를 방문하라.

부와 행복

돈과 행복과의 관계에 대해 이해하게 되면 당신이 어떤 선택을 할 것인가 고민하는데 도움이 된다. 나는 어느 정도 긍정 심리학에 대해서는 중독자라 할 수 있다. 그래서 나는 무엇이 사람을 행복하게 하는지 최신 연구를 주의 깊게 살펴보고 있다. 나는 그레첸 루빈(Gretchen Rubin)의 베스트셀러인 「행복 프로젝트」(The Happiness Project)를 좋아한다. 내가 돈에 관한 결정을 해야 할 때 루빈의 만트라(모두 연구에 기반을 둔)가 큰 도움이 되었다.

루빈과 긍정 심리학을 연구한 다른 사람들이 동의하는 행복의 원칙 몇 가지는 다음과 같다.

첫째, 잘 알려진 것처럼 선행을 하고 자신을 헌신하면 행복감을 느낀다는 점이다. 우울증에 가장 좋은 치료법은 밖으로 나가서 사람을 돕는 것인데 바로 이 때문이다. 자원봉사와 다른 사람을 돕는 것은 부자지간인 두 심리학자 에드 디너(Ed Diener)와 로버트 비스워스-디너(Robert Biswas-Diener)가 말하는 심리적인 부에 기여한다는 것인데 심리적 부는 "삶의 만족, 삶은 의미로 풍성하다는 느낌, 재미있는 활동에 참여하는 마음, 중요한 목표의 추구, 긍정적인 감정의 경험, 사람을 자신보다 더 큰 사물에 연결하는 영성이다." 게다가 억압의 느낌보다는 만족감을 가져다주는 역할 속에서 지속적으로 일을 하면 건강에도 긍정적인 결과로 이어진다. 이 모든 것을 종합하면 쉽게 알 수 있는 것이 있다. 즉, 의미 있는 일로 당신의 삶을 조직하면 유급이든 무급이든 상관없이 행복이 크게 늘어난다는 사실이다.

둘째, 경험을 하게 되면 물질적 소유물을 획득하는 것보다 행복감이 더 오래 지속되는 경향이 있다는 점이다. 그렇기 때문에 경험을 세 번 얻게 된다. 즉, 그것을 기대할 때, 실제로 그것을 행할 때 그리고 그 기억을 통해서이다. 반면 물건을 획득하면 당신은 쾌락의 쳇바퀴로 불리는 현상에 빠지게 된다. 이는 우리가 처음 새로운 것을 얻었을 때 신기함을 느끼지만 곧 빠르게 적응한다는 뜻이다. 평면 텔레비전을 샀을 때 느끼는 행복감은 약간 증가하지만 익숙해지면서 점차 사라지는 것이 기본적인 현상이다. 루빈에 의하면 이런 법칙에 대한 예외는 텐트, 스키, 카메라나 당신이 사랑하는 사람들을 초대하여 식사를 같이 할 수 있는 식당에 있는 식탁이다. 이 같은 소유물은 모두 경험을 창조하는데 도움을 주고 행복에 많이 기여하게 한다.

쾌락의 쳇바퀴는 역방향으로도 작용한다는 증거가 있다. 하반신 마비 환자와 다른 사람들의 경우 상황이 극적으로 힘들게 변화했음에도 전과 후의 행복 수준이 유사하다는 연구 보고를 보면, 우리에게 어떠한 일이 일어나더라도 적

157

은퇴 계획이 아니라 앙코르 계획 세우기

앙코르 커리어를 계획하는 것은 은퇴를 계획하는 것과 흡사하다. 다음과 같은 가상적인 사례들이 모든 사람들에게 해당되는 것은 아니지만 사람들이 어떻게 경제적인 문제를 숫자로 관리하는지는 좋은 참고가 될 것이다.

● 스미스 부부는 둘 다 60살로 66살이 되면 은퇴할 계획이다. 그들의 소득을 합치면 7만 5천 달러에 이르고, 10만 달러의 투자 자산도 갖고 있다. 또 부채를 제외한 주택의 순 자산 가치는 25만 달러이다. 사회보장연금을 기대할 수는 있지만 전통적인 연금은 없다. 그들은 현 삶의 방식을 유지하기 위해서는 3만 달러의 소득이 필요하다고 생각하고 있다. 스미스 부부는 앞으로 남은 6년 동안은 그들 커리어에서 가장 많은 소득을 올릴 수 있다. 이 기간이 그들에게는 생애 다음 단계 비전에 맞는 목적이 있는 앙코르를 준비할 수 있는 시간이다.

● 존스 부부도 금년에 60살이 되며 62살에는 은퇴할 생각이다. 그들의 소득을 합산하면 7만 5천 달러가 되고, 10만 달러의 투자 자산을 갖고 있다. 그리고 순 자산 가치가 25만 달러인 주택을 보유하고 있다. 그들은 사회보장연금을 일찍부터 청구했기 때문에 그 연금 수령액은 조금 적을 것이다. 그리고 은퇴 전 소득을 추가로 저축할 시간도 더 짧다. 존스 부부에게는 앙코르 커리어로 3만 달러의 소득을 벌더라도 예전의 삶의 방식을 유지할 수 없을 것이다. 그러나 도움은 될 것이다. 앙코르에 따른 정신적, 사회적 보상과 함께 그들이 지속 가능하도록 생활을 줄이고, 사회보장 혜택을 최대 수준까지 끌어올리는 방식으로 소득을 더 잘 관리하면 가능할 것이다.

● 한 블록 아래 사는 브라운 부부도 60살이며 스미스와 존스 부부와 비교해서 대략 같은 수준의 소득과 자산을 갖고 있다. 그러나 브라운 부부는 70살까지 일할 계획을 세우고 있다. 그들은 사회보장연금을 최대 수준으로

응해가는 능력이 있음을 알 수 있다. 그래서 당신이 물질적으로 좋은 것을 포기하고, 대신 당신의 삶에서 더 깊은 의미를 주는 일을 선택하는 것을 생각하고 있다면 시간이 지나면서 당신이 적응해 나갈 것이라는 사실을 기억하라.

셋째, 상대적 부와 사회적 지위가 절대적 부보다 더 많이 행복의 수준을 높여줄 것이다. 이것을 보면 고소득 직업을 포기하고 사정이 비슷한 다른 사람과 함께 일하는 사람들이 왜 소득이 감소하는 상황에 익숙해지는지 그 이유를 알 수 있다. 스미스 일가가 주말에 호화 휴양지로 유명한 생바르텔르미 섬으로 비행기를 타고 여행하는 것보다 국립공원에서 캠핑 휴가를 보내면서 그들과 함께 지내는 것이 편안할 것이다.

소득 수준이 올라가고 돈이 많아지면 사람들이 더 행복해지는가? 이 문제는 그렇게 명확하지 않다. 널리 인용되고 있는 프린스턴 대학의 2010년 연구에 따르면 행복의 한 척도는 – 자신의 인생에 대한 사람들의 광범위한 평가 – 부가 증가하면 증가하는 경향이 있다는 것이다. 그렇긴 하지만 그 연구에 따르면 그날그날 느끼는 감정적 행복감은 소득이 7만 5천 달러 수준을 넘어가면 더 이상 커지지 않는다는 것이다.

이 두 개념의 차이를 분석하는 것이 좀 혼란스럽기는 하지만 연구자들이 시사해주는 점이 있다. 즉, 소득이 더 많다고 해서 꼭 더 행복하지는 않는다는 것이다. 다만 당신이 더 좋다고 생각하는 삶을 당신에게 가져다주는 것뿐이라는 것이다. 행복하기 위해서는 얼마나 많은 돈이 필요한가? 이것을 측정하기는 지극히 어렵다. 연구에 따르면 당신이 경제적인 능력을 벗어나는 삶의 방식을 열망하면 그것은 불행으로 가는 지름길이다. 단기나 장기적으로 급여가 줄어드는 것을 받아들이겠다고 생각하는 경우, 소득은 줄었지만 그래도 당신이 살고 싶은 삶을 살 것인가 아니면 당신이 희생을 해서 곤궁을 겪고 있다고 계속 느끼며 살 것인가? 어느 쪽인가? 관건은 당신의 선택이다.

로라 밴더캠(Laura Vanderkam)이 그녀의 최근 저서 「세상의 모든 돈」(All the Money in the World)에서 내세운 아이디어가 떠오른다. 밴더캠은 돈과 행복의 관련성을 과학적 연구자보다는 탐사 보도 저널리스트로서 접근했다. 그녀가 이중 맹검법을 사용하지 않았지만 그녀의 보고서는 설득력 있는 결론을 이끌어냈다. 작은 즐거움(유명한 라테를 마시는 것과 같은 것)을 끊는 것보다 주거비와 같은 주요 비용을 지출에서 줄일 것이라고 설득력 있게 주장한다. 그녀의 추론은 이렇다.

만약 당신이 주거비용을 삭감하는데 성공하면 정신적으로 한 번만 적응하면 된다. 그러나 만약 돈을 아끼기 위해 할인 쿠폰을 계속해서 오려 모으고 또 라테를 끊어야겠다고 집중한다면 당신은 자신이 매일 희생하고 있다는 생각을 지속적으로 하게 될 것이다. 그녀는 나에게 "한 번 적응해버리는 것이 지속적으로 자제하는 것보다 쉬울지 모른다."고 말했다. 매일 희생을 하고 있는 것처럼 느끼지 않도록 집을 줄이거나 자동차를 없앨 수 있는 방법이 있는지 생각해 볼만한 가치가 있다는 것이다.

마지막으로, 밴더캠은 계속적으로 비용을 삭감하는데 집중하기보다는 더 많은 사람들이 어디에서 소득을 늘릴 수 있는지 생각해야 한다고 주장한다. 분명한 사실은 당신이 좋아하는 일을 하면서 생활비를 벌 수 있는 방법을 알아내는 것이 가장 합리적이고 올바른 방향이라는 것이다.

앙코르 커리어 핸드북 인생2막의 변화와 창조

많은 사람들이 직장을 떠나려고 하는데도 떠나지 못하게 잡아두는 한 가지가 무엇인가? 좋은 건강보험이다. 사람들이 65세가 되어 노인의료보험 제도의 자격을 취득하면 자영업이 급증한다. 여러 이유가 있지만 이것이 바로 그 중 하나이다. 직원들에게 건강보험 혜택을 제공하는 풀타임 앙코르 일자리로 옮기게 되면 의미가 있는 일을 하면서 기대하지 않은 재정적 특전을 누리게 된다. 그러나 당신이 스스로 벤처를 설립하거나 아니면 파트타임으로 일하거나 건강보험을 제공하지 않는 단체를 위해 일을 할 계획이라면 당신이 선택할 수 있는 옵션은 어떤 것이 있는가?

- 당신의 일자리를 계속 붙들어라. 가능한 오래 일을 하면서 다른 한편에서 당신의 앙코르를 만들어 가라. (아니면 임시방편 일자리를 찾아라. 148쪽 참조.)

- 당신의 시간을 줄여라. 고용주가 당신의 건강보험을 유지하는데 필요한 최소 시간을 일하라. (왜 고용주들이 나이든 근로자를 잡아두기를 원하는지, 어떻게 하면 건강보험 혜택을 유지하면서 근로시간을 줄이거나 유연근무제를 놓고 협상할 수 있는지에 대해서 221쪽 참조.)

- 단체 보험에 가입하라. 동업자 협회, 커뮤니티 그룹, 전문직 협회를 통하여 건강 보험을 커버할 수도 있다. (나도 작가로서 몇 년 동안 내가 속한 작가 단체를 통해 아주 합리적인 건강 보험 플랜에 들었었다.)

- 코브라(COBRA) 보장을 사용하라. 연방법에 따라 기업주들은 종업원들과 부양가족을 위하여 직장을 그만두더라도 18개월 동안은 건강보험 혜택을 제공하여야 한다. 별 것 아닐지 모르지만 앙코르 전환기에는 좋은 옵션이 될 수 있다. 주 연방 정부의 코브라는 20인 이상의 종업원이 있는 기업의 고용주에게만 적용된다. 그래서 당신이 소기업에서 일하는 경우

당신이 살고 있는 주가 코브라와 유사한 보장 제도가 있는지 알아볼 필요가 있다. 또 당신이 건강저축계좌(Health Savings Account, HSA)에 돈을 갖고 있으면 그 돈으로 코브라 보험료를 지불하는 데 사용할 수 있음을 반드시 알아두라.

- 민간 보험 증권을 사라. 이것은 비싸다. 육십 세가 넘으면 특히 그렇다. 보험료를 낮추려면 보험료를 적게 내는 대신 자기부담 금액을 높이는 것도 한 방법이다. 일상적으로 나가는 비용은 자신이 부담한다. 그러나 수술을 받거나 입원을 해야 해서 큰돈이 들어가는 경우에는 보험으로 해결할 수 있다. 작은 글자로 쓰여 있는 보험 조건을 꼭 읽어서 보장 한도가 있는지(예를 들면 어떤 범주에 대해서는 평생 제한하는 조건), 배제조항이 있는지(예를 들면 기존질병이나 어떤 형태의 조건들) 잘 이해해야 한다. 당신이 고액공제건강보험을 갖고 있으면 건강저축계좌를 개설하는 것을 고려하라. 그렇게 하면 비과세 금액으로 따로 떼어놓았다가 보험으로 대체되지 않는 의료비용을 지불할 수 있다. 2014년에 시작될 소위 오바마케어 즉, 부담적정보험법(Affordable Care Act)이 공화당의 공세로부터 살아남으면 건강보험거래소가 현장에 등장하게 된다. 이는 개인이 건강보험을 쇼핑할 수 있는 주요 수단이 될 것이다. 많은 주에서도 자체적인 거래소를 개설할 예정이다. 그렇지 않은 주에 거주하는 사람들은 연방거래소에서 보험 상품을 살 수 있게 된다.

- 당신이 살고 있는 주에서 고위험 공동기금이 있는지 확인하라. 당신이 보험 가입 전 기존 질병을 갖고 있고(그리고 이 시점에서 없는 사람), 그 이유 때문에 보험 가입이 거부당했다면 그리고 당신이 최소 6개월 동안 보험에 가입하지 않았다면 당신은 오바마 케어로 가능하게 된 새로운 프로그램 즉, 기존 질병보험계획에 가입할 수 있는 자격이 된다. Health-Care.gov에서 신청할 수 있다.

- 바꿔라. 당신이 결혼을 했거나 동거하는 사람이 있으면 건강보험 혜택이 있는 배우자로 바꿔라.

앙코르 커리어 핸드북 인생2막의 변화와 창조

- 제대군인의 혜택을 확인하라. 트리케어(Tricare.mil)는 65세 이하 은퇴한 군인을 위한 여러 옵션을 갖고 있다.

- Healthcare.gov.를 검색하라. 건강보험 쇼핑이 이해하기 너무 어렵다고 해서 연방 정부가 2010년에 만든 사이트다. 당신의 가족 상황, 건강, 사는 곳에 대한 정보를 입력하면 당신이 선택할 수 있는 옵션을 평가하는 데 쉽게 이용할 수 있다. 몇 분 안에 몇 가지 세부사항을 입력할 수 있고, 보험료, 공제 조항, 의사 선택과 다양한 기준별로 보험 조건을 좁혀 나갈 수 있다. 이 사이트는 정부가 관리하고 있기 때문에 광고도 없고, 편파적이지도 않다. 가능한 모든 옵션을 볼 수 있다는 점이 아주 매력적이다.

- 프리랜서 연합(freelancersunion.org)을 확인하라. 이 연합은 독립적인 근로자들을 위한 건강보험을 제공하며, 취급하는 주도 증가하고 있다.

- 당신의 건강을 잘 관리하라. 건강관리 비용을 낮추고, 당신의 앙코르 커리어를 위한 에너지를 비축하는 가장 좋은 방법은 잘 먹고 운동하는 것이다.

당신의 핵심

이쯤되어서는 당신의 앙코르 숫자를 계산할 수 있을 것이다. 이상적인 것은 당신이 앙코르 커리어로 벌어들이는 소득으로 당신이 보유하고 있는 금융 부채를 모두 해결하고, 당신이 살고 싶은 삶을 사는 것이다. 그러기 위해서는 어떻게 해야 할까?

첫째, 당신이 지출해야 할 비용을 정확하게 파악해야 한다. 여기에는 모든 채무가 포함된다. 이 작업을 위해 399-402쪽에 나와 있는 부록 C 예산 연습 문제지에 나와있는 예산 집계표를 사용하거나 Mint.com과 같은 사이트를 방문하면 된다.

둘째, 앙코르 커리어를 하는 동안 벌게 될 소득 외에 추가적인 소득원을 제대로 파악하고 있어야 한다. 소득이 나오는 투자 자산이나 부동산이 있는가? 사회보장연금이나 펜션의 수급 개시 연령이 가까우면 그것도 소득원의 일부로 포함시킬 것인가? 여기에서도 예산은 도움이 된다. 400쪽 이하에 나와 있는 손익계산서(당신의 소득과 비용을 모두 반영한 재무 명세서)를 완성하면 당신의 재무 상황이 어떤지 좀 더 알 수 있는 그림이 그려질 것이다.

셋째, 당신이 지출 항목을 줄이고 싶은 의향이 있는지 스스로 점검해야 한다. 그러면 당신이 원하는 것보다 돈을 덜 받고도 앙코르에 당신의 시간을 바칠 수 있게 된다. 선택 연습을 하는 것이 바로 이 대목이다. 당장 지출을 줄이지 않더라도 앞으로 어떤 항목의 지출을 기꺼이 줄일 것인지를 미리 알기만 해도 당신은 앙코르 커리어를 그에 맞춰 설계할 수 있다. 파트타임을 해도 좋은지, 무급이나 약간의 돈을 받고도 앙코르가 가능한지, 소득 없이 지낼 수 있는지 아니면 재훈련을 받기 위해 시간을 낼 수 있는지 등을 신축적으로 조정할 수 있게 된다.

마지막으로 재무설계사와 상담하는 것이 좋다. 그래야 당신의 재정 상태를 객관적으로 검증하고 당신의 목표를 이룰 수 있는 계획을 수립할 수 있기 때문이다. (재무설계사와 이야기하기 전에 당신 스스로 숫자를 넣어 돌려보라. 그러면 당신 자신의 결과를 확인하는데 플래너를 이용할 수 있다.) 재무설계사는 자신이 갖고 있는 소프트웨어를 이용하여 당신이 다른 투자를 선택하면 당신의 상황이 어떻게 될 것인지 여러 가지 시나리오 결과를 당신에게 보여줄 것이다. 당신이 돈을 많게 혹은 적게 벌면, 혹은 당신이 2년, 5년 아니면 10년 이상 풀타임이나 파트타임으로 일한다면 당신의 경제적 상황이 어떻게 될지 알려줄 것이다. 지속적으로 재무설계사와 작업을 할 계획이 없더라도 한두 번 미팅을

"추가 소득이 있어서 개인퇴직계좌(IRA)에서 요구되는 최소 금액을 인출하지 않고 재투자를 할 수 있었다."
– 돈 타르버튼, 호스피스 목사

하면서 당신의 재무 상태를 감사하고, 기초적인 계획을 세울 수 있어 많은 것을 얻을 수 있다.

다른 사람이 당신의 돈을 실제적으로 관리하게 하지는 않고 대신 조언만 받고 싶다면 공인재무설계사(CFP)를 이용하라. 그들은 당신에게 자문을 해주고 통상 비용을 시간당으로 계산하여 받는다. (노동성에 따르면 전국적인 평균은 시간당 44달러이다.) CFP를 지정하면 당장 신뢰성을 보장한다는 표시이다. 그러니 자격을 갖춘 사람에 포커스를 맞춰라.

FAQs

나는 지금 회사에서 정기적으로 일정한 급여를 받고 있다. 그러나 내가 앙코르 커리어로 전환하면 앞으로 내 소득이 일정하지 않고 불규칙하게 변동할 것이다. 나는 이 점이 염려된다. 일정하지 않은 수입을 잘 관리할 수 있는 방법이 있는가?

그러기 위해서 계획을 잘 세워야 한다. 나는 프리랜서의 대가인 미셸 굿맨(Michelle Goodman)과 이야기를 했다. 다음은 굿맨이 알려준 조언이다.

- 최소한 몇 달은 버틸 수 있는 통장을 갖고 있어야 한다. 월급 통장에 돈이 늦게 들어왔다고 해서 당신의 운명이 결정되는 일은 없도록 하라.
- 여유가 있을 때 큰돈을 써야 할 데가 있으면 먼저 처리하라.
- 고용 계약서를 꼼꼼히 살펴보고 정당한 금액을 요구하여 손해를 보지 않도록 하라. 그리고 잊지 말고 비용을 청구하라.
- 큰 과제를 맡으면 먼저 일정 비율의 금액(25% 정도)을 선불로 청구하라. 프로젝트가 진행되는 동안 진척도에 따라 또 다시 대금을 청구하라. 이런 식으로 하면 돈이 정기적인 일정으로 들어온다.

재무설계사와 일하기

재무설계사와 한 번도 같이 일해본 적이 없다면 아래에 언급된 몇 가지에 관해 생각해 보라.

- 믿을 수 있는 친구나 재무설계사와 일한 적이 있는 전문가로부터 소개를 받는 것으로 시작하라. 변호사와 공인회계사는 물어보기에 좋은 사람이다. 물어볼 사람이 없거나 스스로 찾고 싶으면 다음과 같은 단체를 검색해보면 공인재무설계사(CFP)를 우편번호별로 찾을 수 있다. 즉, 전국 개인 금융자문협회(NAPFA.org), 재무계획협회(FPAnet.org)와 GarrettPlaningNetwork.com 등이다(설계사를 검색할 수 있는 네트워크를 갖고 있으며 시간 단위로 비용을 청구한다).

- 어느 사람으로 결정하기 전에 몇 사람을 골라 면담할 계획을 세워라. 어떤 설계사들은 세금이나 보험 문제만 집중적으로 취급한다. 그래서 당신이 이용하려는 설계사가 미래에 대한 재무 계획과 여러 가지 금융 시나리오를 살펴본 경험이 있는지 꼭 확인하라. 은퇴설계에 관해 잘 알고 있는 사람은 당신에게 올바른 관점을 제시할 가능성이 많다. 왜냐하면 그들은 사람들이 미래를 계획하고 소득이 이전보다 줄어드는 시기로 전환하는 것에 관해 생각할 수 있도록 도와주는데 익숙해졌기 때문이다.

- 추천을 받지 않고 설계사를 고용하려면 그 사람의 배경을 꼭 조사하라. 그의 자격증을 누가 관리하는지, 그 자격증이 현재 유효한 것인지 확인하라. 당신은 공인재무설계사의 징계 기록을 체크할 수 있다. cfp.net/learn/disciplineactions.asp가 바로 그 사이트이다.

- 당신이 계약할 약정서의 요금 구조를 확실히 이해하라. 당신이 단지 약간의 계획 수립만 원한다고 말했다 하더라도 공인재무설계사는 몇 가지 방법으로 보수를 받아낸다. 설계사가 당신과 투자에 관한 일을 하게 되면 당신의 투자자산에 대해 몇 %를 수수료로 청구하거나 그가 판매하는 상

앙코르 커리어 핸드북 인생2막의 변화와 창조

품에서 커미션을 떼어간다. 커미션을 받고 일하는 재무설계사는 당신이
매입하는 상품으로부터 수수료를 취한다. 그러므로 설계사들이 수수료
수입을 올리기 위해 당신의 투자 전략에 대해 객관적이지 않을 수도 있
다는 사실을 꼭 명심하라. 당신이 단 한 번만 평가를 받으려 한다면 시간
제 요금이 가장 좋다. 사전에 요금제를 협상할 수 있는지 알아보라.

- 전문가가 누구이든지 당신으로 하여금 편안함을 느끼게 해주는 사람을
  찾아라. 많은 설계사들이 첫 상담은 무료로 해줄 것이다.
- 당신이 스스로 여러 가지 시나리오를 시도해보고 싶다면, fireCalc.com
  을 시도해 보라. 당신의 예산, 대차대조표, 손익계산서를 사전에 만들어
  두면 이 도구를 더 쉽게 사용할 수 있다.

- 계약 조건에 따라 가능하면 즉시 대금을 청구하라. 제때 돈을 받지 못했
  을 때는 독촉하는 것을 어렵게 생각해서는 안 된다. 때로는 당신이 접촉
  하고 있는 상대방이 대금을 지급하는 담당자가 아닐 수도 있다. 그 사람
  이 누구인지 또 어떻게 연락할 수 있는지 꼭 알아두어야 한다.

경비를 줄여야 한다고 말하지만 여의치 않은 경우가 있다. 주택 담보 대출의
미상환 금액이 너무 많이 남아있거나 부동산 가격이 하락하여 잔존 가치가 없는
경우에는 어떻게 하나? 이 경우에는 비용을 줄이려 해도 줄일 게 없다.

참으로 어려운 사정이다. 많은 사람들이 이런 경우를 만나면 모기지 상환
을 포기하고 만다. 이럴 경우 "큰 희생이 없이는 빠져나갈 방법이 쉽지 않다."
고 금융 저널리스트인 크리스 패럴(Chris Farrell)은 나에게 말했다. 어려운 시
기가 얼마나 지속될 수도 있다. 그래도 이런 상황에서 당신이 갖고 있는 것은
집이다. 집을 당신에게 유리한 방향으로 이용할 수 있는 방법이 없는지 생각
해 보라. 성장한 자녀와 함께 사는가? 부모님을 집으로 모시고 싶은가? 그들

제5장 당신 형편에 맞는 앙코르 숫자를 찾으라

이 생활비를 보탤 수 있는가? 집 일부를 임대할 수 있는가? 집에서 일을 시작할 수 있는가? 아니면 다른 사람을 불러 당신과 같이 일하고, 그들이 사용하는 공간에 대해 약간의 돈을 받을 수 있는가?

비영리 단체나 정부 기관에서 주는 월급으로 살아갈 수 있는가?

비영리 단체나 공공 부문 급여가 민간 부문에 비해서 보통 낮은 것이 사실이다. 그러나 조직, 지역과 직종의 형태에 따라 급여 수준이 크게 다르다. 비영리 단체 헤드헌터인 로라 개스너 오팅(Laura Gassner Otting)은 나에게 말하기를 "하는 일이 사회적 대의와 멀수록 급여가 통상 더 높은 편이다. 여기에서 사회적 대의라 함은 당신이 사람, 동물이나 환경을 위해 일하는 경우를 의미한다. 그래서 일선에서 실제로 사람들을 위해 봉사하거나 현장에서 일하는 사람들은 단체 안에서 경영을 맡고 있는 직책에 비해 급여 수준이 낮을 것이다." 단체의 형태에 따라서 급여가 결정되기도 한다. "병원, 대학, 싱크탱크와 재단은 봉사 단체나 지원가 조직보다 더 많은 보수를 지급하고 있다."고 개스너 오팅은 말했다.

부채가 많은데 어떡하나?

그런 사람이 당신만이 아니다. 수백만 명의 많은 사람들이 은퇴를 앞두고 있거나 앙코르 커리어로 전환하고 싶은데 빚 때문에 고민을 하고 있다. 주택담보 대출금, 자신과 자녀들의 학자금 대출, 신용카드와 마이너스 통장도 갚아야 할 채무이다. 빚이 너무 많다면 개인 파산 신청도 생각해 볼 수 있지만 그 문제는 이 책의 범위를 벗어난 것이다. 당신의 형편이 그렇다면 당신이 살고 있는 지역이나 주의 변호사협회를 찾아라. 그러면 무료로 법률적인 자문을 해줄 수 있는 변호사를 연결해줄 것이다.

빚이 감당할 정도의 수준이면 앞으로 부채를 청산하는데 얼마나 걸릴지 온라인 무료 사이트인 bankrate.com에 들어가 보는 것이 좋다. 경험에 의하면 분할상환 금액을 두 배로 늘리면 상환 기간을 반으로 줄일 수 있다.

채무를 관리하는 교과서적인 방법이 있다. 첫 번째 방법은 가능하다면 이자율이 높은 채무부터 갚아나가고 또한 이자율이 상대적으로 낮은 대출은 최소 금액만 갚아나가는 것이다. 이렇게 차례대로 이자율이 높은 순서대로 상환해 나간다. 이런 식으로 하면 이자로 나가는 돈을 최소화할 수 있다.

다른 방안은 당신의 채무를 대출금액 순으로 리스트를 작성하고, 적은 금액부터 상환하다가 가장 금액이 많은 채무를 맨 나중에 갚는 방법이다. 이자로 더 많은 돈을 부담할 수도 있지만 대출을 한 건 전액 상환했다는 심리적인 안심을 얻을 수 있다.

채무 관리가 가능한 수준으로 줄이는 과정에 있다면 앙코르 커리어로 전환하기가 쉽지 않을 수도 있다. 특히 소득이 줄어드는 경우 더욱 그렇다. 바로 이때가 채무를 줄일 이상적인 시기라고 금융 전문 저널리스트이자 저술가인 크리스 패럴은 말한다. "잡동사니나 중요하지 않는 것들을 처리하라. 더 이상 필요하지 않은 물건들은 하찮은 것이라도 처분하여 빚 갚는데 쓰라." 급여 수준이 낮은 곳으로 자리를 옮기는 것이 당신의 앙코르 계획의 일부라면 그것을 편안히 받아들이고, 줄여서 사는 데 익숙해지는 것이 대단히 중요하다.

전문가들은 채무에서 벗어나는 유일한 방법은 채무를 더 이상 늘리지 않는 것이라고 주장하고 있다. 개인금융전문가 마니샤 타코르(Manisha Thakor)는 그것을 '경제적 단식'이라 부르고, 신용카드도 잘라버리고 절대로 새로운 빚을 내서는 안 된다고 권고하고 있다.

내가 제일 먼저 집중해야 할 것이 있다면 그것이 무엇인가?

빚이다. 빚에 짓눌리게 되면 인생에서 앞으로 나아가기가 대단히 힘들다. 그렇지 않으려면 시간을 써서 빚을 갚고 당신의 삶을 제자리로 돌려놓아야 한다. 그래야 다시는 새로운 빚을 내지 않고 편안하게 살 수 있고, 당신이 앞으로 하고 싶은 일이 무엇인지 자유롭게 탐색할 수 있게 된다.

20대가 아닌 50대에 저축을 시작하더라도 돈이 상당히 늘어나는 게 가능한가?

"어느 정도까지는 차이가 없다."고 패럴은 나에게 말했다. "20대나 30대 사람이 더 시간이 많다는 것은 맞는 말이다. 그렇지만 심리적으로는 40대나 50대에 들어서 저축하기가 더 좋은 이유가 있다. 당신 앞에 남은 시간이 더 적기 때문에 더 많은 돈을 저축하려고 노력을 할 것이기 때문이다. 그러나 할 수 없다 하더라도 그 시기에는 당신은 아직 젊다." 언제 저축을 시작하더라도 10년이 지나야 저축이 웬만큼 쌓인다. 중년이면 당신은 비재무적 자산도 갖게 된다. 예를 들면 보유하고 있는 돈을 어떻게 사용할 수 있는지 더 좋은 감각을 갖게 되는 것이다. 현금 여유분이 있으면 새로운 일을 탐색하고 흥미있는 일을 할 여유가 있을 것이다. 개인적인 재무관리의 대부분은 좋은 습관을 갖는 것이라고 패럴은 말했다. "그 비결은 일단 시작하고, 시간에 대해 염려를 덜 하고, 가능한 자동적으로 돌아가게 하는 것이다."

내 은퇴를 위해 저축해야 하나? 아니면 자녀의 대학 진학을 위해 저축해야 하나? 둘 중 어느 것을 선택해야 하나?

이 문제는 얼마든지 현실성 있는 고민이다. 당신을 위해 교육과 재훈련 비용으로 써야 할지 아니면 당신의 자녀들을 어떻게 도울 것인지 생각할 것이다. 금융 전문가 대부분은 은퇴 자금을 저축하는 쪽에 찬성을 하고, 자녀 학자금을 대주는 것에는 조심스럽게 반대하고 있다. 여성을 위한 개인 금융 전문가인 마니샤 타코르는 나에게 이렇게 말했다. "둘 중에 한쪽만 할 수 있다면 언제든지 자녀보다 자신의 은퇴 자금을 위해 먼저 저축하라. 이유는 간단하다. 은퇴 자금 저축에는 다른 대안이 없기 때문이다. 자녀들은 학자금 대출을 받을 수 있다. 집에서 살 수 있고, 돈을 모으기 위해 일을 하고 아니면 도중에 휴학을 하여 졸업을 늦출 수도 있다.”라고 그녀는 말했다. “그러나 은퇴는 사정이 다르다. 당신이 실직하고 더 이상 일자리를 잡을 수 없으면 은퇴 자금이라도 써야 한다.” 기본적으로 대학을 가는데 장학금이나 보조금을 받을 수 있지만 은퇴는 그런 지원이 없다. “당신이 은퇴에 대비하여 돈을 저축하지 않고 대신 자녀 학비에 충당한다면 기본적으로 당신은 은퇴 후 당신의 경제 부담과 노후 봉양을 자녀에게 떠맡기는 셈이 된다.”

사실 맞는 이야기이다. 여기에는 몇 가지 요인이 있다. 단순히 보면 여자가 남자보다 평균 5년을 더 산다. 부부가 같이 살다가 말년에 배우자 한쪽(주로 남편)이 먼저 아프게 되면 요양비로 적잖은 돈을 지출해야 한다. 그만큼 노후 자금이 줄어들게 된다. 그렇게 되면 살아있는 배우자에게 남겨진 돈은 적어진다. 상황도 또한 바뀌고 있다. 남자들이 현재의 경기 불황 여파에 고통을 겪고 있다. 전문가에 따르면 경기불황으로 여자들보다 남자들이 더 정신적으로 심한 타격을 받는다고 한다.

남녀 임금 격차도 한 요인이다. 여성이 받는 임금은 남성 평균의 77%에 불과하다. 또한 일을 하지 않아 돈을 벌지 못하는 기간은 여자들이 남성보다 평균 11년이 더 길다. 물론 이 모든 것이 자녀가 없는 여성이라면 상황은 다를 수 있다. 자녀가 없는 그룹은 40세가 넘는 여성이 40%를 차지하고 있다.

마니샤 타코르는 이를 77/11 효과라고 부른다. 이것을 그녀는 다음과 같이 설명한다. 여성이 1달러 당 77센트를 벌고, 현역에서 물러나 남성보다 평균 11년을 더 소비한다고 가정하자. 두 사람이 22살에 학업을 마치고 즉시 직장에 들어갔다. 남자는 연봉이 5만 달러고, 매년 10%(5천 달러)를 65세까지 저축했다고 가정하자. 이 남자는 대략 100만 달러를 갖게 될 것이다. 77/11 효과를 적용하면 25세 여성은 연봉 3만 8,500달러(5만 달러의 77%)를 받고, 매년 10%(3,850 달러)를 저축한다. 그리고 급여를 받는 일자리 없이 11년을 지내고 , 다시 돌아가 똑같이 남성 월급의 77%를 받고 저축을 한다. 그렇게 되면 여성은 50만 달러를 갖게 된다.

물론 자녀가 없고 일을 계속하는 여성이라면 사정은 다를 것이다. 그러나 어느 경우라도 여성이 남성보다 장수한다는 한 가지 사실만 놓고 보더라도 여전히 여자가 더 많은 돈을 저축할 필요가 있다는 것이다.

소득 감소와 재훈련 비용을 두 사람이 어떻게 조정할 수 있는지 알고 싶어 하는 커플을 위한 조언이 있다면?

한 가지 방법은 교대로 하는 것이다. 예를 들면 건강보험 혜택이 있는 직장을 한 사람이 교대로 다니면 다른 사람이 건강보험료에 대한 걱정 없이 앙코르 커리어로 이동할 수 있다. 공인 재무설계사와 몇 시간을 함께 작업하는 또 다른 이유가 여기에 있다. 그는 당신과 파트너의 재무 사정을 전체적으로 들여다보고 다른 시나리오를 검토하는데 도움을 줄 수 있다.

나는 일을 하지 않아도 될 만큼 여유는 없다. 다음에 무엇을 할지 찾는 수단으로 임시직으로 일하는 것을 어떻게 생각하는가? 또는 흥미는 없지만 보수가 아주 좋은 일자리를 잡는 것은 어떤가?

당신이 앙코르 전환기에 있는 동안 돈을 벌어야 할 필요가 있다면 둘 다 대단히 좋은 전략이다. 너무 힘들지 않은 일자리를 갖는 것은 당신이 스트레스를 덜 받으면서 당신이 계획하고, 조사하고, 당신이 앞으로 나가는 데 도움을 줄 수 있는 인맥관리를 할 수 있게 한다.

앙코르 커리어 핸드북 인생2막의 변화와 창조

제 6장

네트워킹 :
나쁜 말이 아니다

우리 모두는 결코 벗어날 수 없는
상호의존적 네트워크 속에 갇혀 있고,
운명이라는 하나의 옷으로 묶여 있다.
한 사람에게 직접적인 영향이 미치게 되면
다른 모든 사람들도 간접적인 영향을 받는다
– 마틴 루터 킹 주니어 –

데이비드 버크는 부동산 프로젝트 매니저로 일하다가 해고되었다. 그는 자신의 삶을 되돌아보았다. 나이는 46세였으며, 삶은 대체로 평안했다.

결혼 생활도 평탄했고, 자녀는 둘이며, 미니애폴리스에 집이 있었다. 그러나 새로운 일자리를 찾으려고 하면서도 부동산 업계로 되돌아가고 싶지는 않았다. 그는 시카고에 갔을 때 아내에게 "이미 건물들이 너무 많이 들어섰는데 또 지어서 무슨 소용이 있겠어?"라고 말했던 것을 기억하고 있다.

버크는 새로운 일자리를 찾기 위해 여러 가지로 애를 썼다. 전문 잡지와 많은 책을 읽었고, 목사와 친구들도 많이 만났다. 버크는 노인 문제에 관심이 있었다. 재미 삼아 지역 신문인 미니애폴리스 스타 트리뷴(Minneapolis Star Tribune)의 워렌 울프(Warren Wolfe) 기자에게 전화를 걸었다. 그는 노령화에 대해 기사를 쓰고 있었다.

"나는 예고도 없이 전화를 걸어서 노인들과 함께 일하고 싶으며, 그 지역에서 그와 관련해 무슨 일이 일어나고 있는지 알고 싶다."고 말했다. 울프는 버크와 한 시간이나 통화했다. 울프는 미네소타 주 미니애폴리스와 세인트 폴 두 도시에서 일어나는 노인 문제와 관련된 실정을 모두 이야기해 주었다. 그리고 관련된 주요 인사들의 이름도 알려주었다.

울프는 버크에게 잰 하이블리(Jan Hively)라는 사람을 만나보라고 제의했다. 그녀는 당시 75세였으며, 미네소타 대학과 연계하여 바이털 에이징 네트워크(Vital Aging Network)라는 단체를 설립한 사람이었다. 하이블리와 버크는 만났고, 당초 약속한 30분 미팅이 끝나고 그녀의 다음 회의가 시작될 무렵 그녀는 버크에게 다음과 같이 말했다. "당신이라고 해서 7,600만 명의 베이비부머와 하나도 다르지 않다. 이들은 새로운 인생의 단계에 와 있으며, 의미 있는 일을 찾고 있다. 두 도시에서 사는 우리에게 필요한 것은 이들이 전환기의 삶을 잘 살 수 있도록 도움을 주는 것이다." 그는 곧바로 그녀의 말에 매료되었다. "대화 끝에 그녀의 주머니에서 작은 다이아몬드가 떨어져 나오는 느낌이었다."고 그는 말했다.

그 만남 이후 버크는 가족용 오두막에 올라가 곧바로 새로운 단체를 만들 궁리를 시작했다. 한 달쯤 후, 하이블리에게 함께 하자고 요청했다. 그는 "새로운 아이디어를 갖고 있는 사람들을 많이 만나본 경험이 있는 그녀도 내 제안에 흥미를 느꼈다."고 말했다. 두 사람은 사업계획을 만들고, 드디어 시프트(SHiFT)라는 단체를 만들었다. 이는 미니애폴리스에 본부를 두고 '삶과 일터에서 보다 큰 의미를 찾으려는 전환기에 처한 시니어'를 위한 단체이다. 두 사람은 공동으로 5년 동안 이 조직을 이끌었다.

나는 버크의 이야기에서 이 부분이 흥미로웠다. 버크의 경우 새로운 앙코르의 세계로 들어갈 수 있었던 결정적인 요인은

당신이 다른 사람을 연결하는 스타일은 어떤가? ● 작은 그룹 또는 일대일로 만나는 것을 선호하는가 아니면 파티 같은 사교 모임을 좋아하는가? ● 어떤 종류의 그룹에 속하는가? ● 그들로부터 충분한 것을 얻고 있는가 아니면 개혁하고 새로운 커뮤니티와 관계를 맺어야 할 때인가?

좋은 사람을 만났기 때문이다. 시작은 신문사 기자에게 전화를 건 것이다. 아주 단순하고 작은 일이 그에게 큰 전기를 마련해 주었던 것이다.

사람들은 단지 아이디어를 갖고 있거나 테스트의 대상이 되는 것만이 아니라 다른 커뮤니티나 단체와 연결해 새로운 기회를 만들어 내기도 한다. 당신 자신의 아이디어를 사람들과 단체들로 이뤄진 새로운 망에 연결하는 것이 대단히 중요하다. 그렇게 하면 당신이 하려고 하는 것을 이해하고 뜻이 비슷한 사람들 그리고 당신이 목표를 이룰 수 있도록 도와줄 사람들로부터 도움을 받을 수 있다.

우리는 인맥을 의미하기도 하는 네트워킹이라는 말을 떠올리면 당혹해 한다. 이 단어를 혐오하는 기분은 당연하다. 그렇다고 해서 다른 사람에게 "나는 당신과 인맥을 쌓고 싶습니다."와 같은 말을 해서는 안 된다. 상대방은 즉시 거부감을 느낄 것이다. 그러나 당신이 진정한 관심과 호기심으로 사람에게 접근하고, 무엇을 하고 싶은지 솔직하게 이야기 하면 좋은 결과를 얻을 수 있을 것이다.

만약 당신이 네트워킹에 반대하고 네트워킹을 하는 것이 순수하지 않다고 느낀다거나 당신이 네트워킹을 잘 한다고 생각하지 않는다면 이 책을 계속 읽어라. 나는 당신에게 네트워킹에 관하여 새롭게 생각할 방법을 알려주고 싶다. 어느 시점에서 당신이 "나는 그것을 결코 할 수 없을 것이다."라는 생각이 든다면 어떤 것이 당신 마음을 편안하게 하는지를 알아보라. 가장 좋은 연결은 사람들이 자연스러운 방법으로 연관될 때 생긴다. 예를 들어 모르는 사람에게 전화접촉을 할 수 없다면 다른 접근방법을 시도하라. 네트워킹에 관한 당신의 문제가 당신과 당신의 필요에 너무 집중하는 것처럼 느낀다면 틀을 바꿀 시기다. 인맥 혹은 네트워킹을 다른 사람이 당신에게 무언가 선의를 베풀도록 하는 방법이 아니라 당신이 남에게 베푸는 역량을 확장해주는 방법이라고 생각하라. 네트워킹은 이 세상에 긍정적인 영향을 미칠 수 있는 방향으로 당신이 나갈 수 있도록 하는 것이다. 당신이 돈을 더 많이 벌거나 출세하려고 이용하는 것이 아니다. 당신이 의미 있는 일을 할 수 있다면 그런 방향으로 새로운 관계를 만들어내고, 기존의 사람들과의 인적 관계를 이용하는 것은 가치 있는 일이 아닐까?

자기가 하고 있는 일에 열정을 갖고 있는 사람들은 대개 다른 사람을 돕는 데에도 마음이 열려 있다. 그렇다고 항상 그런 것만은 아니다. 좋은 일을 하고 좋은 결과를 이뤄내는 사람들은 대단히 바쁘게 지낸다. 그래서 이들을 언제라도 쉽게 만날 수는 없다. 그러나 당신이 네트워크를 현명하게 만들고 관리하게 되면 의미 있는 일에 좋은 결과를 낼 가능성은 그만큼 높아진다.

먼저 당신의 스토리를 알아야 한다

어떻게 하면 당신의 네트워크에 접근할 수 있는가? 가장 어려운 문제는 무엇을 말해야 할지 모른다는 것이다. 은퇴 후 이전에 가지고 있던 당신의 정체성을 제외한다면 당신은 누구인가? 당신의 옛날 직함을 아직도 쓰고 있는가? "나는 얼마 전까지 이런 일을 했다."라고 말할 것인가? 아니면 "나는 이런 커리어로 전환하고 있는 중이다." 이렇게 말할 것인가? 은퇴를 했으며 다른 일을 찾고 있다고 말할 것인가? 앙코르 커리어를 찾고 있다고 말하는 게 적절하다고 느끼는가? 해고를 당했다면 어떻게 설명할 것인가? 상황에 따라 다르겠지만 아마도 당신은 장황하게 설명할 것이다. 그러나 미리 자신을 어떻게 설명할지 생각하면 훨씬 쉬워질 것이다.

데이비드 버크가 그 기자에게 전화를 걸었을 때 그는 짧게 자기가 어떤 사람인지 소개할 수 있는 스토리가 필요했다. 내가 그에게 뭐라고 말했느냐고 물었을 때 그는 정확하게는 기억하지 못하고 있었다. 그러나 대강 다음과 같이 말했다는 것이다. "여보세요. 데이비드 버크입니다. 몇 분간만 통화를 하

"여보세요, 제 이름은....."

당신 자신을 소개하는 빠르고 효과적인 방법이 여기 있다.

■ 행사에서 간단히 말 나누기

안녕하십니까? 전 린다(Linda)입니다. 만나서 반갑습니다. 저는 해외에서 사람들의 건강 관리를 확대하는 일을 돕고 싶습니다. 좋은 일을 하고 있는 많은 사람들이 먼 곳에서부터 찾아와 이 방을 가득 메우고 있으니 참 좋습니다. 요즘에는 어떤 일에 특히 관심을 갖고 계시는지요?

■ 모르는 사람을 만나고 싶어 접수 담당자에게 전화하기

안녕하세요. 전 밥 슐츠(Bob Schultz)입니다. 전직 기자로 교육 개혁의 일을 하려고 합니다. 전 당신의 단체가 이 지역 교육위원회와 함께한 일을 조사해왔습니다. 팜 존스(Pam Jones) 씨와 만나서 제가 자원봉사로 일할 수 있는 여지가 있는지 알고 싶습니다. 어떻게 하면 될까요?

■ 친구의 친구에게 이메일 보내기

수신: 메리 스미스(Mary Smith)

발신: 짐 화이트(Jim White)

제목: 제인 블랙(Jane Black)의 소개를 받았습니다.

안녕하십니까? 전 제인 블랙의 친구인 짐 화이트입니다. 전 부동산 세일즈를 그만두고 국토보전 쪽에서 일할 수 있는 기회를 찾고 있습니다. 우리 지역의 현황에 대해서 제가 감을 잡을 수 있도록 시간을 내주실 수 있을 거라고 제인이 말했습니다. 다음 주에 간단하게라도 전화 통화를 할 수 있을까요? 가능하시다면 편리한 시간이 언제인지요? 저는 주중이라면 아침 11시 30분까지는 언제든지 좋습니다.

최근 신문에서 당신이 새로운 자금 모금에 관한 기사를 보았습니다.

축하드립니다. 안녕히 계세요.

짐 드림

■ **전달할 수 있는 이메일**

수신: 질 브라운 (Jill Brown)

발신: 빌 그린 (Bill Green)

'도움의 손길'의 제니 킴에게 저를 소개해 주신다는 당신의 제안에 대해 대단히 감사드립니다. 다음은 그녀에게 전달할 수 있는 편지입니다. 당신이 편집하지 않고 바로 전달할 수 있도록 별도 이메일로 보내는 것이 더 편리하실지를 알려주세요.

빌 드림

친애하는 질,

당신이 제니 킴을 안다고 말한 것을 기억합니다. 아시다시피 저는 미노우(Minnow) 지역 전문대학에서 ESL 자격증을 받았고, 이민 커뮤니티와 일하는 사람들과 가능한 많이 만나고자 합니다. 우리 지역의 필요에 관해 더 알고 싶어서 잠깐 대화할 수 있는지 제니에게 좀 물어봐 주시겠습니까? 제 이력서를 첨부하였고, 저의 링크드인 프로필에 대한 링크를 넣었습니다. 시간 내 주실 것에 대해 미리 감사드립니다.

빌 드림

고 싶습니다. 나는 커리어를 바꿔보려고 합니다. 그리고 시니어들과 일하는 것에 관심이 있습니다. 이와 관련하여 미니애폴리스와 세인트 폴에서 어떤 일이 이뤄지고 있는지 또 그 주역들은 어떤 사람들인지 조금이라도 알려주시면 좋겠습니다." 여기서 핵심은 간결함이다. 버크는 자신의 과거 배경에 포커스를 두지 않았다. 다른 사람이 귀를 기울일 수 있도록 말했을 뿐이다. 다른 경우라면 자신의 전문직 경험이나 관련 경험을 이야기해 주는 게 도움이 될 수도 있다.

　전화로 자기를 소개할 때 어떻게 할지 곰곰이 생각해 보라. 파티나 이벤트에서 직접 만나서 설명할 수 있는 시간이 있다면 어떻게 할 것인가? 이메일로 접근할 때에는 어떻게 할 것인가? 이런 상황에 맞는 소개글 몇 문장을 만들어 보라. 앞의 표는 자신을 빨리 그리고 효과적으로 소개할 수 있는 예문이다.

네트워크를 관리하라

　당신의 네트워크에 접근하는 것은 친구들에게 다음 질문 하나를 이메일로 보내는 것만큼 단순하다. "50세가 넘어 학교로 돌아간 사람으로서 나와 기꺼이 이야기할 수 있는 사람을 알고 있는가?" 또는 당신의 페이스북 페이지에 "이번 주말에 자원봉사 기회를 찾고 있음. 제안 바람"이라고 쓴다.

　네트워킹이라고 해서 당신이 알고 있는 모든 사람을 접촉하는 것은 아니다. 데일 피터슨(Dale Peterson)은 다니던 개인 건축 사무실에서 인력 감축이 있었을 때 그동안 프로젝트를 함께 해왔던 사람들에게 전화를 몇 통 했다. 그 결과 시의 한 기관에 새로운 일자리를 얻게 되었다. "통화량의 문제가 아니었다. 적절한 사람에게 전화하는 것이 중요했다."고 그는 말했다. 전략적으로 네트워크를 관리하려면 먼저 당신의 인맥을 정리하는 것이 좋다. 여러 카테고리로 분류를 한다. 친구, 친인척, 직장, 이웃, 지역 사회, 종교, 취미 등 당신이 살면서 만난 사람을 그룹화 한다. 그리고 그동안 연락을 하지 못했던 사람들과 접촉을 시도한다. 연락처가 변동되지 않았는지, 지금은 무슨 일을 하고 있는지 업데이트 한다. 당신이 정말 다시 만나고 싶은 사람이 있는지를 추려서 리스트를 만든다. 옛날 주소록을 다시 찾아보고, 이메일 주소를 다시 확인한다. 링크드인(LinkedIn)이나 페이스북을 이용하면 자동적으로 확인할 수 있다. (디지털 네트워크를 사용하는 방법에 관해 더 알려면 193쪽을 보라.) 이렇게 네트워크를 관리하면 당신이 생각하는 앙코르 커리어에 대해 그들과 이야기하고 필요한 도움을 얻을 수 있다.

유대감이 약하다고 생각했던 인적 네트워크에 집중하라

사회과학자들의 연구에 따르면 우리가 데이트 상대나 애완동물 돌보는 사람, 일자리를 구하려고 새로운 정보나 사람을 찾으려 할 때 실제로 결정적인 도움이 되는 사람들은 우리와 아주 가까운 사람들이 아니라 오히려 우리와 밀접하지 않은 사회적 관계망에 있던 사람들이라는 것이다. 친소 정도가 더 먼 사람이고, 자주 만나지 않고 가끔 별 생각 없이 만나던 사람들이라도 좋은 결과로 이어진다. 그렇기 때문에 새로운 기회를 잡으려면 관계가 약하다고 생각해온 인적 네트워크를 샅샅이 뒤져보는 것이 좋다.

당신과 다른 젊은 세대를 생각하는 것도 도움이 된다. 젊은 사람들이 직업을 바꾸려 할 때는 부모님이 갖고 있는 링크드인의 커넥션을 이용하여 높은 직책의 사람들을 소개 받으려고 한다. 시니어들도 역으로 보면 마찬가지이다. 새롭게 직장에 첫 발을 내디딘 젊은 사람들을 멘토로 활용하라.(그들이 당신에게 새로운 기술 추이를 알려주고 특히 젊은 사람들이 특정 분야를 어떻게 생각하는지 파악할 수 있다.) 그리고 수십 년의 경험을 가진 사람들도 멘토로 활용하라.(그들은 고위직에 있는 사람을 알고 있고, 때로는 큰 그림을 그리거나 많은 경기 순환을 겪어본 경험에서 장기적인 관점을 갖고 있다.)

관심이나 취미를 중심으로 그룹을 형성하는 것도 새로운 관계망을 형성하는데 도움이 된다. 거의 20년 동안 나는 매월 모이는 북 클럽에 참석했다. 그리고 약 10년 동안 거의 매달 포커 게임을 하는 모임을 공동 주최했다. 두 모

당신이 해고된 것을 어떻게 설명할 것인가?

커리어 코치 마이클 멜처(Michael Melcher)는 직장에서 해고된 사람들이 하는 가장 큰 잘못은 너무 장황하게 설명하는 것이라고 지적하고 있다. "당신이 상대방이 듣고 싶어 할 것이라고 생각하는 것을 상대방은 실제로는 관심이 없다는 것이다."고 멜처는 나에게 말했다. 멜처는 "장황하게 설명하려 들지 말라."고 고객에게 충고하고 있다. 해고를 당한 당신은 상처를 받거나 배신감을 느낄 것이다. 그런 감정은 새로 직장을 구할 때 먼저 내보일 만한 적절한 감정이 아니다. 데이트하는 것과 마찬가지라고 그는 설명한다. "데이트를 시작하는 날, 과거의 관계에서 잘못된 것을 이야기하고 싶어 하는가?" 해고에 대해서 말하고 싶으면 멜처는 "예 그리고…"라는 화법을 제안하고 있다. 예를 들면 "나는 XYZ에서 마지막 날까지 내 일을 무척 좋아했습니다. 그리고 이제는…을 희망하고 있습니다." 혹은 "나는 이제 일자리를 옮겨서 이런 일을 하고 있습니다." 당신이 만나는 사람들 역시 자신이나 가까운 사람들 중에 해고를 당한 경험이 많다. 그렇기 때문에 당신이 이미 일어난 것에 대해 좋은 관점을 갖고 있다면 상대방도 그것을 알아차리고 당신을 좋게 평가할 것이다.

물론 당신이 일을 하면서 겪은 해고 같은 어려운 일들을 정면으로 이야기해야 할 때가 있기도 하다. 나도 그런 경험이 있다. 뉴욕타임스가 내가 담당하던 'Shifting Careers' 칼럼과 블로그를 폐지했을 때 그것이 꼭 해고는 아니었지만 (나는 종업원이 아니라 프리랜서였다.) 해고처럼 느껴졌다. 내가 써왔던 모든 글들이 공적인 성격을 갖고 있었기 때문에 독자들과 관계를 유지하기 원했다. 그래서 신문사의 허락을 받고 마지막으로 블로그에 올릴 두 개의 글을 썼다. 위험이 따르는 일이었지만 나 자신을 세상의 온갖 비판에 열어놓았다. 결과는 잘 되었다. 일어난 일에 열린 마음으로 문을 활짝 열어놓으니 기회가 왔다. 내가 이임사를 쓴 지 몇 주 지나지 않아 야후에 새로운 블로그를 시작해달라는 야후 관계자의 요청을 받았다. (나의 마지막 포스트를 여기에서 볼 수 있다. nyti.ms/FarewellPost)

임은 나에게 많은 편안함과 영감을 주었다. 이들 모임을 통해서 나는 새로운 많은 사람들과 인맥을 쌓을 수 있었다.

당신이 이처럼 큰 네트워크를 만들고 싶지 않다면 1회성 활동을 계획해 보라. 당신이 하고 싶은 게 있거든 (예를 들어 하이킹을 가거나 요리 교실을 열거나 박물관 쇼를 보는 것과 같은) 친구 몇 명을 초대하여 각자에게 새로운 사람들을 데려오라고 부탁하는 것이다. 그렇게 하면 새로운 사람들과 즐겁게 보내면서 당신의 인적 네트워크에 추가할 수 있을 것이다.

친구들의 친구들도 잊어서는 안 된다. 링크드인과 페이스북과 같은 소셜 네트워크는 바로 친구들의 친구들까지 접근할 수 있도록 설계된 것이다. 그 결과 "당신은 이러 저러한 분야에서 일하는 사람들을 알고 있습니까?"라는 질문으로 훨씬 직접적이고 효율적인 결과를 얻을 수 있게 된다.

네트워킹을 자주 연습하라

네트워킹에 성공하는 사람들은 매일 그들만의 인맥을 관리하는 방법을 터득하고 있다.

랜달 찰튼(Randal Charlton)은 여러 사업을 창업한 기업가로 지금은 붐! 신경제(BOOM! The New Economy)를 운영하고 있다. 이것은 디트로이트에 있는 혁신단체로 50세 이상의 사람들이 커리어를 바꾸고, 창업을 하고, 의미 있는 자원봉사활동을 찾을 수 있도록 도움을 주는 단체이다. 이 단체를 설립할 때 그는 비슷한 활동을 하는 단체들과 가까운 곳에 반드시 사무실을 얻어야 겠다고 마음먹었다. 같은 철학을 가지고 웨인(Wayne) 주립대학에서 기술 창업 인큐베이터 벤처를 설립할 때에도 그는 과학자와 다른 창업기업이 모여 있는 곳에서 일을 추진했다. "오늘날처럼 잘 연결된 세상에서도 옛날 방식으로 매일 교감하는 것만큼 좋은 것은 없다."라고 그는 나에게 말했다. 말 그대로 엘리베이터를 타고 내려가거나 옆 사무실로 걸어 들어가다가 혹은 커피숍이나 주차장에서 세계적 수준의 과학자와 연구자들을 만날 수 있다.

지난 수 년 동안 내가 주로 하는 운동은 아침마다 여러 작가들과 함께 허드슨 강을 따라 빠르게 걷는 것이었다. 걷기로 건강을 유지할 수 있었을 뿐만 아니라 다음과 같은 장점도 있었다. 매일 맑은 공기를 마신다. 이는 집에서 작업을 하는 작가에게는 대단히 중요한 일이다. 또한 나는 친구들과 연락을 주고받는다. 그리고 내가 존경하는 사람들과 정기적으로 아이디어를 브레인스토밍한다.

와튼(Wharton) 경영대학원 스튜어드 프리드먼(Steward Friedman) 교수는 그의 저서 「토털 리더십」(Total Leadership)에서 항상 시간이 부족한 회사원을 예로 들면서 1석 4조(멀티태스킹)에 대해 기술하고 있다. 그 직원은 자신이 근무하는 회사를 위해 자전거 타기 자선 행사를 조직하고, 행사에 자신의 배우자와 자녀들도 참여시킨다. 그렇게 해서 관심이 있는 자선 활동을 하며, 가족과 더 많은 시간을 함께 보낸다. 또한 자전거를 타면서 건강을 유지하며 사무실에서도 리더로서 더 많은 역할을 하게 된다. 이것이 바로 가장 좋은 멀티태스킹이며, 하나의 일로 전 방위적으로 많은 것을 얻고 있다.

내가 즐겨 쓰는 멀티태스킹은 이벤트에 갈 때마다 새로운 사람을 데려가는 것이다. 여기에는 여러 가지 장점이 있다. 이벤트에 아는 사람이 없다면 혼자 가는 것보다 누군가와 함께 가는 것이 혼자 가는 것에 대한 불안감을 덜 수 있다. 이벤트가 잘못되더라도 취미나 관심이 같은 사람과 시간을 함께 보낼 수 있다. 새로운 관계를 만들고 싶다면 사람을 이벤트에 초청하라. 그렇게 되면 그 사람과 관계를 맺고, 그를 보다 더 잘 알 수 있는 기회가 된다. 두 사람이 하면 한 사람이 할 때보다 더 쉽게 사람들과 관계를 맺을 수 있기 때문에 사람들을 만나는 기회를 극대화할 수도 있다. 그리고 당신이 행사장을 일찍 떠나고 싶을 때는 친구랑 같이 나가야 한다고 말하면 쉽게 양해가 된다. 1석 5조다!

네트워크를 확장해라

빌 페이스(Bill Pace)는 경영 컨설턴트로 25년 동안 일을 하면서 전 세계를 여행했다. 50대 중반이 되자 그는 자신이 살고 있는 샌프란시스코 지역에서 가까우며, 경영이 잘되는 비영리 단체 한두 곳에서 일하겠다고 마음을 굳혔다. 오랫동안 비행기를 타다 보니 이제는 더 이상 여행을 하기가 싫어진 것이다.

그는 조사를 시작했다. 세 영역이 그의 관심을 끌었다. 그것은 교육, 지역 사회 참여와 경제 개발이었다. 그리고 난 다음 그는 자신의 네트워크 안에 있는 사람들에게 연락하여 자신이 찾고 있는 일을 도와줄 수 있는 사람들에게 소개해달라고 부탁했다. 사람들의 명단을 작성한 후에 직접 만나고 전화 통화도 했다. 면담을 할 때마다 그는 두 가지 목표를 세웠다. 그 분야 사람들의 경험에 대해 가능한 많이 배우는 것과 이야기를 나누고 싶은 사람들을 더 확보하는 것이었다.

4개월 동안 페이스는 대략 120명의 사람들과 대화를 했다. 그가 고객들에게 새로운 사업을 위한 컨설팅을 할 때 수십 명의 사람들과 면담을 하던 때와 똑같은 방식이었다. 이런 과정이 끝나갈 무렵 그는 세 단체를 찾을 수 있었다. 그는 지금 시간을 쪼개 그 단체들을 위해 일을 하고 있다. 이 과정에서 그는 전혀 새로운 네트워크를 구축할 수 있었다.

페이스가 120명의 사람을 만난 것이 당신에게는 너무 많게 느껴질지도 모르겠다. 그러나 정보를 얻기 위한 면담과 네트워크 안에 있는 사람들을 만나는 것은 새로운 영역으로 일자리를 옮겨가서 거기 사람들과 편하게 지낼 수 있도록 하기 위해서는 꼭 필요한 방법이다.

그와 같은 만남을 통해 당신이 무엇을 원하는지(그리고 무엇을 제외할 수 있는지) 찾아낼 수 있다. 또한 당신의 재능, 기술과 관심을 감안할 때 어떤 역할이

좋은 업보를 쌓아라

새로운 것을 하려고 할 때 가장 힘든 일 중의 하나가 당신이 늘 다른 사람에게 도움을 청하고 있다는 느낌이다. 이 역할을 돌려서 네트워킹의 주는 쪽에 서라. 사람들을 만나면 그들 자신에게 묻는 습관을 들여라. 그리고 이 습관을 공식적인 '네트워킹' 행사에 국한하지 마라. 당신이 자원봉사를 하고, 수업을 듣고, 식료품점에서 줄을 서서 기다리고 있다면 당신에게 새로운 아이디어를 주거나 가능성을 열어줄 누군가를 만날 수 있을 것이다. 매일같이 다른 사람들을 도울 방법을 찾아라. 우리 모두는 일자리나 어떤 기회에 적합한 사람을 아는지 묻는 이메일을 받는다. 시간을 내어 당신의 연락처를 살펴보고, 그 메시지를 당신의 네트워크 안에서 신중하게 선정한 사람들에게 전달하라. 어느 동료와 직업적으로 아주 좋은 경험을 가져왔다면 링크드인에 그에 대한 추천서를 쓰라. 당신에게 영향을 준 어떤 책을 읽었다면 아마존에 간단한 서평을 쓰라. 그날 일어난 일들에 대해 감사해야 할 사람이 누가 있는지 물어보는 것으로 하루를 마감하는 습관을 들여라.

그런 다음 이메일로 즉시 보내든지 아니면 더 좋은 방법으로 펜과 종이를 끄집어 내어 옛날 식으로 편지를 쓰라. 당신의 '주는' 근육을 풀면 '항상 요청하던' 느낌을 덜게 될 것이다.

당신에게 적합한지, 어떤 분야에 수요와 기회가 가장 큰지 그리고 어떤 트렌드가 지배하고 있는지 이해할 수 있게 된다. 이런 만남은 당신이 기조연설을 하거나 큰 행사를 주관하거나 블로그를 시작하는 등 새로운 과제나 프로젝트를 맡을 때 큰 도움이 된다. 그리고 만약 그 만남이 잘 되면 당신을 다음의 자리로 이끌어줄 새로운 사람을 당신의 네트워크 안에 보유하게 될 것이다.

지금까지 여러분은 여러 이유로 사람들을 만난 경험을 갖고 있을 것이다. 그러나 새로운 종류의 일로 옮겨가려 할 때에는 우리가 완전히 초보라는 느낌을 가질 수밖에 없다. 그렇기 때문에 전략을 갖고 움직이는 것이 대단히 중요하다. 첫째, 당신이 무엇을 배우고 싶은지를 알아라. 그리고 어떤 종류의 사람과 이야기하는 것이 이상적인가를 생각하라. 둘째, 당신의 네트워크를 이용하여 접촉에 나서라. 그룹 이메일을 보낼 수 있고, 당신의 페이스북 상태를 업데이트 할 수도 있다. 아니면 단서를 얻기 위해 당신이 생각하는 주요 사람들 10명에게 전화를 걸어라. 당신을 도울 수 있는 개인적인 이사회를 구성하는 것도 방법이다.

몇 가지 주의할 것이 있다. 당신이 꼭 만나고 싶어 하는 사람을 친구가 서둘러 소개해주지 않는다고 해서 마음이 불편해서는 안 된다. 여러 가지 이유가 있을 것이다. 그 친구가 당신이 생각하는 만큼 그 사람과 가깝지 않을 수도 있다. 과거에 그 사람이 당신 친구에게 비슷한 부탁을 했을 때 거절을 한 적이 있어서 그 사람에게 당신을 소개하는데 부담을 느낄 수도 있다. 사람과 접촉하는 일이 반드시 성공하는 것은 아니다. 당신이 새로운 사람들과 접촉하기를 망설인다면 이를 더 쉽게 하고, 좋은 결과를 낼 수 있는 가능성을 높여주는 몇 가지 방법이 있다. 이를 소개하기로 한다.

● **작게 시작하라.**

당신에게 편안함을 느끼는 사람이나 다른 일로 당신을 이미 알고 있는 사람부터 시작하라. 당신이 하고 싶어 하는 바로 그 역할을 하는 사람 또는 당신이 관심을 갖고 있는 일을 하는 큰 단체를 경영하는 사람과 시작할 필요는 없다.

● **존경하는 마음을 가져라.**

당신에게 면담 기회와 시간을 할애한 사람들은 마음이 넓은 사람들임을 잊어서는 안 된다. 그러므로 그 사람들에게 가까운 곳에서 만나거나 더 편리하다면 전화 통화를 제안하라. 상대방이 더 길게 요구하지 않는 한 만남 시간은 30분 정도로 짧게 하라. 커피숍이나 식당에서 만났다면(당신이 실직 상태라 하더라도) 비용은 당신이 부담해라. 너무 바빠서 이야기를 할 수 없는 사람이라면 당신의 네트워크 리스트에 있는 다음 사람으로 넘어가라.

● **가능한 인맥을 활용하라.**

당신이 모르는 사람이나 단체에 접근하기 전에 먼저 당신을 소개해줄 수 있는 사람이 있는지 찾아보라. 모르는 상태에서 전화하거나 이메일을 보낸다고 해서 좋은 결과를 얻을 수 없는 것은 아니지만 당신을 보증해줄 수 있는 사람의 소개를 미리 받으면 상대방으로부터 더 빠른 응답을 받을 수 있을 것이다. 상대방이 대단히 바쁘거나 특별한 위치에 있을 때는 더욱 그렇다.

당신의 마음속에 떠오르는 사람이 아무도 없다면 링크드인을 사용하여 방법을 찾아보는 것도 좋다. (196쪽에서 좀 더 자세히 설명한다.) 다른 사람이 당신을 멋있는 사람이라고 기술한 간단한 이메일로 당신을 소개하는 것이 가장 이상적이다. 그러나 상대방이 바쁜 사람이라 그렇게까지 나서줄 수 없다면 당신이 그 사람의 이름을 언급해도 좋은지 양해를 구하는 것이 좋다. 이렇게 할 때 나는 이메일의 제목란에 '샐리 스미스한테 소개받은' 이라고 즐겨 쓴다. (샘플 언어는 177쪽 네모 칸을 보라).

● **당신이 만나려는 목적을 알고 있어야 한다.**

다른 사람이 당신이 만나고 싶어 하는 사람에게 당신을 소개해주겠다고 할 때 당신이 무엇에 대해 이야기를 나눌 것인지 확실히 알기 전에는 만남을 서

둘러서는 안 된다. 당신의 생각을 더 가다듬을 필요가 있다. 당신이 무엇을 원하는지 좀 더 분명한 그림이 그려질 때까지 더 조사해서 배우고, 알고 있어야 한다. 당신이 하고자 하는 것에 대하여 당신이 명확하면 자유롭게 이것 저것 물어보는 방식이 효과가 있을 수 있다. 그것이 바로 데이비드 버크가 워렌 울프와 잰 하이블리를 처음 접촉했을 때 했던 방식이다.

● 먼저 공부하라.

당신이 접촉하려는 사람에 대해 가능한 많이 알고 있어야 한다. 그래야 정작 만났을 때 가능한 많은 정보를 얻을 수 있다. 인터넷을 검색하면 그 사람이 온라인 활동을 많이 하는지, 미디어의 관심을 받고 있는지 여부를 금방 알 수 있다. 인터넷에 올라온 그 사람에 대한 자료를 찾아 보고 그 분야의 주요 이슈에 대해 그가 취하고 있는 공적인 입장을 충분히 이해하도록 한다. 소개를 해주려는 사람에게 어떻게 접촉하는 것이 가장 좋은지 물어보라. 이메일, 전화 아니면 커피나 식사를 같이 할 수도 있을 것이다. 사전에 그와 같은 정보를 알고 있으면 서먹서먹하지 않고 매끄럽게 대화할 수 있을 것이다.

● 당신의 요청이 부담이 될 것이라고 미리 생각하지 말라.

만나서 이야기를 나누자고 하는 당신의 요청이 그 사람에게는 그날의 일과 중 하이라이트일 가능성도 있다. 그 사람 입장에서 편한 시간과 접근 방식이 적절했다면 말이다. (샘플 언어에 관해서는 177쪽 참조).

● 후속 조치

당신이 작성한 글을 보내주겠다거나 다른 일을 하겠다고 약속했으면 반드시 지켜라. 감사 이메일이나 짧은 편지를 보내는 것을 잊어서는 안 된다. 그 사람과 마음이 맞았다면 계속해서 연락을 취해라.

앙코르 커리어 핸드북 인생2막의 변화와 창조

당신이 '남겨 두고 가는 것'은 무엇인가?

만남 후에 상대방이 당신을 기억하도록 무언가를 남기는 것은 좋은 아이디어다. 명함을 갖고 있는가? 그렇다면 그 명함은 현재와 관련이 있는 것인가 아니면 너무 과거 정체성과 관련이 있는 것인가? 루스 우든(Ruth Wooden)이 비영리 조직의 대표 자리에서 물러났을 때 작가 수잔 브라운 레빈(Suzanne Braun Levine)이 '비옥한 공터'라고 했던 그 장소에서 고민하고 있는 자신을 발견했다.

그녀가 인생의 새로운 단계로 가는 불안한 문턱을 넘어가면서 처음 한 일들 가운데 하나는 "옛날 명함을 전부 버리고 새 명함을 주문한 일이었다. 새 명함에는 단지 내 이름, 주소, 전화번호, 이메일 주소만 있다. 직함도 없고, 소속도 없고, 어떤 설명도 없다. 나만 있다." 우든은 과거의 신분으로부터 떠날 준비가 되어 있었지만 당신은 과거에 매달리고 있는 모습을 발견할 수도 있다. 결국에는 우리가 무엇을 하는가, 그리고 우리가 누구인가에 의해 우리를 평가하는 사회에 살고 있다.

> "나는 정보를 얻기 위한 면담에 익숙하지 않았다. 나는 내가 사람들을 귀찮게 하고 있는 것처럼 느꼈다. 그러나 내가 그들에게 접근했을 때 그들은 믿을 수 없을 정도로 도움이 되었고, 내가 접촉해야 할 열 사람을 더 소개해주었다."
> – 제리 자노브스키, 전직 대학 교수

당신이 사람들과 이메일로 연결할 때 링크나 첨부물(서술적인 자기소개, 링크드인 프로필, 이력서)을 덧붙여 자신에 관한 정보를 추가할 수 있다. (이 도구들에 대한 더 많은 것은 제7장에 있다.)

당신의 이메일 서명은 당신을 좀 더 드러낼 수 있는 편리한 방법이다. 당신이 최근에 사람들이 알아주었으면 하는 것에 관한 블로그 포스트나 기사를 썼다면 그 링크를 넣을 수 있다. 당신이 홍보할 필요가 있는 회의나 기타 행

정보를 얻기 위한 면담의 기본 사항

정보를 얻기 위한 면담에서는 더 깊이 들어가면 들어갈수록 더 좋다. 다음은 당신이 묻고 싶은 몇 가지 질문 사례이다.

- 당신이 하고 있는 일에서 전형적인 하루 일과는 어떤 것인가?
- 당신이 가장 좋아하는 것과 싫어하는 것은 무엇인가?
- 급여는 어떤가?
- 이런 종류의 일을 하려면 어떤 종류의 훈련을 받아야 하는가?
- 당신이 함께 일하는 사람들은 어떤지 말해 달라.
- 당신이 일하는 분야에서 가장 크게 필요로 하는 것과 기회는 무엇인가?
- 비록 다른 분야라 하더라도 여러 해 경험을 갖고 있는 사람에게 이상적인 역할은 무엇이라고 생각하는가?
- 나와 같은 사람이 전직을 하는데 필요한 기술이나 교육훈련은 무엇인가?
- 당신이 생각하기에 내가 이야기를 나누면 좋겠다는 다른 사람이 있는가?
- 당신이 생각하기에 내가 꼭 참석해야 하는 이벤트가 있는가?
- 당신이 일하고 있는 분야에서 새로운 지식이나 트렌드를 배우기 위해 어떤 책, 블로그나 뉴스 레터를 읽고 있는가?
- 당신이 일하고 있는 분야에서 파트타임이나 탄력적인 근무 시간의 가능성이 있다고 보는가?(만약 당신이 그것에 관심이 있으면)
- 당신이 일을 시작한 이래 지금까지 가장 큰 변화는 무엇인가?

사를 도와주는데 시간을 썼다면 그것을 링크하는 것을 고려하라. 어떤 경우에는 대화가 잘 되도록 당신 일의 샘플을 가질 수 있다.

로젤린 벡(268쪽 참조)이 앙코르 하트퍼드 프로그램으로 펠로십을 마쳤을 때 그녀는 늘 소품을 하나 갖고 다녔다. 그것은 현장실습을 했던 비영리 조직을 위하여 그녀가 만든 개발전략이 들어있는 작품집이었다. 그녀는 "이 작품

집은 나의 기술이 비영리 세계에 어떻게 이전될 수 있는가를 보여주는 아주 생생한 예였다. 얼마나 많은 사람들이 이것이 아주 인상적이라고 나에게 말했는지는 말할 수 없다. 그렇지만 작품집 덕분에 비영리 세계에 회의적인 사람들이 나의 방법이 비영리 세계에서도 통한다는 것을 이해하는데 도움이 되었다.”고 말했다. 나와 이야기했던 또 다른 사람은 인턴십 때 쓴 글을 이와 유사한 방식으로 사용했다.

당신의 온라인 능력을 확대하라

얼마 전까지만 해도 네트워킹을 한다는 것은 그저 주소록을 만들고 전화를 거는 것 정도를 의미했다.

요즘에는 사정이 크게 변했다. 온라인의 장점을 이용하지 않더라도 당신의 네트워크를 관리하고, 앙코르 커리어의 기회를 잡을 수는 있다. 그러나 온라인 능력을 키우면 당신이 접근할 수 있는 네트워킹 범위가 극적인 수준까지 확대될 수 있다. 적어도 온라인에서 최소한이라도 활동하지 않으면 현재 일어나고 있는 것에 대해 잘 아는 것(그리고 당신이 현재 일어나고 있는 것에 대해 아는 것처럼 보이는 것)이 점점 어려워진다. 인터넷에 당신을 알릴 수 있는 작은 사이트라도 갖고 있지 않으면 당신이 모르는 사람에게 다가가는 데 불편할 수 있다.

비영리 단체의 채용을 전문적으로 담당하고 있는 로라 개스너 오팅은 지원자를 평가할 때 자신의 사이트를 가지고 있지 않다고 해서 점수를 덜 주지는 않는다고 말했다. “그러나 온라인 수단을 사용할 줄 모르는 사람으로 평가한다.”고 덧붙였다. 당신이 소셜 미디어나 온라인 수단을 배우고 싶은 마음이 내키지 않으면 당신이 편안함을 느끼는 방식으로 소통을 하는 것이 더 좋다.

그러나 개스너 오팅에 의하면 시간을 내어 온라인을 배워야 할 다른 이유가 있다. 그녀는 "연령차별은 실재한다. 따라서 그것을 극복하기에 가장 좋은 방법은 당신이 새로운 기술을 완전히 습득한 것처럼 보이게 하는 것이다."고 말했다.

당신이 소셜 미디어를 하고 있으나 능숙하게 하지 못한다면 여러 사이트보다는 한 개의 사이트에 집중하는 것도 방법이다. 당신이 링크드인에 프로필을 올렸다고는 하지만 허술하고 빈약할 수 있다. 또는 트위터를 체크해 보았지만 왜 사람들이 시시콜콜하게 점심 메뉴를 가지고 트윗을 하는지 이상하다고 생각할 수 있다. 모든 소셜 미디어를 한 번에 정복해야 한다고 생각할 필요는 없다. 지금 이 섹션의 내용을 잘 읽어 보고, 어느 것이 당신에게 좋을 것인지 결정하면 된다.

제임스 로빈슨(James Robinson)은 비영리 단체에서 일을 시작하면서 소셜 네트워크를 이해하지 않으면 안 되겠다고 생각했다. 그가 몸담고 있는 비영리 단체는 앨라배마 헌츠빌에 거주하는 성적 소수자(GLBT)인 게이, 레즈비언, 양성애자와 트랜스젠더 청년들을 돕고 있다. 로빈슨은 자신의 단체가 온라인 득표를 얻는데 소셜 미디어가 매우 중요한 매개체라는 사실을 깨달았다. 그래서 그는 컴퓨터 앞에서 하루 12-14시간을 투입하여 페이스북, 링크드인, 트위터에 대한 모든 것을 독학으로 열심히 배웠다.

그 결과 그는 리스트를 작성하고 메시지를 공유할 수 있게 되었다. 그의 전략은 통했다. 그는 콘테스트에서 입상을 했다. 또한 그가 소셜 미디어에 푹 빠졌던 것이 여러 가지 면에서 효과를 나타내기 시작했다. 지금 그는 전국적으로 GLBT 이슈를 위해 일하고 있는 사람들의 네트워크에 연결되어 있다. 그의 온라인 생활 덕분에 사기도 올라갔다. 그는 "내가 낙담하고 피곤할 때마다 어디에선가 아이들과 어른들로부터 내가 하는 일에 감사하다는 메시지를 받고 있다."라고 말하고 있다.

앙코르 커리어 핸드북 인생2막의 변화와 창조

페이스북과 트위터를
파고들어라

페이스북과 트위터는 사람들이 정보를 온라인에서 공유하고 소셜 네트워크에서 소통하는 방법에 있어서 변혁을 몰고 왔다. 그 변혁의 바람은 엄청나다. 두 곳 모두 수억 명의 회원을 갖고 있으며, 매 순간 사용자가 늘어나고 있다. 당신도 이미 페이스북과 트위터를 이용하고 있을 것이다. 그러나 세상을 바꾸기 위해 소셜 미디어를 사용해 본적이 있는가? 트위터는 뭄바이 테러 공격이나 아랍의 봄과 같은 세계적 사건이 일어났을 때 뉴스를 전파하는 핵심 역할을 한 바 있다. 정부, 비영리 단체와 모든 선구자적인 사상가들이 매일 트위터를 이용하여 대중과 대화하고, 미디어와 접촉하며, 어젠다를 만들어내고 있다. 페이스북은 모든 종류의 기업과 단체들에게 커뮤니케이션을 위한 표준 채널이 되고 있다.

적극적인 참여자로서가 아니라 관찰자로 참여하는 것이 시작하기에는 좋은 방법이다. 페이스북과 트위터 상의 상당 비율의 사람들이 구경꾼으로 간주된다.

많은 지역 전문대학과 공공 도서관에서는 컴퓨터 기술과 소셜 네트워킹을 빨리 배울 수 있는 프로그램을 제공하고 있다. 그러나 그것은 시작에 불과하다. 코스는 곳곳에 있다. 커뮤니티 센터, 동창 그룹, 종교 기반의 단체 등, 업계 협회에서 당신의 분야에 구체적으로 맞추어진 코스를 확인하라(예를 들면 교사, 비영리 전문가, 저널리스트 등을 위한 소셜 미디어 맞춤 프로그램). 다른 선택지는 당신을 지도해줄 수 있는 사람을 찾는 것이다. 그리고 틀에 박힌, 특정 연령대를 고집하지 말고, 기술과 함께 살고 숨쉬는 20대의 누군가를 원할 수 있다. 나는 친인척에게 접근하는 것은 추천하지 않는다. 그 사람이 친인척을 지도할 만큼의 인내심을 가진 사람이 아닌 이상에야.

그들은 자기 자신의 것을 공유하지 않고, 자기들이 관심 있는 사람과 조직의 포스트를 읽기만 한다.

각 사이트는 제각기 장점을 갖고 있다. 페이스북은 오래된 친구를 다시 맺어주고, 긴밀하지 않은 약한 관계망으로 일을 하는데 대단히 훌륭한 사이트이다. 당신이 관심을 갖고 있는 단체를 검색하거나 그들이 하고 있는 일을 계속 추적하기에도 좋은 사이트이다. 성가신 사람에서부터 매우 중요한 사람에 이르기까지 그룹별로 분류해 두는 방법을 알면 귀찮은 요인이 상당 부분 줄어들 것이다. (숨기기 기능을 터득한다면 이건 매우 쉬운 일이다. 사람들은 내가 자기들을 어느 그룹에 분류시켜놓았는지 모른다.) 제임스 로빈슨의 경우에도 같은 생각을 갖고 있는 행동가들을 페이스북을 통해 만날 수 있어 그가 하는 일이 외롭지 않다고 느끼고 있다.

트위터는 뉴스 중독자들에게 특히 어필하고 있다. 뉴스의 파급력이 그 어떤 전통 미디어보다도 빠르기 때문이다. 또한 새로운 트렌드나 아이디어를 배우기에 좋은 사이트이다. 기사나 비디오로 놓친 다른 뉴스와 링크도 걸어준다. 회의에 참여하고 있는 사람들이 실시간으로 올리는 포스트를 읽음으로써 회의에도 참여할 수 있다. 당신을 팔로우하지 않는 다른 사람을 팔로우할 수 있기 때문에 산업계의 리더들이 나누는 공적인 대화도 엿들을 수 있다.

저널리스트 린다 번스타인(Linda Bernstein)은 소셜 미디어에 의해 자기 업계가 바뀐 것을 보았는데 그녀는 트위터 수업을 듣고 트위터에 빠졌다. 그녀는 트위터에서 @Wordwacker로 알려진 그녀를 아는 사람들과 완전히 새로운 네트워크를 갖고 있다. 그녀는 "트위터는 어떤 면에서 내가 오랫동안 있지 않았던 세계로 나를 데려다 놓았다."고 말했다.

구글 플러스는 인기를 얻고 있다. 그러나 다른 소셜 미디어 채널에 자리 잡은 사람들조차 그것에 시간을 더 투자하기 전에 또는 거기에 너무 심하게 의존하기 전에 구글 플러스가 더 주류가 되기를 기다리고 있다. 특정 집단의 구

앙코르 커리어 핸드북 인생2막의 변화와 창조

미에 맞추는 전문화된 소셜 미디어 사이트도 있다. 예를 들어 Govloop.com 같은 것은 지역 정부, 주 정부, 연방 정부에서 일하는 사람이나 거기서 일하는 데 관심이 있는 사람만을 위한 사이트다. 우리의 관심을 끌려고 경쟁하는 다른 것들도 반드시 있다.

'소셜 미디어, 선생, 간호사'를 키워드로 온라인으로 검색해 보면 소셜 미디어가 이 분야의 사람들에 의해 어떻게 활용되고 있는가를 알 수 있고, 전문화된 소셜 미디어 네트워크에 대한 링크 리스트를 만들 수 있다. 예를 들면 간호사들에게 맞춘 소셜 네트워크 사이트 중에서 NurseGroups.com은 간호사가 될 사람들이 적절한 훈련 프로그램을 찾도록 도와주는 사이트다. MyNurseBook.com은 세계적인 간호사 부족 문제를 해소하기 위해 협동적 접근을 지향하는 사이트다. 그리고 NursingLink.com은 Monster.com이 소유한 사이트로서 취업 기회와 전문성 지원에 집중하고 있는 사이트다.

당신의 관심 분야를 더 많이 알게 되면 당신이 만나는 사람들에게 어느 사이트가 가장 유용한지 물어보라. 그리고 간혹 프리미엄 기능은 유료일 수 있음을 유념하라. 소셜 미디어를 더 잘 이해하기 위한 가장 좋은 방법은 더 많이 접해보는 것이다.

워크숍에 참여하든가 최신 기술에 능통한 친구에게 개별 지도를 받아라. 트위터에서 누구를 팔로우하고, 페이스북에서 무엇을 좋아하는지를 다른 사람들에게 물어보라. 그런 다음 온라인에서 구경을 하고, 한 번에 하나의 네트워크를 시험해 보라. 인생 다음 단계에서 할 것에 대한 당신의 생각을 다듬어 나가면서 사람들과 그 분야에서 이런 도구를 어떻게 사용하고 있는지에 관해 이야기해보라. (좋은 자료에 대해서는 420쪽을 보라.)

링크드인을 마스터하라

2003년 링크드인이 처음 나왔을 때에는 이력서와 주소록이 합쳐진 형태였다. 이것은 이력서를 올리면 당신의 친구부터 시작해서 그 친구의 친구로 이런 식으로 여섯 단계만 거치면 사촌의 팔촌까지 이력서가 닿지 않는 곳이 없다는 개념으로 만들어진 소셜 네트워크이다. 당시로서는 혁신적이었고, 일자리를 구하려는 사람에게는 없어서는 안 될 소중한 수단으로 자리를 잡았다.

지난 몇 년 동안 링크드인은 진화를 거듭해서 새롭게 많은 기능이 추가되었다. 새로운 종류의 일로 옮겨가고자 하는 사람뿐만 아니라 업무에서 뛰어나기를 원하는 사람들에게도 소중한 것이 되었으며, 1억 명 이상의 가입자가 사용하고 있고, 1초에 두 명 꼴로 새로운 회원이 늘어나고 있다. 이제는 구직 관련 사이트로는 없어서는 안 될 독보적인 위상을 갖게 되었다. 당신이 일자리를 구하고 있다면 반드시 링크드인에 올려야 한다. 왜냐하면 대부분 채용 담당자들이 링크드인을 통해 채용후보자를 찾고 있기 때문이다. 또한 당신이 어느 단체에 대한 정보를 조사하고 싶으면 링크드인에서 검색해 보라. 회사 업무로 특정한 이력을 가진 프리랜서라든가 합작투자를 할 상대를 물색할 때도 도움이 된다. 나는 행복하게도 채용되었다. 그렇지만 몇몇 이유로 매일 링크드인에 잠깐 들른다. 나는 비영리 영역의 톱 뉴스거리를 매주 종합해서 전달해주는 이메일을 구독한다. 나는 누구를 소개하고 싶을 때 그 사람의 링크드인 프로필을 종종 보낸다. 그 외에도 여러 이유가 있다.

다음은 링크드인을 현명하게 사용하는 방법이다.(이 책을 쓰는 시점에서 이 모든 특징은 링크드인 사이트의 무료판에서 입수할 수 있다.)

● 당신이 알고 있는 사람에 관한 정보를 여러 해 동안 업데이트하지 못했다면 링크드인의 상태를 잘 살펴보고, 사람들의 행방에 관해 최신의 정

보를 유지할 수 있게 해준다. 당신의 프로필을 올리기 시작하면 당신의 다른 인맥에 근거하여 당신이 알고 있으리라 생각하는 사람들을 링크드인이 알려준다.

- 당신이 관심을 갖고 있는 단체의 사람들을 확인한다.
- 단체들을 팔로우하면 최근 일어나고 있는 현황을 알 수 있다. 당신이 어느 분야에 대해 알고 싶거나 누구를 만날 때 무슨 일이 일어나고 있는지 알고 싶을 때 특히 유용하다.
- 링크드인이 제공하는 이력서 쓰기(resume.linkedinlabs.com)를 이용하라. 이력서를 작성할 때 힘들고 단조로운 형식을 겪지 않아도 되고, 여러 가지 멋진 스타일의 이력서를 만들어 준다.
- 자원봉사와 이유 항목을 기입하여 무보수로 일한 것을 보여주고, 당신이 관심을 갖고 있는 이슈를 강조하라.
- 최근에 당신의 프로필을 클릭한 사람을 확인하라.(그리고 당신이 기본 설정을 변경해놓지 않으면 사람들은 당신이 상대의 프로필을 보았는지의 여부를 알 수 있다.)
- 당신과 직장에서 좋은 관계를 유지하고 있는 사람에게 추천을 해달라고 부탁하라. 그리고 다른 사람들을 위해서 추천서도 써 주도록 한다. 다른 사람의 잘한 일을 공개적으로 인정하는 비교적 쉬운 방법이다.
- 당신의 이름으로 본인이 원하는 URL을 만들어라. 그렇게 하면 사람들이 당신의 이력서를 쉽게 공유할 수 있다. 나의 URL은 linkedin.com/in/marcialboher이다.
- 링크드인의 100만 그룹(그렇다, 백만이다!)을 이슈별로 검색하라. 그리고 당신이 속해 있는 커뮤니티 회원이나 당신과 같은 이슈에 관심이 있는 사람들과 온라인 토론에 참가하라. 예를 들면 앙코르 커리어 그룹을 찾아 이미 앙코르 커리어를 하고 있는 사람이나, 하려고 하는 사람들과 연

연결을 유지하라

　　영업사원들이 판매에 성공하는 가장 좋은 방법은 사람들이 상품이나 서비스를 필요로 할 때 반드시 자기들을 떠올리게 하는 것이라고 오랫동안 알아왔다. 이것이 사람들이 가장 먼저 기억나게 하는 창의적인 방법을 찾으려고 노력하는 이유 중의 하나이다. 행사나 모임을 주관하고 조직하는 것은 오랜 세월에 걸쳐 검증된 방법이다. 마찬가지로 생일축하 카드를 보내고, 뉴스레터나 관련된 기사를 보내기도 한다. 이메일, 블로깅, 소셜 미디어의 도래로 아주 규칙적인 방식으로 누군가의 마음에 남아 있도록 하는 새로운 방법들이 있다. 전문가들은 그것을 '은은한 인식' 이라고 부르는데 어떤 사람들의 블로그를 읽거나 어떤 종류의 소셜 미디어를 통해 그들을 지켜봄으로써 그들의 활동을 알고 있기 때문에 그들과 연결되고 있다는 느낌이다. 은은한 인식은 우리에게 수많은 사람들과 정보를 공유하며, 만나지 않고도 다른 사람들의 활동을 지켜볼 수 있게 한다. 심지어 이야기도 한다. 소셜 네트워킹 사이트에 로그인 하여 내가 '복도 걷기' 라는 것을 하며 몇 분을 소비함으로써 당신의 네트워크에 있는 사람들이 하고 있고, 애쓰고 있는 것을 당신은 알게 된다. 이메일로 최신 정보만을 보내주어도 큰 영향력이 있다.

　　내가 수년 전에 고용했던 어느 변호사는 자신의 대의인 지역 로널드 맥도널드 하우스를 위한 모금을 위해 내보내는 우편물을 나에게도 보냈다. 몇 년 동안 우리는 서로 통화를 하지 않았지만 그의 편지는 아주 진심 어린 것이어서 나는 기부를 했을 뿐만 아니라 근황을 알기 위해 전화를 했다. 끝으로 전화기를 집어 들어 직접 통화하는 것의 가치를 무시하지 마라. 하루 중에 이메일에 전념하는 시간이 너무 많기 때문에 말로 대화하는 것은 원기를 북돋우는 일이 될 수 있다.

　　결해 보라. 그리고 당신의 이전 직장 대표, 당신이 다녔던 학교나 당신이 속했던 단체들을 열심히 뒤져보면 찾을 수 있다.

앙코르 커리어 핸드북 인생2막의 변화와 창조

- 대답 섹션을 찾아보라. 전문가에게 질문을 할 수 있고, 또 당신이 연관된 전문성을 가지고 있으면 다른 사람들의 질문들에 대답할 수 있다.

보너스로 이런 것을 고려하라. 당신이 다른 온라인 활동을 하지 않으면 누군가가 당신 이름을 검색할 때 당신의 링크드인 프로필이 나타날 것이다. 당신의 프로필을 만들고 또 이 리스트에 있는 여러 가지 일을 하는데 대한 단계적인 지침을 보려면 링크드인의 학습 센터(learn.linkedin.com)를 방문하라.

이메일 도사가 되어라

일의 특성상 나는 커리어 질문에 답하거나 사람들을 서로 소개하는 일에 많은 시간을 소비한다. 요즘은 이메일로 그런 일을 많이 한다. 아래는 이메일을 효과적으로 이용할 수 있는 몇 가지 팁이다.

- **직업상 적절한 이메일 주소를 사용하라.** 어떤 사람이 당신에게 이메일을 쓰려고 할 때 보통 그들은 당신의 이름을 치기 시작한다. 그러면 이메일 프로그램이 나머지를 기입한다. 당신의 이메일 주소가 당신의 이름을 논리적으로 변형한 것이면 아무 문제없이 잘 돌아간다. 예를 들면 sandy.smith@gmail.com 처럼 혹은 당신의 이름 일부를 사용하는 것이다. 그러나 당신의 이메일 주소가 thealberts@hotmail.com처럼 당신의 파트너와 함께, 또는 fido58@hotmail.com처럼 당신의 애완동물 이름을 깜찍하게 변형하여 만든 경우에는 다른 사람에게 당신이 일을 진지하게 하지 않는다는 인상을 줄 수 있다.
- **전달할 수 있는 이메일을 작성하는 법을 마스터하라.** 다른 사람에게 당신을 소개해달라고 요청하는 경우 부탁만 하지 말고 당신이 누구이고,

무엇을 원하는지 당신 자신을 설명한 소개 예문을 한두 개 만들어 보내라. 그렇게 되면 그 사람이 당신을 소개하는데 큰 도움이 될 것이다. (177쪽의 박스 안을 보라.)

- **서명란을 살려라.** 이메일 말미 서명란에 당신의 이름을 쓰고 그 밑에 당신을 잘 알아볼 수 있는 내용을 함께 적어라. 그러면 상대방이 그것을 보고 당신의 연락처나 간단한 약력이나 정보를 쉽게 얻을 수 있다. 당신의 링크드인 프로필과 연결되는 단축 URL도 좋다. 또한 "앙코르 커리어에 대해 문의해주세요." 혹은 "앙코르 커리어를 찾고 있습니다."와 같은 문구도 함께 올리면 유용한 대화를 촉발시킬 수 있을 것이다.

온라인 관계를 오프라인으로 발전시켜라

온라인에서 시작한 관계를 오프라인으로 발전시켜 직접 만나게 되면 많은 일들이 일어날 수 있다. 미셸 브로크(Michelle Block)가 바로 그런 경우이다. 그녀는 56세로 시카고에서 교사로 일하고 있었다. 새로운 일을 하고 싶어서 정보를 얻으려고 중년 이후 커리어 재창조와 관련된 사이트를 검색하기 시작했다. 사이트를 검색하다가 앙코르닷오르그(Encore.org)와 링크드인에서 앙코르 커리어 그룹과 페이스북까지 찾게 되었다. 몇 달 동안 브로크는 온라인에서 여러 사람들과 대화를 했다.

그리고 샌프란시스코에서 앙코르 리더들의 모임이 있을 것이라는 소식을 접하게 되었다. 그녀는 그 회의에 참석했다. 그래서 그곳에서 많은 그룹의 사람들이 일을 하고 있고, 그 중의 다수는 유급이라는 사실을 알게 되었다. 그리고 지역 사회에서 앙코르 커리어를 할 수 있는 아이디어를 얻을 수 있었다. 많은 사람들이 앙코르 커리어 부문에서 일을 하고 있다는 사실을 알고는 무척 놀랐다. 뿐만 아니라 "내가 한 말에 사람들이 관심을 갖고 있다는 사실에

앙코르 커리어 핸드북 인생2막의 변화와 창조

고무되었다.”고 그녀는 말했다.

돌아오는 비행기 안에서 앙코르 커리어로 전환하려는 사람들을 돕기 위해 도서관과 연계해보면 어떨까 하고 생각했다. 그녀는 20년 전에 대학원 수준의 18시간짜리 라이브러리 코스를 이수한 적이 있었다. 그 경험을 살려 도서관이 커리어 관련 자료를 제공할 수 있게 만드는 아이디어를 생각해낸 것이다. 그녀는 아직도 여러 자료를 조사하고 있는 중이다. 그러나 다른 사람들의 앙코르 전환을 돕기 위한 지역 사회 프로그램을 만들었던 사람들과 직접 만나게 된 것은 그녀의 아이디어를 실천하기 위한 기폭제가 되었다.

FAQs

온라인에서는 내 프라이버시가 침해 당할까 걱정된다. 어떻게 해야 하나?

온라인상에 얼마나 많은 당신의 개인 정보를 공개할 것인지 스스로 결정해야 한다. 모든 소셜 미디어 사이트는 자체적으로 프라이버시를 보호할 장치가 마련되어 있다. 이런 장치가 어떻게 작동되는지 시간을 내어 충분히 알아두어야 한다. 누군가 당신의 활동을 지켜보는 게 염려된다면 더욱 그렇다. 페이스북을 예로 들면 당신의 사진과 글, 친구들이 올린 글을 볼 수 있는 사람을 제한할 수 있다.

직업과 관련하여 온라인에 당신을 소개하려면 사람들이 당신 이름을 검색하면 찾을 수 있도록 적어도 당신에 대한 몇 가지 정보는 올려야 한다. 가장 쉬운 방법은 링크드인 프로필을 만들거나 공개 가능한 다른 프로필을 만드는 것이다. 거기에는 당신이 공개하고 싶은 개인 정보만 올릴 수 있다. 사진을 올리는 것 역시 상당히 일반적인 것이 되었다.

사실상 소셜 네트워킹 사이트는 우리가 공유하는 정보를 통해 우리에 관해 많은 것을 알고 있다. 만일 당신의 신상정보가 도난을 당하거나 온라인 활동의 위험에 노출될 것을 걱정한다면 주민등록이나 신용카드 번호와 같은 정보를 알려달라고 요청을 받더라도 대단히 신중하게 생각해야 한다. 그런 정보는 온라인 쇼핑, 온라인 뱅킹, 온라인 세무대행이나 금융 사이트에서 필요한 것이지 소셜 네트워킹 사이트에서 필요한 것은 아니다.(신용카드 정보를 요청 받는 것이 프리미엄 서비스에 대한 대가를 지불하기 위한 것이 아니라면.)

나의 사진을 인터넷에 올리고 싶지 않다. 사진을 보고 연령차별을 받지 않을까 두렵기 때문이다.

이것 역시 개인의 선택 문제이다. 그러나 온라인 프로필에 사진을 올리는 데에는 여러 가지 좋은 점이 있다는 것을 생각해 볼 일이다. 온라인 소셜 네트워킹의 전문가이며 「커리어 성공을 위한 소셜 네트워킹」(Social Networking for Career Success)의 저자인 미리엄 솔피터(Miriam Salpeter)는 온라인에 사진을 올리는 것은 사람들이 온라인 검색을 할 때 당신을 찾을지 여부에 있어서 큰 부분을 차지하고 있다고 말했다. 특히 사진을 올리는 것이 거의 일반화된 링크드인 사이트에서는 더욱 그렇다. "사진을 올리지 않으면 사람들이 더 클릭해 들어가지 않을 수도 있다. 또 당신과 당신 프로필은 커뮤니티에서 멀어지게 된다."고 그녀는 말했다. 또 솔피터는 사람들이 당신을 모르는 상황에서만 중요한 것은 아니라고 말했다. "사람이 꽉 찬 방에서 명함을 교환하고는 누가 누군지 이름만으로는 기억할 수 없는 경험을 해보지 않았느냐? 온라인에서 사진을 올리면 모든 것이 달라진다. 누군가가 링크드인에 사진을 올리지 않고서 연락해줄 것을 요청한다면 상대방은 당신을 만난 사실 조차 기억하지 못할 수도 있다."

이왕에 사진을 올릴 바에야 좋은 사진이어야 한다. 그리고 최근 모습이어야 하며, 너무 캐주얼해서도 안 되고, 너무 전문적인 냄새가 나지 않는 균형 잡힌 사진이 좋다.

지명도가 높거나 쉽게 만날 수 없는 사람에게 접근하는 일이 간단하지는 않다. 공적인 저명인사는 접촉을 요청하는 것부터 어렵다. 접근하는데 여러 관문이 가로 막고 있다. 요청을 하더라도 답이 없는 경우가 많다.

특별한 커넥션이 없으면 전화나 무턱대고 보내는 이메일로는 상대방의 관심을 끌어내기 어렵다. 이럴 때 도움이 되는 몇 가지 팁은 다음과 같다.

- 상대방과 당신이 같이 알고 있는 사람을 찾아보아라. 이메일 서두에 "…의 소개를 받아" 라고 언급하면 그렇지 않은 경우보다 더 빨리 반응을 얻을 수 있다.
- 당신을 신속하게 소개할 수 있는 방법을 찾으라. 당신이 믿을 수 있는 사람이라는 점을 부각시키고, 상대방의 시간을 너무 많이 빼앗지 않으려는 태도를 보이는 것이 좋다. 서로 아는 친구에게 묻거나 또는 웹사이트, 블로그, 트위터 계정을 체크하여 상대방이 원하는 접촉방법을 알아내도록 하라. 누군가가 아주 바쁘거나 여행 중이면 이메일이 더 좋을 수 있다.
- 상대방의 보좌관이나 비서에게 접근할 때에는 존중하는 태도를 보여야 한다. 당신이 만나고 싶은 사람과 연결하는 것은 어렵지만 대신 그 사람의 비서에게 만남을 요청하면 많은 것을 알 수 있다.

네트워크의 많은 부분은 타이밍이다. 상대방이 당신에게 아무런 반응을 보이지 않는 경우 당신에게 문제가 있기보다는 그 사람의 이메일 박스나 생활에 문제가 있을 가능성이 더 크다. 아니면 상대방이 모르는 사람과 관계 맺기를 꺼려하는 사람일 수도 있다. 그래서 중요한 것은 당신에게 문제가 있어서 그런 것으로 받아들이지 말라는 것이다.

그 사람을 단념하기 전에 어느 정도 시간이 지난 뒤 당신의 메시지를 실제로 받았는지를 확실하게 하기 위해 더 알아보라. 또 다시 메시지를 보냈는데도 응답이 없다면 그때는 무시하고 다음 단계로 넘어가도 좋다.

새로운 관계를 형성하는데는 서로 궁합이 어느 정도 맞아야 한다. 그래서 심지어 공통의 목표나 관심을 가진 사람을 만났더라도 서로 통하지 않을 수도 있다. 더 나쁘게는 답신을 전혀 받지 못할 수도 있다. 그런 경우라면 그 과업을 달성할 수 있는 다른 방법을 그냥 찾아라. 그 사람이 당신이 찾고 있는 지식을 보유하고 있다면 그것을 알 수 있는 다른 방법을 찾아라. 그 사람이 당신이 연결되고 싶은 조직과 관련되어 있다면 다른 방법을 찾도록 하라. 한두 사람이 아니라 여러 사람이 모두 당신의 요청에 응답을 하지 않는 경우에는 당신의 접근 방법에 혹 문제가 있는 것은 아닌지 살펴보고 방법을 좀 바꿀지를 검토할 필요가 있다. 이메일을 보내도 계속 답장이 없다면 당신이 평소 조언을 구하는 사람에게 뭐가 잘못된 건 아닌지 객관적인 의견을 물어 보라.

이 모든 것을 할 시간이 없다. 어떻게 해야 하나?

만약 당신이 이미 하고 있는 활동이랑 엮어본다면 당신의 네트워크를 개발하고 유지하는 것은 그렇게 많은 시간이 들지 않는다. 가장 좋은 방법은 몇 주간 당신 달력을 보고 어떤 종류의 일을 당신이 정기적으로 하고 있는지 알아내는 것이다. 그 다음에는 당신이 일상적인 활동에 참여하면서 사람들을 연결시킬 방법이 있는지 생각해 보라.

노인 돌보기가 당신의 시간을 잡아먹으면 그런 일을 하는 다른 사람에게 부탁을 하거나 돌봄 시간이 끝난 뒤에는 스트레스를 풀기 위해 친구와 커피를 마실 수 있는 시간을 가져라. 요리하기를 좋아한다면 서로 도와서 앙코르 이행을 하고 싶은 사람들과 서로 조금씩 음식을 가져와서 먹는 모임을 주관해보라. 자원봉사를 계획하고 있다면 함께 시간을 보내고 싶은 친구를 초대하라. 운동을 하고 싶으면 친구와 함께 산책을 해보아라. (동시에 여러 작업을 하는 방법에 관한 아이디어에 대해선 183쪽을 보라.) 단계적으로 하라. 여기서 제안된 모든 것을 할 필요는 없다.

지금 당신 생활에 적합한 한두 가지 제안을 찾아라. 커피 한 잔이나 전화 한 통화가 당신이 더 탐구하고 싶은 것에 대한 아이디어를 촉발하는데 충분할지도 모른다. 마지막으로 당신이 텔레비전과 인터넷을 보는 시간을 관찰하라. 화면 앞에서 시간을 너무 쓰고 있다면 그 시간을 조금 줄이고 유익한 책을 읽는다거나 여기에서 제안한 웹사이트를 방문하거나 당신의 링크드인 프로필 작업을 하도록 하라.

내성적인 나, 어떻게 해야 하나?

인맥 관리 즉, 네트워킹이라고 하면 사람들은 여기저기 모임에 다니며 보이는 사람마다 말을 걸고 떠들썩하게 이야기하는 것으로 생각하는 경향이 있다. 그러나 사실은 성격이 수줍은 사람이나 내향적인 사람도 사람들과 있음으로써 에너지를 얻어 외향적인 사람 못지않게 네트워킹을 잘 할 수 있다. 내향적인 사람들이 오히려 일대일이나 소규모 그룹에서는 관계를 잘 만드는 경우가 많다.

비결은 자연스럽게 당신이 좋아하는 방식으로 네트워킹을 만들어 가면 된다. 「조용함: 말하기를 쉬지 않는 세상에서 내향적인 사람의 힘」(Quiet: The Power of Introverts in a World That Can't Stop Talking)의 저자 수전 케인(Susan Cain)은 내향적인 사람들의 네트워킹 방법에 대한 전문가이다. "사람들은 내성적인 사람들이 칵테일 파티와 같은 상황에서 주눅이 든다고 생각하기 쉽다. 핵심은 칵테일파티라는 것도 따지고 보면 일대일 대화를 나누는 것에 불과하다. 일대일 대화는 내성적인 사람들이 잘하는 것이다."라고 케인은 말했다. 케인은 행사에 갈 때 함께 있으면 좋은 단 한사람과 새로운, 진정한 관계를 맺을 수 있다면 성공이라고 생각한다고 말했다.

이런 방식으로 생각하게 되면 "사람들의 지지를 얻기 위해 말을 걸어야만 하는" 압박이 완화된다. 그리고 케인도 행사와 파티에 대한 그녀의 내성이 높지 않기 때문에 한 주 또는 한 달에 얼마나 많은 행사에 참석해야 할지 자기 스스로 정한다. 그리고 그 횟수가 편안하게 느껴지는 숫자가 되도록 하고 있다.

이 장에서 설명하고 있는 소셜 네트워킹에 대한 조언은 모두 외향적이거나 내향적인 사람을 불문하고 쉽게 적용할 수 있는 것들이다.

내가 하고 싶은 분야에 아는 사람이 아무도 없는데 어떻게 네트워크를 만들 수 있나?

먼저 당신이 이미 갖고 있는 네트워크 중 그 분야에 아는 사람이 있는지 찾아보라. 예를 들어 동창회원이라며 어느 분야의 사람을 만나고 싶어한다는 내용으로 그룹에게 공지를 올릴 수 있을 것이다. 이것이 바로 온라인 소셜 네트워크의 편리함이다. 페이스북이나 링크드인에도 올리면 좋다. 링크드인에 들어가 관련 키워드로 그룹을 검색한 후 온라인 대화에 참석하는 것도 방법이다.

오프라인에서 사람을 직접 만나고 싶으면 인터넷을 검색하여 당신이 정보를 얻기 위한 면담을 하는 것처럼 당신이 함께하고 싶은 전문적인 단체나 참석을 원하는 회의가 있는지 알아본다.

정부와 관련된 일을 하고 싶다. 어떻게 접촉을 시작해야 하나?

이 분야에서는 사람들을 만나 어떤 이슈에 대해서 뭔가 해보려고 한다면 필요한 곳에 얼굴을 내미는 것이 가장 좋은 방법이다. 가장 쉬운 방법은 당신이 살고 있는 지역에서 시작하는 것이다. 「중요한 일자리」(Jobs That Matter)

의 저자인 히더 크라스너(Heather Krasna)는 이런 제안을 한다. "구청, 시의회 또는 기타 공공 회의에 참석해라. 청문회나 설명회에 참여하라. 그곳에서 논의되고 있는 내용을 귀담아 들어라. 팟캐스트를 들을 수도 있다. 지역과 관련된 행동은 이곳에서 이루어진다."

정부 기관은 모두 웹사이트를 운영하고 있다. 그곳에 들어가면 누가 책임자인지 알 수 있다. 지금은 대부분 페이스북과 트위터 계정에도 올리고 있다. 그러니 얼마든지 당신이 관심을 갖고 있는 지역의 이슈들을 추적하고 관찰할 수 있다. 소셜 미디어를 이용하여 당신과 같은 생각을 갖고 있는 사람들과 대화를 할 수도 있다.

여기에서도 온라인 그룹이 지름길이다. 정부 기관에 관심이 있거나 일하고 있는 사람들을 위한 전문적인 소셜 네트워킹 사이트인 Govloop.com을 검색해 보라. 당신이 공무원이 아니더라도 가입할 수 있다. 지역별 기관별로 링크드인을 검색하면 당신이 찾고 싶은 공무원과 연결이 될 수 있다. 당신이 하고 싶은 종류의 일을 하기 위해 자격증이 필요한지를 판단하려고 한다면 공공정책 석사 학위 같은 특정 학위를 가진 사람을 찾는 것도 가능하다.

나는 10년 이상 일을 하지 않고 있다. 그리고 내가 전에 했던 일은 지금 내가 하고 싶은 일과는 아무런 연관이 없다. 어떻게 시작해야 하나?

자원봉사로 커뮤니티 일을 잘할 수 있는 방법을 생각해 보라. 가족이나 친구를 돌보는 일을 통해서 당신의 열정과 이전 가능한 기술을 보여주는 방법을 찾을 수도 있다. 사람들이 앙코르 기간 동안 하고 싶은 것이 바로 이러한 개인적 경험인 경우가 종종 있다.

커리어 코치인 벨린다 플러츠(Belinda Plutz)는 나에게 이런 이야기를 했다. "어느 한 고객이 일을 놓은 지 19년 만에 직장에 다시 들어오려고 했다. 그녀는 20년 전에 그녀가 마지막으로 했던 실제적인 일에서 구직 활동을 집중하는 것이 좋을 것이라는 충고를 받았다. 그녀는 그 충고를 듣지 않았다. 대신 그녀가 그동안 자기 가족과 지역 사회에서 해온 일을 중심으로 이력서를 작성했다. 헌신적인 자원봉사자, 기금 모금가, 유능한 가정 관리자 그리고 어린이와 노인 돌봄에 있어서 전문가라는 사실을 이력서에다 집중적으로 밝혔다. 그녀는 학사 학위도 없었지만 몇 달 후에 일자리를 얻었다.” (이것과 기타 앙코르 도전을 다루는 이력서 샘플은 390쪽 이하에서 보라.)

앙코르 커리어 핸드북 인생2막의 변화와 창조

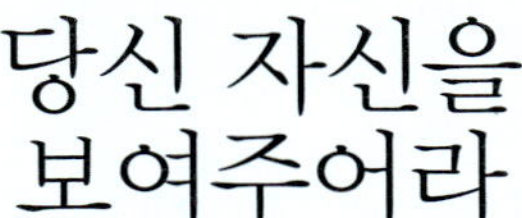

제 7장

당신 자신을
보여주어라

당신이 무엇이 되고자 했었다면
이제라도 늦지 않았다.
- 조지 엘리엇 -

앙코르 커리어로 나가기 위해 당신은 Idealist.org에서 구직 정보를 얻었고, 이제는 지원하기 위한 준비도 마쳤다. 당신이 들어가고 싶은 단체의 대표자와 만날 약속도 잡아두었다. 당신은 자신의 컨설팅 업무를 시작하며 고객 리스트를 구축하려 하고 있다.

'보내기' 클릭을 앞두고 커피 한잔하거나 전화기를 들기 전에 당신이 강력한 후보라는 것을 제대로 보여줄 수 있는 능력을 갖추는 것이 필수적이다. 다시 말하면 당신이 어떤 사람인지 보여줄 수 있는 이력서, 자기소개서나 온라인 활동과 같은 적절한 수단을 준비해야 하고, 당신이 무엇을 제공할 수 있는지를 분명히 알고 그리고 그것을 이야기할 수 있는 방법을 알아야 한다. 또한 당신의 나이에 대해 편한 마음으로 말할 수 있어야 한다. 다시 새내기가 되는 것을 받아들여야 한다. 당신이 세상물정에는 밝겠지만 새로운 것에 도전하려고 할 때는 겸손한 것이 득이 된다. 이 균형을 잘 잡는 것이 중요하다. 당신은 많은 것을 제공할 수 있는 사람이면서 또한 새로운 것을 열심히 그리고 기꺼이 배우고자 한다는 것을 전달해야 한다. 이러한 자세는 당신이 앙코르 커리어를 시작하려는 지금은 물론 성공적으로 진입한 이후에도 관계를 발전시키기 위해서 필요한 것이다.

오래된 도구, 새로운 변화

오랜 세월 동안 구직을 위해 사람들이 사용해온 전형적인 수단은 이력서, 자기소개서, 면접이다. 오늘날의 시장에서 앙코르 커리어를 찾고 있는 사람들에게는 이 수단들이 여전히 유효하지만, 그러나 조금 바뀌었다. 예를 들면 당신의 앙코르 이력서는 당신을 소개하는 하나의 도구이지만 그것보다는 링크드인의 프로필이나 서술식 약력이 상황에 따라서는 더욱 효과적이다. 아직도 자기소개서를 사용하지만 지금은 이메일 형식으로 한다. 구직 면접에 대한 정의도 공식적인 면접을 넘어서 더 많은 격식 없는 대화까지 포함하는 것으로 확대되고 있다. 한 마디로 말하면 당신이 잡으려는 기회를 위해서 최상의 '당신' 모습을 보여주어야 한다. 따라서 당신의 기술과 재능을 보여주는 프로필을 제공하는 이력서, 당신의 스토리를 말해주는 이력서가 필요한 것이다.

앙코르 이력서 만들기

최신 정보를 담은 이력서가 필요하다. 단순히 구직 활동을 위해서만이 아니라 다른 목적을 위해서라도 이러한 이력서를 항상 지니고 있어야 한다. 이사직에 응모한다거나 학술적인 프로그램을 신청할 때, 그리고 어느 누구와 대화 가운데 상대방의 환심을 사기 위해서도 필요하다. 링크드인에 올린 프로필로도 충분하지만 옛날 방식의 이력서도 여전히 쓰임새가 있다. 그렇다고 당신의 모든 스토리를 담을 필요는 없다. "이력서는 당신이 지금까지 했던 모든 것을 당신은 당신이 무엇을 제공해야 할지를 분명하게 아는가?
- 당신의 이력서를 마지막으로 본 것이 언제인가? • 면접을 마지막으로 한 때가 언제였나? • 당신은 나이에 관한 질문을 받은 적이 있는가?

말해주는 자전적 기록은 아니다." 라고 이력서 코치이자 작가인 미리엄 솔퍼터(Miriam Salpete)는 말했다. "이력서는 특정한 사람에게 당신이 무엇을 할 수 있는지 공개적으로 알려주기 위한 목적으로 작성되는 것이다. 그렇기 때문에 이력서의 핵심은 당신이 누구에게 알려줄 것인가 그 대상을 확인해야 하고, 또 그 사람의 문제를 해결할 수 있는 당신의 경험과 능력을 보여줄 수 있는 이력서를 써야 한다." 현실적으로 말하면 그 의미는 다음과 같다.

- 당신의 이력 모두를 담으려 하지 마라.

오래 전에 관련된 이력이 없었다면 지난 10년 동안 당신이 했던 일에 초점을 맞춰도 좋다. 그 이전에 했던 일이 당신이 작성하려는 이력서 내용과 특별한 관계가 없는 경우라면 더욱 그렇다. 그러나 특히 당신이 강조하고 싶은 그 이전의 과거 이력이 있다면 "초기에 일했던 경력에는……이 포함되어 있습니다."라는 문구를 덧붙이면 된다. 당신이 하고 싶은 앙코르 커리어와 관련된 분야에서 무보수로 일한 경험이 있다면 강조해서 기록할 필요가 있다. 그런 경력은 높이 평가될 것이다.

- 나이에 대해 너무 걱정하지 마라.

당신의 나이가 40, 50 혹은 60세가 넘으면 나이를 이력서에 써야 할지에 대해서는 전문가들도 의견이 갈리고 있다. 그러나 내가 자문했던 전문가들 대부분은 나이를 제외한다고 해서 득이 된다고 보지 않았다. 비영리 채용 전문가인 로라 개스너 오팅은 "나이를 밝히지 않으면 일단 적신호가 될 수 있다. 그것은 나이가 많아서 기록하지 않았다고 추정하게 될 것이고, 그렇게 되면 당신이 더 나이가 든 것처럼 보이게 할 뿐이다."라고 말한다. 또 경험을 높이 평가하지 않는 단체에는 당신이 적합하지 않을 수 있게 된다. 좀 더 고위직의 경우에는 연륜이 더 있다는 것은 장점일 수도 있다.

● 너무 튀게 하지 마라.

기본적인 양식을 사용하되 상황에 따라 맞추는 게 좋다. 문서 작성의 귀재가 아니라면 만드느라 너무 고민하지 말고 이력서 쓰기 서식에 따라 가족이나 친구 범위 내에서 그것을 검토해 줄 사람을 찾아 검열을 받고 처리하라. 이력서 작성을 도와주는 무료 인터넷 사이트도 있다. 링크드인의 프로필 양식에 내용을 모두 기입한 후에 이력서 쓰기 사이트(resume.linkedinlabs.com)를 방문해 본다. 여러 가지 형식으로 된 당신의 이력서를 PDF 포맷으로 보여준다. VisualCV.com 사이트는 사용하기 쉽고, 무료서비스로 이력서를 만들어 준다. 이 사이트는 비디오와 사진을 올려주고, 다른 링크와 연결시켜 주기도 한다. 창의적인 전문가나 보여주고 말해주는 특별한 이력서를 원하는 사람에게 특히 좋다. VisualCV에서 작성한 이력서는 링크를 걸거나 PDF로 공유할 수 있다.

● 키워드를 사용하라.

보통 회사가 이력서를 인터넷으로 받으면 스캐닝하여 컴퓨터로 지원자를 분류하는 작업을 한다. 그렇기 때문에 이력서를 작성할 때에는 컴퓨터가 검색할 때 사용하는 키 워드를 포함시키는 것이 요령이다. 특정 산업의 전문 용어가 사용되었는지? 그들이 요구하는 훈련, 자격증이나 지원자에게 요구하는 특별한 기술이 있는지? 이런 것들은 어떤 키워드를 사용할 것인지 바로 힌트가 된다. 그렇다고 키워드를 너무 과신하지 않는 게 좋다. 이력서에 너무 많은 특수 용어로 범벅이 되어서는 곤란하기 때문이다. 다만 이력서를 특별한

앙코르 커리어 핸드북 인생2막의 변화와 창조

연고 없이 제출하는 경우 1차적인 검증 과정에서 컴퓨터가 필요한 몇몇 키워드를 포함시켜 심사를 통과하도록 만전을 기하는 것이 좋다.

요즘 대부분 직장에서는 이력서를 서술적 자기소개서로 대체하고 있다. 회의 석상에서 누군가가 소개되는 것을 본 적이 있다면 다른 사람들이 당신의 이야기를 하게 하는 것이 얼마나 중요한지에 대해 감을 잡을 수 있다. 웹사이트나 링크드인 프로필에 올라온 서술식 자기소개서를 찾아볼 수 있다. 트위터나 이메일 태그에 보다 간단한 스토리가 올라오는 것을 본다. 시간을 내어 당신의 소개서를 작성해 보아라. 이력서 이외에 자전적 스토리를 길고 짧게 각각 길이를 달리해서 작성하는 것이 좋다. 이렇게 해 놓으면 어느 상황에서도 당신 자신을 쉽게 보여 줄 수 있어서 좋다.

당신의 개성을 자유롭게 나타내라. KaBOOM!의 대표인 다렐 해몬드(Darrell Hammond)는 웹사이트의 '설립자에 대하여' 섹션에서 항상 간결하게 몇 문장만으로 자신을 소개하고 있다. 즉, "나는 시카고 교외에 있는 공동생활 가정인 무스하트(Mooseheart)에서 7남매와 함께 자랐습니다. 그곳은 나에게 자원봉사 정신과 소외 계층을 돕는 힘을 가르쳐 주었습니다. 그렇게 살다 보니 1995년에 KaBOOM!을 공동으로 설립하기에 이르렀습니다. 모든 어린이들이 놀 수 있는 기회를 마련해 주기 위한 평생의 과업을 시작했습니다. KaBOOM!은 불과 12년 만에 지금까지 1억 달러가 넘는 돈을 모금하여 미국 전역에 1,500개 이상의 놀이터, 스케이트장, 운동장과 아이스 링크를 만들었으며, 수천 개의 시설을 개선했습니다." 공통적인 과제와 상황을 다루는 이력서와 자기소개서의 샘플을 보려면 390쪽 이하 참조하라.

> "나는 이제 기술 산업에서 나와서 교사가 되었으니 학생은 나의 고객이다. 나는 그들에게 나의 상품을 팔 수 있어야 한다."
> – 존 코스티바스, 회사 중역에서 수학교사로 전환

자기소개서 잘 만들기

과거 학창 시절 자기소개서는 형식을 갖춘 메모로 최상급의 종이에 프린트해서 이력서와 함께 우편으로 동봉했었다. 요즘에도 자기소개서가 이용되고 있다. 그러나 지금은 이메일로 발송하고 수신자가 프린트한다. 내가 선호하는 방식은 이메일 본문에 커버 노트를 붙여 첨부물을 가급적 줄이는 것이다. 그러면 상대방이 또 다시 첨부 파일을 열어보는 수고를 하지 않아도 되기 때문이다. 당신이 조금 더 격식을 차리려 한다면 당신의 이력서와 함께 자기소개서를 첨부할 수 있다. 자기소개서에 당신 자신을 소개하고 비록 당신이 원하는 빈 자리가 없더라도 당신이 관심을 갖고 있는 사항을 기술하면 된다. 아니면 그 기관이 하는 일에 대해 더 알고 싶어서 만남을 요청할 수도 있다.

당신의 이력서에 쓴 일부 내용(예를 들어 일자리 사이의 공백 기간)에 대해 조금 더 자세하게 설명할 수도 있다. 아니면 당신의 구직과 관련하여 상대방이 주목했으면 하는 과거 특별한 경험을 강조하여 설명할 수도 있다. 당신이 컨설팅을 하고 싶은지 아니면 자원봉사자, 이사회 멤버 혹은 다른 목적이 있는지 당신 자신을 소개할 수도 있다. 당신의 목적이 무엇이든지 자기소개서는 다음과 같아야 한다.

- **연줄이 닿는 사람이 있다면 언급해라.**

커넥션을 언급하기에 좋은 위치는 첫 머리이다. 이메일의 경우 앞머리 부분에 "…마르씨 알보허의 소개로…", 아니면 글의 첫 줄에 "귀 회사에서 임시 개발 담당 임원을 찾고 있다고 제게 말씀해주신 마르씨 알보허가 편지를 해보라고 하였습니다."라고 쓴다.

- **당신이 보내려는 사람의 이름을 언급하라.** 그리고 그 사람에게 스토리를

말하라.

"내가 십대의 나이에 과테말라를 여행하고 있었을 때 나는 덮개가 없는 난로에서 취사를 하다가 심하게 화상을 입은 한 여자를 보았습니다. 나는 그때 그 모습을 결코 잊을 수 없었습니다. 안전한 난로를 만들기 위해 애쓰고 있는 스토브 팀 인터내셔날(Stove Team International)에 대한 말을 듣고 즉시 당신의 웹 사이트를 방문했습니다. 당신이 하는 일에 대해 더 알고 싶고, 내가 도울 수 있는 방법이 있는지 알고 싶습니다."

● 당신이 원하는 것과 그 이유를 정확하게 설명해라.

나는 입사 지원서 목적으로 쓴 자기소개서에 무슨 이유로 바로 그 일자리를 원하는지에 대해서는 설명하지 않은 경우를 많이 보았다. 사회적 목적으로 의미 있는 일을 찾으려 할 때에는 그 기관의 설립 목적과 사명에 왜 당신

뉴스를 놓치지 말아라

당신이 새로운 분야에 진출하려면 관련 단체의 새로운 트렌드와 발전 상황을 항상 최신 정보로 업데이트 해두어야 한다. 그러기 위해서는 날카로운 눈으로 뉴스를 읽어라. 새로운 법이 국회를 통과하거나 정부가 당신의 관심 영역에 투자를 하면 어떤 영향이 미칠지 생각하라. 단체의 업계 간행물을 읽고 어느 단체가 기금을 모금하고, 확장하고, 고용을 하는지 알아 두어라. 당신과 같은 배경을 갖고 있는 사람을 위한 기회가 있는 곳에 관심을 두라. Idealist.org와 Indeed.org와 같은 구직 사이트를 모니터하여 어떤 일자리가 나와 있는지 체크하라.

어느 조직이 돈이 넘치는지 그리고 그들의 필요가 어디에 있는지도 알 수 있다. (이런 사이트는 프리랜서, 컨설턴트, 구직자 모두에게 소중하다.)

이 끌리고 있는지 그 목적을 달성하기 위해 당신이 어떤 경험으로 어떤 도움을 줄 수 있는지 자기소개서에 자세하게 설명해야 한다. 그리고 그 기관이 무엇을 하고 있는지 분명하게 이해하고 있어야 한다.

● 요점을 간결하게 쓰고 곧바로 끝내라.

당신이 특정 일자리에 지원할 때 반드시 새겨들어야 할 말이다. 채용 담당 책임자는 당신의 이력서 말고도 수백 장의 이력서와 씨름하고 있을 것이다. 당신이 자기소개서를 이용하여 당신의 관련 기술이나 경험을 강조하고 싶으면 조목별로 써야 읽기가 쉬워진다.(이 섹션에서 나는 자기소개서 쓰는 요령에 관해 조목별로 쓰고 있다.)

● 당신과 관련된 세부적인 연락처 모두를 포함하라.

이메일 서명란에 하면 된다. 별도로 자기소개서를 보내는 경우에는 그곳에 언급하면 된다.

면접으로 못을 박아라

구직 과정에서 면접은 항상 대단히 중요한 부분이다. 면접을 통해서 기회가 결정되기 때문이다. 그러나 요즘 당신은 항상 면접 아닌 면접을 하고 있다. 당신이 관심이 있는 이슈에 대해 공개적인 대화를 하거나 페이스북이나 다른 소셜 네트워크에 댓글을 올리거나 기사를 공유하는 것 모두가 일종의 면접이라고 할 수 있다. 새로운 직장에서 누군가는 당신의 상관이거나 부하 직원일 수 있다.

그러나 언젠가는 당신의 고객이 될 수도 있고, 협조자도 될 수 있다. 그러니 직장을 그만두고 나와서 일을 하더라도 상호작용을 통하여 쌓이는 당신에 대한 평판은 모두 당신 자신이 만들고 있다는 사실을 명심하라.

나도 앙코르닷오르그(Encore.org)에 들어오기 전 2년 동안 교제하는 시간을 가졌었다. 즉, 뉴욕타임스 칼럼을 쓰고 있었을 때 나는 설립자인 마크 프리드먼과 자주 통화해서 내가 쓰고 있던 칼럼에 대한 그의 의견을 묻곤 했던 것이다. 그는 나에게 앙코르닷오르그가 수여하는 목적상(Purpose Prize) 시상식에 참석하여 연설해줄 것을 요청했다. 그 자리에서 나는 앙코르닷오르그의 다른 한두 명을 더 만났다. 우리는 서로 일하는 모습을 볼 수 있었다. 내가 앙코르닷오르그에 들어오려고 면접을 하게 될 무렵에 우리는 모두 편안한 사이가 되었다. 면접은 내가 자격이 있느냐를 보는 것이 아니라 내가 입사하게 되면 우리가 서로에게 잘 어울릴 것인지를 확인하는 절차에 불과했다.

말하자면 이 모든 것이 면접이다. 당신도 이런 식으로 많은 면접 기회를 가지게 될 것이다. 그런 면접을 위해 마음에 새겨둘 몇 가지 조언을 아래에 소개한다.

● 당신의 열정을 보여주어라.

"사회적 사명에 중점을 두는 단체는 당신이 조직 안에서 그들과 함께 무엇을 할 것인지 알고 싶어 한다."고 비영리 단체 채용전문가인 로라 개스너 오팅은 말했다. 즉, 어느 특정 이슈에 대해 당신이 왜 관심을 갖고 있으며, 그것이 왜 당신에게 중요한 의미가 있는지를 꼭 말해 주어야 한다는 것이다. 또한 면접관이 직면하고 있는 사회적 이슈에 대해 당신이 어떻게 해결할 수 있는지 보여줄 필요가 있다. 그 이슈와 똑같은 일을 해보지 않았더라도 과거에 당신이 그와 유사한 일을 한 것에 대해 설명할 필요가 있다.

● 당신의 스토리를 잘 가다듬어 상황에 맞추어라.

이력서를 쓸 때 일반적인 이력서보다 특정 기회에 맞춰 작성하는 것처럼 면접 자리에서도 당신의 배경이나 경험을 상황에 맞게 설명할 필요가 있다. 집에서나 친구 앞에서 큰 소리로 연습을 하면 도움이 된다. "상대방이 완벽하게 질문을 하지 않아도 당신이 하고 싶은 말을 하는 것이 중요하다. 말할 요점을 갖고 정치인이 하는 것처럼 질문과는 상관없이 당신이 하고 싶은 요점을 반드시 말하도록 하라. 내가 사람들에게 늘 말하는 것이 있는데 말하고 싶은 세 개의 요점을 준비하라는 것이다. 당신이 준비한 내용에 대해 면접관들이 질문을 해주면 그 이상 좋을 수 없다. 그렇지 않다면 면접 말미나 감사 편지 또는 후속 이메일에 그런 내용을 넣어라. 그리고 다음과 같은 끝맺는 말을 하는 것을 고려해 보라. '당신이 하고 있는 일이 중요하다고 생각합니다. 저 역시 그 일에 참여하고 싶습니다.' 혹은 '저에게는 이곳에 들어와 변화를 일으킬 수 있는 열정과 경험이 있습니다.'"라고 개스너 오팅은 제안했다.

● 곤란한 상황을 예상하고 대처할 준비를 미리 해두어라.

면접 자리에서 곤란한 상황이 닥칠 수 있다. 예를 들면 당신이 비영리 분야에서 일을 해본 적이 한 번도 없는 경우이다. 앙코르 커리어에 지원하면서도 비영리 분야의 근무 경험이 없다는 사실을 상대방이 지적하면 상당히 거북한 입장에 빠지게 된다. 그렇더라도 당신이 무료로 봉사한 경력이나 자원봉사로 일했던 경험이 있으면 그 이야기를 해주면 된다. 또한 열심히 배우겠다는 각오도 보여주는 것이 중요하다. 만일 상대방이 요구하는 자격 요건을 넘치도록 갖추고 있다면 당신이 하려는 일이 당신에게 어떤 의미가 있고 또한 나이든 지금 왜 그 일을 하고 싶은지를 설명하라. 앙코르 커리어로 전환하는 것에 대해 너무 염려하지 말라. 누구나 직장을 옮기면 그런 염려를 하게 된다. 한두 번 새로운 직

> "나는 웨인 주립 대학교 총장실로 가로 질러 가서 늙은 병사에게 줄 일자리가 있는지 물었다."
> – 랜달 찰턴, 앙코르 기업가

장으로 옮겨본 적이 없는 사람이 어디 있겠는가? "단지 솔직하게 당신이 어디에서, 어떤 일을 했고, 앞으로 어디로 가고 싶다고 이야기하면 된다. 지금 하고 있는 일에 대한 열등감을 극복하려고 역으로 과장되게 말하지 말라. 당신이 컨설팅을 하고 있지 않다면 하고 있다고 말하지 말라." 라고 개스너 오팅은 말했다.

● **가정법 질문에 대비하라.**

면접 도중에 "당신이 만일....이라면 어떻게 하시겠습니까?"라는 가정법 질문이 자주 나온다. 이런 질문에는 정답이 없기 마련이다. 면접관은 대답보다는 당신이 사고하는 과정에 더 많은 관심을 갖고 있다. 또한 당신이 대답을 결론으로 끝내는 것보다는 당신이 남의 이야기가 아닌 당신 자신의 생각을 말할 수 있느냐 하는 쪽에서 평가한다. 예를 들어 면접관이 "당신이 우리 회사에 들어온다면 어떤 변화를 일으킬 수 있겠는가?"라고 질문을 했다고 하자. 여기서 주의해야 할 것은 당신이 답을 알고 있는 것처럼 행동해서는 안된다는 것이다. 대신에 회사 사정을 잘 알기 위해 당신이 취할 조치들과 제대로 된 권고안을 만들기 위해 사용할 절차를 대답으로 녹여내야 한다.

● **좋은 질문을 하라.**

면접 시간은 당신에게도 기회이다. 다른 곳에서는 알 수 없었던 것들에 대해 알 수 있는 시간이다. 또한 당신이 들어가려는 단체에 대해 이미 조사를 했다는 사실을 보여줄 수 있는 기회이기도 하다. 면접

★★

면접을 준비하고 있는 사람에게 가장 유용한 사이트는 Glassdoor.com이다. 이 사이트는 사람들이 실제로 특정 기업이 면접에서 던졌던 질문 내용을 올리고 있다. 이외에도 인터넷을 검색하면 특화된 면접 과정에 대한 수많은 자료들을 쉽게 찾을 수 있다. 전화 면접이나 그룹 면접은 물론 여러 가지 질문에 어떻게 대답하는 것이 좋은지 알려준다. 결국은 자기 자신이 되어야 한다. 다른 사람이 제시한 대본을 앵무새처럼 흉내내지 말라.

에 들어가기 전에 진정성이 있고, 분명하고 똑똑한 질문을 준비하도록 하라. 그러기 위해 단체의 웹 사이트를 검색하고, 최근 소식에 대해서 공부하라. 단체에서 하는 프로그램 중 단체의 목적과 사명에 맞지 않는다고 생각되면 왜 그런지 질문을 던져라. 단체 운영을 위한 기금 모금이 잘되고 있는지 물어보는 것은 당연한 권리이다. 조직 문화를 알 수 있는 질문을 몇 가지 생각해 두라. 예를 들면 직원들이 서로 어떻게 소통하며, 결정 과정은 어떻게 되는지에 관해서이다.

● 적절한 복장을 해라.

지금은 직장의 근무 복장에 대해서 정해진 표준이 없다. 너무 간편한 옷이나 지나치게 화려한 복장은 모두 적당하지 않다. 어떤 옷을 입는 것이 좋은지 궁금하면 미리 물어보는 것이 좋다.

● 주위를 둘러보고 관찰하는 것을 잊지 마라.

면접은 면접관만이 하는 것이 아니다. 당신도 직원과 단체에 대해 면접할 수 있다. 면접을 전화로 하지 않는 한 면접 과정에서 당신이 만난 사람들과 같이 일하는 경우 당신이 편안함을 느낄지 당신의 경험을 살려 살펴볼 일이다. 근무 환경은 어떤지? 직원들은 정말로 행복해 보이는지? 옷은 어떻게 입고 있는지? 직원들은 어떻게 서로 소통하고 있는지 등등에 대해 유심히 살펴보면 좋다.

걱정이 되는가... 당신의 나이

당신에게 쌓여있는 세월의 연륜 바로 그 문제가 있다. 지금쯤 '당신 나이 또래의 누군가'에 대한 추측을 근거로 당신을 다르게 대했던 경험을 적어도

현직에 있으면서 전환에 필요한 것들을 실행해라

많은 사람들이 앙코르 커리어를 위한 기초를 다지는 동안 이전의 직업이나 정체성에 매달린다. 그래서 당신이 한 직책을 수행하면서 다른 곳으로의 전환을 모색한다면 가장 중요하게 해야 할 것은 당신의 고용주와 대화하는 것이다.

「일+삶: 당신에게 꼭 맞는 일 찾기」(Work+Life: Finding the Fit That's Right for You)의 저자인 칼리 요스트(Cali Yost)가 내게 말했듯이 대부분의 매니저들은 착실하고 경험 있는 사람들을 잃고 싶지 않기 때문에 이런 상황에서 당신은 유리하다. 그녀는 이렇게 권고했다. "당신의 앙코르 커리어가 고용주에게 어떻게 이익이 될지에 대해 심사숙고해서 나온 안을 가지고 가라. 일을 어떻게 해낼지, 당신이 하는 일은 무엇이고, 다른 사람에게 위임할 일은 무엇인지를 보여주라." 그것이 바로 당신이 추구하는 것을 얻는다는 것을 의미하지는 않지만 적어도 대화를 시작하는 좋은 기회가 될 수 있다. 요스트가 내게 말한 또 다른 중요한 점은 안을 가지고 가서 그것을 정해진 기간 내에 완성할 것을 제안한다면 고용주로서는 승인하기가 한결 수월할 것이다.

수잔 버켓(Susan Burket)은 앙코르 커리어의 전환을 하는 동안 사랑의 집짓기 운동(Habitat for Humanity)에서 1주일에 하루를 자원봉사하며 보냈다. "원래 내 근무일정은 9~4시, 주 5일이었다. 그래서 이 비영리 단체를 돕고 싶다고 말하고, 근무일정을 9~5시, 주 4일로 바꿔줄 수 있는지 상사에게 의견을 물었다."고 그녀는 말했다. 선례를 만든다고 걱정하지 않는 좋은 사람들이 운영하는 이 작은 회사 덕분에 버켓은 근무일을 조정하여 하루를 자원봉사할 수 있게 되었다.

더 큰 회사에서는 당신이 근무시간 조정 협상을 한 최초의 사람은 아닐 것이다. 사실상 이런 종류의 협상을 쉽게 하는 근무시간 자유선택제를 둘러싼 정책이 있을 것이다. 바비큐 회사의 지역 판매 부장인 주디 베리(Judy Berry)가 치매 환자 돌봄을 위한 사회적인 대의를 위해 기여하겠다고 결심했을 때 그녀를 가장 옹호해준 사람은 그녀의 상사였다. 치매를 겪고 있는 엄마를 보살피기 위해 휴가를 달라는 그녀의 요청을 그는 지지해 주었다.

그는 베리에게 임원 대출 프로그램을 추천했다. 종업원들이 지역사회 일을 일부 하면서도 급여는 전부 받을 수 있게 해주는 제도이다. 베리는 평생 모은 돈으로 미네소타 시 외곽에 치매 치료 요양 시설을 설립했다. 치매환자에게 품위 있는 서비스를 제공하고, 도움이 필요한 저소득층 노인들에게 특별한 지원을 해주는데 중점을 둔 비영리 단체이다. 당신이 어떤 직위를 받아들이는 중요한 시점까지 왔다면 당신이 이상적인 근무환경에서 중요하다고 생각하는 것(제3장의 연습문제에 나와 있는)을 반드시 다시 논의하라. 당신에게 필요하지 않은 것(예를 들면 당신 배우자의 보험으로 당신도 보험이 될 때)을 내놓고, 그 대신 휴가 일수를 늘리거나 급여를 인상해달라고 할 수 있는가? 직책이 당신에게 중요한가? 그렇다면 돈이 드는 것보다는 협상하기가 더 수월할 것이다.

몇 번은 갖고 있을 것이다. 아니면 누가 뭐라고 하지 않았는데도 당신 스스로 나이가 들었다는 기분을 주체하지 못하고 있을 것이다. 앙코르 커리어에 잘 적응해 살고 있는 사람들조차 어느 정도 나이가 되면 일하는 것이 다르게 느껴진다고 말한다. 다만 어느 정도 나이가 몇 살부터이냐에 대해서는 사람마다 다르다.

우리가 평생 일을 하며 사는 동안 우리가 알고 있는 방식이 더 이상 통하지 않는다는 사실을 깨닫게 되는 때가 온다. 그리고 우리가 새로운 것을 습득할 때 우리 동료들보다 나이가 어린 사람에게 배우는 것이 보통이다. 또한 우리의 나이가 우리를 가로막을 것이라고 우려하기 시작한다. 나이라는 문제는 여러 가지 형태로 표출되고 있다.

앙코르 커리어 핸드북 인생2막의 변화와 창조

연령차별 – 그것은 실재한다

나이 차별은 존재한다. 여기에는 질문의 여지가 없다. 그러나 나이 때문에 움츠러들지 않으려면 당신이 컨트롤 할 수 있는 두 가지에 집중하면 된다. 즉, 당신이 하고 싶어 하는 일에 대한 자세와 자격이다. 그렇다고 해서 당신의 나이가 없어지는 것은 아니다. 대신 나이든 사람은 새로운 일을 감당할 수 없을 것이라는 고정관념에 대해 반기를 드는 것이다.

당신이 나이 때문에 입사에서 떨어졌다고 확신하더라도 그것을 증명할 수는 없다. 그렇게 증명해볼 가치도 없다. 그러나 어떻게 보면 그런 단체의 문화에 당신이 적합하지 않을지도 모른다는 사실은 좋은 교훈이기도 하다. 당신의 경험을 가치 있게 평가해주는 다른 곳에 당신의 시간과 에너지를 쏟으면 되기 때문이다. 예를 들면 그 단체의 사무실에서 면접을 받는다면 주위를 둘러보아라. 당신과 같은 나이 또래의 사람이 팀원으로 일하고 있는가? 그 단체가 연령이 서로 다른 세대들을 하나로 통합하여 일을 시키고 있다고 생각이 드는가?

나이가 들면 경험이 많아 단체가 요구하는 채용 조건보다 자격이 넘치는 경우가 있다. 그 문제가 거론되면 당신은 어떻게 대답할 것인가? 커리어 코치인 매기 미스털(Maggie Mistal)은 다음과 같이 조언한다. 즉, 솔직하게 그런 점을 인정하고 당신이 왜 그 일을 하고 싶어 하는지 설명하라. 어찌 보면 자격이 넘쳐 과분하다고 생각되는 사람들도 일자리를 잡고 싶어 하는 이유는 얼마든지 있다. 당신 커리어 초기에 했던 일이지만 상급자가 되면서 그만 두게 된 그 일로 다시 돌아가고 싶을지도 모른다. 아니면 일하는데 따른 스트레스

> 학계는 기업환경에서처럼 원숙함이 당신에게 불리하게 작용하는 곳이 아니다. 당신이 더 많이 이룰수록 더 많은 존경을 받는다.
> – 베로니카 버클리, 기업관리자에서 대학 강사로 전환

를 많이 받고 싶지 않아서일 수도 있다. 그러나 당신이 지금 어떤 일자리라도 잡아야 한다거나 다른 더 좋은 자리가 나오면 옮겨갈 것이라는 인상을 주어서는 절대 안 된다.

외모도 중요하다. 그러나 능력이 더 중요하다

나는 수백 명의 사람을 만나 그들의 앙코르 전환에 대해서 이야기를 나누었다. 분명한 사실은 나이든 사람의 역할을 놓고 사람마다 아주 다르게 느끼고 있다는 점이다. 어떤 사람들은 나이가 전혀 그들을 불리하게 하지 않을 거라고 자신한다. 내가 만난 70대의 여자 노인 한 명은 교육계에서 일을 하고 있었는데 백발의 사람들이 많다고 말한다. 그녀는 머리 염색을 하지 않았는데 그것 때문에 주변 사람들도 그녀를 따라 염색하지 않고 있다는 것이다. 그녀는 매끄러운 백발을 하고 있는데 서른 살의 젊은 사람들도 그녀의 머리결처럼 흰색으로 염색을 하고 싶어할 정도였다.

당신이 외모 때문에 머뭇거릴 수밖에 없다고 느낀다면 현재의 트렌드에 대한 감이 좋은 친구에게 객관적인 의견을 구해보라. 옷을 산 지 꽤 오래 되었다면 새로운 옷 몇 벌을 사는 것도 좋을 것이다.

그러나 젊게 보이려고 애쓰기보다는 당신의 재능이나 소통하는 방법을 오늘날 유행이나 추세에 맞추는 것이 훨씬 더 중요하다. 몸 전체에 문신을 하고 코걸이를 하는 요즘 젊은이들이 겉으로 보이는 것 때문에 유명하게 되는 것은 아니지 않은가. 당신이 일하는 분야의 최근 추세가 어떤 것인지를 아는 것, 소셜 네트워킹을 더 숙달하는 것이 당신이 신체적인 외모에 신경 쓰는 것보다 훨씬 시대의 추세를 따라가는 길이다.

이런 측면에서 당신을 테스트 해보자. 만일 누군가 당신에게 스카이프 (Skype) 통화가 가능하냐고 질문을 했다. 당신의 대답은 무엇인가? 1) 물론 가

어려운 질문, 좋은 대답

　　면접에서 면접관이 나이를 물어볼 때 몇 가지 공통된 방식이 있다. 질문과 염려를 만족시키는 답변 방식에 대한 샘플은 다음과 같다. 물론 항상 솔직하게 대답해야 하고, 당신 자신의 상황에 맞춰야 한다.

　　자격이 과도하다는 것에 대한 질문 : 당신은 우리에게 과분한 분입니다. 솔직히 말하면 일을 하게 되면 너무 쉬워서 싫증을 내지 않을까 염려됩니다.

　　답변 : 먼저 말씀 드리고 싶은 것은 저는 무슨 일이든 잘하는 데 큰 만족을 느끼는 사람입니다. 둘째, 제가 맡을 일에서 할 과제가 많다고 봅니다. (이어서 그 과제들을 열거하고, 또 멘토를 하는 것이 당신이 달성하고 싶은 것 중의 하나라고 이야기한다.)

　　언제든지 그만 두는 것이 아닌가라는 질문 : 3년 아니면 5년 내에 어디에 있을 건가요?

　　답변 : 저는 저와 세상에 의미가 있는 일을 하고 싶습니다. 사람이 장래 어떻게 될지 예측한다는 것이 얼마나 어려운지 잘 알고 있습니다. 그러나 저 자신과 저의 우선상항에 대해서는 잘 알고 있습니다. 저는 목적을 갖고 싶습니다. 도전할 과제를 갖고 싶습니다. 동료들과 친구들로부터 배우고 싶습니다. 기여하고 싶습니다.

　　우리와 일하기에는 너무 나이가 많은 것 아닌가 하는 질문 : 당신은 우리의 작업 환경에서 편안하게 일할 수 있을까요? 여기서 일하는 사람들 대부분은 서른 살 이하이며, 주로 문자나 메신저로 소통을 합니다.

　　답변 : 다른 세대와 함께 일하는 것이 제가 이 환경에 끌리게 된 점입니다. 젊은 사람들로부터 배울 점이 참 많습니다. 또 젊은 사람들도 저로부터

능하다 2) 가능해. 그런데 어떻게 설치하는지 도와줄래? 3) 스카이프가 뭐야? 당신의 대답이 3번이라면 시간을 내어 요즘 대세인 테크놀로지를 배워야 할 것이다.

젊은 사람들과 함께, 그리고 그들을 위하여 일하기

젊은 사람들과 함께 일하는 것이 반드시 힘든 것은 아니다. 당신이 반대 입장에 서 있었던 즐거웠던 시절을 생각해 보라. 사무실에 당신보다 나이가 많은 직원이 당신의 친구나 멘토가 되어 당신이 곤경에 처했을 때 도와주지 않았던가? 당신이 젊은 사람들과 일을 하거나 많은 시간을 함께 보내지 않았다면 Y세대나 밀레니엄 그룹(이들은 1980년대 말과 1990년대 초반에 태어난 사람들)에 대해서 당신이 알고 있는 젊은 사람들과 이야기를 나누어 보거나 그들에 관한 책이나 자료를 읽어 보는 게 좋다. 거기에는 분명 재미있는 차이가 있기 때문이다.

　몇 가지 예상되는 점들은 다음과 같다. 젊은 근로자는 서열을 덜 따지고 협동적인 접근 방식을 더 원한다. 또한 그들은 새로운 기술을 다른 방식으로 사용한다.(당신이 30대 이하의 누군가와 함께 살고 있다면 잘 알 것이다.) 예를 들면 문자로 소통하는 것은 기본이다. 그들은 긍정적인 피드백을 좋아한다.(이런 말을 모두 부정하는 사람을 만날 수도 있음을 예상하라.)

　처음부터 젊은 사람들과 관계를 잘 맺고, 당신이 들어가려는 일터의 문화를 이해하려고 노력하고, 당신에게는 생소한 것이라 할지라도 새로운 것을 배우고 시도해 보려는 긍정의 자세를 견지하라. 가능하다면 젊은 사람들과 서로 멘토가 되어줄 수 있도록 노력하라. 요즘에는 거의 모든 멘토가 일방적이 아니라 쌍방 통행이다. 예를 들면 나이 든 사람은 젊은 사람들에게 생활의 지혜나 인맥으로 멘토링을 하고, 반대로 젊은 사람들은 나이 든 사람에게 쏟아져 나오는 신기술에 대한 두려움을 없애주는 멘토링을 하는 식이다.

　하워드 존슨(Howard Johnson)은 69세다. 그는 30년 동안 수산업 컨설턴트로 일한 경험을 갖고 있다. 이 경험을 살려서 그는 독립적인 비정부단체(NGO)의 지속 가능한 수산업 파트너십(Sustainable Fishing Partnership)에서 글로벌 파트너십 담당 이사가 되었다. 이 단체는 지속 가능한 해산물과 해양 보존을 추진하는 일을 하고 있다. 이 단체에서 일하고 있는 다른 사람들은 대표를 포함하여 거의 모두 존슨보다 나이가 어려도 한참 어렸다. "대부분 20대 중반이나 30대 초반이었다. 나이가 들었다는 사람들도 이제 막 40대로 진입한 사람들이었다."고 존슨은 말했다. 그는 젊은 직원들에게 멘토링을 해주었는데 그 일이 가장 보람이 있다고 말했다. "한번은 중국에서 젊은 여자를 고용했는데 그녀는 해산물에 대해서 잘 알지 못했다. 그녀는 스펀지처럼 가르쳐 주는 모든 것을 빠르게 습득했다. 언젠가 그녀는 처음으로 국제회의장에서 프레젠테이션을 했는데 결과는 좋았다. 마치 자신의 자녀들을 보는 것처럼 느껴졌다. 실제로 그녀는 내 자녀들보다 나이가 어렸다. 난 젊은 사람들로부터 많은 에너지를 받고 있다.”고 그는 말했다.

마지막으로 하고 싶은 말은 미리 짐작하지 말라는 것이다. 나이 든 사람들도 활발하게 활동할 수 있는 작업 환경이 대단히 많다. 나이가 아주 많은 사람들이 기술 부문에서 자문을 해주며 업계를 리드하고 있으며, 철인3종 경기 팀의 감독을 맡고 있기도 한다.

또다시... 직장 초년생이 되라

당신은 금융, 회계, 커뮤니케이션, 마케팅 혹은 기술 분야에서 여러 해 근무하여 풍부한 경험을 갖고 있다. 인력을 관리하거나 전체 부서를 운영하기도 했을 것이다. 그것만으로도 앙코르 단체가 당신을 경쟁적으로 고용하려고 나서야 하지만 실제 사정은 그렇지 않다. 왜 그럴까?

많은 고용주들이 다른 분야나 부문에서 폭넓게 일했던 사람들을 회의적으로 생각하는 경향이 있다. 당신의 경험이 제대로 전수될지 믿을 수 없고 또한 조직 문화에 당신이 적응을 잘 할지에 대해서도 우려하기 때문이다. 사회적 목적 단체인 경우 돈보다는 조직의 본래 사명이 더 중요한 법인데 당신이 그런 환경에서 어떻게 대응할지 고용주들은 의문을 가질 수 있다. 또 이런 단체의 경우 대부분은 운영 자원이 빠듯하고, 의사 결정 과정도 합의를 더 중요시하기 때문에 느릴 수밖에 없다. 이런 것들이 당신이 전에 근무했던 직장과는 판이하게 다르다. 낯선 환경에서 조직 문화에 제대로 적응하면서 당신의 풍부한 경험을 사명과 목적에 도움이 될 수 있도록 나눠줄 수 있을 것인지 의문을 갖는 것은 어찌 보면 당연한 일이다.

인생 이모작 단계에서 성공적으로 자신의 삶을 재창조한 사람들을 보면 이들은 자신의 재능과 경험을 살려 조직에 기여했다. 동시에 많은 것을 새로 배운 사람들이었다. 당신이 알고 있고, 갖고 있는 재능과 경험을 펼치는 일과 앙코르 인생을 새로 시작하는데 겪어야 할 여러 가지 격차를 극복하는 노력, 이 둘 사이의 균형을 잘 잡아야 한다.

그런 문제를 몇 가지 단순한 단계로 관리할 수 있을 것이다. 아니면 새로운 코스를 이수한다거나 인턴 과정을 거치거나 펠로십 또는 더 심화된 훈련을 받아야 할지도 모른다.

겸손하라

앙코르 펠로십 네트워크(Encore Fellowship Network)에서 국내 이사로 활동하고 있는 레슬리 루이(Lesley Louie)는 "나는 펠로 후보자를 면접할 때 그들이 말하는 것이나 입장보다는 배우려 하는 자세를 본다. '제가 그런 문제들을 어떻게 해결할지 보여드리겠습니다.' 라고 말하는 사람보다는 눈과 귀를 열어두는 사람을 찾는다. 당신이 이전 직장에서 근무할 때는 자원도 풍부하고, 직함도 갖고 있었다고 하자. 그런 환경에 익숙해 있더라도 이제부터는 당신이 들어가려는 그 단체와 직원에 대해 겸손할 필요가 있다. 새로운 단체에서는 직원 없이 당신 혼자 일을 해야 할 수도 있고, 주어지는 일이 무엇이든지 가리지 않고 해야 하기도 한다."고 설명했다.

카린 헤이즐콘(Karin Hazelkorn)은 시스코 시스템즈(Cisco Systems)에서 고위직으로 근무하다 퇴직했다. 공정 무역으로 직물을 생산하는 것에 대한 관심 때문이었다. 그녀는 직장을 그만두고나서 겸손에 대해 많이 생각했다. 그녀가 새로운 분야에 대해 배워가는 과정에서 그녀는 그 분야에 종사하는 수많은 사람들과 이야기를 나

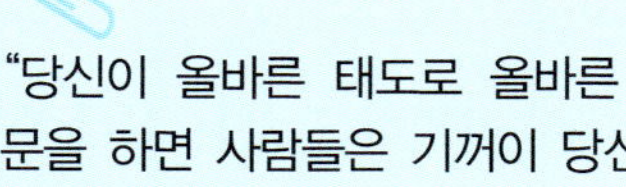

누었고 수업도 들었다. 그녀는 사람들을 만날 때마다 다른 사람으로부터 그들의 경험을 배우겠다는 자세로 임했고, 그들의 경험을 존중했다. "나는 즉흥적으로 하지 않으며, 상대방의 시간을 허비하지 않으려고 한다."고 나에게 말했다. 점차적으로 그녀는 상황을 파악하게 되었고, 업계에서 사용하는 전문 용어도 배웠다.

그러면서 그녀는 대단히 많은 사람들을 만나 자신은 물론 다른 사람들을 위해서도 커넥션을 만들어 주었다. "그때서야 일이 제대로 돌아가기 시작했다."고 그녀는 말했다. 그녀는 아직도 전직을 위해 준비하고 있다. 내가 가장 최근에 그녀와 이야기했을 때 그녀는 민간 부문으로 되돌아가 관련 경험을 더 얻고 앙코르 커리어를 본격적으로 시작하기 전에 돈도 모아야겠다고 생각하고 있었다.

이전 가능한 기술을 파악하라

당신의 기술이나 경험을 들어가려는 앙코르 단체에 어떻게 이전해 줄지 알아내라. 테리 워드(Terri Ward)(52쪽 참조)가 셰난도아 대학의 카피라이터 직에 지원했을 때이다. 그녀는 어떤 상품이든 간에 마케팅은 마케팅이라는 사실을 깨달았다.

"가장 힘든 것은 새로운 용어를 배우는 일이었다. 주차장 건물을 만드는데 사용되는 콘크리트 블록을 만드는 회사를 위해 광고 문구를 쓰다가 이제는 대학에 입학하려는 18세 혹은 19세 된 틴에이저를 대상으로 광고 카피를 쓰게 되었다. 그때 엄마로서의 나의 관점이 도움이 되었다. 나에게는 자신의 미래에 대해 고민하고 있는 십대 자녀가 네 명이나 있었기 때문에 광고 카피를 쓰려고 할 때 십대들의 마음을 헤아리는 것은 어려운 일이 아니었다."고 그녀는 말했다.

배우려는 자세를 보여라

당신은 앙코르 직장에 들어가면 그들을 위해 이전해줄 수 있는 기술이 있다는 점을 강조하고 싶을 것이다. 그러나 그보다 먼저 어떤 차이가 있으며, 그것을 해소하기 위하여 무엇을 할 것인지를 인정하면 당신에게도 도움이 되고, 당신이 들어가고자 하는 단체에도 도움이 될 것이다.

레스터 스트롱(Lester Strong)은 TV 뉴스 앵커였다. 그가 명상에 관심을 갖게 되면서 시다 요가 재단(Siddha Yoga Foundation)과 인연을 맺게 되었다. 이 단체는 비영리 법인으로 전 세계에서 요가와 명상을 가르치고 있다. 그는 국제적으로 명상에 관한 방송 앵커 일을 하기 시작했다. 이후에는 그 단체의 이사가 되었다. 나중에는 대표이사와 CEO 자리까지 제안을 받게 되었다. 그는 제안을 수락했다. 그러나 그와 이사회는 그의 약간 부족한 면을 채워나가기로 합의하였다. 그는 컬럼비아 대학의 비영리 단체 경영에 대한 9개월짜리 코스에 등록했다. 그는 "나는 그때까지 조직 하나라도 경영해본 적이 없었다. 그런데도 나를 믿고 맡기겠다는 것이었다. 나는 기자였고, 유능한 프로듀서였지만 단체의 대표이사로 전략적인 기획이나 인사 관리 등 비영리 단체 경영에 핵심적으로 필요한 부분들을 배울 필요가 있었다."고 말했다. 스트롱은 아직도 배울 게 많지만 그 첫 걸음을 떼는 것으로 그는 앙코르 커리어로 전환할 수 있었다고 말했다. 그는 현재 미국은퇴자협회 경험봉사단(AARP Experience Corps)의 CEO로 재직하고 있다.

어느 정도의 문화 충격을 예상하라

직장 문화에서 서로 다름은 여러 가지 방면에서 나타난다. 그에 대비해야 한다. 위에서 소개한 스트롱의 경우에도 그랬다. "방송 기자로서 나는 사건을 보고 보도하기만 하면 되었다. 잘 되든 안 되든 나는 24시간 이내에 만족감을 가질 수 있었다. 그러나 국제적인 조직이 제대로 굴러가도록 돕는 일은 매우 오래 걸리고 신중히 생각해야 하는 과정의 연속이었다. 이해하고 판단하는 데에도 시간이 걸렸다. 방송기자로 일할 때에는 기금 모금 따위에는 신경을 쓰지 않았다. 시청률만 걱정했을 뿐 우리가 무슨 일을 하고 있으며, 왜 그 일을 하고 있는지 후원자나 지지자에게 설명할 필요가 없었다. 그런데 이 일은 전혀 새로운 경험이었다."고 스트롱은 말했다.

의기소침은 금물, 자신감을 가져라

아주 쉽게 별다른 노력 없이 마음을 먹자마자 앙코르 커리어에 안착한 사람들의 성공담이 계속해서 들려온다. 그러나 대부분의 사람들은 앙코르 커리어로 전환하기 위해 시장 조사를 하고, 네트워크를 구축하며, 원하는 역할과 분야에 관하여 배워야 하며(특히 새로운 것일 경우), 필요한 훈련을 받고, 그리고 나서 하고 싶은 일에 맞는 기회를 잡아야 한다. 그 과정은 일직선으로 이루어지는 것이 아니라 중간중간에 다른 일들을 해야 할 경우가 생긴다. 하고 싶은 일에 더 다가가는 일을 하고, 기술을 연마하고, 커넥션을 구축하고, 어디에 맞는가를 알아내기도 한다.

미스털은 당신의 지난 커리어가 하루아침에 이뤄진 것은 아니었다는 것을 스스로 상기하는 것이 중요하다고 말했다. "직업에 안착하는 것만이 성공을 측정하는 유일한 기준은 아니다. 그 과정에서 배우며 알게 된 것들을 인식하고 축하하도록 하라." 고 그녀는 말했다.

조지 울프(George Wolf)는 70세를 넘긴 이후에도 일을 찾으러 돌아다니면서 셀 수 없이 많은 연령 차별을 겪었다. 그는 가장 명백한 나이 차별 에피소드를 재미 있는 소재로 발굴하여 다른 사람들을 즐겁게 하는 이야기로 사용하고 있다고 말했다. 그는 "나이 차별에 대해 화를 내거나 의기소침하는 것은 쓸데 없는 짓이다."고 말했다.

로즐린 벡(Rozelyn Beck)은 면접할 때에는 본인이 느끼는 것이 무엇이든 분명히 드러나 보인다는 것을 스스로에게 계속 상기시킨다고 말했다. 자신의 마음을 다스리기 위해 약간의 트릭을 썼다. 시간을 내어 내심으로 자기 자신의 삶 중에서 가장 좋았던 순간, 자신이 빛났던 상황을 떠올린다. 이렇게 하면 면접 중에 자신의 성공담을 이야기할 필요가 있을 때 확신을 갖고 설명할 수 있게 된다는 것이다. 당신이 소중하다고 생각하고 또 믿는 주위의 사람들에게 당신이 가진 최고의 재능이 무엇인지 물어보아라. 의기소침해 있는 당신에게 필요한 자존감을 불어 넣어줄 것이다.

앙코르 커리어를 찾는데 오랜 시간이 걸리고 성과가 나오지 않아 자신이 뭘 잘못하고 있는 건 아닌지 생각되기 시작하면 상황과 전략을 다시 한 번 잘 살펴보라. 이때 코치나 멘토가 있으면 도움이 된다. 당신이 자신을 어떻게 드러내고 있는지, 상황을 올바로 보고 있는지를 객관적인 관점에서 바라보고 조언을 해줄 사람이 있는가?

FAQs

채용 조건에 명시된 모든 자격을 갖추지 않았다. 그런데도 내가 그 일을 할 수 있다고 고용주를 설득하는 게 가능한가?

비영리 단체 채용 전문가인 로라 개스너 오팅의 말에 의하면 이런 일은 늘 있다고 말한다. 그녀는 "지원자들 거의 모두가 채용 조건에 명시된 모든 자격을 완전히 갖추지 못하고 있다. 이런 사실을 대부분 고용주들은 잘 알고 있다. 한 영역에서 강점을 갖고 있으면 다른 부분이 부족하더라도 문제가 되지 않는다."고 말했다.

당신이 특정 직업에 재능이 있다고 생각되면 당신의 배경이 구직란에 명시된 조건과 완전하게 일치하지 않더라도 머뭇거리지 마라. 자기소개서를 이용하여 당신이 그 자리에 왜 적합한 사람인지 설명하라. 면접 연락이 오면 당신이 자격이 있다는 것을 이야기할 기회를 잡은 것이다. 당신이 갖추지 못한 다른 자격에 대해 질문을 예상하고 답변을 준비하라.

만일 당신이 좋은 인상을 준다면 그들은 당신이 갖고 있는 장점에 맞는 일을 줄 것이다. 당신이 갖추지 못한 쪽의 일은 다른 사람이 채우게 될 것이다. 당신은 경험이 없는 영역에 대해서는 훈련을 받겠다고 제안할 수도 있다.

조직의 문화와 내가 잘 맞는지를 파악할 가장 좋은 방법은 무엇인가?

비영리 단체 채용 전문가인 로라 개스너 오팅은 먼저 단체가 공개하는 모든 정보를 들여다보는 것으로 시작하라고 제안한다. 그 단체의 웹사이트를 방문하고, 그들의 링크드인 프로필, 페이스북 페이지와 가능하면 트위터에 올라온 글도 뒤져보라. 그러고 나서 당신 자신에게 질문을 던져라. 어떤 느낌을 받았는가? 조직이 고루하고 따분한지? 아니면 아주 멋진지? 웹사이트에서 단체 소개를 보면 이사회와 간부 직원의 약력을 볼 수 있다. 당신이 함께 일하고 싶은 사람들로 보이는가? 당신과 같은 배경을 갖고 있는 사람이 있는가? 단체가 블로그나 최근 소식란을 갖고 있는가? 올라온 글을 보면 어떤 느낌이 드는가? 단체가 하는 일, 성공 스토리와 도전적 과제에 대해 어떻게 설명하고 있는가? 공개된 이벤트에서 팀원들을 만날 수 있는가? 그럴 기회가 있다면 반드시 가서 만나라.

그 단체가 비영리 법인이라면 비영리 단체의 세무보고 양식인 IRS form 990을 열람할 것을 오팅은 권고한다. 이 보고서는 Guidestar.org에 들어가면 볼 수 있다. 그 보고서에는 이사회 멤버와 직원 명단 그리고 최고위직 5명의 급여 명세가 들어 있다. 당신이 보는 보고서가 1년 아니면 2년 전의 것이기 때문에 실제와 다를 수도 있다는 사실은 명심해야 한다. "일치하는 이름이 많이 없다면 이직률이 높다는 의미다. 그 사실은 거기서 일하는 것이 어떤지에 대한 시사점을 준다. 또한 10년 전 990보고서와 비교할 때 달라진 게 없다면 그 조직은 아마 변화를 받아들이지 않는 곳일 수 있다."고 개스너 오팅은 말했다.

당신이 조사하는 과정의 일환으로 사람들과 이야기하는 것을 잊지 마라. 이것은 정보를 수집하기 위한 면담을 가장 잘 활용하는 방법이다. 그 단체가 무엇을 하느냐 뿐만 아니라 그곳에서 일하는 것이 어떤 느낌일까도 알아내도록 하라. 경영 스타일은 어떤가? 빠르게 돌아가고 있는가? 아니면 느리고 신중한 곳인가? 의사 결정을 승인 받는 과정에서 몇 사람을 거쳐야 하나? 사람들이 주로 이메일로 소통을 하는가? 아니면 서로 사무실로 걸어 들어가 말을 주고받는가? 조직 문화가 있기는 한가? 사람들은 멀리 떨어진 곳에서 인터넷으로 재택근무를 하고 있지는 않는가?

당신이 여러 사람으로부터 또한 관계없는 사람으로부터 듣는 이야기가 모두 똑같다면 그 단체가 당신에게 맞는 것인지 결정을 할 수 있을 것이다.

상당한 직위에 당신을 채용하기 위한 면접이라면 고용주는 당신의 과거 경력에 대해 질문하는 것만으로는 만족하지 않는다. 당신이 어떻게 행동하는지 또한 그들이 다루려고 하는 문제를 당신이 얼마나 잘 처리하는지 파악하고 싶어 한다. 그런 테스트의 일환으로 당신에게 위에서 언급한 제안서나 계획서를 요구하는 것이다.

얼마나 많이 요구를 하면 과도한 요구라고 할 수 있는가? 이는 당신이 다음을 검토하여 최종적으로 판단할 문제이다. 당신은 얼마만큼 이 일자리를 원하는가? 그 요구가 당신을 평가하기 위한 진지한 시도이지 단지 지원자의 능력을 빌어 그들이 원하는 프로젝트를 공짜로 해결하려는 것은 아니라고 어느 정도 당신은 믿는가? 이 방면의 표준이 되는 게 무엇인지 당신이 알고 있는 사람들에게 물어볼 수 있다.

커리어 코치인 매기 미스털은 면접을 위해 자료를 만들어달라는 과도한 요청을 너무 맞추려 하다가 지쳐버린 자기 고객이 있었다고 말했다. 요구가 과하다고 느껴지면 당신이 가장 잘한 작업 중에서 가장 관련이 있는 샘플을 면접관에게 보내주라고 그녀는 권고한다. 복사본(고객의 이름을 지우고)을 보내 주면서 만약 그 단체에서 당신이 이런 작업을 하게 된다면 어떤 점을 수정 또는 변경할 것인가를 강조하면 된다. 할인가격으로 작업을 해줄 수 있다고 제안할 수도 있다.

원래 고용주는 당신이 부당하게 이용당한다는 느낌이 들지 않도록 하면서 당신이 일을 수행할 수 있는 능력이 있는지를 발견해야 한다. 만일 당신이 부당하게 이용당한다는 느낌이 든다면 아마도 그 단체는 당신에게 맞지 않는다고 봐도 좋다.

제 8 장

나가서
일을 하라

해보고 실패하면
최소한 배우는 것이 있다.
해보지도 않으면 뭔가 일어날 수도 있었던
가능성조차 없어진다.
– 벤자민 프랭클린–

지금까지 당신은 여러 달 혹은 몇 년을 가능한 몇 가지 앙코르 커리어를 놓고 생각을 해왔을 것이다. 그러나 아직도 아무 일도 하지 않고 있다. 정말로 앙코르 커리어를 해야 할지 아직 확신이 서지 않기 때문이다. 아니면 몇번 시도를 해보았으나 새로운 분야에서 당신의 배경이 맞지 않았거나 경험이 부족하여 성공하지 못했을 수도 있다. 이 둘 중 하나가 해당된다면 무급(혹은 급여가 아주 적은) 일을 '시험적으로' 해보라.

시험적인 일은 큰 부담이 없다. 예를 들면 당신이 염두에 두고 있는 앙코르 단체가 어떤 느낌인지 알아보기 위해 방문을 하거나 당신이 흥미를 느끼는 부문에서 일하고 있는 사람들과 커피 한 잔 마시며 이야기를 나누거나 무료 급식소에서 오후에 자원봉사를 해보거나 도서관에서 책을 읽어주는 일을 할 수 있을 것이다. 시험적으로 해보는 일이 장기간의 무료 컨설팅, 견습, 인턴십 혹은 펠로십과 같은 훨씬 더 깊은 경험으로 이어질 수 있다. 앙코르 단체의 이사로 봉사할 수도 있다. 그렇게 되면 당신이 더 잘 알고 싶었던 사회적 이슈에 더 많이 노출될 수 있다.

무슨 일이든 시험적으로 해보면 하는 일이 당신의 앙코르 커리어에 맞는지 혹은 맞지 않는지 거의 확실하게 알 수 있다. 시험적으로 시작한 일이 당신의 앙코르로 자리 잡을 수도 있다. 모든 실험은 당신의 앙코르 이력서에 소중한 경험으로 기록된다. 또한 당신의 네트워크가 확장되고, 장기적인 앙코르 기회로 이어질 수 있다. 머리에서 생각만 하던 일이 세상 밖으로 나갈 수 있는 좋은 방법이기도 하다. 당신이 무엇을 하고 싶은지를 아직 알아내고 있는 중이거나 한 아이디어에 초점을 맞추긴 했는데 실천을 하지 않은 경우라면 일단 시험적으로 해보라.

시험하고 배우고 반복하라

내가 법조계를 떠나려 했을 무렵 나는 가르치고 글 쓰는 일을 하고 싶었다. 그러나 어떤 식으로 그 일을 할지에 대해서는 아무 생각이 없었다. 그래서 나는 몇 가지 시험을 했다. 첫 번째로 한 것은 사립 고등학교에서 하루 동안 대체 교사로 영어를 가르치는 일이었다. 학교에 도착하는 순간 나는 사면초가에 둘러싸인 느낌을 받았다. 교사는 사적인 전화를 걸거나 화장실을 가려고 자유롭게 교실을 떠날 수 없었다. 난 믿을 수가 없었다. 숨이 턱 막힐 지경이었다. 몇 년 동안 내 마음대로 스케줄을 작성하고, 내가 하고 싶은 대로 왔다 갔다 하며 그렇게 살았는데 수업이 진행되는 하루 내내 교실 건물에 갇혀 지낸다고 생각하니 견딜 수가 없었다. 게다가 봄 학기 첫 날에 변덕스러운 십대 학생들을 대상으로 셰익스피어의 햄릿에 대해 어떻게 재미를 느끼게 가르쳐야 할지 상상하니 막막한 심정이었다. 그것은 나에게 맞지 않았다.

마침내 내게 좀 더 잘 맞는 일을 찾았다. 이웃 마을에 있는 지역 센터에서 글쓰기 저녁 반을 가르치기로 한 것이다. 성인 학생들이 기대에 찬 눈빛으로 교실에 앉아 있었다. 고등학교에서 하루 가르쳐 본 덕분에 내가 고등학생보다는 성인을 대상으로 그리고 일반인에게 개방된 장소에서 가르치고 싶어 한다는 것을 알게 되었다.

동종요법(Homeopath, 同種療法) 의사인 로리 그로스맨(Lauri Grossman)도 이 방식을 사용했다. 2011년 지진이 발생한 직후 아이티로 가서 비영리 단체인 '국경 없는 동종요법 의사회' 회원들과 함께 일했다. 자연 재해의 충격이 가시지 않은 아이티에서 일하다 보니 그녀는 구조 활동에 관여하고 싶다는 자신의 소신을 재확인할 수 있었다. 아이티 경험으로 의사로서 자신의 삶과 사회적으로 영향력을 미칠 수 있는 일이 양립될 수 있다는 자신감을 얻었다. 그녀는 아이티에서 구조 활동을 하는 동안 무엇이 잘 되었고, 무엇이 잘 되지 않았는가를 연구했다. 그 결과 외국에 나가 구조 활동을 하는 것 못지않게 미국에서도 좋은 자문을 얼마든지 할 수 있다고 결정을 내렸다. 이것 말고도 그녀에게는 해외에 자주 가고 싶지 않은 이유가 생겼다. 그녀는 20년 동안 싱글맘으로 두 자녀를 양육했다. 이제 50대의 삶에서 그녀는 한 남자와 진지한 만남을 시작했다. 그래서 집을 떠나고 싶지 않았다. "나는 나의 삶에서 큰 의미가 있는 사람을 만날 수 있기를 오랜 세월 동안 기다려 왔다. 만약 내가 곁에 없으면 그게 무슨 소용이 있는가?"

수원 스미스가 시티그룹(Citigroup)에서 퇴직하고 나서 처음 시작한 일은 단체 행사를 위해 디저트를 굽는 작은 사업이었다. 일은 재미있었다. 그러나 풀타임으로 할 수는 없었다. 그녀는 아직도 하고 싶은 것이 많았는데 그 일 때문에 시간을 낼 수 없었기 때문이다. 코칭도 하고, 가르치기도 하고, 사람들에게 경제 교육도 시켜주고 싶었다. 그래서 그녀의 집에 불이 나서 빵 굽는 일을 중단해야만 했을 때(때로는 운명에 귀를 기울여야 한다), 그녀는 빵 굽는 일은 요청이 있을 때만 하기로 하고 적극적으로 신규 고객을 찾아 나서지 않기로 결심했다. 얼마간이라도 빵 굽는 사업에 완전 몰두하고 나서 스미스는 자신이 열정적으로 하는 활동에 대해 균형을 더 잘 유지하는 법을 알게 되었다.

무엇을 할까 생각할 때 당신이 흥미를 느끼는 그 무엇에 대해 처음에는 작게, 단계별로 시작하는 게 대단히 중요하다는 사실을 알아야 한다. 작가인 피터 심스(Peter Sims)는 이렇게 하는 것들을 「작은 베팅」(Little Bets)이라는 책에서 소개한다. 작은 베팅을 하게 되면 위험 부담이 작은 실험적인 일을 하면서 당신의 아이디어를 다듬는데 도움이 된다. 우선 당신이 하고 싶다고 생각하는 그 일에 단 몇 시간, 반나절 혹은 일주일까지라도 깊숙이 빠져들어서 해보라. 그러면 당신의 눈으로 직접 보게 되고 많은 질문을 하게 될 것이다. 당신이 일할(또는 그와 유사한) 환경에서 경험을 한다는 것은 대단히 소중하다. 그런 경험을 통해 현실을 이해하게 되고, 오해를 떨쳐버리고 당신이 좋아하는 것을 알 수 있다.

한 번 해보라 : 자원봉사

앙코르 커리어를 시작할 수 있는 가장 확실한 방법이 있다면 그것은 바로 자원봉사이다. 자원봉사는 앙코르 커리어로 전환하는 거의 모든 이야기에 등장한다. 심지어 유급 역할로 옮겨갈 의도가 없는 사람의 경우에도 그렇다.

자원봉사를 하면 이슈에 대해 내부로부터 배우게 되고, 사람들과 접촉을 하게 되고, 당신이 네트워크에 연결이 된다. 당신이 중요한 자원봉사자이거나 이사회 멤버로 일하거나 혹은 무료로 서비스를 제공하는 컨설턴트라면 앙코르 단체가 당신에게 더 많은 일을 부탁하게 되고, 그러다 보면 함께 일하자고 제안을 해오는 경우가 생기게 된다.

젊은 사람들은 보통 배우기 위해 자원봉사를 한다. 그러나 당신이 오랫동안 일을 해본 경험이 있으면 이야기가 다르다. 이 시점에서 당신은 많은 것을 알고 있고, 순전히 당신의 경험과 지식을 공유할 목적으로 자원봉사를 하려고 할 수도 있다. 그러나 당신도 배울 필요가 있다. 당신이 들어가고 싶은 분야에서 일반화 되어 있는 기술을 사용하는 방법을 알아야 한다. 당신이 관심을 갖고 있는 이슈에 대하여 일하고 있는 단체의 내부를 자세히 살펴보고 싶을 수 있다. 봉사를 하면 기분이 좋기 때문에 봉사를 할 수도 있다. 이 모든 이유가 타당하다. 젊은 사람들은 커넥션을 형성하고 경험을 얻으려 한다. 아마 당신은 바로 그런 커넥션과 경험이 풍부한 사람이다. 그렇기 때문에 당신은 자원봉사를 할 수 있는 기회와 거기에서 할 일을 찾게 될 것이다.

수잔 길슨(57쪽 참조)은 오리건 주에서 청소년 관련 일을 하고 있었다. 점차 나이가 들어가자 그녀는 변화를 준비하기 시작했다. 자기 자신에게 1년의 탐색 기간을 주었다. 이번에는 나이든 성인들을 돕는 일을 하고 싶었다. 그녀의 관심과 재능이 잘 어울릴 수 있는 일을 찾기 위해 그녀는 이 기간 동안 세 가지 자원봉사활동을 했다. 처음에 그녀는 아는 사람이 운영하는 노인의 집에서 자원봉사를 했다. 거주 노인들과 카드놀이를 했다. 노인들을 약속 장소에 데려다 줄 사람이 필요하다는 이야기를 듣고 그 일을 했다. 다음에는 호스피스 자원봉사를 했다. 나이가 많은 어느 남자 노인의 집에서 시간을 함께 보내며, 간병에 시달리고 있는

"나는 50세 이상의 사람들과 자원봉사하는 것에 관해 이야기할 때면 공통적으로 세 가지 이야기를 듣는다. 아무도 나에게 자원봉사하라고 요청하지 않았다. 둘째, 내가 자원봉사를 한다면 훈련을 받아야 하는가? 셋째, 그들이 나를 훈련시킨 후 나와 연락을 유지하는가? 당신이 시간을 내준다면 2번, 3번은 얻는다."
– 카를로스 캄포스, 유스빌드 USA 상임이사

그의 부인과 딸들을 도와주었다. 마지막으로 그녀는 시니어 센터 식당에서 노인들의 식사를 돕는 일을 했다. 여러 일을 해본 후 센터 식당에서 일하는 것이 가장 좋다고 느꼈다. 그는 그곳에 결원이 생기자 지원을 해서 그 자리를 얻었다. 다른 한편으로는 자원봉사는 당신이 하고 싶지 않은 일을 알아내는 데에도 좋은 방법이다.

수잔 버켓(Susan Burkat)은 여러 해 동안 컴퓨터 프로그래머로 일을 해왔으나 이상하게도 자신이 불행하다고 느꼈다. 그녀는 여유 시간을 내어 자원봉사를 하기로 마음먹었다. 그녀의 재능을 활용할 수 있는 비영리 단체가 있을 것이라고 생각했다. 그녀는 곧바로 메릴랜드에 있는 몽고메리 카운티 자원봉사 센터에서 데이터베이스를 구축하는 프로젝트를 맡았다. "이 일이 가려운 곳을 긁어줄 수도 있을 것이라고 생각했다."고 그녀는 나에게 말했다. 그녀는 그 프로젝트에 6개월을 썼다. 그 일이 끝났을 때 그녀는 두 가지 사실을 깨닫게 되었다. 첫째, 남을 돕는다는 일반적인 느낌은 좋아했지만 온종일 일하고도 더 일을 해야 한다는 게 만족스럽지 않았다. 둘째, 그녀가 온종일 하는 일 즉, 직업을 바꿀 시기라고 결심했다. 이번에는 글쓰기와 관련된 일을 알아보기 시작했다. 글쓰기는 그녀가 이전에 몇 과목을 수강하면서 탐구해온 관심사였다.

자원봉사를 하고자 할 때 당신이 분명히 고려해야 하는 첫 번째 포인트는 일선에서 일하고 싶은지 여부이다. 이는 당신이 봉사하는 대상인 사람들이나 동물, 혹은 자연 환경과 현장에서 함께 일하는 것이다. 위에서 언급한 수잔 길슨의 실험적인 자원봉사 활동이 직접 봉사의 대표적인 사례이다. 이는 남을 배려하고 책임감이 있는 사람이라면 약간의 훈련이나 오리엔테이션만 받아도 할 수 있는 일이다. 환자나 노인들에게 식사 배달하기, 성폭력 신고 콜센터에서 전화 받기, 어린이를 대상으로 가르치거나 멘토하기, 공원 청소, 사랑의 집짓기 운동에 참여하여 집을 짓는 일들이 모두 전형적인 직접 봉사에

앙코르 커리어 핸드북 인생2막의 변화와 창조

기술 그리고 자원봉사

    기술은 자원봉사의 일부를 바꿔놓았지만 모든 것을 바꾼 것은 아니다. VolunteerMatch.org, Idealist.org와 AllforGood.org와 같은 사이트들은 자원봉사 경험 표준의 일부가 되었다. 또한 온라인도 시작하기 좋은 장소이다. Catchfire.org와 Sparked.com과 같은 사이트에 들어가면 집을 떠나지 않고 온라인상의 자원봉사자가 될 수 있는 방법을 알 수 있다. 기금 신청서 작성, 웹 디자인이나 소셜 미디어 지원과 같은 프로젝트를 온라인으로 할 수 있다.

    기술로도 바꿔지지 않는 부분이 있는데 그것은 자원봉사 경험이 잘 관리되어야 하는 필요성이다. 잘 관리되면 자원봉사자는 만족을 느끼고 단체에게도 도움이 된다. 사이트를 통해 기회를 잡거나 아니면 당신 자신의 재주를 사용해서라도 당신은 몇 가지 기초적인 질문에 대한 답을 듣고 싶을 것이다.

- 어떤 종류의 훈련이나 오리엔테이션을 받게 되나?
- 당신은 누구의 감독을 받을까? 그 상사에게 어떤 방식으로 접근할 수 있을까?
- 당신은 다른 자원봉사자와 함께 일할 것인가? 그들로부터 배우게 될 것인가?
- 당신이 하고 있는 프로젝트와 관련된 단체의 진행사항이나 결정에 대해 지속적으로 잘 알 수 있는 방법이 있는가?

    당신 스스로 일을 주선해서 하게 된다면 당신에게서 기대하는 것이 무엇인지를 서면으로라도 작성해 공식화하는 것이 필요할 수 있다. 만약 당신이 높은 수준의 일을 한다거나 대외적으로 단체를 대표하게 된다면 직함이나 명함을 요청할 수도 있다.

속한다.

손에 흙을 묻히고, 같은 관심을 공유하고 있는 다른 사람들을 연결하고, 지역 사회로 나가고, 단체를 밑바닥부터 알거나 아니면 단체에서 이뤄지고 있는 일을 세밀하게 들여다보고 싶어 하는 사람들에게는 직접 봉사 형식의 자원봉사가 적합하다.

기술 본위의 자원봉사는 프로 보노 봉사라고도 부르며, 당신의 특별한 기술이나 전문적인 식견을 필요로 한다. 예를 들면 병원에서 자원봉사를 하는 의료인, 법률 서비스 자원봉사를 하는 변호사, 비영리 단체를 위해 데이터베이스를 구축해주거나 사업계획서를 작성해주는 전문가 그리고 학교나 병원에서 시간을 내어 자원봉사 연주를 하는 음악가까지 모두 이 범주에 포함된다. 그러나 아무리 전문적인 지식이나 기술이 있다 해도 새롭게 배워야 할 부분이 있다.

칼라 바비에로(Carla Barbiero)는 연방 정부에서 27년 근무한 후 최근에 은퇴했다. 당시 50세였던 그녀는 학생을 가르치고 지도하는 단체인 AARP 경험 봉사단 (Experience Corps)이 주최한 세미나에 참석했다. 그녀는 경험 봉사단의 모델에 감명받았다. 그러나 아이들과 직접 맞닥뜨려 일을 하고 싶은 마음은 없었다. 그녀는 세미나 말미에 리더에게 찾아가 그 단체의 기금 모금을 돕고 싶은데 함께 상의할 사람이 있는지 물었다. 그렇게 해서 그녀는 경험 봉사단 워싱턴 지부 설립자인 엘리자베스 폭스(Elizabeth Fox)를 만날 수 있었다. 이야기를 하다 보니 두 사람은 서로 잘 아는 공통의 친구들을 갖고 있었고, 곧 바로 죽이 잘 맞았다. 바비에로는 미국 정부로부터 나오는 돈을 내주는 일에 수년 간 근무한 경험을 갖고 있었지만 기금 모금이라는 새로운 세계에 대해서는 배울 필요가 있었다. 폭스는 그녀가 일할 수 있는 전후 사정을 알려주고, 멘토링도 해주었다. 그 결과 그녀는 기부금을 모으기 시작할 수 있었다.

당신이 시간을 내어 봉사할 여러 방법에 대해 생각하면서 자원봉사를 하고

앙코르 커리어 핸드북 인생2막의 변화와 창조

싶은 마음이 어디서부터 오는지 알고 싶을 것이다. 이런 질문에 대한 답을 알면 어떤 종류의 봉사활동을 하는 게 좋을지 아는데 도움이 될 것이다.

- 시간을 내어 봉사를 하고 싶은 이유가 사회적 의미 때문인가? 다른 동기는 없는가?
- 이력서에 한 줄 더 보태고 싶어서인가?
- 지역 사회에서 새로운 사람들을 만나거나 네트워킹 또는 문제 해결을 하는데 관심이 있는가?
- 새로운 것을 배우고 싶은가?
- 어떤 일에 대해서 당신이 그것을 좋아하는지 시험해보기 위해서인가?
- 당신 자신의 사업을 시작하는 준비 단계로 배우고 싶어서인가?
- 파트타이머나 풀타임으로 근무하기 위한 경로로 자원봉사를 원하는가?
- 전 직장에서 연마했던 같은 기술을 사용하기를 희망하는가? 아니면 다른 기술을 쓰고 싶은가?
- 당신이 도우려는 사람들이나 지역에서 직접 팔을 걷어붙이고 일을 하고 싶은가? 아니면 보다 전략적인 차원에서 일을 하며, 조직이 더 효과적으로 돌아가도록 돕고 싶은가?
- 얼마의 시간을 기부하고 싶은가? 매주 서너 시간? 한 달에 서너 시간? 당신 시간의 절반? 아니면 그 보다 더 많이?
- 정해진 시간을 원하는가? 아니면 필요할 때마다 하고 싶은가? (예를 들면 요청이 있을 때 하는 어드바이저)
- 당신이 공감하는 새로운 커뮤니티나 그룹과 연결을 희망하는가? (예를 들면 당신의 종교, 전우회, 여성 단체 등)
- 조직된 프로그램에 합류하고 싶은가 아니면 당신 자신의 경험을 발견하거나 만들고 싶은가?
- 국가 또는 지역 커뮤니티를 위해 봉사할 수 있는 길을 찾고 있는가?

당신은 집에서 멀리 떨어진 곳에 가서 봉사하고 싶은가?

휴가를 활용하여 외국에서 자원봉사를 하라. 아니면 당신의 흥미를 끄는 나라로 여행을 가라. 이런 아이디어가 유행을 타고 있어서 자원봉사와 여행의 합성어인 볼룬투어리즘(voluntourism)이라는 신조어도 생겼다. 국내에서 하는 자원봉사와 마찬가지로 당신이 직접 봉사 활동을 할 것인지 아니면 당신의 특별한 기술이나 재능을 제공할지 결정해야 한다.

정치적으로 그 나라에 무슨 일이 일어나고 있는지 신문을 읽어보라. 단체의 사람들 가운데서 현장에서 일하고 있는 사람들과 이야기를 해보라. 그런 다음 그곳으로 여행을 가서 얼마간 시간을 보내라. 그룹 여행의 일부로나 당신 자신만의 여행이어도 무방하다. 가능한 많은 사람들과 이야기 하라. 격의 없이 편안하게 혹은 사전에 계획된 정보수집용 면담도 좋다. 그래서 당신의 도움이 필요한지 감을 잡도록 하라.

이미 잘 조직화된 일을 하고 싶으면 선택의 폭은 대단히 많다. 종교에 기반을 둔 단체나 지역 조직은 그룹의 일부로 다른 나라로 자주 파견을 보낸다. 가장 잘 알려진 두 단체는 크로스 컬츄럴 솔루션즈(Cross-Cultural Solutions)와 글로벌 볼런티어즈(Global Volunteers)이다. Idealist.org도 광범위한 국제 자원봉사 활동을 포스팅하고 있어 웹 사이트에 들어가면 국가별로 검색할 수 있다.

사랑의 집짓기 운동은 집짓기 프로젝트에서 일하기를 희망하는 사람들에게 단기여행 기회를 연중으로 제공한다. 연령제한이 없고, 신체적으로 해낼 수만 있으면 된다. 해외 환경 프로젝트와 관련된 잘 조직된 단체에서 경험을 쌓고 싶으면 시에라 클럽(Sierra Club)이 좋다. (이들은 국내 여행도 한다.) FlyforGood.com은 전 세계 비영리 단체와 파트너가 되어 자원봉사 여행 경험을 제공한다. 평판이 좋은 비영리 평가기관인 가이드스타(Guidestar)가 이 여행 경험에 대해 심사를 해왔다. 이러한 여행의 이점은 다른 사람이 생각해낸 프로그램으로 당신에게도 좋고, 당신이 봉사하는 커뮤니티에도 좋은 경험을 할 수 있다는 것이다.

당신의 전문적 기술을 사용하고 싶으면 당신의 분야에서 네트워킹을 좀 해야 한다. 국경 없는 의사회가 아주 훌륭한 사례이다. 의료서비스가 필요한 세계 곳곳에서 의료 서비스를 제공하고 싶은 의사들이 이용하면 아주 좋다. 이처럼 당신의 전문 지식을 이용하여 해외에서 봉사할 기회를 찾으려면 당신이 소속한 업계의 협회를 먼저 접촉하라. 또 '해외 자원봉사'와 함께 '변호사', '교사', '사회복지사' 혹은 당신의 직종을 키워드로 구글에서 검색하라.

● 당신이 들어본 적이 없는 단체와 함께 가는 여행이나 비용이 너무 많이 드는 여행은 조심하라. 자원봉사자를 해외로 보내는데 행정 처리 비용이 있긴 하지만 금액이 너무 높아서는 안 된다. 또한 단체는 기금을 어떻게 쓰고 있는지에 대해 투명해야 한다.

● 해외여행을 떠나기 전에 조사를 하라. 온라인 포럼과 Abroad-Reviews.com과 GoOverSeas.com 같은 사이트에 들어가 보라. 그러면 해외 프로그램에 대해 다른 사람들이 어떻게 생각하고 있는지를 알 수 있다. CharityNavigator.org는 비영리 단체를 평가하는 유용한 사이트이다.

● 수백 달러 혹은 수천 달러의 비용을 들여 도움이 절실히 필요한 나라에 가서 1~2 주간 직접 봉사를 한다고 해서 그 방법이 그 나라에 크게 영향을 줄 수 있는 것인가에 논란은 있다. 당신이 제공하는 일주일 동안의 도움으로 그들의 삶에 극적인 변화를 만들 수는 없겠지만 그것으로 당신이 심화시키고 싶은 관심은 높일 수 있다. 그리고 평판이 좋은 단체가 신중하게 심사한 프로그램에 참여한다면 국내에서 봉사한 것과 같이 의미 있는 봉사 경험을 해외에서도 할 수 있을 것이다.

무료 컨설팅 봉사를 해보라

당신이 법률, 기술, 디자인 또는 수요가 많은 다른 영역에 전문 지식을 갖고 있다면 비영리 단체를 위해 무료로 자원봉사하는 것을 생각해 보라. 좋은 일을 하면서 더 많이 배울 수 있다. 이에 대한 정보를 얻을 수 있는 곳이 바로 탭루트 재단(Taproot Foundation)이다.

여기에는 비영리 단체의 고객을 위해 웹사이트 구축, 마케팅 계획 수립이나 전략적인 인사관리와 같은 프로젝트를 위해 많은 전문직 자원봉사자들이 팀으로 일하고 있다.

탭루트는 새로운 커리어로 나가기 위한 통로는 아니다. 무료봉사 활동을 당신의 일상생활에 도입하는 방법의 하나인 것이다. 많은 사람들이 비영리 단체의 문화를 조금이라도 이해하고, 자기 자신에게 맞는지 알아보려고 탭루트의 문을 두드리고 있다.

"비영리 영역에서 일해 본 경험이 없다면 환상이나 고정 관념을 갖고 있을 수 있다. 무료봉사를 해보면 비영리 단체의 일이 자기에게 맞는지 그 일을 정말 좋아하는지 알 수 있다. 비영리 단체가 모두 똑같지는 않기 때문에 여러 곳에서 해보는 것도 좋다. 그러다 보면 당신은 비영리 단체에서 일하고 싶지 않다는 것을 깨달을 수도 있다."고 허스트(Hurst)는 설명했다.

탭루트 재단은 현재 미국 5개 도시(LA, 샌프란시스코, 시카고, 뉴욕, 워싱턴 D.C.)에서 운영되고 있다. 이들 도시에 가까이 살지 않는다면 다른 대안도 얼마든지 가능하다. 당신이 흥미를 느끼는 지역 단체를 찾아보거나 당신 스스로 무료봉사 컨설팅을 제안하는 것이다.

경험 많은 기업가나 기업 리더의 경우 자원봉사의 방법으로는 성장하는 기업을 멘토링하거나 비영리 단체를 위해 컨설팅을 하는 것이 좋다. 그런 정보를 조사할 수 있는 단체 몇 곳을 소개한다.

● 스코어

전국적으로 364개 지부를 갖고 있으며, 경험이 풍부한 기업가를 멘토로 해서 새로운 사업을 창업하려는 사람과 연결해준다.

● 임원 봉사단 제휴 네트워크(The Executive Service Corps Affiliate Network, escus.org)

비영리 단체를 대상으로 저비용 컨설팅 서비스를 제공하고 있는 전국적인 단체 네트워크이다. 컨설팅은 자원봉사를 기반으로 하고, 고위 경영자나 전문직 경험을 갖고 있는 사람들이 맡고 있다.

● 전국 임원 봉사단(The National Executive Service Corps, nesc.org)

뉴욕, 코네티컷과 뉴저지에서 활동하고 있으며, 임원봉사단(Executive Service Corps)의 모델과 유사하다. 경험 있는 기업가를 비영리 단체의 컨설턴트로 연결시켜 주고 있다.

당신의 분야가 어떻든 간에 전문직 경험자들이 무료로 봉사할 수 있는 기회를 제공하는 단체는 있을 것 같다. 저개발국에서 봉사하기 위해 해외로 나가는 것도 여러 개 있을 것이다. 국경 없는 의사회(Doctors Without Borders), 아키텍쳐 포 휴머니티(Architecture for Humanity)와 기크코(Geekcorps)처럼 널리 알려진 단체도 있다. 당신이 일하고 있는 분야에서 무료 자원봉사 기회를 찾는다면 지역이나 전국적인 전문직 협회를 방문하면 관련 정보를 얻을 수 있다.

> 비영리 단체들은 자원봉사자들을 원한다고 하지만 고급 자원봉사들을 어떻게 관리해야 할지를 모른다. 그들이 반드시 고품질의 경험을 할 수 있도록 해주어야 한다.
> – 바브 퀘인턴스, AARP 수석 부사무총장

군인으로 복무했었다면 MissionServe.org와 Serve.gov 사이트를 방문하라. 이들 단체는 특히 민간 서비스에 관심이 많은 퇴역 군인들에게 자원봉사 기회를 제공하고 있다.

평화 봉사단으로 활동했던 사람이나 비슷한 해외 경험을 가진 사람들 또한 Servicecorps.com에서 특별히 외국에서의 경험을 가진 봉사자를 찾는 단체를 찾을 수도 있다. 당신이 멘토링을 하면서 보수를 받고 싶다면 Pivot Planet.com에 등록을 하라. 이곳에서 당신의 특별한 전문지식을 필요로 하는 사람들과 연결시켜 줄 수 있다.

비영리 단체의 이사로 봉사하라

비영리 단체의 이사직은 당신의 재능과 기술을 나누고, 영향력을 행사하고, 좋은 일을 하는 단체의 후광 효과로 덕을 볼 수 있는 대단히 좋은 기회이다. 정말 좋은 기회이면서 동시에 많은 책임이 따르는 자리이다. 비영리 단체의 이사로서 당신은 단체가 설립 목적과 사명을 제대로 수행하도록 하고, 가진 돈 이상으로 쓰지 않도록 할 책임이 있다. 또한 상임이사의 채용과 해고와 같은 조직 내 주요 인사에 대한 결정에도 책임이 있다. 조직이 잘 돌아갈 때에는 아무 문제가 되지 않는다. 그러나 어려운 시기가 닥치면 어려움을 헤쳐 나가는 당신의 용기, 불굴의 정신 등이 시험대에 오르게 된다. 앙코르닷오르그의 전 이사회 의장이며, 오랫동안 이사였던 루스 우든은 "앙코르 커리어를 위해서 이사직을 맡지 말라. 당신이 그 이슈에 열정적이면 하라."고 나에게 조언하였다.

이사직은 당신의 네트워크를 확장하고 또 모든 전략과 운영 문제에 대해 조직이 어떻게 대처하는지를 직접 볼 수 있는 있는 아주 좋은 기회일 수 있다. 당신이 이미 비영리 단체에서 활동을 하고 있다면 이사회에 합류해서 새로운 사람들을 만나고, 당신에게 새로운 이슈에 대해 기여를 하고, 새로운 기술과 관점을 발전시킬 수 있는 길이 될 수 있다.

동기야 어떻든 당신이 이사직을 거론하면서 비영리 단체와 관계를 시작하지는 않을 것이다. "보통 이사직은 비공식적인 관계의 네트워크를 통해서 선임된다."고 스티브 빌라노(Steve Villano)는 말했다. 그의 회사 소셜 비전 프로덕션(Social Vision Productions)은 비영리 단체들이 더 좋은 이사회를 결성할 수 있도록 도움을 준다.

변호사나 다른 전문직 종사자들이 비영리 단체를 위한 무료봉사를 하다가 이사직을 제의받는 것이 보통이다. 때로는 특정 이슈에 대해 개인적으로 관련이 있는 사람이나 그 단체가 봉사하는 커뮤니티에 속한 사람들을 대상으로 이사들을 물색하기도 한다. 그래서 치료 시설에서는 마약 중독을 극복한 경험이 있는 사람을 이사로 선임하거나 특정 문화를 가진 이민자들을 위해 일하는 그룹은 그 문화 배경을 가진 사람을 선임하기도 한다.

비영리 단체와 오랜 시간을 함께 할수록(이벤트 참석, 자원봉사, 무료봉사를 통해) 이사회에 합류하는 것이 당신에게 과연 올바른 행동인지를 알게 될 것이다. 이사회란 것이 당신에게는 새롭고, 처음으로 한 이사회에 합류할지 고려하고 있다면 아래에 언급된 일들을 먼저 하라.

- 가능한 한 그 단체에 대해 많이 알아라. 그러기 위해 이벤트에 참석하라. 진지한 태도로 자원봉사와 무료봉사로 프로젝트를 해보라. 그렇게 함으로써 그 조직과 일하는 것이 어떤지를 외부에서 살펴볼 수 있다.
- 가능한 한 많은 직원들과 이사회 멤버들을 만나라. 직전 이사회 회의록을 달라고 하여 읽어보라.
- 모든 비영리 단체가 세무 당국에 의무적으로 제출해야 하는 세무 보고서인 IRS 990S를 검토하여 조직의 운영과 재무 건전성에 대해 가능한 많이 알도록 하라.

자원봉사 웹사이트

온라인 데이트 사이트 중에서 어느 것이 가장 좋은지 알아내는 것이 쉽지 않은 것처럼 어느 자원봉사 웹사이트를 이용할 것인지 결정하는 것도 마찬가지로 어렵다. 그리고 같은 논리가 일부 적용된다.

첫째, 비영리 단체들이 여러 사이트에 자원봉사 기회를 올리기 때문에 다양한 사이트에서 똑같은 자원봉사 기회 리스트가 올라와 있는 것을 볼 수 있을 것이다. 둘째, 사이트에 올라와 있는 자원봉사 기회가 다를 뿐 아니라 방식 또한 다르다. 그러기 때문에 여러 사이트를 검색한 후 어느 것이 좋은지를 판단하는 것이 가장 좋다.

자원봉사 웹사이트 중 잘 알려진 것들은 다음과 같다.

SERVE.GOV : 백악관 주도로 정부가 지원하는 자원봉사 사이트이다. 대통령과 부통령 부인이 프로젝트를 지원하고 있다. 전국적으로 자원봉사의 날을 정하여 지키고 있다.(예를 들면 국가 공휴일인 마틴 루터 킹 탄신일과 9.11) 당신이 거주하고 있는 지역에서 봉사할 수 있는 지속적인 기회와 아울러 전국적인 활동에 참여할 수 있는 길을 제공한다. 당신 자신의 자원봉사 프로젝트를 설계하고 당신을 도와 함께 일할 다른 사람을 모집할 수 있도록 여러 가지 자원 수단도 제공한다.

VOLUNTEERMATCH.ORG : 자원봉사 기회에 대한 최대 규모의 데이터베이스를 구축하고 있다. 수많은 기업들과 파트너십을 체결하여 직원들로 하여금 자원봉사 활동에 좀 더 쉽게 참여하도록 한다. 또한 수많은 비영리 단체와 파트너십을 체결하여 온라인으로 자원봉사자를 모집하는 일을 도와준다. 이 사이트에 들어가면 지역적으로 검색을 할 수 있다. 또한 개별 자원봉사자들의 프로필이 올라와 있어 당신이 하고 싶은 일을 어떻게 할 수 있는지 아이디어를 제공하고 있다.

ALLFORGOOD.ORG : 2008년 오바마 대통령의 제안으로 설립되었다.

모든 자원봉사 기회를 한 곳에 모아 놓은 일종의 정보 교환소인 셈이다. 비영리 단체들이 무료로 온갖 방법으로 사용할 수가 있어 다른 사이트에서는 볼 수 없는 정보가 올라와 있다.

CREATETHEGOOD.ORG : AARP가 지원하는 사이트로 당신이 사는 인근 지역에서 5분이든, 5시간이든, 5일이든 형편에 맞도록 자원봉사를 할 수 있는 기회를 찾아준다. 당신 스스로 단기 프로젝트를 만들 수 있는 간단한 방법도 알려주고 있다. 스스로 저소득 계층을 위한 겨울 코트 기증 행사를 개최하거나 지역 사회로 하여금 자연 재해에 대비할 수 있도록 돕는 단기 프로젝트를 만들 수 있다.

IDEALIST.ORG : 자원봉사뿐만 아니라 모든 종류의 비영리 활동의 중추 역할을 하고 있다. 비영리 단체의 일자리, 인턴십, 컨설팅 일자리, 심지어 해외에서 봉사할 수 있는 기회까지도 광범위하게 온라인으로 게시하고 있다. 이외에도 매일 혹은 주 단위로 새롭게 올라오는 구직 정보를 모니터할 수 있고, 당신이 거주하고 있는 지역에서 일어나는 이벤트에 대한 정보를 받아볼 수 있다.

HANDSONNETWORK.ORG : 포인츠오브라이트(www.point-soflight.org)의 한 조직으로 250개 자원봉사 활동 센터의 네트워크이다. 이 센터들은 주민들이 거주 지역에서 자원봉사 활동을 찾아 참여할 수 있도록 도와준다. 지역 활동 센터에서는 전국적인 장기 봉사 프로그램뿐 아니라 현재 진행되고 있는 그룹 자원봉사 프로젝트 일정을 제공하여 누구나 용이하게 참가할 수 있다.

CATCHFIRE.ORG : 자신의 전문적인 재능과 기술을 제공하고자 하는 개인을 도움이 필요한 비영리 단체와 사회적 마인드를 갖고 있는 기업을 연결해주는 사이트이다. 프로젝트는 온라인으로 수행되고 탄력적이기 때문에 봉사할 단체가 소재한 지역과 같은 곳에 거주해야 한다는 조건이 없다. 참여하게 되면 온라인 세미나를 통해 훈련을 받고 단체에 연결되어 그 단체가 보통은 외부 업자에게 맡길 신중한 프로젝트를 수행하게 된다. 마케팅, 커뮤니케이션, 디자인, 소셜 미디어, 기금 모금, 인사, 기술, 금융, 전략에 전문 기술을 가진 사람들이 한정된 프로젝트를 독립적으로 수행하고자 할 때 이용할 수 있는 이상적인 사이트이다.

SPARKED.COM : 자원봉사 활동을 탄력적으로 보다 편리하게 할 수 있도록 기회를 제공하는 사이트. 일종의 마이크로 자원봉사(microvolunteering)로 온라인에서 보통 분 단위나 시간 단위로 이뤄지고 있다. 너무 바빠서 여기 저기서 잠깐만 시간을 내어 자원봉사를 할 수 있는 사람들을 겨냥한 사이트이다. 프로젝트는 그런 사정에 맞게 아주 작은 규모이며, 상품 브레인스토밍, 포커스 그룹 참여, 소셜 미디어, IT, 디자인 등의 활동이다.

이사회에 들어가기

이사회에서 봉사하기 위한 훈련이나 봉사 기회에 대한 정보를 제공하는 유용한 사이트가 있다.

- Bridgestar.org
- Boardsource.org
- Boardnetusa.org

일부 단체들은 이사회 설명회를 개최하기도 한다. 아래의 사이트를 보면, 당신의 지역에서 어떤 일들이 일어나고 있는지 알 수 있다.

- UnitedWay.org : 당신 지역의 지부를 찾아서 다음에 열리는 이사회 설명회에 참석하라.
- National Council on Founda-tions (cof.org/locator) : 이 링크를 이용해 당신 지역의 커뮤니티 재단을 찾아라.
- National Council of Nonprofit Associations (nc-na.org) : 당신 주의 지부를 찾아라.

이런 사이트들은 이사회 봉사에 대해서 더 많이 알려주고, 당신의 지역에서 기회를 찾는데 아주 유용하다. 하지만 일자리 사이트와 마찬가지로 이런 사이트들이 직접 방문하고, 관계자들을 만나 친분을 쌓고, 팔을 걷어붙이는 것보다 더 나을 수는 없다.

앙코르 커리어 핸드북 인생2막의 변화와 창조

- 처음에는 자문 위원회에 들어가는 것이 좋다. 자문 위원회는 공식적인 이사회와는 달리 법적인 책임을 지지 않고, 시간을 내어 자문만 해주는 사람들의 모임이다.

- 이사로서 주거나 받아와야 하는 의무가 있는지 알아야 한다. 합류하게 되면 매년 일정 금액을 기부하거나 모금해야 하는 의무가 있는가?

- 당신과 단체가 서로 잘 맞는지를 확인하기 위해 3개월의 시험 기간을 둘 수 있는지 물어 보라. 그 기간이 경과한 후 당신이 그 조직에 맞지 않는 다고 판단하면 당신에게 적합한 곳을 찾을 때까지 다른 단체들을 조사 해 보라. 당신이 관심을 갖고 있는 동일한 이슈를 위해 활동하고 있는 다른 단체들이 일반적으로 많이 있다. 이사회에 전념할 결심이라면 시 간을 들여서 당신에게 가장 잘 맞는 것을 찾아라.

전국적 봉사 또는 지역사회 봉사를 고려하라

우리나라가 어려운 일로 엄청난 도전에 직면해 있는 순간에는 정부가 지원 하는 봉사 프로그램에서 봉사활동을 하는 것이 기쁠 것이다. 전통적인 자원 봉사와 마찬가지로 전국 단위의 봉사에는 여러 가지 형식이 있다. 어떤 봉사 프로그램은 오로지 55세 이상의 사람들을 위해 설계되어 있다.

이에 해당되는 프로그램에는 연방 정부가 지원하는 시니어 코(Senior Corps, seniorcorps.gov)의 프로그램 즉, 포스터 그랜드페어런츠(Foster Grandparents), 시니어 컴패년즈(Senior Companions), RSVP가 있다. 아메리코 (AmeriCorps)와 평화봉사단(Peace Corps)과 같은 다른 단체는 모든 연령층에 개방되어 있다. AARP 경험 봉사단(aarp.org에서 'experience corps'를 검색)와 OASIS(oasisnet.org)처럼 아메리코의 자금 지원을 받는 단체들은 55세 이상 의 사람들에게만 기회를 주고 있다.

전국적 및 지역사회 봉사 프로그램들은 주 몇 시간에서 풀타임까지 폭넓게 시간을 투입할 수 있도록 되어 있다. 당신이 55세 이상이며 파트타임으로 RSVP를 통한 유연한 자원봉사를 하고 싶으면 시니어 코가 잘 맞을 것이다. 아니면 나이가 55세 이상이고 소득이 부족하여 약간의 돈을 받고 아동이나 노인들을 대상으로 봉사를 하고 싶다면 포스터 그랜드페어런츠 혹은 시니어 컴패년 프로그램이 좋다. 아메리코의 회원들 대부분은 9-12개월 봉사하고, 주당 10-40시간은 의무적으로 일을 해야 한다.

아메리코의 봉사활동에 따른 보수는 약간의 생계 수당, 개인(가족이 아님) 건강 보험 혜택을 제공받는다. 그리고 학비나 학자금 대출을 신청할 때에는 약 5천 달러의 가치가 있는 시걸 아메리코 교육상(Segal AmeriCorps Education Award)을 준다. 만약 당신이 55세 이상이고 아메리코 교육상을 받으면 그 가치를 자녀, 수양자녀, 손주에게 넘겨줄 수 있다.

아메리코 비스타(AmeriCorps VISTA)나 평화봉사단과 같이 가장 치열한 활동을 하는 곳에서는 1-2년 동안 풀타임으로 일해야 한다. 아메리코는 미국 내 저소득 지역에서 활동을 하는데 현행 연방 정부 기초수급 지원 수준과 연동하여 생계 수당을 지급한다. 또한 활동을 하는 기간에는 다른 외부의 일자리를 갖고 있으면 안 된다. 쉽지는 않지만 당신이 빈곤으로 인한 문제를 해결하는데 관심이 많으면 한번 해볼 만한 일이다. 평화봉사단은 2년간을 해외에서 근무해야 한다. 당신이 대담하고, 모험을 즐기며, 건강하고 또 글로벌 차원에서 의미 있는 일을 하고 싶다면 딱 어울리는 단체이다.

칼라 켈리(Carla Kelley)는 봉사활동을 하면서 앙코르 커리어에 대한 자신의 생각을 다듬어 갔다. 그녀는 셋째 아이가 장성하여 독립하자 50대 나이에 대학에 다시 들어갔다. 그녀는 학교 내 왕따 문제와 싸우고, 관용의 정신을 함양시키는 일을 하고 싶었다. 그녀는 1년 동안 풀타임의 유급으로 명예훼손방지동맹(Anti-Defamation League, 미국 최대의 유대인 단체로 반유대주의와 합법적으로 대결하는 것을 목적으로 하고 있음)을 위해 일했다. 이 단체는 편향적인 시각에서 탈피한 커리큘럼을 청소년들과 성인들에게 제공하고 있다. 그런 다음 그녀는 교사들의 수업을 지원하는데 집중하는 지역의 아메리코 프로그램에 참여하였다.

그녀는 아메리코의 매니저에게 자신의 프로그램을 시험적으로 실시할 수 있는지 물어 보았다. 승낙을 받아 그녀는 아메리코 팀으로써는 처음으로 시범적으로 실시했고, 이후 여러 학교의 학생들을 대상으로 프로그램을 운영했다. 그녀의 풍부한 경험으로 다음 해에도 그 프로그램은 계속 되

었다. 그 후 곧바로 그녀는 인권교육센터(Human Rights Education Center)를 시작했다. 이 단체는 학교, 온라인과 직장에서 왕따와 차별 문제를 다루고 있다. 그녀는 때마침 아메리코로부터 교육상을 받아 상금으로 자신의 학자금 대출을 상환했다. 몇 가지 다른 자원봉사 기회를 아래에 소개한다.

- 코퍼레이션 포 내셔널 앤 커뮤니티 서비스(Corporation for National and Community Service, nationalservice.gov)

나이, 소득 수준, 선호(직접적 봉사 또는 간접적 봉사)와 적격성 변수를 넣어 개별적으로 프로그램을 선택할 수 있다.

- 평화봉사단 (peacecorps.gov/50plus)

최근에 AARP와 파트너십을 체결하고 더 많은 50세 이상의 사람들을 평화봉사단 자원봉사자로 뽑으려고 하고 있다.

● 리서브(ReServe, Reserveinc.org)

비영리 법인이나 정부 기관에서 봉사하기를 희망하는 55세 이상에게는 대단히 좋은 선택이다. 비록 적은 금액이지만 시간당으로 보수를 지불하고 있다. 지금은 뉴욕과 마이애미 등 일부 지역에서만 활동하고 있으며, 다른 도시로 확대할 계획을 갖고 있다.(263쪽 참조)

> "나는 자포자기한 애들이 대부분인 어느 학교에 배정되었다. 한동안 그들은 나 때문에 학교에 나왔다. 교장은 허름한 공간을 찾아내 음악실을 만들었다. 우리는 그 안에서 음악 수업을 하고, 악기 연주를 했다. 합창반, 기타반, 재즈 밴드, 관악기반이 있었다. 우리는 한 해 동안 마음껏 즐겼다."
> – 로버트 프레이저, 음악가/교사, 음악봉사단 펠로십에 대해

● 전국음악봉사센터(The Center for Music National Service, music-nationalservice.org) 이 단체는 음악가들에게 몇 가지 다른 봉사 기회를 제공하고 있다. 뮤지션코(MusicianCorps)는 음악가들을 훈련시켜 학습 부진 공립학교, 청소년 센터, 극빈지역에 교사와 멘토로 배치하고 있다. 뮤지션코의 멘토는 장기 봉사를 하는 조건으로 생계비, 의료 보험, 직업 개발 혜택을 받는다.

● 국제 시니어 변호사 프로젝트(International Senior Lawyers Project ,islp.org)

경험 있는 법률가들이 전 세계의 낙후된 지역에 무료 법률 서비스를 제공하도록 하는 비영리 단체이다. 프로그램은 주로 인권과 사회복지, 사법 정의 실현, 평등한 경제 개발과 같은 세 분야에 집중하고 있다. 은퇴했거나 은퇴가 가까운 변호사들이 주로 참여한다.

앙코르 커리어 핸드북 인생2막의 변화와 창조

● **엔파워**(NPower, npower.org)

전국적으로 비영리 단체와 젊은 성인들을 대상으로 IT 훈련과 서비스를 제공한다. 봉사 시간에 따라 기회가 다르다.

인턴을? 이 나이에?

오래 전부터 좋은 인턴십은 직업 경력의 초기에 거쳐가야 하는 통과 의례로 자리 잡아 왔다. 그러니 나이든 사람들이 현장 학습이나 네트워킹에서 알찬 경험을 하고 싶어 한다고 해서 놀랄 일은 아니다.

불경기이다 보니 성인을 위한 인턴십이 점차 대중화되고 있다. 경험이 많은 사람들도 인턴십이 이력서의 가치를 높이는데 도움이 된다는 것을 깨달았다. 그래서 일부 고용주는 이 기회를 덥석 잡아 경험 많은 사람들을 데려갔다. 2010년 미국 노동부는 인턴십에 대한 규칙을 고용주가 아니라 인턴 직원들에게 유리하도록 개정하여 무급 인턴을 없앴다. 그 결과 기업은 물론 비영리 단체까지도 인턴 프로그램을 대폭 손질하여 법적인 문제가 발생하지 않도록 조치를 취했다. 그러니까 비영리 단체가 당신을 인턴이라 부르지 않고, 자원봉사자로 부르더라도 놀라지 말아라.

> 내가 20대일 때 인턴을 오래 했다. 인생의 지금 이 단계에서 인턴을 하는 것이 그만한 가치가 있을까?
>
> 상황에 따라 다르다. 새로운 분야 또는 새로운 역할에서 5년 이상 일하려고 한다면 몇 개월 또는 일년을 인턴십 또는 다른 훈련에 쓰는 것은 그만한 가치가 있을 것이다.

수잔 버켓(242쪽 참조)은 사랑의 집짓기(Habitat for Humanity)에서 인턴을 하면서 그 일에 흥미를 가지게 되었다. 그 단체의 목적과 사명이 대단히 훌륭하고, 조직도 잘 운영되고 있다는 사실을 그녀는 알고 있었다. 그녀는 일정

GPA(학부 성적, Grade Point Average)를 갖고 있는 사람이라면 젊은 사람이든 나이 많은 사람이든 모두 환영한다는 설명을 읽었다. 그때 그녀의 나이는 49세. 당신이 어떻게 정의하든 젊은 사람도 나이 많은 사람도 아니었다. 하지만 그녀는 지원해보기로 결심했다. 그녀는 젊은 사람들로 붐비는 사무실로 걸어 들어가 면접관에게 말했다. "당신이 바라던 사람인지는 모르겠습니다. 그러나 내 말을 끝까지 들어주십시오." 그녀는 그들이 필요로 하는 일 즉, 뉴스레터에 글쓰기, 오찬을 조직하기, 연사 자원봉사단 설립을 돕는 등의 업무에 자기가 아주 적임자라고 면접관은 설득하는 데 성공했다.

그래서 그녀는 일주일에 하루를 그 곳에서 일하면서 다른 4일은 자신이 해오던 컴퓨터 프로그래머 일을 계속했다. 좋은 인턴이 그러하듯이 그녀 역시 높고 낮은 수준의 모든 일을 가리지 않고 잘 해냈다. 문자 그대로 허접스런 일을 하더라도 티를 내지 않도록 늘 조심했다. 오찬 후에 설거지를 하는 동안에도 그녀는 기금 모금 책임자에게 자신이 궁금해 하던 많은 일들에 대해서 질문했다.

당신은 이 나이에 무슨 인턴이냐고 발끈할지도 모른다. 급여를 받지 않는다면 당신의 직책을 스스로 정할 수 있을 것이다. 나는 요즘 시니어 어드바이저(senior advisers)와 시니어 인턴(senior interns)이라는 직책을 가진 시니어들을 많이 만나고 있다. 미니애폴리스에서 앙코르 커리어에 집중하고 있는 지역 단체인 시프트(SHiFT)는 미드인턴십(midinternships)이라고 부르는 프로그램을 시작했다. 이는 말 그대로 50세가 넘는 사람들에게 새로운 분야에서 새로운 경험을 하도록 설계된 중년 인턴십이다. 컨설턴트 혹은 시니어 어드바이저라고 부르면 무게감이 있어 보인다. 당신이 봉사하는 단체와 합의하여 사용할 수도 있을 것이다.

인턴십에 지원하려면 준비가 되어 있어야 한다. 대부분 인턴십은 나이 요건이 없다. 그러나 일부는 학생들로 제한하기도 한다.

따라 배울 사람을 찾아라

하루를 어떤 사람과 함께 지내 보면 잠재적으로 새로운 커리어로 진입하는 일이 어떨지 짧게나마 경험할 수 있다. 이상적인 시나리오는 당신을 위해 기꺼이 멘토 역할을 해줄 사람을 찾아내어 그 일을 하는 것이 어떻게 느껴질 것인가에 대해 그 사람의 관점을 들어보는 것이다.

브라이언 컬스(Brian Kurth)는 어떤 사람이 하는 대로 따라 배우는 것이 커리어 지망생들에게는 대단히 중요한 첫 단계라고 확신하고, 「당신의 꿈을 시운전하라」(Test-Drive Your Dreams)라는 책을 저술했다.

이 책은 스스로 따라 배우는 방법을 실천하고자 하는 사람들을 위해 쓴 것이다. 그는 또한 보우케이션 베이케이션(Vocation Vacation)이라는 기업을 설립했는데, 이 회사는 특정 직업에 관심이 있는 사람들을 휴가 기간 동안 몰입하여 경험할 수 있도록 멘토와 연결해주고 있다. 나는 어떻게 스스로 남을 따라 배울 수 있는 경험을 할 수 있는지에 대해 다음과 같은 몇 가지 조언을 생각해 내도록 그는 도와주었다.

- 당신이 하고 싶은 일을 하고 있다고 생각하는 몇몇 단체와 거기서 일하는 사람들이 누구인지 확인하라. 특정 일을 하는 단체와 사람들을 검색하는 사이트로는 링크드인이 대단히 좋다. 컨퍼런스에서 연설을 하거나 블로그를 갖고 있는 사람이 누구인지 찾아보면 누가 그 분야의 리더인지 알 수 있다. (이 같은 사람들은 대개 보면 그렇지 않은 리더보다는 더 쉽게 접근할 수 있다.) 더 작은 단체나 창업가적 사업을 운영하는 사람들은 큰 기관이나 정부 기관에서 일하는 사람들보다 더 유연할 것이다. 이런 기관에서 근무하는 개인은 방문객을 초대할 권한이 없을 것이다.
- 간단하고 품위 있는 이메일로 몇 사람들과 접촉하여 당신이 그들이 하는 일

에 관심이 있으며, 전화나 스카이프로 정보를 얻기 위한 면담을 하고 싶다는 뜻을 설명하라. 일이 잘 된다면 나중에 그 사람들을 따라 일을 배우는 것을 요청할 수도 있다.

- 선뜻 받아줄 것 같은 사람을 선택하라. 사명을 중시해야 하는 일을 하는 사람들은 그들이 그 일을 좋아하기 때문에 그 일을 한다는 것이다. 그래서 다른 사람이 자기들이 열정을 갖고 있는 동일한 이슈에 대해 일하고 싶다고 말하는 것을 듣게 되면 대단히 기뻐한다. 그렇지만 모든 사람들이 다 기뻐하지는 않는다. 그렇기 때문에 접근할 사람에 대해서 여러 사람을 알아 두어야 하는 것이다.
- 당신을 도와주겠다는 멘토를 찾으면 서로 편리한 시간을 정해 스케줄을 정하라. 오후 반 나절에서 며칠 동안까지 어디서든 그가 하는 일을 따라 배울 수 있도록 하라. 그 단체의 기능에 대단히 중요한 큰 이벤트를 앞두거나 중요한 이사회가 열리는 날이 이상적인 때이다.

이와 같은 접근 방법이 마음에 들면 컬스의 책을 읽어보라. 그 과정의 모든 단계에 대해 상세하게 기술하고 있고 조언을 하고 있다. 그리고 나서 여러 사람을 따라 배울 수 있는 방법을 찾아 보라.

새로운 하이브리드를 고려하라

인생 후반기에 앙코르 커리어로 전환하기 위해서 경험을 통한 학습 기회를 얻고자 하는 사람들에게 도움을 주려는 단체가 전국적으로 몇몇 있다. 새로운 이들 단체가 바로 하이브리드로 봉사, 훈련, 파트타임 일, 컨설팅을 결합하고 있다.

앙코르 커리어 핸드북 인생2막의 변화와 창조

리서브(ReServe)

리서브는 55세 이상의 전문직 종사자를 비영리 단체와 공공 기관에 파트타임 유급직으로 연결시켜주고 있는 단체이다. 지금은 뉴욕 시, 웨스트체스터(Westchester) 카운티(NY)에서 운영되고 있다.(역자 주: 2016년 현재에는 마이애미, 볼티모어, 밀워키, 뉴워크 지역에까지 확대 운영하고 있다.)

2012년 나는 뉴욕 시의 사무실에서 열린 리서브 오리엔테이션에 참석했다. 그녀 자신이 리서비스트(ReServist: ReServe를 통해 자신의 기술과 재능을 활용하여 공익에 기여하는 55세 이상의 전문가를 말함)이기도 한 루스 블랙맨(Ruth Blackman)이 사람들을 환영했고, 그리고 나서 서로 알기 게임을 하면서 방에는 활기가 넘쳤다. 각자가 함께 테이블에 앉은 사람들에게 참가한 이유와 이전에 했던 일 그리고 가장 최근에 인터넷을 했던 게 언제인가 하는 얘기들을 하도록 했다.

테이블에 함께 앉은 사람들은 다양한 직업을 갖고 있었다. 한 사람은 사회복지사 겸 평생 활동가, 또 한 사람은 그래픽 아티스트, 교사가 두 사람, 광고업계 종사자가 한 사람, 이력을 쉽게 분류할 수 없는 몇몇 사람이 있었다. 그들이 여기 온 이유도 다양했다. 은퇴해서, 해고되어서, 사회에 기여하고 싶어서, 집으로부터 벗어나고 싶어서(혹은 방해가 되고 싶지 않아서) 등등… 그들은 자신의 재능과 경험을 사용할 수 있는 방법을 원했다. 마리아 파체코(Maria Pacheco)는 아주 구체적인 참석 이유가 있었다. 그녀는 커뮤니티 건강 관리사 자격증을 취득했는데 현장 직업 경험을 추가하기를 원했다. 거의 모든 사람이 모임에 나오기 몇 시간 전까지 온라인 활동을 하고 있었다. 다행이다. 왜냐하면 리서브에서 현장에 배치하는 사람들은 모두 컴퓨터를 다룰 줄 알아야 하기 때문이다.

소개가 끝나자 블랙맨은 리서브가 무엇을 제공하는지 설명했다. 즉, 사람들에 대해서는 비영리 단체에서 파트타임으로 시간과 기술을 사용하는 방법을 제공하며, 명목적인 수당으로 시간당 10달러를 지급한다. 단체들에 대해서는 자기들의 공익적 사명을 충족시키는 것을 돕도록 경험 있는 사람들을 활용할 수 있는 방법을 제공한다. 리서브 활동을 하는 사람은 약간의 훈련을 받은 후 고객에게 직접 노출되는 일선에 배치된다. 예를 들면 이민 1세대 대학 지원자를 돕는 일을 하거나 공공 도서관에서 성인들에게 읽기 지도를 할 사람을 새로 모집하는 일 등을 한다. 블랙맨이 설명하는 것처럼 "신나고 즐겁다. 많지는 않지만 돈도 받는다."

리서브가 다른 어떤 것을 하기 위한 통로의 역할을 하는 것은 아니다. 대부분의 경우 리서브에서 하게 되는 일자리는 그 자체가 목적인 것이다. 그러나 리서브 일을 일정기간 하다 보면 간혹 파트타임이나 풀타임 일자리로 발전되는 경우도 있다. 사실, 리서브 자체도 리서비스트를 직원으로 채용하고 있는 것으로 알려져 있다.

앙코르 펠로십 (Encore Fellowships)

일반적으로 펠로십은 깊숙이 참여할 수 있는 또 다른 방법이며, 게다가 펠로라는 직함이 이전의 경험과 성과가 일정 수준임을 뜻한다는 이점이 있다. 펠로십이 무엇인지 단일 모델은 없지만 한 단체와의 제휴를 의미하고, 또한 사회적으로 공헌을 많이 하고, 학문과 연구 또는 훈련을 상당히 치열하게 경험하는 것을 말한다. 동일한 또는 유사한 역할이지만 상이한 펠로들의 커뮤니티가 흔히 있다. 펠로가 되려면 보통 지원에서부터 지명까지 엄격한 심사과정을 거치게 된다. 그렇기 때문에 펠로십에는 명성이 따른다.

비영리 부문 채용 전문가인 로라 개스너 오팅은 앙코르로 가는 사람들에 대한 펠로십의 열렬한 지지자이다. "펠로십은 서류를 철하는 일을 미화시킨 것이 아니라 대학원, 성인교육처럼 들린다. 게다가 사람 소개를 받을 수 있고, 지식에 접근할 수 있는 파이프라인의 일부가 된다.”고 내게 말했다.

펠로십이라 하면 학계와 관련된 것이라는 느낌이 들지만 반드시 학술기관과 연관되어 있는 것은 아니다. 때로는 싱크탱크나 연구기관, 최근에는 아쇼카 재단(Ashoka Foundation)과 같은 사회적 기업 단체에서도 펠로십을 시행하고 있다. 어떤 펠로십에서는 펠로에게 급여를 지급하고 또 그 분야 지도자들과의 모임에 참여할 수 있는 특전을 제공한다.

인턴십과 유사하게 대부분의 펠로십도 젊은 사람이나 이제 막 커리어를 시작한 사람들을 대상으로 하고 있다. 그러나 이제는 변화하기 시작했다. 새로운 종류의 펠로십이 갑자기 생겨나고 있다. 이들은 앙코르 커리어에 관심이 있는 사람들을 위해 가교 역할만을 의도하고 있다. 앙코르닷오르그(그 당시는 시빅 벤처스, Civic Ventures)가 2010년 실리콘 밸리에서

앙코르 펠로십의 핵심은 당신의 기술과 경험을 활용하여 사회적 목적에 기여할 수 있는 의미 있고, 구조화 된, 유급으로 일하는 기회라는 것이다. 어려운 일이 되겠지만 어느 정도 유사한 특성을 가진 독립적인 컨설팅 프로젝트를 만들어 낼 수 있을 것이다. 즉, 정해진 기간 내에 영향력이 큰 과제, 조직에서 상위 의사 결정자에 대한 접근, 당신의 일의 가치를 나타내는 수당 등의 특성을 가지면 된다. 동료 지원 그룹도 만들 수 있다. 그들과 당신의 경험을 비교해볼 수 있고, 또 강사를 초청하여 당신이 더 알고 싶은 주제를 토론할 수 있다. 어느 정도의 창의성으로, 조직에 가치를 제공할 수 있고, 그 문화에 당신을 노출시킬 수 있고, 당신의 이력서에 잘 어울리는 어떤 것을 만들 수 있을 것이다. 직함이 당신에게 중요하다면 ‘앙코르 컨설턴트’, ‘인생2막 컨설턴트’ 또는 ‘시니어 어드바이저’와 같은 것을 제안하라. 앙코르닷오르그에서 더 많은 것을 배워라.

단 10명으로 시작한 앙코르 펠로십은 중년의 커리어가 끝나가는 전문 인력을 특정 종류의 전문 기술을 찾고 있는 그 지역 비영리 단체와 연결시켜준다. 앙코르 펠로는 파트타임이나 풀타임으로 통상 6개월에서 12개월 동안 1,000시간을 일하며, 2만 달러에서 3만 5천 달러의 급여를 받는다.

모두가 득을 본다. 비영리 단체는 아주 적은 비용으로 고급 인력을 활용할 수 있다. 그리고 펠로는 지역 단체에 크게 공헌하게 되고, 새로운 작업 환경에서 치열하게 일할 수 있게 되고, 이전과 다른 역할을 수행하면서 전문적인 네트워크를 구축할 수 있는 기회를 갖게 된다.

마크 저지(Mark Judge)는 22년 동안 아동 출판일을 하다가 회사가 인수되어 버린 후 앙코르 펠로십의 도움으로 비영리 세계로 진입할 수 있었다. 커리어 초기 한 때 그는 비영리 단체에서 일을 해본 적이 있었지만 자신이 살고 있는 베이(Bay) 지역에는 알고 지내는 네트워크가 많지 않았기 때문에 비영리 단체에 들어가지를 못했다. 그래서 그는 우선 리소스 에어리어 포 티칭(Resource Area for Teaching, RAFT)에서 1주일에 24시간 자원봉사를 시작했다. 그 단체는 교사들이 교실에서 사용할 수 있는 활동이나 아이디어로 지원하는 말하자면 교사에게 멘토링을 제공하는 지역의 비영리 단체였다. 이곳에서 저지는 이전에 앙코르 펠로이기도 했던 자신의 관리자로부터 추천을 받아 신청을 하였고, 앙코르 펠로가 되어 RAFT에서 1년을 근무했다. 지금 그는 시간을 둘로 쪼개어 청소년을 위해 봉사하는 두 기관에서 유급으로 일하고 있다. RAFT에서는 조직의 전국적 확대를 위해서 유스 사이언스 인스티튜트(Youth Science Institute)에서는 '반일 동안' 마케팅 이사로 일하고 있다.

앙코르 펠로 모델에서 핵심 요소는 동료의 지원과 커뮤니티이다. 펠로들은 정기적으로 만나 토론을 하고, 자기 그룹의 펠로들(보통 한 반에 10명 정도)과 시간을 함께 보낸다. 또한 앙코르 펠로십 네트워크의 일원으로서 전국의 펠로 및 동창생들과 온라인으로 커뮤니케이션을 한다.

지금은 전국적으로 몇백 개의 앙코르 펠로십 밖에 없지만 확대되고 있다. 2011년 인텔은 은퇴할 나이가 된 미국 내 근무 직원을 대상으로 앙코르 펠로십에 지원할 수 있는 기회를 주었다. 인텔이 급여를 지급하고 6개월간 의료 보험료를 부담하는 조건이었다. 더 많은 기업이 이런 프로그램에 동참하면 앙코르 펠로십은 기업에서 비영리 부문으로 옮겨가기를 희망하는 직원들이 흔히 선택할 수 있는 대안이 될 것이다.

또한 2011년에는 캘리포니아 건강관리 재단(California Health Care Foundation)이 앙코르 펠로를 지역 건강 클리닉에 배치하는 프로그램에 자금을 지원하여 주에서 가장 취약한 계층의 지역민들에게 제공되는 서비스의 질과 효율성을 개선하는데 도움이 되도록 하였다. 2012년에는 앙코르 펠로를 받아들였던 클리닉 운영자의 추천과 펠로를 원하는 다른 클리닉의 요구에 근거하여 재단은 투자를 두 배로 늘리겠다고 발표했다. 다른 자선 단체도 이런 선례를 따라 자기들이 지원하는 단체를 돕기 위해 경험을 제공하기 시작할 것이다.

앙코르 하트퍼드

코네티컷 대학과 제휴하고 있는 이 단체는 2010년 실직 상태에 있으나 경험이 풍부한 전문직 인력을 비영리 부문으로 옮겨 일할 수 있도록 돕고, 동시에 실직자를 일터로 돌아가게 하여 코네티컷 경제에도 도움을 주기 위한 프로그램을 시작했다.

경기불황으로 실직한 사람들을 돕기 위해 만들어진 이 프로그램은 12주 동안의 교실 수업에 이어 비영리 단체에 배치하는 것으로 되어 있다. 펠로들이 배우는 환경은 무료 급식소가 자리하고 있는 교회 지하실부터 과학박물관 안에 있는 으리으리한 사무실까지 다양하다. 기본적으로 "작업 환경을 맛보고 느끼게 하려는 생각이다."라고 데이비드 가비(David Garvey)는 말했다. 그는 이 프로그램을 처음에 설계하였고, 현재는 책임자로 일하고 있다.

로즐린 벡은 하트퍼드 보험사에서 근무하다 2009년 일자리를 잃었다. 그 후 그녀는 앙코르 하트퍼드의 프로그램을 알게 되었다. 그녀는 12년 동안 같은 직장에서 일했는데 이제는 변화를 줄 때라고 결심했다. "기업에 있으면 끊임없이 출세의 계단을 올라가야 하는데 나는 그렇게 살고 싶지 않았다."고 그녀는 말했다. 그래서 그녀는 앙코르 하트퍼드가 제공하는 패키지를 받아 계획을 세우기 시작했다.

하트퍼드가 제공하는 재취업의 일환으로 그녀는 설문지(제3장의 것과 아주 유사함)에 다음 번 커리어에서 그녀가 가장 중요하다고 생각하는 세 가지를 순위를 매겨서 기입해야 했다. 그녀가 예전에 커리어를 시작할 때도 이와 비슷한 작업을 하였는데 그때는 경제적 안정을 제1번으로 적었다. 이번에는 경제적 안정은 톱10에도 들지 못했다.

벡은 코네티컷에 있는 작은 푸드 뱅크에 배치되어 상임이사와 긴밀히 협력했다. 그녀는 "기업가 집안에서 자랐기 때문에 어떻게 해야 하는지를 이해할 수 있었다. 비영리 세계에서 일을 하려면 만물박사가 되어야 한다. 나는 금요일 오후마다 쓰레기통을 비웠다. 동시에 내가 하고 싶어 하는 모든 일을 상임이사는 적극적으로 하게 했다. 나는 매우 독립적으로 일을 하며, 방법을 알아내고, 권고안을 제시하고 그리고 다음으로 나아갔다. 상임이사는 내가 일에 대해 결정을 할 수 있도록 배려했다. 나는 동료들에게 아이디어를 제시하고 의견을 들었지만 이것이 내 일처럼 느껴졌다. 나는 보조금을 의논하기 위해 기금출연단체에 갈 기회가 있었는데 거기에 가서 이사회의 모든 멤버들과 일대일 면담을 하였다. 이것은 성인용 인턴십이다."라고 그녀는 말했다. 현재 벡은 YWCA 하트퍼드 지부에서 마케팅과 개발 담당 이사로 일하고 있다.

하트퍼드 프로그램에 참여하는 데는 2,500달러가 드는데 장학금 혜택이

앙코르 커리어 핸드북 인생2막의 변화와 창조

있다. 참가자는 프로그램에 참가하는 동안 실업 수당을 받을 수 있다.

앙코르 펠로십 네트워크와 앙코르 하트퍼드는 영리 부문에 오랜 경력이 있는 사람들이 비영리 부문으로 전환하는데 도움을 주는 프로그램의 두 가지 사례이다. 명칭과 세부적인 내용이 다를 수 있지만 앙코르에 대한 생각이 확고하게 자리를 잡아가면서 이러한 종류의 가교 프로그램은 더 다양한 것들이 나올 것이다.

당신 자신의 코스를 만들어라

조직화 된 프로그램을 이용하면 세상에서 긍정적인 영향을 주기 위해 당신의 시간과 재능을 좀 더 쉽게 사용할 수 있다. 그리고 당신 스스로 모든 것을 해결해야 하는 스트레스에서도 어느 정도 벗어날 수 있다. 그러나 당신이 조사 능력, 창의성, 끈기, 인내를 제대로 결합하면 당신 자신의 코스를 만들어낼 수 있다. 그리고 많은 사람들이 그렇게 하고 있다.

첫째, 당신은 모든 에너지를 쏟아 부어 어떤 것이 있는지 조사를 하고, 그 다음에는 당신이 일하고 배울 수 있는 자리를 얻는 방법이 있는지 찾아 봐야 한다. 당신의 아이디어를 다듬고 일을 시도해 보아야 한다. 그러기 위해서는 "시운전을 해보자"(103쪽 참조)에서 설명한 내용과 비슷한 과정을 사용할 수도 있을 것이다. 탐색하는데는 시간이 걸린다. 그러니까 일이 잘 풀리기 전까지 꽤 많은 자리를 탐색해야 하더라도 놀라지 말아라.

신학교 교수인 마리 그레이엄(Marie Graham)은 허리케인 카트리나가 미시시피의 걸프 만을 덮친 직후 스스로 자신의 길을 찾는 일을 시작했다. "목사로 있는 내 친구가 미시시피에서 목회를 하고 있었다. 나는 그녀를 통해 그때 그곳에서 성직자들이 무엇을 하고 있는지, 그들이 얼마나 어려움에 처해 있는지 알게 되었다."라고 그녀는 나에게 말했다. 그레이엄은 지역 사회가 재해

당신 자신을 드러내는 것의 이점

무슨 일이 되게 하려면 때로는 무작정 정문을 열고 들어가는 게 가장 좋은 방법일 때가 있다. 컴퓨터 앞에 앉아서 많은 것을 할 수도 있지만 그렇다고 인터넷을 뒤지고 이메일을 보내는데 모든 시간을 바쳐서는 안 된다. 어느 시점에서는 세상 밖으로 나와 다른 사람들을 만나고, 직접 보는 것이 대단히 중요하다.

카를로스 캠포스(Carlos Campos)는 퇴역 육군 대령으로 교육 리더십에 석사 학위를 갖고 있었고, 교사로 취직했다. 그는 다짜고짜 브롱크스에 있는 중학교 현관문으로 들어가 교장을 만나고 싶다고 했다. 그는 다루기 어려운 아이들과 일하고 싶어서 아무도 가르치려고 하지 않는 학생들을 도울 수 있는 자리가 있는지 물었다. 알고 보니 8학년 특수 교육 교사가 최근 그만 두어 그 자리를 채우려고 무척 애를 쓰고 있던 중이었다. 그는 그 자리에 들어간 후 3년 동안 근무했다.

내가 면담을 한 사람들 중에는 정면 돌파 방식으로 일자리를 얻은 사람이 여럿 있었다. 낡은 방법이지만 여전히 효과가 있다. 결국 얼굴을 직접 부닥치는 것보다 나은 것은 없다. 당신이 이력서를 보냈거나 단체 앞에 당신 이름을 내밀었다고 해서 가만히 앉아서 기다리면 되는 것이 아니다. 어떤 식이든 개인적인 연결을 만들거나 당신의 관심을 보여주는 방법을 활용하라. 당신이 할 수 있는 모든 방법을 동원하여 당신 자신을 드러내 보여라.

를 당하고 있을 때 목회자가 돌봐야 할 것에 관한 강좌를 즉각 만들었고, 그 강좌의 일환으로 그녀는 10명의 학생을 데리고 일주일간 미시시피로 갔다.

이 강좌를 가르치기 전에는 그레이엄은 그 과목에 대한 전문 지식이 없었다. "학생들과 함께 내가 배울 수 있는 좋은 기회라고 생각했다."고 그녀는 말했다. 강좌를 준비하기 위해 재해의 와중에서 정서적 위기 상황에 처한 사람

앙코르 커리어 핸드북 인생2막의 변화와 창조

을 심리적으로 치료하는 방법과 스트레스 관리법에 관한 책도 많이 읽고, 수업도 하나 들었다.

그 여정은 결과적으로 그녀가 직장에서 느끼고 있던 불안과 초조를 처리하는데 필요한 계기가 되었다. 다음 해 그녀는 노스 캐롤라이나에서 가르치는 일을 마치고 3개월간의 안식 기간을 받아 미시시피로 갔다. 그곳에서 그레이엄은 유급과 자원봉사 프로젝트를 함께 했다. "나는 시니어들을 대상으로 일했다. 카트리나의 피해를 이겨낼 수 있도록 사람들과 돌봄의 대화를 이끌어 갔다. 나는 이런 엄청난 재해를 견뎌낼 준비가 되어 있지 않은 성직자와 함께 일했다. 나는 이런 사람들과 관계를 맺어 나가며 도움을 줌으로써 영혼과 소통하는 것 같은 느낌이 들어 매우 고무되었다."고 그녀는 말했다.

그레이엄은 새로 시작한 이 일에서 큰 활력을 받아서 은퇴를 3년 앞당겨 신청하기로 하고 미시시피로 돌아가기로 결심했다. 가서 무엇을 할지는 몰랐다. "내가 신학교 학장에게 그 해가 나의 마지막 해가 될 것이라고 말했을 때 그는 내가 정신이 나갔다고 생각했었다."라고 말했다.

그 후 그녀는 몇 달 동안 잠을 이루지 못했다. 그러나 자신의 굳은 결심을 번복하지 않았다. 그녀는 그동안 미시시피에서 만든 인맥을 활용하면 임시로 무슨 역할을 할 수 있을 것으로 믿었다.

"내가 공황 상태에 빠질 때마다 무슨 일이 생겨 나를 진정시켰고, 나는 내가 지금 올바른 길을 가고 있다는 것을 알았다."고 그녀는 말했다. 한 친구가 그녀에게 집세를 받지 않고 집을 빌려 주었다. 다른 자원봉사자들이 그녀가 살고 있던 노스 캐롤라이나에 와서 이사하는 것을 도와주었다. 그리고 떠나기 일주일 전에 그녀는 미시시피에서 새로 알게 된 사람으로부터 전화를 받았다.

미시시피 해안 재해대책본부(Mississippi Coast Interfaith Disaster Task Force)에서 임시 상임이사직을 맡아달라는 부탁이었다. 이 단체는 그녀가 안식 기간 때 함께 일했던 곳이었다. 그녀는 지금 이 단체의 상임이사로 일하고 있다.

FAQs

당신의 자원봉사 활동이 지금 당신이 일하고 싶어 하는 쪽의 일과 일치하면 유급으로 일했던 커리어만큼 중요한 의미를 갖는다. 이런 현상은 업계에서 널리 받아들여지고 있어서 소셜 네트워킹 커리어 사이트인 링크드인도 프로필 작성 항목에 자원봉사 내역을 입력하도록 만들어 놓았다. 링크드인에 따르면 다섯 명 중 한 사람 꼴로 채용 매니저들이 지원자의 자원봉사 이력을 보고 채용했다고 말하고 있다.

중요한 점은 자원봉사 활동에서 당신이 무엇을 성취했는가를 알게 하고 그리고 다른 단체에서 그 단체의 목표를 달성하도록 어떻게 도울 수 있는지를 제대로 전달하는 것이다.

보수를 받는지 여부는 분명히 중요하다. 보통 보수가 개입되면 역할이 커지기 마련이다. 돈을 받게 되면 프로젝트에 더 많이 시간과 노력을 투자하는 게 인지상정이다. 그렇기 때문에 앙코르 펠로 모델에서도 약간의 보수를 받도록 설계되었다. "펠로를 고용하는 비영리 단체와 펠로 양쪽 모두가 프로젝트의 성공과 실패에 실질적으로 관심을 가지게 하는 것이 우리들에게는 중요

앙코르 커리어 핸드북 인생2막의 변화와 창조

했다.”고 프로그램의 국내 담당 이사인 레스리 루이는 말했다. 한편 자원봉사는 무보수여야 한다고 강하게 느끼는 사람들도 있다.

에이미 에버건(Amy Avergun)은 보스턴에 있는 다음에 할 것을 발견하기(Discovering What's Next)라는 커뮤니티 단체를 위한 프로젝트에서 자원봉사로 일할 때 그런 느낌을 가졌다. 이 단체는 앙코르 인생 단계를 탐색하는 사람을 돕고 있다. 그녀는 무보수 자원봉사를 하기로 마음먹었다. 그러나 그 단체가 그 일에 대한 보조금을 받게 되자 그녀에게 보수를 지불하겠다고 고집했다. “나는 받아들였지만 좋아하지는 않았다. 나는 무보수로 봉사를 하고 싶었을 뿐이었다. 여러 해 동안 그녀는 여러 가지 방식으로 돈을 기부해왔다. 그러나 이번은 내 시간을 기부하는 방식이었다.” 나는 그 일을 경험한 이후 돈 대신 시간을 기부하는 여러 가지 방식을 발견했다. 지금은 그 단체의 이사로 활동하고 있다.

단체들은 자신들의 여러 가지 이유 때문에 당신이 하는 일을 특별한 방식으로 분류하고 싶어할 수 있다. 보수를 받으면 자원봉사자나 인턴이 직업으로 바뀐다. 그렇게 하지 않으면 그 단체가 여러 가지 노동법규 준수와 관련하여 문제를 일으키게 될 수 있다. 단체가 당신이 희망하는 것과 달리 다른 방식으로 당신과의 관계를 설정하려는 경우에는 이런 점들이 있다는 것을 유념하라.

조직화된 봉사 기회의 가치는 무엇인가?

지금쯤 당신은 구조 대로 일을 하는 것이 더 나은지 아니면 당신 자신의 방식으로 일을 해결하는 것이 좋은지 어느 정도 알게 되었을 것이다.

조직화된 프로그램의 장점 중 하나는 누군가 다른 사람이 앙코르 전환 과정의 다양한 부분을 충분히 생각했다는 것이다. 예를 들면 엔코 교사(EnCorps Teachers)는 수학과 과학 전문가들을 훈련시켜 캘리포니아 빈민가에 있는 공립학교의 교사로 보내고 있다. 많은 학교 프로그램과 달리 그들은 훈련을 마친 참가자들을 바로 교육에 투입한다. 이 전환의 핵심 요소는 요즘 학생들은 이전에 우리가 학교에 다닐 때와는 매우 다른 방법으로 지식을 습득한다는 사실에 기반을 두고 있다. 엔코 교사는 사람들이 종종 혼란스러워하는 캘리포니아 교사 자격증 취득 조건에 대한 조언도 해준다.

기존 프로그램의 또 다른 장점은 당신이 거쳐 가고자 하는 것을 이해하고 있는 동료 그룹이 이미 만들어져 있다는 것이다. 커리어를 바꾸는 것은 고립감을 느끼게 할 수 있다. 가장 가까운 가족들과 친구들조차 당신이 같은 상황에 있는 다른 사람들로부터 받을 수 있는 것과 같은 지원을 당신에게 줄 수 없다. 앙코르 펠로십 프로그램의 동부해안 책임자인 안티오네테 라 벨레(Antionette La Belle)는 이러한 앙코르 커리어 집단을 흔히 '동료 여행자들'이라고 부른다. 나는 그 이유를 알 수 있다.

게다가 조직화된 프로그램에는 신임장과 같은 측면이 있다. 알려진 학교를 졸업하면 취업의 문이 열리는 것과 마찬가지로 당신이 진입하려는 분야에서 인정을 받고 있는 프로그램을 수료하면 그 문이 열리는 것이다. 어느 비영리 단체의 임원은 앙코르 펠로 한 사람을 보유하는 것의 가치를 '성숙, 직업윤리, 경험의 황금 티켓'을 획득하는 것에 비유했다. 그는 단체의 일을 확대하고, 모든 사람들의 업적을 향상시켰다는 것이다.

마지막으로 프로그램이 더 많은 사람들을 배출하면 동창회와도 같은 또 다른 장점이 있다. 앙코르 프로그램의 동창생들이 좋은 말로 추천을 해준 덕택에 채용되었다고 나에게 말한 사람 숫자를 이젠 집계하지는 않고 있다. 이런 프로그램들이 더 많이 생겨나면 그 숫자는 계속 증가할 수밖에 없을 것이다.

나는 편지 봉투에 집어넣거나 봉투를 봉하는 것과 같은 단순한 일에는 흥미가 없다. 어떻게 하면 확실히 나의 기술을 사용하는 자원봉사 경험을 쌓을 수 있을까?

앙코르 커리어 핸드북 인생2막의 변화와 창조

당신이 도와줄 수 있는 일이라고는 고작해야 봉투에 내용물을 집어넣거나 전화를 받던 시절 이래 자원봉사는 많이 발전해왔다. 그렇다고 해서 자원봉사자를 구하는 모든 단체가 자원봉사자를 적절히 활용하는 방법을 알고 있다고 생각해서는 안 된다. 「미국식 변화의 방법」(The American Way to Change)의 저자인 셜리 사가와(Shirley Sagawa)는 자원봉사에 전념하기 전에 다음과 같은 몇 가지 중요한 질문에 대한 답을 갖고 있는 것이 중요하다고 말했다.

- 나는 정확히 어떤 일을 하게 될 것인가?
- 나는 훈련을 받게 될 것인가?
- 나는 누구의 지시를 받게 될 것인가?
- 어떻게 나의 활동 성과를 평가 받을 것인가?
- 내가 아이디어가 있다면 그 아이디어를 어떻게 공유할 수 있는가?

단체가 자원봉사자를 어떻게 활용할 것인지 충분히 생각했다면 당신이 그런 질문들을 할 필요도 없을 것이다. 그 대답은 오리엔테이션 과정에서 주어지거나 또는 당신이 봉사 기회를 알고 싶어 방문했던 웹사이트의 '자주 나오는 질문'에 나와 있을 것이다.

나는 현장에서 직접 실천하는 경험을 하고 싶고, 전략적 차원에서 돕고 싶기도 하다. 어떻게 하면 두 목표를 달성할 수 있을까?

그것을 한 장소에서 할 수 있는 길을 찾는 것이 가능하기는 하다. 그러나 같은 단체 안에서 복수의 역할을 해내는 것은 힘들 수도 있다. 그것보다 쉬운 방법은 한 곳에서 급여를 받고 일하고, 다른 곳에서는 자원봉사 활동을 하는 것이다.

로즐린 벡이 그런 경로를 따랐다. 그녀는 직장을 그만 두기 전 그녀의 개 캐드버리(Cadbury)를 치료견으로 등록하고, 요양원과 재활 센터를 방문하기 시작했다. 그녀는 그 일이 너무 재미있어서 그 분야에서 활동하는 단체에 취직을 할까도 생각했다. 그러나 결국 그녀는 자기의 전문 기술에 더 잘 맞는 역할을 YWCA에서 찾았다. 그리고 적어도 지금은 자원봉사하는 삶의 일환으로 자기의 애완견을 이용한 치료 활동을 계속하고 있다. 이사회에서 봉사도 하고, 여가 시간에 개를 데리고 시설들을 방문하고 있다.

제 9 장

학교로 돌아가라

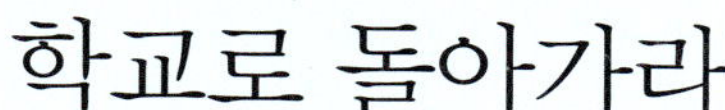

모든 놀이와 학습은 어린 시절에,
모든 일은 중년에 그리고
모든 후회는 노년에 넣는다는 것은
완전히 틀린 것이며,
지독하게 자의적인 것이다.
– 마가렛 미드 –

파멜라 해리스(Pamela Harris)는 70년대 그녀가 다닌 로스쿨에서는 자기가 유일한 여성이었음을 생생하게 기억하고 있다. 지금 도서관학 석사 프로그램에서 그녀는 유일한 60대 학생이다. "도서관은 가장 민주적인 기관이다. 사서는 보편적으로 모든 사람들을 위해 정보에 대한 접근성을 키우고 유지하는 일을 한다."고 그녀는 늦은 커리어 이동에 놀란 친구들에게 말한다. 그리고 덧붙여 말한다. "트레일러에 자리 잡고 앉아 브리지 게임을 하는 것이 뭐가 좋으냐?"

돈 타르버튼은 올해 74세. 지금까지 살아오면서 '반에서 제일 나이가 많은' 경험을 세 번이나 했다. 그는 40대 중반에 워싱턴 대학에서 보건관리행정 석사 학위를 받았다. 그리고 60대에는 캘리포니아 산타 크루즈(Santa Cruz)에 있는 솔트 불교 연구 센터(Salt Center for Buddhist Studies)에서 훈련을 받고 교화사가 되어 시애틀에 있는 보훈병원에서 불교식 임상 사목 훈련을 하고 있다. 지금은 파트타임으로 호스피스 부사목을 하고 있다. 그는 이런 일을 하면서 필요한 추가 소득을 올리고 있고, 꽤 좋은 보상도 받고 있다. 그는 지금 하고 있는 일이 "의심할 여지없이 그의 생애에서 가장 의미 있는 일"이라고 말했다. (그의 이야기를 더 알려면 78쪽 참조).

프리실라 산티아고는 십대 시절 다니던 고등학교를 자퇴한 지 50년 만에 다시 공부를 시작했다. 처음에는 고등학교 졸업 학력을 인정하는 GED를 취득하고 이어서 지역 대학에서 준학사 자격을 획득했다. 마지막에는 학사 학위까지 받았다. 처음 그녀가 공부를 다시 시작했을 때만 해도 학위를 받을 것이라고는 전혀 생각하지 못했다. 그녀는 공부를 하는 것이 두려웠지만 가족, 친구, 멘토와 카운슬러 등 많은 사람들의 지원 덕분에 마칠 수 있었다. 이제 그녀는 나이 65세에 석사까지 넘보고 있다. 산티아고는 세상에 너무 늦은 건 아무것도 없다는 것을 분명하게 자기의 삶을 예로 들고 있다. 그녀는 계획을 멈추지 말 것을 권한다. "당신이 가고 싶은 곳에 들어갈 수 없더라도 계속 신청하라."(그녀의 이야기를 더 보려면 29쪽 참조).

고등교육의 전문 용어로 해리스, 타르버튼, 산티아고는 성인 학습자 혹은 비전통적 학생으로 25세 이상이라는 뜻이다. 그러나 이 말은 맞지 않다. 왜냐하면 25세와 75세 사이의 간격이 너무 넓기 때문이다. "18세들에게도 모욕적이다. 그리고 비전통적 학습자가 전통이 되고, 모든 사람이 평생에 걸쳐 배우고 있다는 것을 깨닫게 되는 시점에 도달하게 되면 성인 학습자라는 용어는 사라질 것이다."

미국 교육부는 매년 성인 교육에 참여하고 있는 사람들이 9천만 명에 달할 것이라고 추정하고 있다. (이 성인교육이란 용어도 애매한 용어 중의 하나이지만 여기서는 모든 연령의 사람들이 모든 종류의 교육 환경에 나타난다는 것을 알기만 하라.) 또한 미국 대학생의 40%, 숫자로는 6백만 명이 25세 이상이다. 2007년 유에스 뉴스 앤 월드 리포트(U.S. News & World Report)의 조사에 따르면 40세 이상 64

앙코르 커리어 핸드북 인생2막의 변화와 창조

세 이하의 대학생 수효가 이전 10년에 걸쳐 20%나 증가하여 2백만 명에 이르고 있다고 했다.

앙코르닷오르그의 최근 조사에 따르면 45세부터 70세까지의 3천 1백만 명이 앙코르 커리어에 관심을 갖고 있으며, 이들 중 상당히 많은 사람들이 앙코르 커리어로 옮겨가기 위해 교육이나 재훈련을 원할 것이라고 했다. 그러니까 이러한 성인 학습자에게 훨씬 더 많은 친구가 생길 것으로 예상할 수 있다.

나이 든 학습자는 새로운 현상은 아니다. 지금은 로드 스콜라(Road Scholar)로 이름이 바뀐 엘더호스텔(Elderhostel)은 1975년에 50세 이상 사람들을 위한 교육 여행이라는 아이디어를 개척했다. 나의 할머니도 70대(지금은 97세이다)였을 때 전국에 있는 대학 캠퍼스를 다니며 친구들과 그룹으로 고전 음악과 수채화를 공부하셨다. 로드 스콜라와 오서 평생교육기관(Road Scholar and Osher Lifelong Learning Institute)이 제공하는 것과 같은 이른바 삶을 풍요롭게 만드는 강좌에는 지금도 사람들이 많이 몰려들고 있다. 또한 일류 대학이 운영하고 있는 새롭고 자유로운 온라인 강좌도 인기를 끌고 있다. 그러나 오늘날 성인 교육은 삶의 지평을 넓히기 위한 목적에 못지 않게 직업 훈련을 목적으로 하고 있다.

당신이 중년기에 인생을 재정비하고자 할 때 교육을 받거나 새로운 자격증을 취득한다면 남들에게 뒤떨어지지 않고 새로운 일자리를 얻는데에도 더 도움이 될 수 있다. 몇 가지 과목을 들어 최신 기술을 배워 나의 기술을 보완하는 방법도 있고, 새로운 일을 할 수 있도록 자격증을 더 따는 방법도 있다. 혹은 고급 학위를 따기 위한 다년간의 프로그램같은 것을 본격적으로 할 수도 있다. 교육은 앞으로 당신이 어떤 일을 하고 싶

"오늘날 전문대학 2년제 졸업 학위는 고교 졸업증서와 같다. 교육은 당신이 하고 싶어하는 것에 대해서 대단히 큰 역할을 한다."
— 프리실라 산티아고, 60대에 학위를 받는 것에 대해

은지 발견하는 데 열쇠가 될 것이다.

배울 수 있는 옵션은 지역 전문대학, 4년제 공립과 사립대학, 커뮤니티 센터와 단체 등 많이 있다. 영리 교육 기관도 점차 늘어나고 있다. 이 모든 기관은 다양한 강좌로 모든 연령의 사람들을 가르치고 훈련시키고 있다. 내가 앙코르 교육을 받은 사람들을 만나서 이야기해 보면 그들의 선택이 전혀 예상할 수 없을 정도로 기발한 경우가 많아 놀라지 않을 수 없었다.

앙코르 커리어를 위해 지역 전문대학에서 속성 자격증을 취득하여 학위를 딴 사람들도 있었고, 대학을 마치지 못하였지만 다시 학교로 돌아가서 4년 과정 대학 학위를 받고 대학원 과정까지 공부를 계속 하고 있는 사람들도 있었다.

지금 바깥 세상에서 하고 있는 것에 대한 맛보기

사회적으로 의미 있는 일을 하고 싶은 중년의 나이든 사람들을 위한 프로그램들이 조금씩이지만 계속 늘어나고 있다. 선두 주자는 지역 전문대학이다. 이들은 지역의 기업을 파트너로 삼고 인력 수요가 많은 건강관리, 교육, 사회복지와 녹색 경제 분야에서 사람을 훈련시키고 있다.

벤처캐피탈의 지원으로 2012년 설립된 임파워드 UCLA 익스텐션(Empowered UCLA Extension)은 베이비부머 세대를 대상으로 인생 후반기 커리어를 위해 할 수 있는 기술을 제공하는 특별히 설계된 온라인 자격증 코스를 개설하고 있다. 임파워드는 지속 가능한 환경, 대학 카운슬링, 비영리 단체 경영, 환자 애드보커시(patient advocacy)와 같은 분야에서 직업을 가지는데 필요한 훈련을 제공한다.

앙코르 하트퍼드는 코네티컷 대학과 연계한 프로그램인데 실직 상태에 있는 전문직 인력으로 비영리 단체로 자리를 옮기려는 사람들을 위해 12주 강좌를 제공하고 있다. 교실 수업과 현장 배치 학습을 통하여 학생들은 비영리 단체에 대해 배우면서 직접 체험하게 된다. 연방 정부 노동부의 지원으로 학생 중 절반 이상이 장학금을 받고 있다. (앙코르 하트퍼드에 대해서는 267쪽 참조).

하버드 대학의 어드밴스트 리더십 이니셔티브(Advanced Leadership Initiative)는 2009년에 개설되어 경험 있는 산업계 리더들이 그들의 앙코르 커리어에서 빈곤, 글로벌 건강, 환경 악화, 교육 문제에 도전할 수 있도록 도와준다. 스탠퍼드 경영대학원 동창인 한 부부가 비컨 스탠퍼드(Beacon Stanford)라는 4개월짜리 프로그램을 만들어 동창들이 자신들의 앙코르 커리어를 설계하고, 세상에 더 큰 영향을 줄 수 있는 길을 찾도록 도와주고 있다.

전혀 학교가 아닌 기관이 교육 기회를 제공하기도 한다. 덴버에 있는 비영리 컨설팅 회사인 JVA 컨설팅은 비영리 단체를 위한 기금 신청 작성 실무와 소셜 미디어 기술을 저비용 온라인 세미나를 이용하여 전국을 대상으로 가르치고 있다. 코치 훈련 학교인 웰코치스(Wellcoaches)는 미국 스포츠 의학 대학(American College of Sports Medicine)과 제휴하여 원격 수업(사실상 컨퍼런스 콜로 하는 수업)으로만 헬스와 웰니스 코치라는 새로운 직업에 대한 훈련(주로 간

토론 길잡이

● 학교로 돌아가 공부를 다시 하는 것이 당신이 하고 싶어 하는 일에 꼭 필요한가? 당신이 흥미를 갖고 있는 분야에서 일하고 있는 사람들에게 기업이 요구하는 자격 요건이 무엇인지 이야기해 보라.

● 자격증이 여러 단계로 나뉘어져 있는 경우 어디까지 당신은 하고 싶은가?

● 당신이 수업을 듣고 공부하는데 얼마나 많은 여가 시간을 할애할 수 있는가?

● 더 많은 훈련과 교육을 받으러 학교로 돌아가기 전에 당신이 진정으로 무슨 일을 하고 싶은지 탐색할 수 있는 정식 프로그램이 도움이 되지 않을까?

● 출장을 갈 수 있는가? 아니면 당신이 거주하고 있는 지역에 한정해야 하는가?

● 당신은 온라인 프로그램을 할 수 있을 만큼 스스로 시간을 관리하고 페이스를 조절할 수 있는 자기 규율이 되어 있는가? (306쪽 참조)

● 당신은 얼마나 돈을 지출할 수 있는가?

호사와 개인 트레이너를 대상으로)을 제공하고 있다.

당신의 관심이 어떤 것이든 관계없이 옛 방식과 새로운 방식을 결합한 훈련 기회는 얼마든지 있다. 직접 만나 훈련을 받을 수도 있고, 온라인으로, 현장 실습을 통하여 아니면 여러 방식이 혼합된 모델을 통하여 훈련을 받을 수 있는 것이다. 야간 또는 주말 반을 이용함으로써 기존 생활을 하면서 학교 생활도 할 수 있을 것이다. 아니면 경영자 교육 프로그램과 같은 형식으로 오리엔테이션과 정기 수업에만 참석하고, 나머지 수업은 집에 있는 컴퓨터 앞에서 하는 프로그램도 찾을 수 있을 것이다.

왜 학교로 돌아가?

어느 학교로 어떻게 돌아갈까를 생각하기 전에 먼저 왜 돌아가고 싶은지 생각해 보는 것이 이치에 맞다. 그래서 몇 가지 기본적인 질문을 던져 보게 된다. 당신이 하고 싶은 일을 위해서 학교로 돌아갈 필요가 있는가? 학교로 돌아가면 인생의 현 시점에서 당신이 누구인지 그리고 당신이 다음에 무엇을 하고 싶은지를 알아내는데 도움이 되는가?

왜 다른 사람들이 중년을 넘긴 나이에 학교로 돌아가기로 선택했는지에 대한 공통적인 이유는 다음과 같다.

학위를 마치기 위해

교육부 자료에 따르면 4년제 대학에 입학한 사람의 40% 이상이 학위 과정을 마치지 못하고 있다. 학위를 취득하지 못하면 당신의 마음이 불편할 뿐만 아니라 많은 기회를 잡을 수 없게 될 수 있다. 학위를 마치게 되면 다른 새로운 인생 방향을 잡을 수도 있을 것이다. 또한 학위를 마치면 공부를 더 많이

앙코르 커리어 핸드북 인생2막의 변화와 창조

하는 길로 나아갈 수도 있다. 다음에 소개하는 베로니카 버클리(Veronica Buckley)가 바로 그런 경우이다.

버클리는 고등학교 시절에는 뛰어난 학생이었지만 대학에 갈 생각은 하지 않았다. 주변에서 어차피 결혼할 수밖에 없는데 대학에 갈 필요가 있겠느냐며 말렸기 때문이었다. 그녀는 대학에서 운영하는 1년짜리 비서과정을 마쳤다. 그 이후에는 어떤 공부도 하지 않았다. 그녀는 결혼했고, 자녀를 둘 낳아 키우면서 일은 계속 했다. 처음에는 금융기관에서, 이후에는 법률 사무소에서 점점 승진하여 인사 담당 업무의 선임이 되었다. 그러나 학위가 없다는 게 그녀에게 꼬리표처럼 따라다녔다. "나는 부족함을 느꼈다. 나는 다만 티켓을 갖지 못했었다."고 지금 64세인 버클리는 회상했다. 자녀들이 자라고 그녀가 40대 후반이 되자 이제는 자신의 부족함을 바로 잡을 때라고 결심했다.

버클리는 시카고의 자기 집 근처에 있는 여러 가지 프로그램을 조사했다. 그 결과 나이 들어 대학으로 다시 돌아가려는 학생들에게 가장 좋은 프로그램을 운영하는 드폴(DePaul) 대학을 선택했다. 수업은 길었고, 일주일에 한 번 저녁에 출석하면 되었다. 모든 학생들에게 학사 위원회가 졸업할 때까지 지도해주었다. 그리고 버클리는 직장 경력을 인정받아 학점의 일부를 취득할 수도 있었다. "나는 그냥 그 모든 것이 좋았다. 분위기도 협력적이었다. 모두가 성인이었기 때문에 학생이 교수였고, 교수가 학생이었다."고 그녀는 설명했다.

자신의 길을 찾기 위해

특정 과목을 더 배우고 싶어서가 아니라 당신이 어떤 사람인지를 재발견하고, 그리고 다음에 무슨 일을 하고 싶은 지 알아 내기 위해 수업을 듣겠다고 결심을 할 수 있다.

매티 러핀(Mattie Ruffin)은 27년 동안 연방 정부에서 근무를 한 후에 은퇴했다. 연금 사정도 좋았고, 처음 1년 동안은 본인 말처럼 장기 휴가로 생각하고 푹 쉬기로 했다. 그런데 이 기간이 지나자 그녀는 새로운 일이 해보고 싶어졌다.

한 친구가 그녀에게 인비전(Envision) 50+를 소개했다. 그것은 메릴랜드 주의 라고(Largo)에 있는 프린스 조지 커뮤니티 대학(Prince George 's Community College)에서 운영하는 10주짜리 인생 재발견 프로그램이었다. 자기평가 작업과 커리어 계획 작업(이력서 업데이트 하기와 구직 기술 연마 등)을 합쳐 지도해주는 프로그램이었다.

러핀은 자기 평가를 하는 과정에서 자신에 대해 알고 있었던 사실 즉, 자신이 사람과 어울리기를 좋아하고, 그들을 돕고 싶어한다는 생각이 더욱 굳어졌다. 프로그램을 마친 직후 러핀은 그 대학의 파트타임직에 지원하여 어느 과에 일자리를 얻었다. 그 과에서는 GED(고졸 학력 인정) 과정을 밟고 있으면서 영어가 모국어가 아닌 학생들에게 영어와 수학을 가르치고 있었다. 그녀는 학생들이 프로그램에 등록하는 일과 비용을 대주는 정부기관에 제출할 데이터를 수집하는 일을 했다.

"나는 내가 하고 싶어서 일을 하는 것이지 해야만 해서 하는 건 아니다."라고 말하며, 그 일이 자기에게 맞는다고 말했다. "나는 사람들과 어울리는 것을 좋아하고, 돕는 것을 좋아한다. 이 일이 바로 사람을 돕는 것이다. 이것이 내 인생의 스토리이다."라고 그녀는 말했다.

관심을 탐구하기 위해

루스 우든은 큰 비영리 단체의 사무총장직에서 '은퇴'한 후에 무엇을 할지 생각해둔 게 있었다. 더 이상 하고 싶지 않는 것으로 시작했다. 즉, 보스 역할, 거지같은 행정 처리, 풀타임 근무, 사람보다는 정책에 더 집중하기, 이런 것들을 더 이상 하고 싶지 않았다. 그녀는 그 과정을 꿈에 주목하는 것에 비유했다. "나는 내 맘을 끌리게 하는 반짝이는 작은 이미지들을 보기 시작했다. 나는 사람들로 가득 찬 방에서 사람들과 힘든 이야기들을 아무런 편견 없이 서로 나누고, 다른 사람을 돕고 있는 자신을 자주 보았다. 그것은 가족이 지원하는 치료법 모델이었다."라고 그녀는 설명했다. 그녀는 과거에 사람들을 상담하고 조언을 해주는 것을 얼마나 좋아했던가를 회상하기 시작했다. 그러나 그것이 지금은 어떤 형태로 되어야 하는지는 분명하지 않았다.

그러던 차에 우연히 우든은 컬럼비아 대학 유니온 신학교의 서린 존스(Serene Jones) 학장을 소개 받았다. 학장은 우든이 학교에서 대중 참여에 대한 과목을 가르칠 수 있는지를 알고 싶어 했다. 둘이서 수업에 대한 아이디어를 찾아보다가 우든은 신학생의 절반만 성직자가 되고, 나머지는 상담 쪽으로 간다는 사실을 알게 되었다. "그 순간 생각이 번뜩 떠올랐다. 나는 곧 바로 강의 과목 리스트를 뒤져 보고, 정신 의학과 종교라는 프로그램을 발견했다. 믿을 수 없을 만큼 놀라웠다. 내가 생각하고 있었던 것이 일종의 영성 상담이었다는 걸 비로소 깨달았다."고 말했다.

우든은 서두르지 않고 한 번에 한 과목만 배우고 있다. "우리는 아직 데이트 중이다." 라고 그녀는 프로그램과의 관계에 대해 말했다. 그녀는 시니어 할인 지하철 승차 카드 바로 옆에 학생 신분증을 넣어

★ 영성에 대한 관심

신학교에 입학하는 베이비부머 세대가 늘어 나고 있다. 새로 사제가 되는 사람의 60퍼센트 이상이 30세 이상이다. 50세 이상의 학생은 1995년에 12퍼센트, 2009년에 20퍼센트였다.

다닌다고 농담하기를 좋아한다. 다른 사람들이 알면 '놀랄' 나이에 학교로 돌아간 세 사람한테서 내가 들은 재미있는 말이다.

갭을 메우기 위해

당신이 새로운 분야로 자리를 옮기거나 기존 분야에서 일을 계속하려고 할 때 장기간 교육이나 훈련을 받지 않고 단지 몇 과목이나 단기 자격증 프로그램을 이수하더라도 충분할 때가 있다.

여행사 임원인 다이애나 마인홀드는 알츠하이머 병으로 고생을 하고 있는 친구의 일을 관리하면서 나이든 성인들과 일하고 싶은 마음이 생겼다. 그녀는 공인 자격증이 있으면 사람들이 더 진지하게 받아들여줄 것이라고 생각했다. 처음에는 한 노인 요양시설의 상임이사가 되겠다고 생각하여 케어 앤 컴플라이언스 그룹(Care & Compliance Group)이란 단체를 통해 관리자 훈련 코스를 선택했다. 이 단체는 그녀가 업계에서 접촉했던 몇 사람이 추천해주었다. 이 코스는 5일 동안 40시간을 직접 참석하여 훈련을 받아야 하는 과정이었다. 그녀는 '식음료, 특별 식단, 의약품 관리, 상처 치료, 부상 정도, 호스피스, 죽음과 죽는 문제 그리고 재무 관리까지' 요양원 운영에 필요한 기본에 대해 배웠다고 말했다. 단 몇 백 달러로 소중한 가치를 배웠다고 그녀는 말했다. (그녀의 스토리에 대해 더 많은 것은 80쪽 참조.)

자신의 훈련을 공식화하기 위해

우리 중 많은 사람들이 20대와 30대에 본능적으로 혹은 우연히 찾아온 기회를 따라 직장에 들어간다. 인생 후반기에도 마찬가지다. 낸시 와이저(Nancy Weiser)는 어느 일요일 뉴욕타임스를 읽고 있다가 한 여성의 결혼 알

앙코르 커리어 핸드북 인생2막의 변화와 창조

림 기사를 보게 되었다. 그 여성은 건강 상담사로 통합영양학원(Institute for Integrative Nutrition, IfIN)을 졸업한 사람이었다. 그 당시 와이저는 학교로 다시 돌아가고 싶은 생각은 없었다. 그러나 그 프로그램에 대해 읽었을 때 강한 흥미가 발동했다. 와이저는 신문에 난 그 여성을 수소문해 찾았다. 그리고 건강 상담사가 정확하게 무슨 일을 하는지에 대해 물었다. 그리고 그 학교를 찾아갔다. 학교는 그녀에게 오리엔테이션에 참여하라고 초청했다. 다음 프로그램이 3주 후에 시작될 예정이어서 와이저는 등록했다.

그녀의 결정은 빠른 것 같지만 와이저는 20년 전 경영대학원에 다니던 이후 지금까지 이런 방향으로 움직여 왔다. 그 당시 그녀는 자신이 건강하게 살 수 없는 길을 향해 가고 있는 건 아닌지 두려웠다. 그녀는 주위에서 그런 생활 패턴을 보아왔다. "더 빨리 갈수록 더 빨리 가지 않으면 안 된다. 마치 쳇바퀴 안의 햄스터처럼. 그러다가 끝내는 회사의 일 중독자가 되고 말 것이다."고 그녀는 말했다. 그때 와이저는 무슨 일을 하든지 자신의 건강을 우선순위에 두고 신경을 쓰기로 결심했다. 시간이 지남에 따라 그녀는 자기가 속해 있는 사회의 사람들에게 전체적이고 자연스런 모든 것에 관하여 조언을 해주는 사람이 되었다.

IfIN에 대해 알게 되었을 때 그녀는 "내가 이미 하고 있는 일을 가르치기 위한 학교를 누군가가 만들었다."고 즉각적으로 반응했다. 그러면서 그녀는 자신이 오랜 세월 동안 집착해온 것을 자격증을 갖춘 직업으로 바꿔야겠다고 결심했다.

미래를 계획하기 위해

간호사 제니퍼 더글라스(Jennifer Douglas)는 은퇴가 가까워짐에 따라 지금과 같은 속도로는 더 오래 일을 할 수 없다는 것을 알고 있었다. 그녀는 병원 미국 노동통계청에 따르면 등록 간호사는 2020년까지 일자리 증가 측면에서 최고의 직업일 것이다.

시멘트 바닥을 뛰어다니며 주야간 근무, 주말 근무, 휴일 근무를 하고 있었다. 그렇다고 완전히 은퇴하는 것은 답이 아니었다. 더글라스는 어느 정도 소득이 필요할 것이라는 것을 알고 있었고, 또 본인이 완전히 쉬는 것을 좋아하지 않는 것도 알고 있었다. 그녀는 "나는 상황을 재평가할 필요가 있었고 그리고 완전히 새 판을 짜는 재창조보다는 조정하기로 결정했다."라고 말했다.

더글라스는 근무하는 병원에서 웨체스터 커뮤니티 칼리지(Westchester Community College)가 운영하는 코스에 대한 광고 전단을 보았다. 간호사가 훈련을 받으면 간호 학생들을 가르치는 시간 강사가 된다는 내용이었다. 같은 병원에서 일하고 있는 두 명의 간호사가 이미 등록했다는 것도 알았다. 프로그램과 타이밍 둘 다 딱 들어맞는 것 같았다. "간호 학생들을 지도하고 동시에 간호의 미래를 형성하는 것을 돕는데 아주 좋은 방법이다. 수십 년 동안 나를 유급으로 일하게 해준 직업에 대해 보답하는 길이다."고 그녀는 말했다.

수업과 임상 시간은 일주일에 하루만 나가면 되었기 때문에 더글라스는 근무 시간표를 조정하여 수업시간에 거의 빠지지 않았다. 프로그램에는 이력서 쓰기 시간이 들어 있었는데 그녀는 오랫동안 이력서를 써본 적이 없어서 그런 시간이 필요했다. 프로그램을 이수한 후 그녀는 두 군데에 지원했고, 모두 합격했다. 아직은 풀타임으로 근무하고 있어서 한 번에 한 과목씩만 맡으며 가르치는 일에 친숙해지고 있다. 앞으로 병원에서는 6년을 더 일할 것으로 예상하고, 이 기간 동안 가르치는 것을 늘려가며 경험을 쌓겠다고 생각하고 있다.

"남편과 나는 커피숍, 서점, 문화가 있고, 활기가 넘치는 대학촌으로 이사할 계획이다. 파트타임 시간 강사로 학생들을 가르치는 것도 지금은 계획의 일부이다.”고 그녀는 설명했다.

새로운 것에 대비하여 재정비를 하기 위해

존 코스티바스(John Kostibas)는 여러 정보통신 기업에서 엔지니어로서 또 노련한 간부였다. 그는 “공학을 공부하는 학생들이 크게 줄고 있는데 그 이유는 중고등학교 시절에 학생들이 가졌던 수학 공포증에 기인한다.”는 것을 알았다. 그래서 “만일 내가 학생들의 수학 공포증을 극복하도록 도울 수 있다면 더 많은 학생들이 공학과 기술 분야로 가도록 할 수 있을 것이라는 게 내 생각이었다.”고 그는 말했다.

오랫동안 창업과 스트레스 많은 사업 거래를 해온 코스티바스는 54세에 이제 때가 왔다고 생각했다. “나는 내가 늘 하고 싶었던 일을 할 준비가 되었다. 그 일은 고등학교에서 수학을 가르치는 것이었다.”

전환을 하기 위해 코스티바스는 조사를 해보았다. 결국 텍사스 주의 알렌(Allen)에 있는 콜린 칼리지(Collin College)를 선택했다. 그 대학에 제2의 커리어로 교사가 되려는 사람들을 위해 속성으로 자격증을 취득할 수 있는 프로그램이 있었기 때문이다. 학생들은 한 학기를 공부하고, 한 학기를 교생으로 일했다. 코스티바스는 교육학과 교생 실습을 결합시킨 것을 좋아했다. “애들을 다루는 방법에 많은 초점을 맞추고 있었다. 게다가 수학에 대한 보충교육이 있어 아주 좋았다. 35년 동안 나는 수학 수업을 들은 적이 없었기 때문이다. 심지어 그래핑 계산기 사용법도 배웠다. 30년 전에는 그래핑 계산기가 없었다.”고 그는 말했다.

코스티바스가 고려한 다른 프로그램들은 고작 4-5주만 하는 것이고, 학생을 가르치는 부분이 들어있지 않았다. “당신이 얼마나 똑똑한지 혹은 당신의 경험이 무엇이든지 상관은 없지만 당신은 10대들을 다룰 것이다. 당신이 알

지역 전문대학에 대해 알아보기

　당신이 약간의 교육만을 받았든 명문 대학의 학위를 가졌든 지역 전문대학에서 제공하는 것이 많이 있다. 실질적인 학습과 직업 훈련의 온상으로써 지역 전문대학은 앙코르 커리어를 찾는 이들에게 특별히 맞춰진 프로그램들을 점점 더 많이 제공하고 있다.

　미국 지역 전문대학 협회에 따르면 미국인의 90%가 적어도 하나의 커뮤니티 대학을 가까운 거리에 두고 살고 있다. 지역 전문대학의 장점은 등록비가 저렴하며, 연령이나 교육 배경과 관계없이 누구에게나 열려 있다는 것이다. 비전통적 학생들과 학교를 떠난 지 오래된 사람들을 위해 준비되어 있다.

　지역 사회와 연결되어 있고, 지역 내의 기업들이 인근의 자격을 갖춘 근로자들을 찾을 수 있도록 도울 의무감을 느끼고 있기 때문에 지역 전문대학은 자원봉사 기회 및 일자리 기회를 연결해준다. 보통 지역 전문대학은 온라인 강의를 제공해주기 때문에 당신에게 편리한 장소에 있지 않은 강좌가 있더라도 들을 수 있는 길이 있을 것이다.

　알아야 할 기타 사항:

- 전국의 모든 신규 간호사들의 절반 그리고 방사선 기술자 같은 기타 건강 관리 신규 근로자 대부분이 커뮤니티 대학에서 훈련을 받는다.
- 절반에 가까운 교사들이 커뮤니티 대학에서 최소한 일부라도 교육을 받는다.
- 컴퓨터 훈련 과정은 어디서나 요구가 많기 때문에 거의 언제나 가능하다.
- 많은 지역 전문대학들이 자기 평가, 커리어 계획 지원을 하며, 당신을 도와줄 멘토까지도 제공한다. 등록하기 전에 그런 커리어 지원의 일부를 이용해 볼 수 있다.

　지역 전문대학은 정부 자금에 의존하고, 지역사회에서 아주 많은 역할(해고 근로자 훈련, 4년제 학위를 준비할 수 있도록 준학사 학위를 제공하기 등)을 하고 있기 때문에 예산이 삭감되는 때에는 어려운 결정을 내려야 한다. 공적 자금을 지원받는 어떤 조직도 마찬가지이다. 그 의미는 인기 있는 프로그램들도 때로는 폐지된다는 것이다.

당신이 관심을 갖는 프로그램이 신청이 초과되거나 폐지되는 경우 당신에게 필요한 훈련을 받기 위해 다른 방법을 끈질기게 찾아 볼 필요가 있다. 그 분야에 당신이 아는 사람들에게 가서 의견을 부탁해라. 대학 커리어 상담실에 가서 동일한 훈련을 받을 수 있는 타 대학이나 기관에서 제공하는 것에 대해 혹시 아는지 물어보라.

그리고 그 프로그램이 돌아오는지 자주 확인해라. 당신과 가까운 곳의 지역 전문대학을 알려면 미국 지역 전문대학 협회의 대학 찾기를 이용하라. (aacc.nche.edu)

고 있는 것을 가지고 그들과 어떻게 소통할 수 있는가가 중요한 요인이다."라고 그는 설명했다. 지금 그는 댈러스 근교에 있는 마르쿠스(Marcus) 고등학교에서 대수와 기하를 가르치고 있다. 시간이 지나면 그는 도심의 빈민지역에 있는 학교로 옮기고 싶어 한다. 단 자신이 '최고의 교사'라고 느껴진 이후라야 한다. "자신의 교육은 아직 끝나지 않았다"고 그는 말했다. 앞으로도 계속 더 배워야 한다는 것이었다.

당신의 숙제를 하라

당신이 하고 싶은 일의 분야에 있는 사람들을 먼저 찾아 다녀라. 「성인을 위한 학교로 돌아가기」(Back to School for Grownups)의 저자 로라 길버트(Laura Gilbert)는 이렇게 조언하고 있다. 당신이 관심을 갖고 지켜보아 왔던 분야나 직업에 오랫동안 종사했던 사람과 아주 최근에 일을 시작한 두 종류의 사람을 모두 만나서 이런 질문을 해보라는 것이다. "당신이 일을 시작한 이래 무엇이 변했는가?" "이 분야가 어디로 움직이고 있다고 당신은 보는가?" "어떤 트렌드를 당신은 주목하고 있는가?" "당신이 다시 시작한다면 어떻게 자격을 갖추겠는가?"

벨린다 플러츠(Belinda Plutz)는 베테랑 커리어 코치이다. 그녀 역시 이러한 접근방법에 동의한다. "롤 모델과 시장으로부터 시작하라. 당신이 초음파 기사가 되고 싶으면 병원에서 그 부문 책임자와 이야기하라. 아니면 현장에 가서 사람들과 이야기하라."고 그녀는 내게 말했다. 가능하면 당신이 일하고 싶은 직장과 비슷한 곳에서 채용이나 인력 관리를 하고 있는 사람을 만나라.

전문가 협회와 산업계 협회는 여러 가지 다른 종류의 일을 하는데 어떤 자격증이 필요한지에 관해 정보를 얻을 수 있는 좋은 곳이다. 업계 협회 직원에게 말할 때 업계의 트렌드에 대해서도 물어보면 어디에 기회가 있고, 수요가 있는지를 파악하는데 도움이 될 것이다.

노동부가 운영하고 있는 무료 사이트인 O*Net(onetonline.org)에서는 특정 직업에서 일하고 있는 사람들의 교육 수준을 개괄적으로 보여주고 있다. 직업별로 검색을 하면 '밝은 전망'이라는 말과 함께 작은 웃는 얼굴 그림을 볼 수 있다. 이것은 일자리 전망이 그 분야에 있는 사람들에게 나아지고 있다는 것을 정부 방식으로 말하는 것이다. 건강 관리 분야의 일자리에 대해서는 미국 노동부와 지역 전문대학 협회의 후원을 받아 제작된 새로운 사이트인 가상 커리어 네트워크(Virtual Career Network, vcn.org/healthcare)에서 수많은 직업별로 어떤 종류의 훈련이 필요하며, 어디에서 어떻게 받을 수 있는지에 대해 훨씬 더 자세한 정보를 얻을 수 있다. (당신이 이전의 경험으로 학점을 취득하는 것에 대해 더 알려면 298쪽 참조.) 이 사이트는 다른 업계들도 포함하도록 확대될 것이다.

앙코르 커리어 핸드북 인생2막의 변화와 창조

학위가 부여하는 자격 때문에 학위를 원할지 모르겠지만 어떤 분야에서는 완전한 학위가 아니더라도 원하는 일자리를 얻을 수 있다. 자격증이 있으면 되는 곳이 있다. 대개 학기나 수업 연한을 다 마쳐야 취득할 수 있는 학위와는 달리 자격증은 수료에 필요한 수업이나 현장 실습의 시간으로 측정하여 취득할 수 있다.

자격증이 필요한 분야에서 조차도 어떤 역할은 자격증이 있어야 할 수 있지만, 다른 역할은 없어도 할 수 있다. 관심의 범위를 좁히고 네트워크를 만들기 시작하면 차이점을 뚜렷이 알 수 있고, 가장 소중한 자격증이 무엇인지도 분명해질 것이다.

때로는 최신의 훈련이 가장 중요하다. "대학 학위가 반드시 성공의 열쇠는 아니다. 20년 전에 취득한 학사 학위가 작년에 받은 자격증만큼 적절한 것은 아니다. 가장 중요한 것은 당신이 선택하려는 교육 프로그램과 당신이 수료 후 얻고자 하는 일자리와의 연관성이다."고 안냐 카메네츠(Anya Kamenetz)가 나에게 말했다. 그녀는 「DIY U: 에듀펑크, 에듀프레너 그리고 고등교육의 변화 물결」(Edupunks, Edupreneurs, and the Coming Transformation of Higher Education)의 저자다.

어떤 직업을 위해서는 정부가 발행한 면허를 필요로 할 수도 있다. 그렇다면 면허 시험에 대비하기 위해 또는 면허 시험에 필요한 교육 요건을 충족시키기 위해 어떤 강습을 받을 수 있다. 특정 분야에 면허가 필요하다면 교육 프로그램을 수료하여 반드시 면허 시험에 합격할 수 있도록 하여야 한다.

당신이 고려하고 있는 학교가 제공하는 서비스를 이용하는 것을 잊지 말라. 그 대학에 좋은 취업 지도 직원이

개방교육과 자기주도학습

당신이 독학 스타일이라면 알 필요가 있는 것을 스스로 배울 수 있다. 공식적인 교육이나 훈련을 받지 않고도 독서, 온라인 세미나, 스터디 그룹을 통해 가능하다.

최근 몇 년 동안 무료로 제공되는 수준 높은 강좌가 폭발적으로 늘어나고 있다. 그 명칭은 개방 강좌(open courses), 개방 소스(open source) 등으로 대개 개방 교육(open education)을 약간 변형한 것들이다. 이런 것들은 모든 사람들이 비디오를 볼 수 있는 브로드밴드만 있으면 배울 수 있게 함으로써 교육을 민주화하기 위한 시도이다. 칸 아카데미, MITx, 스탠퍼드, iTunes 대학(이곳에서는 NYU, 스탠퍼드, 기타 대학의 개방 강좌를 당신이 갖고 있는 아이폰이나 아이패드에 다운로드 받을 수 있다.)들이 이 일에 뛰어들었다.

역사적으로 보면 이러한 강좌들(또는 단 한 번의 강의)은 무료였고, 학점이 없고, 순전히 학술적인 것(예를 들면 물리학, 생물학 혹은 통계학에 관한 강의)이었다. 그러나 지금은 이들 프로그램 중 일부가 약간의 돈을 받고 증표, 자격증, 기타 인증서를 주고 있다. 이 분야를 주의 깊게 살펴보라. 빠르게 발전하고 진화하고 있다.

이 책이 인쇄 작업에 들어갈 즈음, MOOCs(Massive Online Open Courses)와 Coursera.org에 대한 뉴스가 쏟아져 나왔다. MOOCs는 이 분야를 대표하는 약자이고 Coursera.org는 2012년 설립 된 사회적 벤처로써 일류대학의 무료 온라인 강좌와 강의를 제공한다.

개방 학습은 여러 가지 측면에서 유용하다. 어떤 것에 관한 당신의 지식을 한층 더 높일 수 있다. 스탠퍼드가 2011년에 제공하여 인기가 있는 강좌인 데이터베이스 입문(Introduction to Databases)도 그런 사례에 속한다. 상당한 온라인 요소가 있는 프로그램에 전념하기 전에 먼저 한 과목을 공짜로 시험 삼아 들어볼 수 있다. 칸 아카데미가 제공하는 수학 과목처럼 무료 공개강좌도 있다. 이런 강좌를 잘 이용하면 자격증이나 학위 프로그램의 요건을 충족하는데 도움이 될 것이다. 그러기 위해서는 시험에 합격해야 할 것이다. 왜냐하면 대학의 전통적인 수업 과정을 마친 사람들만큼 당신이 그 방면에 지식이 있다는 것을 보여주어야 하기 때문이다.

안냐 카메네츠의 저서 「에듀펑크의 자기주도학습가이드(The Edupunk's Guide to a DIY Education)」와 웹사이트 EdupunkGuide.org는 당신 자신의 교육 과정을 계획하는데 아주 훌륭한 자료이다.

있으면 예비 학생이 특정 분야에 필요한 요건이 무엇인지를 자세히 살펴볼 수 있도록 도와준다. 많은 대학이 등록 전 포럼이나 오리엔테이션을 개최하여 이러한 종류의 정보를 관심 있는 학생들과 공유함으로써 학생들이 프로그램이 적합한 것인지를 알아낼 수 있도록 도와주고 있다.

적합한 프로그램 찾기

당신이 필요로 하는 훈련이 어떤 종류인지 발견하는 것과 마찬가지 방식으로 학술적인 프로그램도 찾아낼 수 있다. 바로 그 분야에 있는 사람들에게 물어보는 것이다. 몇 개의 프로그램을 찾아내고 나면 이제는 어떻게 비교가 되는지 볼 때이다. 대부분 프로그램은 기본적인 내용을 설명하는 안내 책자나 웹사이트가 있다. 어떤 경우에는 비디오, 팟캐스트나 자신들의 경험에 대해 이야기하는 최근 졸업생의 프로필도 올라와 있다. 입학 담당이나 커리어 상담 직원과 약속을 잡고 재학생이나 최근 졸업생들을 만날 수 있도록 주선해 줄 것을 요청하라.

공식적 혹은 비공식적 채널을 통해(아니면 두 채널 모두) 많은 질문에 대한 답을 얻으라.

- 입학 요건은 무엇인가? 만약 있다면?

- 학생 평가서를 얻을 수 있는지 반드시 질문하라.

- 강좌나 다른 프로젝트에 매주 몇 시간을 쓸 수 있을 것인가?

- 프로그램이 성인 학생들을 위해 특별히 고안된 게 아니라면 그 사람들을 위해 추가 도움이나 특별한 지원을 해주는가?

- 일부 학교는 성인 학생들을 위해 멘토나 동료 조언 그룹을 운영하고 있다. 그와 같은 것이 이 학교에도 있는가?

- 비용은 어느 정도인가? 책값, IT관련 시설 이용비, 교통비도 추정액에 반드시 포함시켜야 한다.

- 보조금, 장학금 또는 다른 형태의 재정 지원이 가능한가? 근로 장학금도 가능한가?

- 수업 시간은 당신에게 편리한가?

- 대부분 수업이 어떤 방식으로 이루어지는가? 온라인? 출석? 아니면 두 개를 혼합한 하이브리드 방식?

- 인턴십, 현장 학습이나 다른 종류의 체험 학습 기회가 있는가?

- 어떤 종류의 IT를 필요로 하는가? 컴퓨터가 없거나 학교에서 작업하고 싶으면 사용할 수 있는 컴퓨터실이 있는가?

- 학생들의 연령 구성은?

- 당신에게 장애가 있다면 학교에서는 당신을 수용할 수 있는가?

- 통학 거리가 멀다면 교통편을 지원하는가? 아니면 거주 시설이 있는가?

- 수업을 참관할 수 있는가? 졸업생이나 동창생과 이야기를 나눌 수 있는가?

- 프로그램의 모든 과목을 쉽게 들을 수 있는가? 아니면 대기자 명단에 올려야 하는가?

- 프로그램이 학위 과정이라면 학위를 마치는 학생 비율은 몇 퍼센트인가?

- 프로그램이 직업 훈련이라면 취직하는데 학교가 어떤 도움을 주는가? 졸업

앙코르 커리어 핸드북 인생2막의 변화와 창조

생들이 어떤 직업을 얻는가?

- 당신이 학위나 자격증을 얻기 위해 공부하고, 또 당신이 다른 학교에서 강의를 들었거나 직장 경험이 있는 경우 학점이나 자격증 요건에서 인정을 받을 수 있는가? 꼭 물어보라.

- 최근 학교의 수업료 인상액에 대해서 물어보아라. 여러 해 동안 공부를 해야 한다면 앞으로 얼마나 인상될 수 있는지에 대해서도 질문을 던져라. 이런 수치들이 높은 것 같으면 그 학교는 학생 교육에 앞서 영리를 우선시한다는 경고이다.

파멜라 해리스(Pamela Harris)가 도서관학 석사 프로그램에 지원할지를 결정할 때 그녀는 프로그램 책임자에게 전화해서 질문을 퍼부었다. "내가 들어갈 수 있는가?" "내 나이 또래의 사람이 프로그램에서 어떻게 할 수 있는가?" "끝내고 나서 직장을 얻을 수 있는가?" 모든 사람이 해리스처럼 적극적인 것은 아니지만 나는 그녀의 경우와 같은 이야기를 많이 들어서 패턴을 알게 되었다. 즉, 나이와 경험이 있으면 무엇이 당신에게 적합한 것인가를 알아내어 당신이 원하는 것을 추구할 수 있는 능력이 생긴다.

어떻게 준비할 것인가 : 무엇을 기대할 것인가

당신이 지난 10년 혹은 그 이상 오래 수업을 듣지 않았다면 학교로 돌아가는 것은 당신이 기억하고 있는 것과는 매우 다를 것이다. "이것이 우리가 배우는 방법이다. 자, 어떻게 할래. 싫으면 그만두라."는 시절은 지나갔다. 이제 학교는 학생들을 소비자처럼 대한다. 경쟁이 심해서 그렇게 할 수 밖에 없다. 많은 학교에서 가능한 자원을 확보해 학생들이 필요로 하는 지원을 확실히 받을 수 있게 하고 있다.

에이미 던(Ami Dorn)은 의료 보조원이 되기 위해 메릴랜드의 앤 아룬델 커뮤니티 대학(Anne Arundel Community College)으로 돌아왔다. "그저 수업에만 들어오는 사람이 되지 말아라. 대학이 줄 수 있는 모든 혜택, 예를 들면 튜터, 강사의 근무 시간, 도서관 서비스, 카운슬링 등을 이용하라."고 그녀는 조언했다.

하지만 불안을 느끼는 것이 보통이다. 쥴리 와이스(Julie Weiss)는 성인으로 살아오면서 간간이 강좌를 들어왔지만 50세가 넘어 사회복지 석사 프로그램을 시작하기 위해 뉴잉글랜드 대학(University of New England)에 돌아왔을 때 그녀는 완전히 다시 1학년이 된 것 같았다고 말했다. "아무도 내 옆에 앉지 않

경험에 대해 학점 받기

많은 학교 기관과 자격증 프로그램들에서는 일한 경력에 대해 학점을 인정할 것이다. 당신의 군복무, 전문성 개발, 직장 내 훈련, 개방 강좌 학습 심지어 자원봉사자 활동도 자격이 될 수 있다. 이것을 선행학습 평가라 하며, 전형적인 학교가 아닌 곳에서 이루어진 학습을 의미한다.

어떤 선행학습이 학점 인정이 되는지 그리고 학점을 받으려면 시험을 쳐야 하는지 아니면 당신이 아는 것을 보여주기 위해 포트폴리오를 준비해야 하는지를 알아보려면 이런 사이트를 확인해 보라. Council for Adult and Experiential Learning (CAEL)의 사이트인 LearningCounts.org, 그리고 American Council on Education's adult learner services page (acenet.edu/AM/Tem-plate.cfmSection=Learners).

러닝 카운츠(Learning Counts)는 비영리 단체인 CAEL이 운영하는 것으로 성인 학습자들이 사회적으로 의미 있는 일을 하는데 필요한 기술 제공에 중점을 두고 있다. 당신의 구체적인 상황에 대한 질문에 답할 수 있도록 조언자를 무료로 연결해 주기도 한다.

앙코르 커리어 핸드북 인생2막의 변화와 창조

으려 하면 어쩌지?"하고 그녀는 생각했다. 막상 뚜껑을 열고 보니 불안해 할 필요가 없었다. 그녀는 학생이라는 것이 좋았고, 바로 풀타임 학생의 일상으로 돌아갔다. 그녀는 인기 학생이 어떤 것인지를 마침내 알게 되었다고 농담한다. "많은 사람들이 그룹 프로젝트를 나와 함께 하고 싶어 한다. 일생 동안 나는 사람들이 나를 그들의 팀에 받아주기를 기다려왔다."고 그녀는 말했다. 그 프로그램에는 그녀 나이 또래의 사람이 몇몇 있는데 또래 집단처럼 되었다. "강의실은 완전히 과열되어서 50세가 넘은 여성들은 창문 옆에 함께 앉는다. 폐경기 현상이다."고 그녀는 덧붙였다.

프리실라 산티아고가 고등학교를 중퇴한 지 몇십 년 만에 학교로 되돌아갔을 때 그녀는 완전히 겁을 먹었다. 대학 입학 자격시험을 준비하는 동안 아주 거북했지만 준학사 학위 그리고 궁극적으로는 학사 학위를 취득하기 위해 학교에 가게 되면서 점점 편안해졌다. "나는 다른 학생, 선생님 그리고 조언자들로부터 격려를 받았다."고 그녀는 말했다. 그녀의 어머니, 남편, 언니, 아이들, 손주 모두가 그녀가 하고 있는 것에 감동을 받았다. "내가 계속할 수 있었던 것은 목표 즉, 학위를 따겠다는 것에 계속 집중하였기 때문이었다."고 그녀는 말했다.

학교생활에 적응하도록 일상을 설정하여 준비를 할 필요가 있다. 당신의 일을 할 수 있도록 시간과 장소를 마련해 놓았는가? 당신의 작업 일정을 조정하거나 혹은 육아나 노인 돌봄 같은 일을 관리할 필요가 있는가? 참여하는데 필요한 기술에 익숙한가?

흔히 프로그램에서는 학교에 되돌아오는 학생들을 돕기 위해 재교육 과정을 제시하거나 제공한다. 수학과 영어는 공통이고, IT기기 사용법이나 도서관 이용 과정에 대해서도 그렇다. 프로그램에서 사용되는 특별한 테크놀로지 플랫폼이 있다면 당신은 그 사용법을 배울 충분한 기회를 갖게 되겠지만 개별 지도를 해준다고 되어 있으면 과정이 시작되기 전에 반드시 받는 것이 좋

속성, 가속, 압축

중후반 커리어의 사람들에게 필요한 자격증을 더 빨리 가질 수 있도록 하기 위해 학교들은 전통적 방법의 훈련을 우회하는 다른 종류의 프로그램을 만들어낸다. 프로그램들을 살펴보면 속성, 압축, 단축, 대안 같은 용어가 쓰이고 있는 것을 알게 될 것이다.

미국교육위원회의 메리 베스 라킨(Mary Beth Lakin)에 따르면 이런 용어에 대한 통일적 정의는 없으며 겹치는 것이 많다. 여기 당신이 접할 프로그램 설명에 대해 이해를 돕는 일반적인 가이드라인이 있다.

'압축'은 프로그램에서 더 짧은 시간 안에 더 많은 재료를 집어넣는 것을 의미한다. 그래서 보통 강좌가 1주에 한 번씩 모이고, 15주에 걸쳐 완료된다면 이것은 대신에 3번의 긴 주말에 걸쳐 압축판으로 제공될 수 있다.

'가속'은 흔히 '속성'과 교체 사용할 수도 있는데 당신이 실제로 학습에 속도를 더 높일 수 있다는 것을 의미한다. 당신이 한동안 학교에서 벗어나 있어서 예를 들어 컴퓨터나 수학 과목의 재교육을 해야 한다고 한다면 당신이 원하는 일을 하기 위한 훈련 프로그램을 시작하는 것과 동시에 재교육 수업을 듣는 게 가능할 수 있다는 것이다.

'대안 자격증 따기'란 필요한 면허나 자격증 요구를 충족하는 다른 방법을 나타낸다. 영역을 바꾸는 사람들이나 트룹스 투 티처즈(Troops to Teachers)를 대상으로 하는 교직 프로그램은 이것의 예이다. 트룹스 투 티처즈는 퇴역군인들이 교직으로 전환하는 것을 돕는 프로그램이다.

다른 프로그램들을 고려하면서 설명 용어에 초점을 두기보다는 이런 요소들을 살펴보라.

● 일정이 어떠하며 다른 시기에 그 강좌가 제공되는가?

● 프로그램이 요구하는 것을 더 빨리 끝낼 수 있는 다른 선택이 있는가?

● 얼마나 많은 콘텐츠를 어느 정도의 기간에 다루어야 하는가?

● 당신이 영어, 수학, 컴퓨터 혹은 다른 것에 도움이 필요하다면 그런 것들을 동시에 할 수 있는 방법은 있는가?

앙코르 커리어 핸드북 인생2막의 변화와 창조

다. 만약 특별히 염려되는 것이 있다면 교직원과 그것에 대해 얘기하라.

당신의 학습 과정에는 추가적인 요건이 있을 것이다. 현장 배치가 들어있는 프로그램에서는 당신이 배치되어 일하기 전에 신원 조사, 지문 채취, 특정 건강 검진을 요구할 것이다. 그러한 요구 조건이 어떤 것인지 반드시 미리 알아서 그런 것들을 일찍 챙기도록 하라.

당신이 선행 학습이나 훈련에 대해 학점 인정을 원한다면 오래된 성적 증명서를 찾거나 졸업 증명서를 제출해야 한다. 전문대학 학위 취득을 하려고 하면서 직장 경험이나 훈련에 대해 학점 인정을 기대한다면 당신의 작업 결과물과 관련된 어떤 샘플이라도 모아라. 만약 경쟁이 심한 프로그램에 지원한다면 대학원 입학시험을 보거나 폭넓은 지원 에세이를 써야 할 수도 있다.

가장 중요한 것은 가까운 친구나 가족들에게 지원을 요청하여 당신의 마음과는 달리 그들과 함께 있을 시간이 없을 수도 있다는 것을 이해하도록 하는 것이다. 학교로 돌아가는 것은 인생의 어느 시점에서라도 힘들게 느껴질 수 있다. 그래서 가까이에 지지자를 몇 명 두는 것이 괜찮다.

젊은 사람들에게서 배우고 그들과 함께 배워라

어떤 사람들은 더 젊은 사람들과 접촉할 수 있다는 이유로 특별히 어느 강좌를 선택하는 경우도 있다. 대학 교수인 니키 로브(Nicki Robb)가 바로 그런 경우이다. 그녀는 사회적 목적의 벤처 창업을 돕는 혁신적인 교육 프로그램인 산소리(Sansori, sansori.org)의 최초의 학급에 들어갔다. 로브는 오랫동안 농업과 영농에 대한 교육 프로그램을 개발한 경험을 갖고 있었다.

그녀는 특수 아동을 위해서 농장에 기반을 둔 동물 치료 프로그램을 제안하는 새로운 프로젝트를 탐구하고 있었다. 그녀는 다양한 방면에서 할 수 있는 탄탄한 기술을 가지고 있었다. 즉, 예산 편성, 현장 운영 관리, 지속 가능한 영농 시스템을 만들기 위해서 동물과 재료(흙과 퇴비 같은)로 일하기에 대한 기술을 가지고 있었다. "나는 보병이라는 것이 어떤 것인가를 안다."라고 그녀는 말했다.

로브는 산소리 강좌를 들으면 요즘 사람들이 어떻게 아이디어를 퍼뜨리는 지 아는데 도움이 될 것이라고 기대했다. 지금 56세인 그녀는 이렇게 설명했다. "나는 21살 때부터 아이디어를 홍보해왔다. 그러나 우리가 소통하는 방법에 변화가 있어왔다. 그리고 나는 내가 다른 세대 사람인 것을 알기 때문에 나의 한계를 알고 있다. 요즘 젊은 사람들을 보면 더 스마트하고 더 효율적으로 일하는 법을 배웠다는 것을 나는 안다. 그렇기 때문에 나는 그들로부터 배우고 싶다."

프로그램에 들어간 지 몇 달도 안 되었는데 그녀는 교차 멘토링의 가능성이 많다는 것을 알았다. 젊은 동료 학생들은 그녀에게 구글 플러스에 올릴 프로필 작성을 도와주었다. 이것은 반 학생들이 가상공간에서 소통하기 위해 사용하는 온라인 수단이다. 그 대신 로브는 앰허스트(Amherst) 대학의 젊은 학생들, 특히 '농업에 열정적인 새로운 세대의 학생들'에게 그녀가 수십 년 동안 배운 것을 가르쳐 주었다.

당신 나이 또래의 학생이 당신 혼자라고 생각하지 마라. 당신은 중년을 위한 커리어나 앙코르 학생들을 위해 특별히 설계된 프로그램에 들어갈 수 있을 것이다. 지역 전문대학과 평생교육 프로그램은 나이 든 사람과 기타 비전통적인 학생들을 끌어당기는 자석이다.

당신이 어떤 프로그램을 선택하든지 당신을 가르치는 교수가 당신보다 상당히 젊을 수 있다. 당신보다 경험이 적은 사람으로부터 배운다는 것에 익숙해지는 것이 힘들 것이다. 그러나 젊은 동료들과 심지어 젊은 상사와 함께 일하는 것에 대한 좋은 준비라고 생각하라. (젊은 사람들과 일하는 것에 대해서는 226쪽 참조)

그럴 만한 가치가 있는가?

학교로 되돌아가 다시 공부하려면 비용이 든다. 프로그램에 대한 재무적 비용에 더해 당신의 시간 비용도 있다. 그 시간을 돈 버는데 쓸 수도 있을 것이다. 예를 들면 인턴이나 유급 일을 하면서 배울 수도 있을 것이다. 그러나 다른 측면에서 보면 학교로 돌아가 공부한다는 것은 앞으로 장기간 더 많은 소득을 올릴 수 있는 자격증을 당신에게 주는 방법이 될 수 있다.

학교로 돌아가는 것이 과연 좋은 결정인지 알려면 몇 가지 요인을 저울질해보는 게 좋다. 즉, 당신이 하고 싶은 일을 하는데, 필요한 훈련을 받는데 시간이 얼마나 걸릴 것인가? 비용은 얼마나 들까? 자격증을 얻은 후에 얼마나 돈을 벌 수 있을까? 새로운 분야에서 앞으로 얼마 동안 일을 할 계획인가? 물론 앞으로 당신이 원하는 만큼 건강하게 일할 수 있을지, 새로운 분야에서 당신이 기대하는 수입을 올릴 수 있을지 예측할 방법은 없다. 그렇지만 이런 과정을 거쳐야 제대로 알고 결정을 내릴 수 있다.

나는 10년 전에 회사를 그만두고 저널리스트가 되기 위한 훈련을 받겠다고 결정했을 때 이와 같은 분석을 했다. 언론학 석사 코스를 밟기 위해 학교로 돌아가는 비용(5만 달러 정도)에다 1년 동안 공부로 인해 벌지 못하게 될 소득 상실분을 포함한 것과 학위를 딴 후 내가 벌 수 있는 소득(아마 연간 5만 달러 이하에서 시작)을 저울질해 보았다. 더 중요한 것은 학위를 받으면 과연 내가 추구하는 직업을 잡을 수 있을 것인가 그리고 내가 원하는 지식과 기술을 습득하는데 더 싸고, 다른 좋은 방법은 없는가를 나는 검토했다. 언론학을 공부한 졸업생들의 취업 자료를 조사해보니 딱 마음에 드는 것이 별로 없었다. 그래서 나는 몇백 달러의 비용으로 평생교육 프로그램의 강좌 몇 개를 들었다. 그러면서 동시에 글쓰기 능력을 배양하고, 포트폴리오를 강화했다. 도움이 되는 워크숍이 있는 중요한 컨퍼런스에 참석했다. 또한 나를 편집자에게 소개시켜

준 몇 사람의 멘토를 찾았고, 이 때문에 과정이 조금 더 빠르게 진행될 수 있었다. 튼튼한 네트워크 덕분에 일이 쉽게 풀렸다.

오랫동안 기술 산업의 기업인으로 일해 온 피터 존슨(Peter Johnson)도 교수가 되는 방법을 고민할 때 비슷한 과정을 거쳤다. 질문: 꼭 마케팅 박사 학위를 취득해야 하는가? 존슨은 56세였으며, 회사에서 일을 하면서 겸임 교수로 강의를 하고 있었다. 박사 학위를 받으려면 4년을 공부해야 했다. 졸업 후에는 최소 10년은 더 일할 계획을 세웠다. 조사를 좀 해보았더니 경영대학원 교수에 대한 수요가 앞으로 증가할 것이라는 보고가 있기에 그는 박사 학위를 취득하는 것이 그만한 가치가 있다고 판단했다. 그것은 계산된 리스크였고, 그 결과는 성공이었다. 박사 학위 코스를 마치는 시점에 맞춰 존슨은 포덤(Fordham) 대학에서 전임 종신 교수직을 얻었다.

학자금 조달하기

앙코르 교육비가 비쌀 필요는 없다. 지역 전문대학의 수업료는 부담이 되지 않도록 책정되며, 많은 자격증 또는 온라인 강좌도 마찬가지다. 당신의 흥미를 끄는 프로그램이 있다면 비용이 너무 비싸더라도 포기하지 마라. 학자금 지원이 필요하다면 입학하려는 대학의 행정실이나 학자금 지원 부서를 먼저 찾아가라. (작은 프로그램의 경우에는 모든 것에 대한 단일창구만 있고, 그 사람이 도와줄 수 있을 것이다.) 일부 프로그램은 수업료 할인을 받는 학생이나 전액 장학금을 받는 학생을 위한 다수의 자리를 확보해둔다. 학비 부담을 줄이기 위해 학내 자원봉사도 가능하다.

회사에 근무하고 있다면 학비 지원 제도가 있는지 여부를 체크하라. 회사가 공표하지 않고 그런 제도를 운영하는 경우가 있기 때문에 인사부에 질의하면 알 수 있다.

장학금이나 보조금이 있는지도 조사하라. 대부분의 장학금이나 보조금 지급 기준에 나이에 대해서는 언급이 없다. 그러나 일부는 특별히 나이든 성인에게 집중적으로 지급하고 있다. 또한 직장으로 복귀하거나 기술을 향상시키려는 여성에 대해서는 여러 가지 옵션이 있다. 예를 들면 AARP 여성재단은 40세 이상의 저소득층 여성이 새로운 기술을 배우려고 하면 500달러에서 5,000달러까지 장학금으로 지급하고 있다. 그리고 미국 대학 여성 협회(American Association of University Women)는 학사 학위를 갖고 있는 여성이 자신의 커리어를 발전시키기 위해 공부를 하는 경우 2,000달러에서 12,000달러까지 장학금을 제공하고 있다.

또한 연방 정부의 보조금과 학자금 대출도 생각해 보라. 펠 보조금(Pell Grants)은 학자금 지원을 필요로 하는 사람들에게 연간 5,550달러까지 보조금으로 지급하고 있다. 이것은 대출과 달라서 상환할 필요가 없다. 지급 금액은 소득 수준과 풀타임 학생이냐 파트타임 학생이냐에 따라 결정된다. 펠 보조금의 수혜자 대부분은 연간 소득이 5만 달러 이하이다. 펠 보조금은 첫 번째 학사 학위 과정에서만 받을 수 있다. 그러나 교사가 되기 위한 학점 인정 과정(Post Baccalaureate) 프로그램은 이 보조금을 받을 수도 있다. 당신이 해고가 되었거나 학교로 돌아가기 위해 직장을 떠난다면 당신의 현재 상황을 반영하기 위해 소득을 조정하는 절차가 있다. (어떤 때는 해고나 실직이라도 고려된다는 것을 유념하라.)

연방 정부의 주요 학자금 대출인 스태퍼드 학자금 대출(Stafford Loans)은 금리가 대단히 낮으며, 또 당신이 어떤 소득 요건을 충족하는 한 그리고 파트타임 학생도 상환을 하지 않아도 된다.

학자금 대출을 받는 것을 고려하고 있다면 조심하라. 졸업 후 상환해야 할 대출금은 많은데 비해 노동 시장의 여건이 좋지 않을 수 있기 때문이다. 상환 능력을 면밀하게 계산한 후에 여력이 있는 경우에 대출을 받는 것이 좋다.

당신이 학비를 내려고 융자를 받으려 한다면 조심해야 한다. 영리를 목적으로 하는 교육기관들이 학생들의 학자금 대출을 도와주고는 과도한 빚에다가 일자리 전망도 불충분한 상태로 졸업시킨다고 비난을 받아왔다. 당신이 안게 되는 부담을 감안할 때 일리 있는 정도의 급여를 받을 일을 찾을 가능성이 있다고 확신하지 못한다면 빚을 지지 말라.

융자를 받는 경우 공공 안전, 공중 보건, 교육, 사회사업, 혹은 비영리 부문에서 일하는 졸업생들에게는 공공 서비스 교육법에 따라 연방 정부 학생 융자금에 대한 월 상환금을 감액시켜준다. 법에 따라 공공 서비스에서 10년을 풀타임으로 일하는 졸업생에게는 대출금을 전액 면제해준다.

당신이 학비를 지원 받지 못하더라도 어느 정도의 세금 우대를 받을 수 있다. 당신이 자녀들을 위해 529 대학 교육 저축구좌에 별도로 예금을 갖고 있다면 당신 자신을 포함한 누군가를 위한 교육에 그 비과세 금액을 쓸 수 있다. (교육비 조달에 대한 기타 세금우대에 대한 토의에 대해선 151쪽 참조)

FAQs

온라인 교육 프로그램이 나에게 맞는지 어떻게 알 수 있나?

온라인 프로그램을 잘하는 사람은 일반적으로 우선 자기 규율이 잘되어 있고, 자신들의 페이스로 일하는 것이 편하고, 시간 관리를 잘하는 기술이 있다. 또한 그들은 기술을 편안하게 다루고 적어도 컴퓨터 앞에서 상당한 시간을 보낸다. 온라인 학습 플랫폼에서는 흔히 교사 및 동료 학생들과 서로 소통하고, 질문을 하거나 생방송 비디오를 통해 강의를 볼 수도 있다.

온라인 혹은 원격 학습은 매우 다를 수 있다는 사실을 명심하라. 그렇기 때문에 온라인 프로그램이 어떻게 운영되는지에 대해 많은 질문을 던져야 한다.

앙코르 커리어 핸드북 인생2막의 변화와 창조

- 당신은 온라인 플랫폼을 이용하여 다른 사람들 그리고 교사와 소통할 것인가?
- 당신은 비디오 강의를 보겠는가?
- 당신은 라이브 강의에 참여하기 위해 화상회의 라인을 이용하겠는가?
- 온라인에 시간을 얼마나 쓸 것이며 그리고 당신에게서 어떤 종류의 참여를 기대하는가?

할 수만 있다면 한 과정, 한 강의나 무료 온라인 과목을 시험 삼아 들어보라. (294쪽의 박스를 참조). 온라인 프로그램이 좋다고 해도 직접 사람을 만나는 경험을 하고 싶어 하는 사람 중의 한 사람이 당신일 수 있다는 것을 깨닫는 것이 아주 중요하다. 또한 인터넷의 전송 속도가 느려 동영상을 볼 수 없거나 대용량 파일을 다운로드 받기 어려우면 온라인만으로 하는 프로그램이 낭패일 수 있다.

당신이 어떤 종류의 학습자인지에 대하여 생각해봄으로써 서로 다른 환경에서 어떻게 학습을 수행할 것인가에 대한 힌트를 얻을 수 있다. 컴퓨터에서 비디오 보기를 즐겨하는가? 아니면 교실에 앉아 있는 게 더 좋은가? 귀로 듣는 것을 얼마나 기억하는가? 인쇄된 것을 눈으로 보아야 이해가 되는가? 당신이 어느 스타일에 속하는지에 따라 당신의 학습 프로그램이 결정될 것이다. 가장 인기가 좋은 프로그램 중에는 온라인 강의와 출석 수업이 결합된 형식이다.

영리 목적의 학교를 조심해야 하나?

학사 학위와 기타 종류의 학습 프로그램을 운영하는 영리 목적의 학교가 늘고 있다. 학위와 직업반을 선전하는 광고가 없는 곳이 없을 정도다. 앞으로 몇 년 안에 영리 목적의 학교 시장이 대폭 성장할 것으로 예상된다.

미국 교육부는 영리 학교들이 실직자들을 등쳐먹는데 대해 비판을 하고 있다. 실직자들이 많은 학자금 대출을 받도록 해주고는 공부해도 원하는 일자리를 얻지 못해 대출금도 갚지 못해 어려움을 겪게 만든다는 것이다. 물론 영리 학교가 다 그렇다는 것은 아니다. 이런 비난이 일자 새로운 규정이 실시되어 보수를 주는 일자리로 이어지는 프로그램을 제공하는 학교에 대한 특혜가 강화되었다.

그렇지만 영리 교육기관에 대해 요구할 질문은 다른 어떤 학교에 대한 것과 마찬가지다. 다만 학교가 일자리를 찾는데 도움을 주는 실적에 좀 더 중점을 두라.(질문 리스트에 대해서는 296쪽 참조)

잘 모르는 학교라거나 의심이 든다면 더 살펴봐야 한다. 홍보물에만 기대지 말라. 프로그램 뒤에 누가 있는지 알아내고, 수업을 하는 강사들의 자격에 세심한 주의를 기울여라. 온라인에서 여기저기를 검색해 보라. 동창생들을 찾아 그들과 이야기를 나누어 보라.

많은 사람에게 교육을 전달하는 수많은 혁신적 모델이 나오기를 기대하라. 이런 것은 대규모 투자를 통해 신속하게 수요를 맞출 능력을 가진 회사가 가장 잘 해낼 수 있을 것이다. Empowered UCLA Extension처럼 공공기관과 사립기관의 파트너십에 주목하라. 이것은 UCLA 평생 교육원과 개인 투자자 그룹과의 파트너십으로 앙코르에 중점을 두고 있으며, 2012년에 앙코르 시장에 특별히 맞추어진 온라인 자격증 프로그램을 시작했다.

내가 생각하기에 능력이 없다고 생각되는 교수를 어떻게 해야 하나?

뉴욕 대학의 와그너 공공 서비스 대학원(Wagner School of Public Service)의 엘렌 숄(Ellen Schall) 학장은 다음과 같이 조언한다. "제일 먼저 할 것은 다른 사람들의 의견을 알아보는 것이다. 같은 스터디 그룹의 다른 사람들도 이 사람은 아니다라고 생각한다면 정말 문제다. 만약 다른 사람들이 모두 그 교수를 좋아한다면 당신이 문제일 수도 있다.”

당신의 우려가 사실로 확인되면 적절한 채널을 활용하라. 거의 모든 학교에는 교수에 대한 불만을 신고할 수 있는 절차가 있다. 수강하기 전에 당신도 조사를 좀 해볼 수 있다는 것을 명심해라. 많은 학교에서 수강 신청을 하기 전에 해당 교수에 대한 평가 결과를 알 수 있게 하고 있다. 과목에 못지않게 교수도 중요하다. 그러니 최대한 잘 맞도록 사전에 조사를 한 후에 강좌를 선택하라.

내가 하고 싶은 일을 하기 위해서 학교로 되돌아갈 필요가 있는지 어떻게 알 수 있는가?

학교 프로그램에 뛰어들기 전에 반드시 조사를 하라. 조사의 시작은 들어가려는 대학의 관계자뿐만 아니라 당신이 일하고 싶은 분야에 있는 사람들과 이야기를 나눠보는 것이다. 당신은 하고 싶은 일을 하고 있는 사람을 찾아서 그들이 그 일을 처음 시작한 20년 혹은 30년 전의 것이 아니라 지금 그 분야로 진출하기 위해서는 어떤 교육과 훈련이 필요한지를 질문하라. 만약 그들이 학교로 되돌아간다고 하면 어떤 종류의 훈련을 받고 싶은지 물어보라. 마지막으로 재정적인 형편을 검토하라. 졸업 후에 당신이 가질 취업 기회를 감안하여 공부하느라 몇 년의 시간과 돈을 투자하는 것이 과연 합리적인지 따져보라.

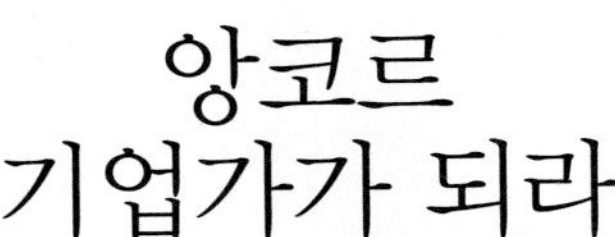

제 10장

앙코르
기업가가 되라

나는 내가 목격한 불의를
이해할 만큼 나이가 들었고,
그것에 대해 무슨 일을 할 만큼
경험이 있다.
– 로버트 챔버스, 앙코르 –

베테랑 임원이었던 밀튼 로이(Milton Roye)는 다니던 회사의 구조 조정으로 길거리로 나앉았다. 구조 조정만 벌써 네 번째였다. 그는 이제는 자신의 사업을 해야할 때라고 결심하였다.

이때 그는 50대 초반이었다. 자신의 네트워크를 동원하여 한층 깨끗하고 효율적인 점화장치에 관한 신기술 이야기를 들었다. 그는 해외로 나갔던 제조업을 다시 미국으로 돌아오게 하고, 환경에 도움이 되는 뭔가를 하고 싶다는 열망을 갖고 있었다. 이 신기술을 사업화 하면 그의 꿈을 이룰 수 있을 것 같았다. 그는 직접 하기로 하고 투자자를 찾았다. 로이가 설립한 기업 ENRG 파워 시스템즈는 첫 고객과 계약을 하면서 약간의 진전이 있었다. 그러나 그는 곧 창업기업을 경영하려면 배워야 할 게 많다는 것을 깨달았다. "만약 당신이 델파이(Delphi) 혹은 지엠(GM)에서 일하고 있다면 생활은 그리 빨리 바뀌지 않는다. 예측이 상당히 가능하기 때문이다. 나는 기술을 갖고 있었다. 그러나 투자가가 필요로 하는 사업계획을 어떤 내용으로 작성해야 할지 몰랐다. 미국 기업에서 작성하는 사업계획서는 보통 2~3인치 바인더에 들어갈 만큼 분량이 많다. 그러나 창업가에게는 10쪽을 넘어가지 않고, 재무제표는 3쪽에 담는다.”고 그는 설명했다. 그의 부인이 이 일을 돕고 있었다. 그녀는 디트로이트 되살리기에 전념하는 웨인 주립 대학 부설의 비즈니스 인큐베이터인 테크타운에 참여해 보라고 그에게 제안했다. 로이는 테크타운의 THRIVE 프로그램에 등록했다. 이 과정을 마치면 투자자들에게 그대로 사용할 수 있는 사업계획과 프레젠테이션- 그가 찾고 있던 바로 그것을-을 손에 쥘 수 있을 것이라는 말에 마음이 끌렸기 때문이다. 프로그램이 진행되는 동안 경험이 풍부한 기업가들이 자원봉사로 예비 창업자를 대상으로 멘토링을 해주었다. 그는 그 사람들의 열정과 사회의식에 깊은 감명을 받았다. “디트로이트가 과거엔 자동차 산업이 기반이 되어 경기가 좋았지만 예전과 같은 상황으로 결코 돌아갈 수 없다는 것을 그들은 알았기 때문에 그런 활동을 하고 있었다. 성공하려면 스스로는 절대 그곳에 나오지 않았을 수많은 사람들이 가진 전문기술을 활용할 필요가 있었다.” 고 그는 내게 말했다.

로이의 이야기를 들어보면 두 가지 트렌드를 수렴하고 있음을 알 수 있다. 연구 조사에 따르면 50세가 넘는 사람들의 기업활동이 증가하고 있다고 한다. 여기에는 몇 가지 이유가 있다. 즉, 미국인들은 예전에 비해 더 오래 살고 건강도 더 좋아졌다. 중년이 되면 경험이 풍부해지고 자신의 능력에 대한 자신감이 커지는데다 이제는 남이 아닌 자기 자신을 위한 일을 하고 싶어 한다. 그리고 어느 나이를 넘어서면 일자리 잡기가 점점 더 어려워지니 자신의 사업을 해보려고 한다. 두 번째 트렌드는 보통 중년기에 나타나는 생산성(Generativity)에 대한 욕구이다. 이것은 오래 지속되는 어떤 것, 당신과 미래 세대를 연결할 어떤 것을 만들고 창조해 내고 싶은 욕구이다.

앙코르 커리어에 많은 사람들이 관심을 갖고 사회적인 문제를 해결하거나 지역 사회를 도울 수 있는 단체를 시작하는 것도 바로 이와 같은 맥락이다.

2011년 MetLife와 Encore.org가 공동으로 조사한 결과에 따르면 44세 이상 70세 이하의 미국인 네 명 중 한 명꼴로 향후 5-10년 안에 새로 사업이나 비영리 단체를 시작하고 싶어 하며, 그 중 절반이 지역 사회에서 필요로 하는 일을 하겠다고 응답했다.

사회적 기업가란 무엇인가?

앙코르 기업가는 인생 후반기에 사업을 시작하면서 옛날 학교에서 배웠던 영리 우선 혹은 영리만을 추구하지 않는 기업인이다. 대신 그들은 수입을 창출하면서 사회적 문제를 해결하고, 이 세상을 조금 더 좋은 것으로 만들기 위해 사업적인 수완을 사용한다. 앙코르 커리어에 종사하고 있는 사람들이 그들의 인생2막과 3막의 부분집합인 것처럼 앙코르 기업가들도 나이가 든 기업가들 즉, 인생의 경험이 풍부한 사회적 기업가의 부분집합이다.

그렇다면 사회적 기업가 활동은 무엇인가? 대략 정의한다면 사회 변화를 달성하기 위해 기업가가 갖고 있는 기술을 사용하는 것이다. 사회적 기업가 활동은 커다란 텐트와 같은 것이다. 그 안에는 글로벌 이슈를 해결하는 사람들, 지역사회의 문제를 해결하기 위해 단체를 설립하는 사람들, 글로벌 이슈와 지역문제 사이에 존재하는 많은 문제를 해결하는 사람들이 들어 있다. 사회적 사명을 가진 영리 기업, 사회적 영향력을 확장하기 위해 기업의 아이디어를 사용하는 혁신적인 비영리 단체, 비영리와 영리적 성격이 혼합된 혼성체를 만들기 위해 새로운 사업 구조를 채택하는 사람들이 이에 해당된다. 또한 사회적 기업가 활동을 지칭하는 데에는 여러 이름들이 있다.

즉, 사회적 기업, 사회적 혁신, 사회적 사업, 소셜 벤처, 지속 가능한 사업, 더블 보텀 라인(double bottom line, DBL 혹은 2BL, bottom line은 일반적인 기업의 경영 성과를 결산으로 측정하는 것을 의미하며, 주로 손익으로 측정한다. DBL은 여기에서 한 걸음 더 나아가 경영 성과를 손익 외에도 긍정적으로 사회적 영향을 미쳤는지에 대해 함께 평가하는 방식을 말한다.), 저이익, 공익기업 등 이외에도 많은 이름으로 불리고 있다.

사회적 기업을 몇 개 만든 사회적 기업가 다니엘 루베츠키(Daniel Lubetzky)는 자신이 설립한 기업을 설명하면서 '영리 목적만은 아닌'이라는 용어를 사용하고 있다. 그는 피스웍스(PeaceWorks)에서 보는 것처럼 비즈니스와 사회적 미션을 결합하고 있다. 이 기업은 미식가들을 위한 식품 기업으로 중동지역에 있는 협동조합에서 아랍인과 이스라엘 사람들을 함께 고용하고 있다. 오리건 주 포틀랜드에 소재하며, 소셜 벤처를 시작하는 사람들을 돕는 비영리 단체인 스프링보드 이노베이션(Springboard Innovation)에서 일하는 에이미 펄(Amy Pearl)은 재정 수익뿐 아니라 그 이상의 것을 추구하는 기업을 의미하는 '다각적 수익 기업'이라는 용어를 좋아한다.

이름이야 어떻게 부르든 사회적 기업은 거대한 사업이다. 스콜 재단(Skoll Foundation)이 후원하는 사회적 기업가들을 위한 국제적인 온라인 커뮤니티인 소셜 엣지(Social Edge)에 따르면 미국 소비자들은 건강, 환경, 사회적 정의 그리고 지속 가능한 삶과 연관된 상품이나 서비스에 2,200억 달러 이상을 쓰고 있다. 왜 그렇게 많은 돈을 쓰며, 왜 지금 이 시대에 그런 현상이 나타나는가? 사람들은 기업들에게 더 많은 것을 요구하기 시작한다. 아이패드와 아이폰이 생산되는 중국에서 공장 노동자의 근로 관행에 관심이 집중되는 것을 보라. 환경을 보호하고, 근로자를 공정하게 대우하고, 사회적 책임을 다해야 한다는 생각과 주장들이 모든 방면에서 힘을 얻고 있다. 상황이 이러므로 이렇게 저렇게 사회적으로 생각하는 단체들에게는 매우 우호적인 시기이다.

기포드(Gifford)와 리바 핀초트(Libba Pinchot) 부부는 베인브릿지 경영 대학원(Bainbridge Graduate Institute, BGI)을 설립했다. 경영대학원으로는 최초로 지속 가능한 기업을 전문으로 공부하는 곳이다. 그들은 모든 기업이 이 방향 다음 질문에 답하라. '예'라고 대답하는 항목이 많을수록 당신은 앙코르 기업가가 되기 위한 성격 유형이나 태도가 적합한 편이다.

● 당신이 강하게 느끼는 사회적 문제가 있는가? 당신이 그 문제를 개선하기 위해 몰두하고 싶은 마음이 있는가?

● 당신은 사회적인 문제나 이슈에 대해 진지한 영향을 끼칠 수 있는 아이디어나 혁신적인 생각을 갖고 있는가?

● 당신은 접근할 수 있는 네트워크를 갖고 있는가?

● 당신이 원하는 방향으로 네트워크를 가동시킬 마음이 있는가?

● 당신은 지원자와 자원봉사자의 협조를 요청할 수 있는가?

● 당신은 거절을 당해도 아무렇지 않게 편안하게 받아들일 수 있는가?

● 당신은 조직 내에서 여러 가지 역할을 기꺼이 맡을 수 있는가? 비록 그런 역할의 일부가 하찮은 일이거나 당신의 재능에 맞지 않더라도 그럴 수 있는가?

● 당신이 갖고 있는 비전을 반복해서 서로 다른 맥락에서 서로 다른 청중들에게 편안하게 설명할 수 있는가? (예를 들면 잠재적 기부자, 미디어와 당신을 위해 일을 하고 싶어 하는 사람들)

● 당신은 위험을 잘 견뎌내는가?

마지막 질문에 대한 답이 '아니오'라고 해서 당신이 앙코르 기업가 활동에 적합하지 않다는 의미는 아니다. 그러나 당신이 시작하려는 사업에서 위험을 최소화할 수 있는 방법을 찾는데 시간을 써야 함을 의미한다. 그렇다면 스스로 창업하기보다는 기존 단체에서 당신의 기업가적 자질을 활용하는 것이 더 적합할 것이다.

으로 옮겨갈 것이라고 믿고 있다. 소비자들이 기업의 책임을 요구하는 목소리를 점차 크게 내고 있으며, 기업이 사회적으로 책임있는 행동을 보여주어야 한다는 젊은이들의 관심이 점차 증가하고 있기 때문이다. "사람들이 음식을 먹고, 자동차를 사고, 여행을 하고, 건물 안에서 사는 것을 그만두지는 않을 것이다. 그런 일들은 계속될 것이다. 하지만 그것들은 좀 더 사회적으로 책임을 지는 방식으로 이루어질 것이다."라고 기포드는 나에게 말했다.

자기들의 앙코르 커리어에서 BGI를 설립한 핀초트 부부와 같은 선구자들의 노력 덕분에 지금은 미국 전역의 많은 경영 대학원들이 지속가능성에 초점을 맞춘 MBA 프로그램을 개설하고 있다. 일부에서는 영리를 추구하는 것과 사회적 사명을 성취하는 두 가지 목적이 평화적으로 공존할 수 있다고 믿고 있다. 반면 더 엄격한 입장을 견지하는 사람들도 있다. 그들은 사회적 사명이 항상 우선이라고 믿고 있다.

앙코르 기업가들은 사회적 사명을 가진 조직을 이끌든지 또는 기존 단체를 사회적 책임의 수준까지 끌어올리는 일을 하든지 모두 이 활동 스펙트럼 안에 들어 있다.

대부분 앙코르 기업가들은 사업에서 많은 돈을 벌겠다고 기대하지 않는다. 조사에 따르면 대부분은 연간 6만 달러 이하의 소득을 창출할 수 있다면 만족하는 것으로 나타났다. 또한 그들은 일반적으로 큰 조직을 운영하려 하지 않는다. 대부분 작고, 지역에 기반을 둔, 많아야 10명 정도 고용할 수 있는 그런 조직을 만들고 싶어 한다. 일부는 자기 스스로 컨설턴트로 일하거나 1인 사업소로 이를 마이크로프레누어즈(micropreneurs) 혹은 솔로프레누어즈(solopreneurs)라고 불리우는데 이런 형태로 조직을 운영하고 있다. 다른 사람들은 기존 조직에 합류하여 내부에서 혁신을 일으키는 사내 기업가(intrapren-eurs)로 일하기도 한다. 아니면 자신의 사업 경험을 이용하여 창업하려는 사람들을 멘토링하고 지도를 한다.

특성 규정하기

앙코르 기업가들에게는 그들보다 나이가 어린 사회적 기업가와는 구별되는 특성이 있는 점을 포함하여 여러 가지 공통적인 특성이 있다.

한 예를 든다면 앙코르 기업가들은 시간에 쫓긴다는 느낌을 받는다. 중년의 나이에 이르면 많은 사람들이 절박감을 느낀다. 그리고 그 대가는 클 수 있다. "젊었을 때에는 실패를 하더라도 다시 만회할 시간이 많이 있다. 그러나 나이가 들어 일이 잘못되기라도 하면 은퇴 자금도 없이 노후를 맞게 된다. 요즘 이런 문제로 어려움을 겪고 있는 사람들이 많이 있다."고 기포드 핀초트(Gifford Pinchot)는 말했다. 젊은이들이 아무것도 잃을 게 없다는 생각 때문에 소셜 벤처에 뛰어드는 것과 같이 절박감이 나이든 앙코르 기업가들을 뛰어들게 한다.

그러나 앙코르 기업가는 위험을 다르게 평가한다. "나이가 더 들면 위험은 인간의 존재에 더 관련된 것이 된다."고 데이비드 본스타인(David Bornstein)은 말했다. 그는 사회 혁신에 관해 광범위하게 쓰고 있는 언론인이다. "당신이 젊었을 때에는 위험이라고 생각하는 것들이 건강, 안전이나 경제적인 측면이다. 그러나 나이를 먹게 되면 당신이 어떤 사람인지를 실제로 펼쳐 보이지 못하고 죽는 것이 가장 큰 위험이라는 것을 깨닫는다."라고 그는 말했다.

앙코르 기업가에게 있어서 사업은 인생의 더 큰 그림의 한 부분이다. 모든 앙코르 커리어가 그렇듯 앙코르 기업가 활동에 뛰어드는 것 역시 커리어 전환과 마찬가지로 삶의 상황이 변하기 때문이다. 거의 모든 앙코르 창업기업 스토리에는 다른 스토리가 들어 있다. 즉, 결혼 생활의 변화, 건강에 대한 두려움이나 마치지 못한 사업에 대한 깊은 생각 등이 그런 사례에 속한다.

대부분 중년의 사람들과 마찬가지로 앙코르 기업가들은 자신이 남길 유산이나 미래에 대해 생각한다. 때로는 자녀들이나 손주 혹은 미래 세대를 위해 더 좋은 세상을 만들고 싶은 갈망이 동기부여가 되기도 한다. 그들은 또한 승계 계획에 관심을 갖고 있다. 심지어 창업단계에서 "내가 죽고 나면 이 일을 누가 할 것인가?"라는 질문을 던지며 시작한다. (반대의 경우도 역시 사실이다. 어떤 사람들은 자신이 더 이상 이끌어가는 위치에 있지 않을 때 끝낼 수 있도록 만든 단기 사업을 창업하기도 한다.)

앙코르 기업가들은 베 짜는 사람과 같다. 여러 가지 기술, 재능과 경험을 함께 엮는다. 핀초트가 내게 말했듯이 "나이가 든 기업가들은 결합할 수 있는 실을 더 많이 갖고 있다는 이점을 갖고 있다." 그들은 오랜 세월을 살아 왔기 때문에 실패를 하고 우회를 하더라도 그것이 불가피하다는 점을 잘 알고 있다. 그들은 부침을 많이 경험할 것이라는 것도 알고 있다. 사명감을 갖고 사업을 시작하더라도 많은 갈등이 생기고 힘든 날이 있을 것도 알고 있다.

앙코르 기업가는 재정적인 것 이상의 자원을 갖고 있다. 은퇴에 대비해 모아 놓은 자금이 불경기 때문에 축이 나고 있지만 그래도 나이 든 사람들은 여전히 더 많은 저축을 갖고 있고, 담보로 돈을 빌릴 수 있는 집이 있으며, 신용이력도 상대적으로 길어 대출을 어렵지 않게 받을 수 있다. 그들은 실용적 이상주의를 이해하고 구현한다. 또한 모든 사업에는 얻는 것이 있으면 잃는 것이 있다는 것, 잘 하는 것이 늘 쉽지는 않다는 것, 완벽함이 올바른 목표가 되는 것은 드물다는 것을 인식하고 있다.

소셜 벤처 시작하기

앙코르 기업가가 되는 단계는 다른 앙코르 커리어를 시작하는 것과 그렇게 다르지 않다. 앞 장에서 읽은 내용을 유추해보면 그것을 알 수 있다. 처음에는 발견의 순간으로 시작하고 이어서 탐색, 조사와 준비 단계로 옮아간다. 이 과정에서 당신이 진정으로 무엇을 하고 싶어 하는지를 알 수 있는 실험들을 하게 된다. 그러나 이 모든 것이 순서를 뒤바꿔 일어날 수 있다는 사실을 명심하라.

우리가 이 문제를 다루기 전에 한 가지 밝혀둘 사실이 있다. 소셜 벤처를 시작하는 일은 너무 큰 주제여서 이 책의 장 하나로는 심도 있게 다룰 수 없다는 것이다. 보다 상세한 조언을 원하면 내가 추천하는 몇 가지 좋은 책이 있다. 즉, 데이비드 본스타인의 두 권의 책, 「세상을 바꾸는 방법」(How to Change the World)과 「사회적 기업가 정신 : 모두가 알아야 할 것」(Social Entrepreneurship: What Everyone Needs to Know)이다. (이외에도 422쪽에 리스트가 나열되어 있다.) 대신 여기에서는 앙코르 기업가 활동에만 있는 독특한 점 그리고 당신이 희망하는 사회적 영향과 삶의 방식을 갖기 위해 당신의 인생 단계의 경험을 활용하는 방법을 다룬다.

발견의 순간을 잡아라

모든 앙코르가 그렇듯 많은 사람들이 격변의 시기를 겪은 후에 앙코르 기업가 활동으로 나가는 길을 찾는다. 수 크롤릭(Sue Crolick)은 두 개의 다른 디자인 회사에서 여성으로서는 최초로 미술 감독을 역임했다. 또한 30년 종사하는 동안 여러 번 상도 받았다. 그녀가 직업인으로서 이 일을 시작했을 때만해도 전문 미술가들은 화판과 색 분필 아니면 파스텔로 작업을 했다. "우리분야에서 그들은 내 나이 또래를 공룡 디자이너라고 부른다."고 그녀는 재치 있게 말했다. 그녀의 나이가 40대 후반에 접어들면서 그녀는 냉엄한 선택을 해야만 했다. 새로운 기술을 배우고 새로운 장비에 수천 달러를

> "나는 노인들이 어떻게 살고 있는지 보았고, 그 모습이 좋지 않았다. 그것에 관해 무엇인가를 하는 것은 그다지 복잡하지 않은 것 같았다."
> – 일레인 산토리, 비영리 단체 공동 설립자 겸 상임이사

앙코르 커리어 핸드북 인생2막의 변화와 창조

투자할 것인가? 아니면 가던 길을 바꿔 다른 일에 집중할 것인가? 이때 그녀는 건강 문제로 커다란 시련을 겪고 있었다. 양성 종양 제거를 위한 수술 도중에 성대가 절단되었다. 한동안 그녀는 벙어리가 되지 않을까 두려움에 떨었다.

목소리가 어느 정도 회복된 후 크롤릭은 그녀의 창조적인 에너지를 어려움에 시달리고 있는 다른 사람을 돕는데 사용하기로 굳게 결심했다. 그녀는 자원봉사를 통해 다른 창조적인 사람들과 연결될 수 있기를 희망했다. 그래서 그녀는 기금 모금 행사를 주관했다. 디자인 분야에서 일하는 수십 명의 자원봉사자들을 모집하여 카드보드 박스를 장식하고, 그 안에 음식을 담아 보호소에서 살고 있는 어린이들에게 전달하는 이벤트였다. 행사가 끝난 후 그녀는 기업 법무팀에서 근무하고 있는 자신의 여동생과 상의했다. 이번 이벤트와 비슷한 일을 하면서 생계를 위해 돈을 벌 수 있는 방법을 찾고 싶었다. "물론 생계유지가 가능하다. 비영리 단체를 설립하여 기금을 모으라."고 여동생은 대답했다. 그 순간까지도 크롤릭은 자신이 직접 단체를 설립한다는 것에 대해서는 생각조차 하지 못했었다. 1995년 이후 지금까지 그녀는 크리에이티브즈 포 코지즈(Creatives for Causes)라는 단체를 운영하면서 풀타임으로 일하고 있다. 거기에서 급여도 받아 생계를 유지하고 있다.

일부 사람들은 여러 해 동안 일을 하다가 앙코르 사업에 뛰어든다. 일을 하면서 채워지지 않은 부분을 발견하고, 그것을 채우려고 시도를 한다. 콘치 브레토스(Conchy Bretos)는 플로리다 주 정부의 에이징 앤 어덜트 서비스(Aging and Adult Services) 부서에서 비서로 일하고 있었다. 그녀는 저소득층 노인과 성인 장애자를 위한 서비스가 없다는 사실에 마음이 아팠다. 그녀는 40대 말에 일자리를 잃게 되면서 무엇인가 도움이 되는 일을 하려고 모든 에너지를 다 쏟았다. 그녀는 자신이 일했던 기관으로부터 작은 규모의 컨설팅 계약을 맺고 일을 하는 것으로 시작했다. 그러던 것이 지금은 엠아이에이 컨설팅

(MIA Consulting)으로 발전했다. 이는 영리 기업으로(그리고 수익성이 대단히 좋다.) 저소득층 노인들이 요양원으로 옮겨가는 대신 자기 집에서 계속 살 수 있도록 해주는 장애인 개호 서비스를 제공하고 있다. 브레토스의 아이디어 중에서 핵심적인 혁신은 노인들을 정부가 비용을 부담하여 요양원에 보내는 것보다 공영 주택에서 장애인 개호 서비스를 제공하는 것이 비용이 적게 든다는 점이다.

때로는 앙코르 사업을 시작하려는 동기가 아무도 주의를 집중을 하지 않거나 이야기를 하지 않고 있는 이슈와 관련된 일을 하고 싶어 하는 희망에서 비롯된다. 임상심리학자인 캐시 헐(Kathy Hull)과 소아암 의사인 바바라 비치(Barbara Beach)가 바로 그런 경우이다. 이들은 조지 마크 어린이 집(George Mark Children's House)을 설립했다. 이것은 어린이 말기 환자를 장기간 돌보는 병원으로 새로운 모델이다. 이 병원이 문을 연 2004년 이후 지금까지 300곳 이상의 가정을 도왔다. "아무도 죽어가는 어린이에 대해서 관심이 없었다."고 헐은 말하고 있다. 그들이 캘리포니아 샌 리앤드로(San Leandro)에서 첫 번째 시설을 개원했을 때 그런 시설은 미국 전역에서 최초였다. 그곳은 생기가 넘치고 집 같은 분위기에서 어린이와 그들의 부모가 함께 생활하는 말기 소아환자 고통 완화 시설이었다.

많은 앙코르 기업가들은 그들이 해결하고 싶어 하는 특정 문제에 사로잡혔기 때문에 일을 시작한다. 그렇지만 당신이 하고 싶은 일에 대한 아이디어가 그렇게 많지 않더라도 독자적으로 하고 싶은 마음을 억제하지 못해 시작하는 것 역시 가능하다. 일을 시작하는 가장 좋은 길은 당신을 괴롭히는 것이 무엇인지, 무엇 때문에 밤잠을 이루지 못하는지, 무슨 문제를 해결하고 싶은지 알아보는 것이다. (87쪽 연습 5 참조).

그 이후에 그런 수요와 기회가 어디에 있는지 탐색을 시작하라. 동시에 사회적 기업가 활동에 대해 활기찬 대화가 일어나는 현장을 찾아 다니면서 당

앙코르 커리어 핸드북 인생2막의 변화와 창조

신 자신을 몰입시켜라. 이 세계에 익숙해지도록 노력하라. Dowser.org, EchoingGreen.org와 SocialEdge.org와 같은 웹사이트에 들어가 보라. 스탠퍼드 대학의 사회혁신센터(Center for Social Innovation)에서 발행하는 뉴스레터를 받아볼 수 있도록 회원으로 가입하라. 사회적 기업가를 고무시키기 위한 패널 토론, 컨퍼런스나 다른 모임에 참석하라.(더 많은 아이디어는 413쪽 정보를 입수할 수 있는 곳 참조)

당신 자신의 보스가 되어라? 정말?

일을 자율적으로 하고, 일하는 시간도 탄력적으로 하고 싶다는 생각에 자기 사업을 시작할지도 모르겠다. 그러나 기업가라면 누구나 다 다른 사람을 위해 일하는 것보다 스스로 보스가 되어 일하는 것이 일반적으로 더 어렵다고 말하고 있다. 당신이 보스라면 얼마든지 휴가를 갈 수 있다. 그러나 새로 시작한 사업을 뒤로 하고 보스인 당신이 시간을 낼 수 있을까? 보스가 없다는 말도 적절한 말은 아니다. 당신이 보스이긴 하지만 고객, 이사회 멤버, 투자자와 기부자 등 이 모든 사람들이 당신에게 많은 통제력을 행사하고 있기 때문이다. 자신이 보스가 된다고 해서 스트레스 수준이 낮아지는 것은 아니다.

랜달 찰튼(Randal Charlton)은 73세로 붐! 신경제(BOOM! The New Economy)의 상임이사와 다른 앙코르 기업가들에 대한 자문역을 맡고 있다. 그는 인생의 이 단계에서 사업을 시작할까 생각하고 있다면 먼저 건강이 어떤지 살펴라고 말한다. "당신이 하려는 일이 힘들고 벅찰 수 있다. 당신이 육체적으로 건강하지 않으면 최상의 상태에서 일을 수행할 수 없을 것이다."

이것이 당신이 얼마만큼 책임을 지려고 하는지에 관하여 생각해 보는 중요한 이유이다. 찰튼이 현재 하고 있는 일로 옮긴 이유도 그가 마지막으로 하고 있었던 웨인 주의 비즈니스 인큐베이터인 테크타운(TechTown)의 상임이사직에서 벗어나 약간 뒤로 물러나고 싶었기 때문이다. 테크타운에서 근무할 때 그는 일상적으로 오랜 시간 일했고, 쉬는 날이 거의 없었다. 장성한 세 딸은 해외에 살고 있었다. 그는 여전히 상당한 영향력을 발휘하는 역할을 하고 싶었지만 다만 양심의 가책 없이 더 많이 쉴 수 있고 또 자기가 원할 때는 컴퓨터를 이용해서 일을 할 수 있는 그런 역할을 하고 싶었다.

그래서 그는 경영 자원이 부족한 소규모 창업 기업으로 자리를 옮겼지만 그곳에도 그곳만의 문제는 있었다. 최근에 내가 그와 이야기 했을 때 그는 사무실 공간을 찾느라고 그리고 자신이 IT 담당자가 되어야 하는데 대해 한창 힘들어할 때였다. 잘 짜여진 작업 환경에서 오는 규율도 그립다고 그는 말했다. 이것 역시 얻는 것이 있으면 잃는 것이 있는 상황인 것이다.

당신 자신이 갖고 있는 문제와 싸우다 보면 다른 사람들을 위해 그 문제를 해결해주고 싶은 마음이 들 수 있다. 로자린드 조페(Rosalind Joffe)가 바로 그런 경우이다.

그녀는 멀티미디어 제작자 겸 교수로 나중에는 중재인으로 활동했다. 그녀는 자신의 건강 문제로 몇년 동안 씨름한 후에 만성질환에 대한 코칭과 상담하는 일을 시작하기로 결심했다. 마침내 그녀는 자신의 건강을 돌보고 동시에 다른 사람들이 자신이 병을 극복할 수 있도록 도울 수 있는 커리어를 선택하게 되었다. 요즈음 그녀가 하는 일은 글을 쓰고 전화로 고객과 상담하는 일인데 대부분 집에서 할 수 있다. 그리고 예약을 취소해야만 하는 경우에는 얼마든지 할 수 있다.

관리가 가능한 상태로 사업을 유지하는 일이 당신에게 중요하다면 집에서 가까운 곳에서 적은 인력으로 일을 시작하라. 일레인 산토리(Elain Santory)가 하고 있는 엄브렐러 오브 더 캐피털 디스트릭트(Umbrella of the Capital District)가 바로 이 모델에 해당된다.

산토리가 열여섯 살이었을 때 아버지가 돌아가셨다. 그의 어머니는 혼자 집을 감당할 수가 없어서 살고 있던 집을 매각해야만 했다. 나중에 산토리는 똑같은 문제로 어려움을 겪고 있던 나이 많은 이모를 돌봐드렸다. 그녀는 이 두 가지의 경험을 살려서 새로운 비영리 단체를 뉴욕의 스키넥터디(Schenectady)에서 시작하기로 결심했다. 이 단체는 도움을 줄 수 있는 사람들을 나이가 많은 사람이나 외출을 할 수 없는 사람들과 연결시켜주는 일을 하고 있다.

산토리는 사무실을 집에 두었다. 그리고 동업자인 론 번(Ron Byrne)과 함께 일하고 있다. 그 역시 가족 중 노인이 집에서 거주하는 어려움을 경험한 것이 동기가 되었다. 창업비용은 거의 들지 않았다. 또 그녀의 남편은 든든한 소득원을 갖고 있어 사업이 본 궤도에 오를 때까지 경제적으로는 아무런 문제가 되지 않았다. 사업이 성장하면서 산토리는 커뮤니티 재단과 은행으로부터 지원금을 받았다.

산토리와 번은 급여를 받고 있다. 각자 연간 4만 달러 정도이니 괜찮은 편이다. 근무 시간은 그래도 일반적인 주당 44시간을 지키고 있다. 그들은 서로를 보완하는 역할을 하고 있다. 번이 프로그램에 참여하는 사람들을 모으고, 산토리는 모금에 집중하고 있다. 두 사람은 이익을 늘리려고 하지 않는다. "만약 서비스에 대한 요금을 더 받기 시작하면 사람들이 이 프로그램을 이용할 수 없게 될 것이다. 우리의 생각은 나이든 사람들이 요양원에 가지 않고, 자기가 살고 있는 집에서 안전하고 경제적으로 살 수 있도록 하는 것이다."라고 산토리는 설명했다.

당신이 창업에 따른 위험을 관리하고, 동시에 당신의 시간을 스스로 통제할 수 있기를 원한다면 다른 대안이 있다. 당신의 기업가적 재능을 이용하여 기존 단체 즉, 이미 설립된 벤처나 창업 기업이 그들의 목표를 추진할 수 있도록 도와주되, 다만 당신 방식대로 도와주는 것이다.

탐색자가 되어라

일을 시작하는 최상의 방법은 먼저 네트워킹과 조사를 하는 것이다. 당신이 직감을 갖고 있거나 아니면 관심이 가는 영역이 있으면 이전 장에서 설명한 과정에 따라 당신의 아이디어를 좁혀가는 작업을 하라.

조사와 인터뷰를 하면서 다음과 같은 질문에 대한 답을 얻도록 노력하라.

최상의 방법은 네트워킹을 하고, 조사를 하고, 일을 시작하는 것이다. 조사와 인터뷰를 하면서 다음과 같은 질문에 대한 답을 얻도록 노력하라.

- 다른 사람들이 이 영역에서 무슨 일을 하려고 했는가? 무엇이 성공했으며, 무엇이 실패했는가? 그 이유는 무엇이었나?

- 당신이 조사를 하고 있는 분야에서 현재 트렌드는 무엇인가?

- 이 분야에서 일하고 있는 사람들 중에 중요한 인사는 누구인가? 누가 잠재적인 협조자이며 경쟁자인가?

- 당신이 탐색하고 있는 시장에서 현재 어떤 종류의 수요가 충족되지 않고 있는가? 그 이유는 무엇인가? 다른 사람들이 시도를 해보았으나 실패했는가?

- 당신이 하려고 하는 일을 하기 위해 다른 사람들은 기금을 어떻게 모금했는가? 그들은 어떻게 사업을 조직화했는가?

당신이 비영리 단체를 시작하고 싶어 한다면 먼저 던져야 할 가장 중요한 질문이 있다. 그것은 당신이 영향력을 더 행사할 수 있기 위해서 스스로 새로운 단체를 만들 것인가 아니면 기존의 단체에 들어가 도울 것인가이다. 미국에는 150만 개가 넘는 비영리 단체가 있다. 이들 중 많은 단체가 비슷한 일을 하면서 재단으로부터 기부금을 받으려고 서로 경쟁하고 있다. 만일 당신이 하고 싶은 일을 하기 위해서 자체 조직이 필요하다고 생각하는 경우 일의 시작을 결정하기 전에 당신이 할 일이 정말로 남들이 하지 않거나 사각지대를 메우는 작업이라고 확신해야 한다.

조사와 인터뷰를 통해서 당신은 많은 것을 알게 된다. 그러나 최종적으로는 당신의 아이디어가 과연 옳은지 시험하고 싶을 것이다. 제8장에서 보았듯이 당신의 그 테스트는 '작은 베팅'일 수 있다.

수 크롤릭(Sue Crolick)이 좋은 목적을 갖고 창의적인 전문 디자이너들을 조직하겠다는 아이디어를 가지고 있었다. 즉, 그녀는 지역 사회에는 좋은 일을 하고, 자원봉사자들에게는 재미있고 흐뭇한 경험을 하게 해 주고 싶었다. 그녀는 다른 단체의 자원봉사에 참여하여 시험적으로 작은 기대를 했었지만 많은 것을 배웠다.

그녀가 맨 처음 시작한 일은 창의적인 자원봉사자를 동원하여 상자를 장식하고, 그 안에 식품과 장난감을 넣어 포장하는 것이었는데 큰 성공을 거두었다. 그러나 그녀는 지속적으로 좋은 일을 하고 싶었다. 그녀의 바람은 결국 아트 버디즈(Art Buddies)라는 단체 설립으로 이어졌다. 이 멘토링 프로그램에서 저소득층 어린이들과 그래픽 디자이너, 미술 감독, 작가, 일러스트레이터와 건축가들이 함께 일을 하고 있다.

그녀는 전에 빅 브러더즈 빅 시스터즈 오브 아메리카(Big Brothers Big Sisters of America)에서 빅 시스터로 자원봉사를 했다. 그때 그녀는 자기가 멘토링을 해주고 있는 사람을 만나려고 다른 도시로 장거리 운전할 때 외로움을 느꼈다. 그게 불만이었다. 그래서 그녀는 아트 버티즈의 모델을 다르게 만들었다. 멘토와 멘티가 함께 집중적인 시간을 보낼 수 있게 했다. 그러나 여전히 더 큰 그룹의 일부이다. "우리는 재미있는 미술 재료가 널려있는 대단히 큰 방에 함께 모인다. 신문 만들기, 의상, 보석, 인조모피와 천 그리고 딱풀과 같은 물건들이 널려 있다."라고 크롤릭은 설명한다. "창의적인 사람들은 온종일 컴퓨터에서 작업을 한다. 손을 놀리지 않는다. 이 일은 아주 촉감적이다. 아직도 그것에 대한 갈망이 있다."

크롤릭은 손으로 직접 하는 자원봉사로부터 많은 것을 배웠다. 그러나 당신이 비영리 단체를 시작하려고 생각한다면 비영리 단체의 이사회에 참여하는 것도 고려해보라. 비영리 단체 채용 전문가인 로라 개스너 오팅은 당신이 하고 싶은 일과 관계가 없더라도 자기가 생각하고 있는 것과 비슷한 규모와 복잡성을 가진 일을 하는 단체를 찾아보라고 제안한다. "이미 설립되어 성장하고 있는 비영리 단체를 찾는 것도 좋은 생각이다. 그러면 직원의 채용, 컨설턴트 관리와 영향력 심화와 같은 문제를 다른 비영리 단체들이 어떻게 다루고 있는지 알 수 있다. 거기 있으면서 특히 비영리 단체의 상임이사의 생활이 어떤지 주의 깊게 살펴보고, 당신이 그런 생활을 좋아할지 판단해야 한다. 잦은 아침 식사, 점심 그리고 근무 시간외 수다를 떠는 것들까지도 결국에 가서는 당신 스스로 그런 일에는 맞지 않는다고 판단할지도 모른다."고 그녀는 말했다.(*이사회에 참여하는 것에 대한 더 많은 정보는 250쪽 참조)

베인브릿지 경영 대학원(Bainbridge Graduate Institute)을 설립한 기포드와 리바 핀초트 부부의 경우에도 처음 시도했던 아이디어가 실패한 이후에 지금의 경영 대학원에 대한 구상을 하게 되었다. 리바 핀초트는 1년의 시간과 3만 달러를 투자하여 공립 고등학교 학생들에게 사회적 기업에 대해 가르치는 프로그램을 시작했었다. 그러나 그 프로그램을 많은 수의 공립학교에 효과적으로 도입하기가 어렵다는 것을 알고는 성인을 대상으로 교육하는 쪽으로 궤도를 수정했다.

팀을 구성하라

앙코르 기업가들에게는 자기 힘으로 일을 한다는 게 때로는 커다란 동기가 된다. 그렇지만 많은 지원과 협조 없이 일을 이룰 수 있는 사람은 거의 없다. 바로 이런 점에서 당신의 나이가 진정한 자산이 될 수 있다. 앙코르 기업가들은 잘 구축된 네트워크를 갖고 있고, 자신이 설립하려는 사업이 순조롭게 진행되도록 그 네트워크를 요령있게 잘 이용한다. 그들은 협력하는데 익숙하다.

또한 언제든지 다른 사람에게 도움과 호의 그리고 자원을 요청한다. 그들은 친구, 가족, 혹은 생애 동반자들에게 재정적인 지원에서부터 마케팅이나 법률적인 도움과 같이 여러 가지 지원을 해달라고 부탁한다. 나이 든 사람들은 자신의 목적에 맞게 네트워크를 활용하는 일에 능숙하다. 친구들은 자원봉사자가 된다. 전문직에 있는 사람들은 자문을 맡는다. 재정적인 도움이 아니더라도 많은 자산을 구축한 것이다. 인적 자본을 활용할 줄을 알고 있다면 그것은 대단한 자산이다.

당신이 팀을 구성하면서 기억해야 할 것은 만약 당신의 열정을 다른 사람들과 공유한다면 그 열정을 다른 사람들에게 그대로 전달할 수 있다는 점이다. 또한 당신의 감사하는 마음을 표현하는 데에도 창조적인 방법을 사용해야 한다. 자원봉사자를 잘 다루고 있는 단체들로부터 어떻게 해야 하는지 교훈을 얻어라. 매년 연말이 되면 나는 내가 자문을 해주고 있는 한 업체로부터 선물을 받는다. 항상 보면 비싼 선물이 아니라 감사의 표시에 불과하다. 그러나 신중하게 고른 선물이고, 손으로 쓴 감사 메모도 함께 들어 있다. 이런 감사의 제스처는 사람들을 오래 붙들어 둔다.

당신의 팀에 변호사, 회계사와 금융자문가를 포함시켜라. 이러한 일은 혼자서 할 수 없는 일이고, 자기개발서로 공부해서 될 일도 아니다.

동료와 멘토의 지원을 얻는 것도 고려하라. 만약 주위의 다른 장래 기업가들과 함께 있는 것이 도움이 된다고 생각하면 비즈니스 인큐베이터를 조사하고, 당신의 거주 지역에 공동 작업 공간이 있는지도 살펴보라. 처음 창업을 하는 기업인에게 지원을 하는 곳이 있는지도 찾아보라. 유방암 자선 단체인 핑크 펀드(150쪽 참조)를 설립한 몰리 맥도널드는 디트로이트에 있는 테크타운 (TechTown)의 한 멘토로부터 도움을 받아 사업계획을 작성했다. 당신도 그런 도움을 받을 수 있다. 게다가 스코어(SCORE, score.org)와 같은 단체로부터 실시간 워크숍이나 멘토링도 받을 수 있다.

가족은 훌륭한 팀원이 될 수 있다. 내가 인터뷰한 사람들 중에 기금 모금을 담당하는 아들이 있었고, 페이스북 페이지를 관리하는 조카딸도 있었다. 옛날에는 가족 사업이란 것이 자식들에게 사업을 물려주는 모델이었지만 지금 새로운 모델은 자녀와 혹은 심지어 손주와 함께 사업을 일으키는 것이다. 낸시 버카트(Nancy Burkhart)와 그녀의 딸 제시카 알레라노(Jessica Arellano)는 함께 기업을 운영하고 있다.

미술과 공예 상품을 제조하는 몇 개의 기업을 운영해 본 경험이 있는 버카트는 페인트, 니스와 다른 재료들에 독성 성분이 있다는 사실을 잘 알고 있었다. 몇 년 동안 그런 상품을 다루다 보니 그녀 자신의 손은 건조해지고 갈라졌다. 제시카가 캘리포니아 주립대학 버클리 분교(University of California, Berkeley)에 있는 천연자원 대학(College of Natural Resources)을 졸업했을 때 두 사람은 안전하고 독성 성분이 없는 미술 재료를 생산하여 시장에 판매하는 새로운 사업을 개발했다.

차고에서 일을 하면서 버카트는 인생2막의 일을 하고 있던 어느 화학자로부터 파트타임으로 도움을 받아 제품제조법을 개발했다. 두 모녀는 수작업으로 만들고, 혼합하여 생산된 제품을 재활용 용기에 담았다. 두 사람은 회사와 가정생활 사이를 오가면서 학교의 학사 일정에 맞춰 일을 했다. 네 명의 손주와 친구들은 어린이에게 미술과 환경에 대해서 교육하는 그린 머스킷티어즈 (Green Musketeers)에서 활동했다.

　다음은 3대가 함께 일하는 사례이다. 사무엘 루핀(Samuel Lupin)은 의사로 뉴욕 브루클린(Brooklyn) 지역에서만 40년 넘게 의사로 활동했다. 그의 나이 70세가 가까워져 오자 그는 은퇴를 생각하기 시작했다. 그는 항상 환자에 헌신적이었다.

　루핀은 과거 진료 기록을 보니 나이가 많아 집에서 나올 수 없는 환자들을 방문하여 진료하는 일이 점점 늘어나고 있는 사실을 알았다. 그 무렵 그의 손자인 대니얼 스토카(Daniel Stokar)가 대학을 졸업하고 무엇을 해야 할지 고민하고 있었다. 그의 전공은 회계학이었고, 케이피엠지(KPMG)로부터 입사 제의를 받고 있었다. 그러나 그의 목표는 건강 관리 부문에서 노인들을 돕는 일을 하는 것이었다. 가족들이 모두 모여 루핀의 방문 진료와 노인들을 돕고 싶어 하는 대니얼의 희망에 초점을 맞추어 토론하는 과정에서 의료업무를 다시 디자인하자는 아이디어를 만들어냈다. 그 결과 방문 진료만 전문으로 하는 브루클린 왕진(Brooklyn Housecall, www.brooklyn-housecall.com)이 탄생한 것이다.

　4년 동안 사업을 하면서 브루클린 왕진은 지금 9명의 의사를 고용하여 왕성하게 활동하고 있다. 사업 책임자인 대니얼, IT와 엔지니어링의 경험을 갖고 아버지, 환자들이 필요로 하는 것이 무엇인지에 대해 잘 알고 있는 루핀, 이 3대가 힘을 합쳐 고품질 저비용의 건강 관리 서비스를 제공하고 있는 것이다. 이들이 없었다면 많은 환자들이 정기적으로 911 구조대나 응급실 신세를 졌어야 했을 것이다.

　대니얼은 이런 방식으로 아버지, 할아버지와 함께 일하게 되어 '영광'이라고 생각한다. "만약 당신이 우리 각각의 성격과 전문지식 그리고 능력으로 제대로 겹쳐진 벤 다이어그램을 그린다면 거기서 만들어지는 교집합은 우리 왕진 사업일 것이다. 이 사업은 정말 우리 모두에게 완벽한 소명이다."고 그는 내게 말했다.

공부하라

　앙코르 기업가들은 특별한 훈련을 받지 않고 일에 뛰어드는 경우가 있다. 상황 대처 능력을 갖고 있는 사람들은 일하면서 배운다는 정신으로 자신의 사업을 시작하는 경우가 흔히 있다. 특히 자기주도학습을 하기에는 좋다. 당신이 조사를 진행하게 되면 당신이 받은 편지함에는 내 편지함처럼 소셜 미디어, 모금, 사업계획 혹은 당신이 어려움을 겪고 있는 어떤 문제에 관한 온라인 회의와 강좌를 권하는 이메일이 넘쳐난다.

　밀튼 로이(Milton Roye)는 디트로이트에 있는 테크타운의 THRIVE 프로그램을 이용한 경험을 갖고 있다. 비교적 작은 금액(수업료 2,000달러, 프로그램을 수료하고 나서 지불)을 투자하고, 그는 여러 가지 목적을 달성할 수 있었다. 사업계획서를 만들고, 멘토에게 접근할 수 있었으며, 다른 기업가들이 참여하는 커뮤니티의 일원이 되었다. 이 같은 프로그램이 점점 더 많아지고 있다. 니키 로브(Nicki Robb)는 같은 목적을 갖고 Sansori.org의 첫 강좌에 들어갔다. 이 프로그램은 온라인상과 오프라인상에서 직접 사람과 대면하여 진행되는 새로운 하이브리드 프로그램이다. 목적은 예비 사회적 기업가로 하여금 사업을 시작할 수 있도록 도와주는 것이었다. 제프 윌리엄스(Jeff Williams)는 시카고 지역에서 코치로 일하고 있는데 그는 50세가 넘은 기업가들을 대상으로 온라인에서 워크숍, 개인 코칭과 연습 문제집을 자신이 설립한 BizStarters.com을 통해 제공하고 있다. 중년의 기업가에 대한 관심이 늘어나면서 이 같은 서비스를 제공하는 곳이 많이 늘 것으로 기대되고 있다.

　당신은 기업가 활동과 관련된 것보다는 당신의 사업에 대단히 중요한 내용을 세부적으로 배우고 싶어할 것이다. 게리 베이츠(Gary Bates)가 바로 그 경우이다. 그는 아메리카 항공(American Airlines)과 TWA에서 조종사로 37년을 근무하면서 이전과 달리 지금 노인들이 비행기로 여행하는데 여러 가지 어려움을 겪고 있음을 알게 되었다. 보안 규칙과 수화물 요건이 복잡해지면서 노인들이 공항에서 스스로 제대로 대처하기가 쉽지 않게 되었다. 조종사직에서 은퇴한 후 그는 부인 베스(Beth)와 함께 나이든 사람들과 장애자들을 대상으로 여행 동반자 서비스를 제공하는 케어-투-고(Care-to-Go)라는 사업을 시작하기로 결심했다. 게리와 베스는 몇 년 동안 돌봄 서비스를 해본 경험을 갖고 있었지만 공식적인 훈련은 받지 않았다. 두 사람은 돌봄 서비스에 대해 더 알고 필요한 자격증도 따고 싶었다. 그들은 피닉스(Phoenix)에 있는 게이트웨이 커뮤니티 칼리지(GateWay Community College)가 운영하는 1주일짜리 코스를 마칠 수 있었다. "이 코스에서 우리는 필요한 모든 것을 배울 수 있었다."고 베이츠는 말했다. 응급 처치, 심폐소생술, 휠체어로 사람을 옮기는 방법, 넘어졌을 때 일으켜 세우는 방법 등이었다.

일단 당신이 배울 필요가 있는 것이 무엇인지 확인하면 그러기에 가장 좋은 곳을 찾으면 된다. 당신의 학습 스타일과 필요로 하는 것에 가장 적합한 것을 알기 위해서는 제9장에 개략적으로 설명한 과정을 따라 하라.

개략적인 사업계획서를 만들어라

당신이 무엇을 할 것인가 하는 아이디어를 확정하고 그에 따른 조사와 실험을 해본 후에는 사업계획서를 만들 준비가 되어 있어야 한다. 사업계획서는 기본적으로 세일즈를 위한 문서이다. 즉, 당신의 사업 아이디어를 세일즈

하는 것이다.

사업계획서에는 여러 가지 형식이 있는데 보통 15쪽에서 60쪽 분량이다. 사업계획서를 작성할 때에는 여러 종류의 사람들 즉, 잠재적인 기금 제공자, 파트너, 이사회 멤버와 심지어 핵심 직원들을 염두에 두어야 한다. 그리고 당신의 아이디어에 대한 가장 중요한 질문들에 대해 답해야 한다. 무엇을 성취할 것인가? 필요한 자금을 어떻게 조달할 것인가? 수익 모델은 어떠한가? 그리고 가장 중요한 것은 당신과 당신의 팀원들이 무엇을 가져다 줄 수 있을까 하는 문제이다. 보통 사업계획서 작성은 지속되는 과정이다. 또한 사업이 시작되어 돌아가고 있는 이후에도 사업계획서 작성이 여전히 진행 중인 경우가 보통이다. 사업계획서를 작성하고도 아무에게도 보여주지 않을 수도 있다. 그렇다고 하더라도 당신의 아이디어가 왜 추구할 만한 가치가 있는 것인지 당신의 생각을 정리하는데 도움이 될 것이다.

사업계획서는 심지어 최소 규모의 사업에도 유용하다. 나는 1인 사업가와 컨설턴트와 이야기한 적이 있는데 그들은 사업계획서를 만들고 다시 보는 과정이 필요하다고 말하였다. 만성질환 코치로 활동하고 있는 로잘린드 조페는 매년 9월이 되면 사업계획서를 다시 작성하면서 그녀가 무엇을 찾고 있는지, 그녀가 원하는 변화란 무엇인지, 얼마나 많은 돈을 투자해야만 하는지를 다시 생각해 본다. 매년 계획서를 검토하게 되면 자기가 이 일을 오래 계속 할 것임을 깨닫게 된다고 그녀는 말했다.

중소기업청(Small Business Administration) 웹사이트(sba.org)와 Score.org 사이트를 방문하면 사업계획서를 작성하는데 필요한 조언과 모델을 찾아볼 수 있다. 샌프란시스코에 있는 비영리 단체 REDF의 웹사이트(redf.org)에는 사회적 기업의 사업계획서 견본이 올라와 있다. 나도 특별히 인생2막의 사업을 위한 사업계획서 작성을 개략적으로 서술해 놓았다(403쪽 참조). 물론 당신이 이러한 견본보다 더 효과적으로 당신의 아이디어를 제시할 수 있다고 생

앙코르 커리어 핸드북 인생2막의 변화와 창조

각할 수 있다. 만약 그런 경우라면 그리고 필요한 정보를 당신이 전달할 수 있다고 생각한다면 그렇게 하라.

당신이 아마도 SWOT 분석이란 것을 하고 싶을지도 모르겠다. SWOT는 강점(Strength), 약점(Weakness), 기회(Opportunities), 위협(Threats)의 약어로 당신이 하려는 사업의 강점과 약점, 기회와 위협 요소 등을 평가하는 도구이다. 이 분석의 일부로써 당신이 어떤 종류의 기술을 보유하고 있는지 자원봉사자와 직원으로 무엇을 해야 하는지를 검토하게 될 것이다.

이 두 가지 연습을 하면 간단하고 단순하게 당신의 사업에 대하여 설명할 수 있게 된다. 로비에서 6층까지 엘리베이터가 올라가는데 걸리는 시간 동안 당신 사업을 설명할 수 있을 정도로 간단명료해야 한다. 이른바 엘리베이터 피치(pitch)이다. 당신 자신에 관한 스토리처럼 당신의 경쟁자, 잠재적인 직원, 이사회 멤버, 파트너, 기금 제공자 혹은 투자자 등 당신이 만나려는 서로 다른 대상에 맞도록 설명 내용을 다듬고 싶을 것이다. 두 가지를 명심하라. 사람들은 스토리에 공감한다는 것 그리고 그들은 왜 당신의 상품과 서비스가 필요한지 알고 싶어 한다는 것이다. "결국 사람들의 지갑을 열게 만드는 것은 스토리이다. 예를 들면 작은, 지미(Jimmy)에 관한 스토리인데 그는 갱단을 떠났고, 또 한 명의 형이 총 맞아 죽는 것을 원하지 않았고, 엄마로 하여금 영어를 배우도록 하였고, 이제는 가족 중에서 최초로 졸업자가 되었다."라고 로라 개스너 오팅이 말했다.

케어-투-고의 게리 베이츠는 대단한 엘리베이터 피치 능력을 갖고 있다. "사람들이 나이를 먹으면 생은 더 짧아지기 마련이다. 우리가 방문하여 도와주는 일의 대부분은 사람들이 가족모임에 갈 수 있게 도와주거나 할머니가 손주의 결혼식이나 졸업식에 참석할 수 있게 도와주는 것이다."라고 베이츠는 말한다. 그것이 그가 말해야 할 전부이며, 나는 베이츠의 회사가 무엇을 하는지, 왜 그 일이 필요한지를 금방 이해할 수 있었다. 그가 항공기 조종사

333

로 37년을 일했고, 그의 아내 또한 재택 요양사로 일한 경험이 있다는 것을 알게 되었을 때 나는 이렇게 생각했다. "와! 두 사람은 이런 일에 딱 맞는 사람들이다." 엘리베이터 피치에서 요구되는 것이 바로 이런 점이다.

재무적인 면을 파악해라

창업 기업의 재정적인 면을 생각할 때에는 다음 세 가지 질문에 답을 해야 한다. 당신이 앙코르 기업가로 전환하는데 필요한 자금을 어떻게 조달할 것인가? 창업 비용을 어떻게 조달할 것인가? 사업을 운영하면서 어떤 종류의 소득을 창출할 수 있을 것인가?

앙코르 기업가도 앙코르 커리어로 전환하려는 일반 사람들과 동일한 방식으로 필요한 자금을 조달한다. 즉, 퇴직금이나 위로금, 유산, 직장 고수, 임시 방편으로 취업하기, 배우자의 수입에 의존하기, 은퇴 자금 활용하는 것 등이다. 언제부터 돈이 들어올지 모르기 때문에(회사 수입이나 당신 자신에게 지급하는 월급으로) 창업 이후 최소한 첫 6개월 혹은 그 이상의 기간 동안 소득이 전혀 없을 것이라고 상정하는 게 가장 좋다.

당신의 분야에 깊이 들어가 아이디어를 세부적으로 다듬다 보면 당신이 시작하려는 사업에 맞는 자금원에 대해 알게 된다. 그러나 그것은 당신의 사업 계획에 따라 아주 다를 수 있다. 부업으로 작은 규모의 비영리 사업을 생각하고 있다면 친구와 가족들의 기부금으로 자금을 모금할 수 있을 것이다. 더 큰 규모의 영리 사업을 생각하고 있는 경우에는 개인 투자자와 은행 대출로 자금을 조달할 것이다. 소규모의 사업체를 만들어 처음부터 수입으로 비용을 거의 충당할 수 있을 정도로 꾸려 나가는 것도 가능하다.

당신의 아이디어가 본 궤도에 올라서면 설립과 운영에 필요한 예산을 세워 사업계획서에 포함시켜야 한다. 그런 작업에 고려해야 할 몇 가지 사항이 있

혼자 사업을 해나가려면

당신의 비즈니스 모델로는 다른 사람을 고용하지 않아도 되는 경우가 있다. 프리랜서, 컨설턴트, 1인 기업가 등 이들도 모두 기업가들이다. 당신의 선택이든 다른 선택의 여지가 없어서이든 사업 형태로 하는 경우는 다음을 고려해 보아라.

● 여유 자금을 갖고 있어라.

당신이 홀로 일을 하게 되면 급여 지급일을 예측할 수 없다. 또 다른 안정된 수입원을 갖고 있지 않으면 당신이 운영하는 단체가 안정적인 수익을 창출할 때까지는 기본적인 경비를 대기 위해 그동안 당신이 저축해 놓은 돈을 사용할 수밖에 없다. 사정이 여의치 않으면 하던 일을 계속하면서 돈을 벌고, 당신이 하고 싶은 일을 프리랜서나 컨설팅을 부업으로 하는 것도 한 방법이다.

새로운 사업에만 전념하겠다고 다른 소득원을 포기하기 전에 한두 명의 중요한 고객이 당신과 거래 계약을 체결할 수 있도록 준비가 되어 있어야 한다. 프리랜서 유니온(Freelancers Union)에서는 장애와 은퇴 보험은 물론 더 많은 주에서 건강 보험에 대한 서비스를 제공하고 있다. 또한 전국 자영업자 협회(National Association for the Self-Employed, NASE)도 알아보아라.

● 당분간 무료로 일하라.

사회적 기업을 이제 막 설립하여 아직 많은 고객을 확보하지 못했다면 몇 개의 프로젝트를 무료로 해주는 것을 고려하라. (여기서 '몇 개'라는 단어에 주목하라.) 분명히 당신이 좋아하는 기업을 도우면 비금전적인 혜택이 많이 있다. 그리고 당신의 앙코르가 소득을 창출하는 활동과 관련이 되지 않을 수도 있다. 그러나 컨설팅이나 프리랜서를 하여 당신의 생계를 지원할 계획이라면 보수를 받지 않더라도 그 대가로 다른 무엇을 요구하는 게 현명한 일이다. 고객이 당신이 한 일에 만족한다면 최소한 당신의 마케팅 자료에 추천의 글을 써주거나 링크드인에 추천서를 올려달라고 요청하라.

베테랑 프리랜서이며 「나의 소위 말하는 프린래서 생활」(My So-Called Freelance Life)의 저자인 미셸 굿맨(Michelle Goodman)은 이를 'PIE'(파이) 혹은 'paid in exposure'(노출로 지급)라고 부르고 있다. 그러나 이것이 너무 많으면 좋지 않다(실제 파이가 그런 것처럼)고 경고하고 있다. 당신의 자원봉사 활동과 당신이 하려고 하는 사업 간의 본질이 흐려질 수 있기 때문이다. 반드시 명심할 것은 당신의 고객이 사회적 사명에 초점을 맞춘 단체라 하더라도 당신이 일한 대가로 돈을 받는 것은 부적절한 일이 절대 아니라는 점이다.

● 돈을 좇아라 그리고 보수를 받는 것을 진지하게 생각하라.

당신이 벌고 싶은 만큼 지불할 수 있는 고객과 함께 일하라. 이것이 요령이다. 당신에게 중요하다고 생각되는 의미 있는 일을 하고 싶은 기회를 절대 부정해서는 안 되지만 그 일을 하여 당신이 필요로 하는 소득을 얻을 수 없다면 차라리 당신이 무료봉사하는 것으로 예산을 계상하라. 그리고 나서 당신이 제대로 보수를 받을 수 있는 곳으로는 자금 사정이 좋은 비영리 단체나 사회적 사명을 목적으로 하는 단체를 목표로 삼아라. 흔히 전문직 협회는 회원을 상대로 설문 조사를 실시하여 보수 요율에 대한 정보를 공시한다. 예를 들면 국제 프리랜서 아카데미(International Freelancer Academy)가 바로 그런 경우이다. 이 단체는 매년 프리랜서 업계 보고서를 발간하고 있다. 그러나 보수 요율을 가장 잘 알 수 있는 방법은 동일한 시장에서 일하고 있는 동료 그룹의 현행 정보를 아는 것이다.

● 관리업무 부분을 무시하지 말라.

사업에 수반되는 기본적인 관리업무를 처리하는데 당신의 시간 중 반을 소비하게 된다. 당신이 이런 일에 능숙하지 못하다면 보완적인 재능을 가진 파트너를 채용하는 방안을 고려하거나 아니면 당신이 모르는 것을 배워라.

앙코르 커리어 핸드북 인생2막의 변화와 창조

이에 대해서 당신이 도움을 요청할 수 있는 곳은 대단히 많다. 프리랜서 유니온은 계약서 양식과 고객들이 프리랜서를 어떻게 대우하는지에 기초하여 회원들이 고객을 평가한 고객 점수표를 제공하고 있다. 은퇴 임원 봉사단 (Service Corps of Retired Executives, SCORE, score.org)에서는 경험 있는 비즈니스 멘토를 당신에게 연결시켜 줄 수 있다. 또한 SCORE에서는 웹사이트에 50+ 기업가를 위한 페이지를 운영하고 있다. 국제 프리랜서 아카데미, StartupNation.com과 FreelanceSwitch.com 등은 독립적으로 일하고 있는 다른 사람들과 네트워크를 맺어주며 블로그, 기사, 저비용 온라인 강좌를 통해 배울 수 있도록 도움을 준다. 중소기업청(Small Business Administration, Sba.org) 웹사이트에는 풍부한 자료들이 올라와 있다. 특히 여자와 소수 민족 소유의 기업을 위한 프로그램과 지역에서 제공되는 카운슬링 서비스에 주목하라.

● 당신의 작업 공간과 시간 관리 시스템을 제대로 하라.

　시간을 내어 당신이 어디에서 일할지, 어떤 종류의 기술을 필요로 하는지, 하루 일과를 어떻게 구성할지 등에 대하여 실행 계획을 세워라. 굿맨의 주장에 따르면 많은 1인 기업가들이 실패하는 이유는 일정을 지키지 못하고 앞으로 나아가지 못하기 때문이라고 한다. "만일 당신이 시간 관리를 엉망으로 하는 사람이라면 그것을 극복해야 한다. 당신이 두세 가지 이상의 큰일을 하루 만에 다 해낼 수 없다는 사실을 깨달아야 한다."고 그녀는 말했다. 집에서는 고독을 즐기더라도 누군가와 함께 하기를 원한다면 공동작업(다른 독립 근로자들과 공동 환경에서 일하기)을 고려하거나 사무실 공간을 찾거나 하루 일과 중 일부를 카페에서 일하는 방식을 고려하라.

● 당신 자신을 파는데 익숙해져라.

　이 말은 모든 사람에게 해당되지만 당신이 사업을 한다면 더할 나위 없이 중요한 말이다. "자신을 판다고 하면 정장 양복을 차려 입고 여기 저기 다니면서 성가신 짓을 하는 것이란 생각부터 극복해야 한다. 그것은 당신이 무엇을 하는지를 알리고, 사람들이 원하는 것이 있는지를 알아내는 것이

337

다."고 굿맨은 설명한다. 처음에는 당신의 네트워크에 있는 사람들에게 이메일 공세를 하거나 따로 공지를 하는 등으로 당신이 먼저 적극적으로 다가가야 한다. 당신의 이름이 알려지면 고객들이 당신을 찾기 시작한다.

● 연결 고리가 있는 곳에서 시작하라.

성공한 프리랜서의 비결 중 하나는 평소 잘 관리해 온 네트워크로부터 일감이 온다는 사실이다. 내가 프리랜서 유니온의 설립자인 사라 호로비츠(Sara Horowitz)와 이야기를 했을 때 그녀도 같은 말을 했다. "프리랜서가 당신의 살아가는 방식이라면 당신은 좋은 시민이 되어야 한다. 왜냐하면 주고받는 것이 네트워크가 돌아가는 방식이기 때문이다. 당신이 근시안적인 태도로 사람을 대하는 순간 네트워크는 곧 말라 없어질 것이다."

다. 즉, 영리 목적의 사업이라면 필요한 자금을 어떻게 조달할 것인가? 신용카드 아니면 개인 대출을 사용할 용의가 있는가? 외부로부터 자금 지원을 받을 것인가? 그렇다면 당신의 아이디어에 관심이 있고, 비슷한 사업에 투자하거나 자금을 대준 사람들을 찾는 작업을 시작하라. 창업 초기 자금을 조달하고 나면 수입이 창출되어 사업이 저절로 계속 굴러갈 수 있을 것인가? 그리고 당신이 필요한 소득도 줄 수 있는가? 아니면 당신이 계속해서 자금원을 찾아야 할 것인가?

당신이 비영리 단체의 설립을 고려하고 있다면 재단이나 다른 기관에 지원금을 신청하는 방안을 모색해볼 것이다. 당신이 하고자 하는 일에 대해 받을 수 있는 지원금에 어떤 것이 있는지 알아야 한다. 그러기 위해서는 먼저 당신과 유사한 단체가 어떻게 자금을 끌어오는지 조사하라. 재단 센터(The Foundation Center, foundationcenter.org)에서는 당신이 다루려고 하는 사회적 이슈에 대해 어떤 재단이 기부를 하고 있는지 알 수 있는 자세한 정보를 얻을 수 있다. 또한 당신이 살고 있는 지역의 지역재단도 검색하라. ('거주지역'과

앙코르 커리어 핸드북 인생2막의 변화와 창조

'지역재단' 으로 검색하라.)

다음은 일부 앙코르 기업가들이 초기에 필요한 자금을 조달한 방법이다.

(Note: 사업이 제자리를 잡게 되면서 자금 조달의 모델도 진화했다.)

- 콘치 브레토스는 자신의 아이디어로 시험해 보았던 주택 단지에 서비스를 제공하기 위해서 플로리다 주 정부로부터 꽤 많은 금액의 계약을 따냈다.

- 일레인 산토리는 엄브렐러 오브 더 캐피털 디스트릭트를 자신의 차고에서 시작했다. 변호사가 501(c)(3)비영리 단체(비영리 단체가 사용하는 일반적인 법인)로 등기하는데 들어간 500달러를 제외하고는 거의 비용이 들지 않았다.

- 카탈리노 타피아는 비영리 단체인 베이 지역 정원사 재단(Bay Area Gardeners Foundation)을 설립했다. 목적은 그의 고객과 그 지역의 다른 원예업자로부터 기부금을 받아 저소득층 학생들에게 장학금을 주기 위해서였다. 그는 부업으로 재단을 운영하면서 낮에는 자신이 하던 일을 계속하고 있으며, 재단으로부터 단 한 번도 급여를 받지 않았다.

- 수 크롤릭은 우연히 창업 자금을 마련할 수 있었다. 그녀가 미술 감독으로 일하고 있었을 때 어느 디자인 컨퍼런스에서 자신이 주관한 기금 모금 이벤트에서 언젠가 기금 모금 분야에서 풀타임으로 일하고 싶다고 말했다. 발표가 끝난 후 어느 재단의 한 여성이 크롤릭에게 다가와 돕겠다는 의사를 표시했다. 그 여성 덕분에 크롤릭은 마침내 노드스트롬(Nordstrom)으로부터 후원을 받아 전국을 다니면서 아트 이벤트를 개최할 수 있었다.

- 낸시 버카트는 사회보장 연금, 주택 재융자금 그리고 비영리 단체에서 파트타임으로 일하면서 번 돈으로 어스 세이프 피니쉬즈(Earth Safe Finishes)를 설립했다.

임팩트 투자(Impact Investment)를 하라

고성장 벤처 창업에 필요한 자본을 조달하려는 사회적 기업가는 임팩트 투자자를 노려볼 만하다. 이들은 비중은 적지만 늘어나고 있으며, 자선 행위와 벤처 자본주의의 두 측면을 포함하고 있는 자본 공급자들이다. 그들은 자기들이 하는 것을 임팩트 투자라고 부른다.

일부 투자자들은 '재무 우선'이다. 그들은 시장 수준의 재무 수익을 원한다. 사회적 영향력이 있다면 덤으로서 좋다. 또 다른 투자자들은 '사명 우선'이다. 그들의 최우선 순위는 사회적 영향력이다. 약간의 이익과 투자 원금을 회수할 수 있으면 다행으로 생각한다.

임팩트 투자자에게 접근하여 창업 자본을 유치하려면 당신이 사업의 재무 모델과 사회적 영향력을 측정 가능한 방식으로 설명하는 것이 핵심이다. 예를 들어 감옥에서 나온 전과자의 재범을 방지하는 프로젝트를 추진한다면 그에 따라 절감될 수 있는 예상 사회적 비용을 계산하여야 한다. 고등학교 학생들의 졸업 비율을 높이려는 프로젝트라면 졸업 후 학생들의 높아질 미래 소득을 추정해야 한다. 임팩트 투자자에 관한 정보를 원한다면 SocialVenture-Partners.org를 방문하라.

내려놓고 떠나기

배리 차일즈(Barry Childs)는 2002년 아프리카 브릿지(Africa Bridge)를 설립했다. 그가 어린 시절을 보낸 탄자니아 사람들의 삶의 질을 높이는데 도와주기 위해서였다. 그가 아프리카 브릿지를 운영한 지 8년, 그는 60대 중반이 되었다. 그는 그가 없더라도 그 조직이 계속 운영될 수 있을지, 이 비전을 가졌던 이 늙은이에게 조직이 너무 의존하고 있지는 않은지를 고민하기 시작했다. 또 자기 자신도 인정했다. "나는 꽤 지쳤다. 월급을 받고 일할 때보다 더

앙코르 커리어 핸드북 인생2막의 변화와 창조

열심히 일을 했고, 몇 년 동안 휴가도 한번 가지 못했다."

차일즈는 이사회를 소집했다. 현 체계가 지속가능한 모델인지, 그렇다면 자기가 없어도 어떻게 조직을 끌고 갈 것인지 결론을 내리고 싶었다. 단체는 지속가능하고 또 그렇게 되어야 한다고 이사들은 모두 동의했다. 차일즈는 평소 아프리카 브릿지를 운영하는데 들어가는 금액의 두 배까지 기금 모금을 늘리는 것을 최우선 과제로 설정했다. 자기가 물러나더라도 후임 상임이사와 직원들에게 여유를 주기 위해서였다. 그리고 그는 상임이사를 한 명 채용하여 훈련시켰다. 차일즈는 곧바로 사임하지 않고 이사직을 유지하면서 자문역으로 자리를 옮겼다. 요즘 그는 아프리카 브릿지의 홍보대사로 활동하고 있다. 홍보 활동을 하고 큰 손 기부자와 함께 시간을 보내면서 탄자니아 국민과 미국에서 살고 있는 탄자니아 교민들의 목소리를 대변하기 위해 애쓰고 있다.

통제력을 손에서 놓아버리고 포기하는 건 쉽지 않다. "마음을 비우겠다고 생각은 하지만 내가 생각하는 방식처럼 일이 처리되지 않을 때는 화가 난다."고 차일즈는 말했다. 그럼에도 불구하고 이런 변화를 줄 적당한 때라는 것을 그는 알고 있다. "내 자식들과 우리 집안에서는 내가 그들과 더 많은 시간을 갖게 될 것이라고 그저 기뻐하고 있다. 모두가 내가 너무 열심히 일한다고 걱정이고, 심지어 나도 가족과 함께 지내는 것이 나한테는 필요하다는 것을 안다."

바톤을 넘겨라, 무대에서 퇴장하라, 통제권을 넘겨라. 설립자나 상임이사직에서 내려오라는 이런 표현들은 많다. 젊은 기업가와는 달리 앙코르 나이에 창업을 한 기업가는 역할을 서서히 줄여가며 물러나는 계획을 갖고 있어야 한다. 창업 초기부터 아니면 그 이후에라도 그 계획을 세워 놓아야 한다.

니키 로브는 처음부터 이 문제를 생각했다. 아예 그 문제를 그녀가 개발하고 있던 동물 치료 프로그램의 사업 모델 안에 포함시켰다. "내 나이 50대 중반, 내가 이전에 일에 쏟아 부은 정도의 에너지를 이제는 낼 수 없었다."고 그녀는 말했다. 매사추세츠에 있는 햄프셔(Hampshire) 대학의 교수인 그녀는 자신이 시작해 놓은 일을 맡아서 계속할 수 있도록 몇 명의 학생들을 이미 정해놓았다. "내가 내일 당장 버스에 치이거나 심장마비에 걸린다면 그 사람들이 내가 시작한 일을 지속해 나갈 것이다."라고 그녀는 말하고 있다.

마크(Mark)와 알렌 골드스미스(Arlene Goldsmith) 부부는 모두 70대 중반의 나이로 위와는 다른 접근방식을 취했다. 알렌은 어린이를 위한 새로운 대안(New Alternatives for Children)의 상임이사이다. 뉴욕에 소재한 이 단체는 만성질환에 시달리고 있는 어린이에게 여러 가지 서비스를 제공하고 있다. 마크는 게팅 아웃 앤 스테잉 아웃(Getting Out & Staying Out)이라는 단체를 설립했다. 이는 수감자와 전과자들이 재범에 빠지지 않고 새로운 삶을 살 수 있도록 도와주는 단체이다. 두 사람은 자신들을 '비영리 파워 커플'이라고 농담삼아 부른다. 두 사람 모두 주 50시간 이상 일하며, 마크는 토요일에도 근무한다.

골드스미스 부부는 승계 문제에 대해서는 먼저 언급하지 않았다. 이사회와 기부자들이 그 문제를 거론한 이후에야 마크는 한 후계자를 훈련시키기 시작했다. "나는 앞으로도 5년 더 풀타임으로 일할 계획이다. 그 이후에도 계속 관여하되 기금 모금의 비중을 줄이고 멘토링에 더 신경을 쓸 예정이다. 여가를 더 갖겠다는 것은 아니다. 내가 무엇을 하든지 내 평생의 사업이 될 것이다."라고 그는 말했다.

알렌 역시 승계 문제를 생각하고 있지만 아직까지는 그 일에 딱 맞는 사람을 찾지 못하고 있다고 말했다. 그녀는 은퇴를 생각하면 두려워진다. "우리 부부의 아버지들이 은퇴한 후 어떤 일을 겪으셨는지 직접 보았다. 두 분은 은퇴 직후 돌아가셨다. 그래서 나는 80세에 은퇴를 할지 모르겠다. 이 단체는 아직 어린아이와 같다. 맨손으로 시작했으나 지금은 예산 규모가 2,000만 달러나 된다. 이 단체는 내 마음 속에 있는 열정이다."라고 그녀는 말했다.

앙코르 커리어 핸드북 인생2막의 변화와 창조

FAQs

사회적 기업가로 생계를 유지할 수 있는가?

물론이다. 어떤 일을 하느냐, 사업이 어느 단계까지 발전했느냐, 설립자가 어떤 역할을 하느냐, 영리냐 비영리냐 등에 따라 급여는 크게 다르다. 설립자가 보수를 받지 않고 시작하는 경우가 흔하다. 또한 다른 일에 풀타임으로 일을 하면서 사업을 시작하는 경우도 있다. 그러나 확실히 자리 잡은 사회적 기업이나 비영리 단체는 집행 임원과 직원들에게 급여를 지급하고 있다. 기존 조직에 채용되려면 다른 일자리처럼 직원 모집에 응하고 면접을 보아야 한다. 영리를 목적으로 하는 사회적 기업은 비영리 단체보다는 보수를 더 많이 지급한다. 그러나 기금 모금이 잘되고 있는 비영리 단체는 급여도 영리 단체 못지 않게 지급한다.

사회적 사명을 목적으로 하는 단체의 효율성을 어떻게 측정하며 왜 그것이 중요한가?

오직 영리만을 추구하는 회사를 설립할 때에는 성공 여부를 알기 쉽다. 수치적인 목표를 달성했는가만 보면 된다. 그러나 사회적인 문제를 해결하려고 노력하는 사회적 기업의 경우 성공 여부를 어떻게 측정할 지 생각해봐야 한다. 성공했다는 것을 어떻게 알 수 있을까? 비영리 세계에서 통용되는 용어로 말한다면 평가 실적은 어떠한가? 취업 알선 프로그램을 운영하고 있다면 취업에 성공한 사람수를 세어 보면 된다. 사회적 혹은 건강과 관련된 문제를 위해 애쓰고 있다면 결과를 추적하기 위해 조사를 해보면 된다. 서비스를 제공하고 있다면 얼마나 많은 사람들이 이것을 이용하고 있는가를 보면 된다. 한 단체의 효율성을 보여줄 수 있다는 것은 기금을 유치하고, 언론의 주목을 받고, 제대로 된 직원과 자원봉사자를 끌어들이는데 있어서 대단히 중요하다. 스마트한 조직이라면 처음부터 이와 같은 성공 항목을 추적하여 보고하는 시스템을 구축하고 있다.

숫자로 측정하는데도 한계는 있다고 데이비드 본스타인은 충고한다. "계산을 할 때 투입량 대비 산출을 생각해 볼 필요가 있다. 예를 들어 방과 후 프로그램을 운영한다면 투입은 얼마나 많은 학생들이 참여했는가, 얼마 동안 했는가 그런 것들이다. 산출은 수학이나 독서력이 개선되었는가가 될 수 있다. 예전에는 많은 단체가 투입 쪽을 측정하여 많은 학생들이 참여했다고 자랑하고 있다.

그러나 오늘날에는 산출을 측정하는 쪽으로 옮아가고 있다. 그렇긴 하지만 사회적 변화를 추구하는 많은 형태의 일에서 산출을 계량화하기란 대단히 어렵다. 장애자가 혼자 힘으로 살 수 있도록 도와주었다고 하자. 성공적으로 그 일을 해냈다 하더라도 숫자로 계량화하는 방법을 찾기는 대단히 어려운 일이다."

사회적 기업은 여러 가지 도움을 필요로 한다. 또한 비영리 단체와 마찬가지로 자원봉사자와 직원도 필요하다. 마음이 끌리는 단체가 있다면 그들과 접촉하여 그들이 하는 일을 알아보고 참여하라. 창업 단체들은 일반적으로 직원을 채용할 예산은 없다. 그러나 모든 분야에서 도움을 필요로 하고 있다. 법률적인 문제, 사업 문제, 사무관리, 기술 지원, 홍보와 기금 모금 등이다. 비영리 단체처럼 사회적 기업 역시 당신의 기량 그리고 일에 연관된 대의와 이슈에 대한 당신의 관심을 중요하게 여긴다. 당신의 열정을 보여줄 수 있도록 준비하라.

새로운 사업벤처에 대한 멋진 아이디어를 갖고 있으며, 어느 정도 관여도 하고 싶지만 내 인생의 지금 단계에서 매일 매일 시간을 내어 운영하고 싶은 마음은 없다. 어떻게 하면 될까?

유별난 시나리오는 아니다. 나는 이 문제에 대해 많은 사람들과 대화를 나누었는데 그들은 어떤 이슈에 대해서는 열정적이지만 그 일에 올인하지 않으면서 하는 방법을 찾고 싶어 한다.

퓰리처 수상자이며 신문 칼럼니스트인 엘렌 굿맨(Ellen Goodman)은 2010년에 자신의 칼럼을 그만 두었다. 그때 그녀는 아주 많은 사람들이 자신의 임종 방법을 가족들에게 알리지 못하여 자신들이 선택하지 않은 방식으로 임종을 맞이하고 있다는 생각에 빠져 있었다. 그녀는 더 의미있는 '죽음을 맞기' 위해서는 우리 사회가 아직 갈 길이 멀다고 말했다. 그래서 그녀가 시작한 단체가 대화 프로젝트(Conversation Project)였다. 이 단체는 임종을 맞이하는 방법에 대해 사람들이 좀 더 편안하게 이야기할 수 있도록 인식을 높이는 노력을 하고 있다.

굿맨이 이 일을 시작했을 때만 해도 그녀는 풀타임으로 매여 있을 생각은 거의 없었다. 이제야 신문사 마감 시간에 쫓기는 스트레스에서 해방되었기 때문이었다. 그러나 설립자로서 그녀는 손을 놓아버릴 수 없었다. 아직은 초기 단계라 그녀는 여러 곳을 여행하며 기금을 모으고, 강연도 처음 예상했던 것보다 더 많이 해야만 했다. 내가 그녀와 최근에 통화했을 때 그녀는 큰 캠페인을 준비하고 있는 중이라고 말했다. "지금은 전적으로 일에 매여 있지만 내 목표는 출범 후에는 지금처럼 기운을 다 소진하지 않는 방식으로 일을 하는 것이다. 아직은 균형점을 찾지 못했는데 그 이유의 일부는 내 탓일 것이다."고 그녀는 말했다.

굿맨은 자신이 찾고 있는 균형점을 결국엔 발견할 것이다. 그러나 당신이 과부하를 피하고 싶다면 새로운 단체를 설립하는 것보다는 당신이 동경하는 일을 하고 있는 기존 조직에서 당신이 하고 싶은 역할을 시작하면 된다. 모든 앙코르 선택이 그렇듯이 하나의 정답만 있는 것이 아니다.

왜 사회적 기업이 비틀거리거나 실패하는가?

기포드 핀초트는 사회적 기업에는 특별히 넘어야 할 산들이 있다고 주장하고 있다. "사람 관리에 실패하는 것은 큰 문제이다. 실패하는 사람들은 급여보다는 업무를 이용하며 다른 사람들을 아주 심하게 일하도록 하는 경향이 있다. 그러면 사람들은 탈진하게 되고 그 때문에 실패로 이어진다. 또한 그들은 시장에 침투하기가 얼마나 어려운지 제대로 알지 못한다." 핀초트가 말한 대로 "이상주의가 자기 인식과 일치하지 않으면 당신을 어려움에 처하게 만든다. 사람들은 에너지 물리학이 무엇인지 이해하지도 못하면서 대안 에너지 쪽으로 가려고 한다. 또 식품 유통이 시장에서 어떻게 이뤄지는지 이해하지도 못하면서 그쪽 일을 하고 싶어 한다." 일부 사회적 기업은 초과 근무에 대한 시간외 수당을 지급할 돈을 마련하지 못해 실패하기도 한다. 그리고 악명 높은 '설립자 증후군'을 잊어서는 안 된다. 그것은 조직을 설립한 사람이 장기적으로 그 조직을 끌고 갈 최적의 사람은 아니라는 것을 아는데 그런 사실을 제대로 제기하지도 못하는 현상을 뜻한다.

어떻게 하면 나는 실패하는 다른 사회적 기업의 전철을 밟지 않을 수 있나?

멘토에게 의지하라. 그리고 당신이 강점으로 지니고 있는 분야를 선택하라. 사실 새로운 아이디어라고 하는 것은 거의 없다. "거의 모든 새로운 사회적 기업은 전에 실패했던 아이디어를 수정한 것이다. 당신이 애를 쓰고 있는 이슈가 어떤 것이든 간에 당신이 몇 가지 질문에 답하고 견습생처럼 그 분야를 배우는 것이 중요하다. 이 과제에 관하여 사람들이 공통적으로 저지르는 세 가지 잘못이 무엇인가? 또 오늘날 이 영역에서 일어나고 있는 가장 혁신적인 세 가지를 알아라. 이들 질문에 답하기 위해서 적임자들과 만나 50번의 대화를 하면서 묻고 또 물어야 한다. 그것이 바로 사회적 기업가로 자신을 연마하는 과정의 모든 부분이다. 사회적 기업이 실패하는 것을 보면 대개는 지도자가 알았더라면 조치를 취할 수 있었을 텐데 그런 잘 알려진 조치를 모르고 있었기 때문이다."라고 데이비드 본스타인은 말한다.

나는 혼자 일한다는 생각을 좋아하지만 기업가라고 하니 무서운 느낌이 든다. 내 사업을 내 마음대로 운영하고 싶어서 다른 사람을 고용하지 않거나 위험을 부담하지 않고 소규모로 하고 싶다. 어떻게 하면 되나?

앙코르 기업가 활동은 커다란 텐트와 같다. 그 안에는 설립 초부터 상당한 예산을 편성하고, 직원들을 고용하여 규모 있게 시작하는 사람들도 있고, 작은 규모에 적은 인력으로 뭔가를 해내려고 하는 사람들도 있다. 314쪽의 "앙코르 기업가에 필요한 자질을 갖추고 있는가"를 참조하면 당신 혼자 이상의 조직을 시작해도 좋은지 어느 정도 알 수 있을 것이다. 아무런 사전 준비 없이 시작하는 것이 두렵다면 혼자 컨설턴트나 프리랜서로 일하는 것도 가능하다. 그런 생각을 하고 있다면 335쪽에 있는 "혼자 사업을 해나가려면"을 참고하라. 어떤 사항을 고려해야 할지에 대해 생각해 볼 수 있다.

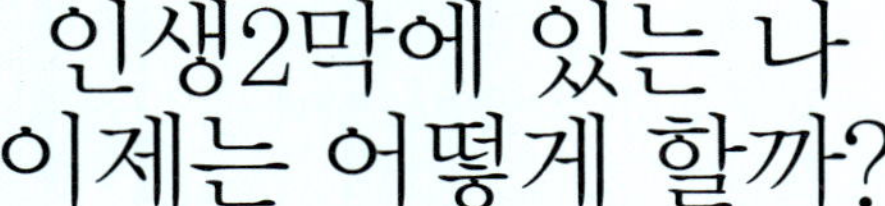

제 11장

인생2막에 있는 나
이제는 어떻게 할까?

미국은 은퇴한 적이 한 번도 없었다.
끊임없는 노력으로 제복을 입고
앞으로 나아갔다.
– 빌 클린턴 –

지금까지 이 책은 어떻게 하면 당신이 앙코르 역할을 제대로 할 수 있는지에 대해 집중해서 살펴보았다. 그러나 앙코르 커리어를 시작한 사람들은 이전에 시작하기 전에 갖고 있었던 만큼 지금도 많은 의문을 갖고 있다. 다만 질문 내용이 달라졌을 뿐이다.

즉, 어떻게 계속 살아갈 것인가? 지금 하고 있는 일을 계속할 것인가? 아니면 새로운 도전을 찾아 나설 것인가? 언제 속도를 줄일 필요가 있는가? 내 배우자도 나와 같은 생각을 하고 있을까? 내 자녀들은 어떤가? 스트레스를 받아야만 하는가? 내 건강을 돌볼 시간을 가지고 있는가? 다음 단계를 계획하는 것은 어떤가? 결국에는 옛날 방식과 같은 은퇴를 원하게 되지는 않을까?

새로운 의문점들이 쏟아진다고 해서 놀랄 일은 아니다. 결국 이것은 새로운 삶의 단계이다. 새로운 약속과 더 많은 도전이 있는 것이다. 인생2막의 기간은 하나의 커다란 전환이지만 동시에 새로운 방식으로 새로운 목적을 위해 살아가는 것에 대한 더 작은 일련의 조정 과정이기도 하다. 이 방면의 선구자들이 찾은 답은 다음과 같다.

학습곡선을 관리하기

앙코르 커리어를 찾는 일이 쉽지 않다는 것을 우리는 알고 있다. 앙코르를 찾았다 하더라도 새로운 종류의 일과 문화에 완전히 빠져드는 것은 별개의 일이다. 분명히 말하면 이 일 역시 쉽지 않다.

예를 들면 신규 교사(나이에 관계없이)가 교사직에 익숙해지려면 몇 년이 걸린다. 자신의 페이스를 찾기까지에는 더 많은 시간이 필요하다.

정보통신 기업의 중역에서 수학 교사로 커리어를 바꾼 존 코스티바스(289쪽 참조)는 그가 받은 훈련은 수박 겉핥기식으로 배운 것에 불과했고 그래서 교생 때 많은 실수를 저질렀다고 말했다. 시간이 지나서야 학생들이 주목하도록 하는 법을 알게 되었다고 말했다. "학생들에게 창피를 주는 것은 먹혀들지 않는다. 그래서 공개적으로 부정적인 말을 해서는 안 된다는 것을 배우게 된다. 또한 요즈음의 청소년들과 소통하는 법을 배워야 한다."라고 그는 설명했다. 코스티바스에게 소통의 열쇠는 테크놀로지였다.

그는 계산기로 방정식을 푸는 것을 보여줌으로써 학생들이 계산기에 열광하게 만들었다. 마치 원숭이가 재미있는 비디오 게임에서 뛰는 것과 같았다. 또한 그는 그냥 책을 읽어오라는 숙제를 내주는 대신 칸 아카데미(Kahn Academy)의 비디오를 보여주면 학생들로부터 좋은 반응을 얻을 수 있다는 것도 깨달았다.

"최우수 교사는 가장 까다로운 학생들을 다루는 법을 정말 잘 알아야 한다."며 아직도 그는 최우수 교사라 하기에는 부족한 것이 너무 많다고 말했다. 그러나 그는 노력하고 있다. 교육청에서 제공하는 훈련과 멘토링 기회가 있으면 최대한 이용하고 있다. 그는 말썽을 피우는 학생들과 관계를 형성하기 위해 열심히 노력하고 있다. 이를 위해 그는 그 학생들이 집에서 어떻게 하는지 알려고 애쓰고 있다. "교과 내용은 교사 업무 중에서 가장 쉬운 부분이다. 그러나 10대와 그 중에서도 어려운 삶을 살고 있는 학생들과 연결되어 소통하는 것은 참 힘든 일이다."라고 그는 말했다.

교사로 일하게 되면서 코스티바스는 자신의 삶에서 또 다른 조정을 해야만 했다. 급여 정보는 공개된다. 심지어 동료 교사들과 소통하는 것도 또 다르다. "기업에서 사람을 만나면 엔지니어든 대표이사든 처음 만나 악수를 하고 나면 친근하게 이름으로 부른다. 그러나 학교에서는 미스터(Mr.)와 미시즈(Mrs.)로 계속 부른다. 거의 영원히 그럴 것이다."라고 그는 말했다. 그는 이런 사실을 교생 실습 바로 첫날에 알았다. 그가 학생들 앞에 서서 자기 이름이 존 코스티바스라고 소개했다. 그러자 "옆에 있던 그의 멘토 선생이 놀라서 거의 그 자리에 쓰러질 정도였다. 나중에 그녀는 옆으로 다가와서 자신을 소개할 때 성이 아니라 이름으로 소개해서는 절대로 안 된다고 말해주었다."고 그는 말했다.

사업을 일으키는 일은 가파른 학습곡선을 갖고 있다. TV 작가에서 심리치료사로 전업한 마르시 그레이 루빈(31쪽 참조)은 심리치료사라는 직업이 단순히 문제 있는 사람을 도와주는 것에서 끝나지 않는다는 사실을 곧 깨달았다. "심리치료사가 스스로 마케팅 활동을 해야 하는 시대에 심리치료의 세계에 들어왔다."고 그녀는 말했다. 내가 최근에 그녀와 통화했을 때 그녀는 언제 블로그나 트위터를 이용하여 마케팅을 하는 것이 적절할지(그리고 좋은 마케팅일지) 그 시기를 저울질하고 있다고 말했다.

앙코르 커리어 핸드북 인생2막의 변화와 창조

디이애나 마인홀드 역시 비슷한 경험을 이야기했다.(79쪽 참조). 스스로를 돌볼 수 없는 사람들을 돌보기 위해 성년 후견인 및 사례 관리자 자격을 취득했지만 그것으로 끝난 것이 아니었다. 연로한 부모님이 있는 가족이 그녀를 고용해야 하고, 법원이 그를 성년 후견인으로 결정해야 일을 할 수 있었기 때문이다. 그래서 그녀는 자신을 소개해 줄 만한 사람들을 찾아 나섰다. 카운실 온 에이징(Council on Aging)이 후원하는 이벤트에도 나가 네트워크를 넓혔다. 노인법, 신탁, 재산과 관계가 있는 지역 변호사 협회에도 가입했다. (놀랍게도 변호사만이 가입할 수 있는 것이 아니었다.)

"이 분야에서는 사람들이 당신과 어떤 종류의 관계를 맺고 있다고 느껴야 한다. 다른 사람의 삶을 당신에게 맡기는 것이기 때문이다. 서로 얼굴을 맞대는 네트워킹의 가치는 소중하다."고 그녀는 설명했다. 그러나 그것은 하루 아침에 이뤄지지 않았다. 38년 동안 일한 경험을 갖고 있으면서도 그녀는 새로운 분야에서는 밑바닥에서 시작하고 있다고 느꼈다. "중역처럼 행동을 하고, 변호사처럼 정장을 하고, 명함을 돌리고, 나에게 일을 맡길 수 있는 사람을 만난 후에는 언제나 감사하다는 편지를 보냈다. 나는 위탁이 들어오는 것을 보고는 깜짝 놀랐다."고 그녀는 설명했다.

야망을 다시 정의하기

앙코르 일을 하고 있는 사람들의 이야기를 들어보면 전반부 인생 단계에 비해 자신의 존재를 증명해 보일 필요성을 덜 느끼고 있다고 말했다. 그 결과 승진하는데 신경을 쓰는 것보다 일 자체가 주는 사회적 영향력에 더 집중할 수 있다는 것이다. 그리고 자존심 때문이 아니라 그들이 하고 있는 일에 의미가 있다는 것을 알기 때문에 그들은 열정을 불태우는 것이다.

이런 적응이 항상 저절로 되는 것은 아니다. 웬디 베이 루이스(Wendy Bay Lewis)는 변호사에서 비영리 단체 대표로 전환했다. 그녀는 앙코르 일자리를 찾고 있는 사람들을 돕는 코치가 되기로 결심했다. 한편으로는 자신이 해오던 몬태나 주 보젠만(Bozeman)의 경제 발전을 촉진하는 일도 계속하기로 했다. 앙코르 일을 하면서도 그녀는 이전처럼 '완수하기' 혹은 '승리하기' 위해 애쓰는 자신의 성향을 털어버리기가 쉽지 않았다. 그 성향은 그녀가 처음에는 변호사로, 그 다음에는 모금가로 일을 선택한 데서 생긴 것이었다. 두 일모두 "힘든 측정치들이 많고 동일한 측정 기준을 사용하는 동료들도 많다."고 그녀는 말했다.

요즈음은 특히 재발했던 유방암에서 회복되면서 그녀는 사람들을 집중적으로 돕고 있는 동료들을 찾는 일에 훨씬 더 중심을 두고 있다. 그 일은 아직도 진행 중이다.

예를 들어 보자. 어느 고객이 일자리를 얻지 못했는데 자기 자신이 성공했다고 말할 수 있는지 의문을 갖고 있었다. 이에 대해 그녀의 멘토는 그녀가 촉매 역할을 하여 고객으로 하여금 그 다음의 조치를 취하게 하거나 가능성을 알게 한다면 그녀가 영향력 있는 일을 하고 있다는 확신을 심어 주었다. 이 시기의 삶에서는 개인의 성장과 성취가 가장 중요한 잣대라고 루이스는 자기 자신에게 계속 상기시켜야 한다고 말했다.

균형 찾기, 계속 일하기

랜달 찰튼(321쪽 참조)이 테크타운의 상임이사로 일하고 있었을 때 그의 세 딸들이 자신들을 위해 시간을 더 내달라고 요구하며 이른 바 '간섭'을 했다.

앙코르 커리어 핸드북 인생2막의 변화와 창조

여기에서 우리는 교훈을 얻을 수 있다. 당신의 앙코르는 당신만의 문제가 아니라는 점이다. 당신 주변의 사람들도 당신이 선택하려는 일과 그 일에 시간을 얼마나 투자할지에 관해 나름대로 의견이 있기 때문이다. 사랑하는 사람들이 그런 요구를 해오면 대부분 우리는 무시하기가 쉽지 않다. 실제로 앙코르에 종사하고 있는 많은 사람들의 이야기를 들어보면 누군가 딴 사람들(대부분 배우자나 다 큰 자녀들)의 필요나 바람에 부응하여 앙코르를 형성했던 것으로 나타났다.

앙코르 커리어를 얼마나 열정적으로 추구할지에 대한 결정을 내리는 것은 은퇴 시기에 즈음한 고전적인 부부 갈등에 속하며 뿌리가 깊다. 당신과 배우자는 인생의 지금 단계에서 같은 목표를 갖고 있는가? 그렇지 않다면 서로의 관계를 존중하면서 서로가 각자 원하는 것을 하자고 합의할 수 있는가? 때로는 시간이 어려운 문제이다. 부부 중 한 사람은 좀 더 많은 시간을 여가나 여행으로 보내고 싶어 하는 반면 다른 쪽은 계속 일을 하고 있어 그렇게 놀 시간이 없을 수 있다.

관계 치료사로 일하면서 「커플의 은퇴 퍼즐」(The Couples Retirement Puzzle)이라는 책을 함께 쓴 도리언 민쩌(Dorian Mintzer)와 로베르타 테일러(Roberta Taylor)에게 위와 같은 문제에 대해서 어떻게 생각하는지를 물었다. 많은 사람들의 은퇴 무렵에 파경을 맞는다고 그들은 말해주었다. 자녀들이 성장하여 분가하고, 흔히 오래 산 부부들도 자신의 삶을 다시 찾아가기를 원하기 때문이다. 민쩌와 테일러가 '서로 윈-윈하는 원동력'이라고 부르는 것을 부부가 갖고 있는 경우는 대개 부부가 커뮤니케이션과 타협에 뛰어나기 때문이다.

이 두 영역에서 성공하려면 두 사람이 인생의 다음 장에 대해 서로 이야기하는 것이 대단히 중요하다는 것을 근본적으로 인식하고 있어야 한다. 나는 앙코르 커리어와 동시에 성공적인 평생 부부 관계를 잘하고 있는 수많은 사람들의 사례를 듣고 있다.

존 코스티바스가 교사가 되기 전에 평화봉사단에 들어갈까 그런 생각을 했었다. 그렇게 되면 2년 동안 해외에서 자기가 선택할 수 없는 배정된 장소에서 지내야 한다. 그 당시에는 그의 부인이 그와

함께 갈 수 있는 상황이 아니어서 그는 그 생각을 접고 교사직으로 방향을 돌렸다. 이 일은 집에서 멀지 않은 곳에서 할 수 있었기 때문이었다.

어떤 부부에게 앙코르는 양립할 뿐만 아니라 서로를 강화해주기도 한다. 알렌과 마크 골드스미스 부부(342쪽 참조)의 경우가 바로 이 범주에 속한다. 마크가 화장품 회사의 마케팅을 오래 하다가 그만 두었을 때 알렌은 이미 비영리 단체의 리더로서 베테랑이었다. 그녀는 남편에게 일일 교장(Principal for a Day)이라는 프로그램을 한 번 해보라고 등을 떠밀었다. 이 프로그램은 감옥에 있는 죄수와 막 출소한 전과자들과 일하고 싶다는 그의 갈망을 풀어주었다.

마크는 부인 알렌을 자신의 멘토로 여긴다. 그녀는 남편을 비영리 단체의 삶 속으로 안내했고, 그에게 일을 어떻게 해야 하는지 가르쳐주었기 때문이다. (그녀가 일하는 비영리 단체는 남편이 일하는 곳보다 훨씬 더 큰 조직으로 직원과 예산 규모가 거의 20배나 되었다.) 두 사람은 열의에 있어서는 우열을 다툴 수 없을 정도이다. 두 사람은 일상적으로 주당 40시간 이상을 근무하고 있다. 두 사람은 여행을 다니고 친구와 가족들과 어울리면서 문화 활동을 하고 있지만 70대 중반의 나이에도 일하는 고삐를 늦출 기색이 전혀 없다. 아직도 그 나이에 돈을 벌고 있다는 사실에 두 사람은 감사하고 있다.

아무리 공익에 기여하는 직장이라 하더라도 결함은 있기 마련이다. 방만한 경영, 다루기 힘든 동료, 직장의 따분함 같은 것은 어디에든지 있다. 그리고

사회적 마인드가 있는 직장은 풀어야 할 과제가 더 많다. 빠듯한 예산, 한정된 자원 그리고 빠른 성과를 볼 수 없는 아주 다루기 힘든 문제를 해결하려고 애쓸 때 생기는 직원들의 사기 문제 같은 것이 그런 것이다. 결국에는 당신이 트레이드 오프(trade-off)의 가치가 있는지를 결정해야 할 것이다. (Note. 트레이드 오프란 한쪽이 좋아지면 다른 한쪽이 나빠지는 관계가 있을 경우 한쪽을 어느 정도 희생할 필요가 있다는 것을 말함.) 그러기 위해서 당신 자신에게 중요한 질문 몇 가지를 던져야 한다.

당신이 하고 있는 일을 하면서도 사회적으로 영향을 끼칠 수 있다고 느끼고 있는가? 당신의 좌절감이 만족감보다 더 큰가? 다른 무엇을 할 수 있는지에 대해 상상하는데 많은 시간을 쓰는가? 이런 질문에 대해 '그렇다'고 답했다 하더라도 전직하겠다고 결정하기 전에 과연 당신의 경험을 이용하여 당신이 생각하는 사회적 문제들을 해결할 수 있는지 스스로에게 질문하라. 또한 당신이 얻을 만족감이 짜증이나 좌절감보다 훨씬 큰지 자신에게 물어보라. 이 두 질문에 대한 당신의 답이 '아니다' 라면 이제는 다른 대안을 찾을 때이다.

존 코스티바스는 미국의 교육 시스템의 문제점에 대해 모르고 있는 것이 아니다. 보수 체계가 성과급이었던 기업에서 오랫동안 일을 해서 그는 급여가 능력보다는 연공서열에 기초해서 결정되고 있는 사실에 아직도 익숙하지 않다. 그러나 모든 것을 감안할 때 교직은 "내가 생각할 수 있었던 최상의 앙코르"라고 그는 말했다.

스스로를 돌보기

우리 모두가 실제보다 젊다고 느끼는 것 같은데 우리가 어떻게 노화하는가와 노화하면서 어떻게 느끼는가는 서로 아주 다르다. 한 사람은 나이 80세에 팔팔하다고 느낄 수 있는 한편, 다른 사람은 나이 70세에 망가지고 지쳐버렸다. 그 이유의 일부는 좋은(혹은 나쁜) 유전자와 관계가 있지만 우리는 그것을 어느 정도 통제할 수도 있다.

나는 스탠퍼드 대학의 장수 센터 설립자인 로라 칼스텐슨(Laura Carstensen)에게 사람들이 그들 스스로 늙었다거나 기력이 쇠해지는 것을 알기 시작하는 나이가 있는지 물어 보았다. "나이와는 아무런 관계가 없다. 노화란 꽤 지속적인 과정이며, 우리가 태어난 날부터 시작된다. 어느 날 갑자기 달라지는 게 아니다. 노화 자체는 안에서 사람에게 작용하는 것이 아니다. 대부분의 사람들에게 문제를 유발하는 것은 노화와 다른 요인들 간의 상호작용이다. 생활방식에 따라 아주 크게 차이가 난다."고 말했다.

앙코르 커리어를 꽃피우고 있는 많은 사람들이 스스로를 돌보기 위해 어떤 것을 하는지를 내게 말하고 싶어 하는 것도 아마 그 때문일 것이다. 대개는 기본적인 것, 예를 들면 규칙적인 운동, 좋은 음식, 사회적인 연결, 계속 배우기 등을 약간 변형하여 하고 있다.

보스턴 대학의 슬로운 노화와 일 센터(Sloan Center on Aging and Work)의 새로운 연구에 따르면 우리가 늙어감에 따라 건강하고 행복한 생활을 하는데는 유급으로 일하기, 자원봉사 활동 그리고 교육이 가장 중요하다고 한다. 긍정적 노화 운동 리더인 잰 하이블리는 세대 간 연결을 유지하는 것도 또한 중요하다고 말했다.

그럼에도 불구하고 나이가 들어도 달라지지 않고, 78세가 되어도 기력은 60세 혹은 55세 때와 같을 것이라고 생각하는 것은 순진한 생각이다. 그러나 당신의 태도는 안정적이 되거나 더 개선될 수도 있게 될 것이다. 계속되는 연구에 따르면 노화 효과의 하나는 늙어감에 따라 스트레스, 걱정, 화가 줄어드는 것 같다는 것이다. 안 좋은 것들이 분명히 많이 생기지만 그것들을 잘 다룰 준비가 되어 있고 또 긍정적인 면에 집중하는 것 같다. 칼스 텐슨은 "나이

앙코르 커리어 핸드북 인생2막의 변화와 창조

든 사람들이 더 행복하다는 것은 지나치게 단순한 얘기지만 그들은 복잡한 감정을 끌어안고 더 편안하게 슬픔을 이겨나갈 공산이 더 크다.”라고 말했다.

랜달 찰튼은 신체적으로 건강한 것은 페이스를 유지하는데 대단히 중요하다고 말했다. “나이가 들수록 안 좋은 행동을 절제하기가 어려워진다. 이제 나는 금요일 밤 그리고 아마 토요일에는 술 한 잔을 하겠지만 일요일엔 절대 술을 안 마시겠다. 당신은 휠체어를 탈 수도 있겠지만 가능한 한 건강을 유지해야 한다. 서른 살 때의 내가 지금의 나를 보면 웃겠지만 나는 주중에는 아침 10시까지 잔다. 나는 25세에서 40세의 사람들과 경쟁해야 하기 때문에 그렇게 할 수 있도록 내 자신에게 최선의 기회를 주어야 한다.”고 그는 말했다.

인생2막의 일이 감정적으로 아주 힘든 사람들은 자기 관리를 더 해야 한다. 어른이 되면 좋은 점의 하나는 스스로를 잘 알게 된다는 것이다. 그래서 무엇이 당신을 계속 나아가게 하고, 무엇이 당신의 중심이라고 느끼게 하는데 도움이 되는지를 알게 된다. 그러나 새로운 일을 하게 되면 불안한 또는 감정적으로 어려운 상황에서 유발되는 스트레스를 처리해야 하는 경우가 새롭게 생길 수 있다.

워싱턴 대학 사회복지학과 교수인 낸시 모로-하웰(Nancy Morrow-Howell)은 스트레스가 많이 생길 수 있는 상황에 놓이는 사람은 본인이 하게 되는 것과 자신을 돌보는 방법에 대해 아는 것이 중요하다고 말했다. 예를 들면 사회복지와 치료 훈련 프로그램에서는 한계를 설정하여 탈진을 피하는 방법을 가르쳐 준다.

이런 방법을 알려주는 공식 프로그램에서 훈련을 받지 않았다면 필요한 것을 얻는 방법을 찾아라. 당신이 일하는 단체 또는 다른 채널을 통하면 된다. “당신과 이야기할 수 있고, 지도해 줄 수 있는 사람을 찾으라. 경험이 많고 전문가적인 조언을 해줄 수 있는 사람이면 제일 좋다.”고 모로-하웰은 말했다.

에드 스피들링은 거의 10년 동안 노숙자와 관련된 여러 가지 일을 해왔다. 조용한 명상으로 하루 일과를 시작하는데 그것이 그가 위험을 무릅쓰고 거리로 나가는데 정말 도움이 되었다고 말했다. "만약 하루의 준비가 되지 않았다면, 만약 잠을 잘 자지 못했거나 전날 밤 너무 많이 놀았다면 이 일을 할 수 없다."고 그는 내게 말했다.

처음 일을 시작할 때 그는 힘든 상황들이 있을 것이라고 생각하고 마음을 단단히 먹었었다. 그는 끔찍한 장소에서 살고 있었고, 정신 질환이 있는 사람들과 씨름해야 할 것이라고 생각했었다. 힘든 경우가 많았지만 그래도 그 가운데 몇몇 만남은 그의 인생에 있어서 가장 진정한 경험이었다고 그는 여기고 있었다.

"즐거운 순간들이 아주 많았다."고 그는 말했다. "노숙자들은 어떤 것도 당연하다고 여기지 않는다. 그들에게는 매일이 살아남아야 하는 날이기 때문이다. 어떤 좋은 일, 예를 들어 볼로냐 샌드위치를 얻는 것 같은 일이 생기면 그들은 아주 좋은 일이 생겼다고 인정한다. 예전에 의료 센터에서 관리자로 일했던 동안 나는 많은 사람들과 자주 접촉하지도 않았고, 많이 웃거나 울지도 않았다. 여기서는 사람들을 껴안고, 가까워지고, 웃고, 운다. 아주 생기가 있다. 나는 이런 요소가 없는 일은 다시는 풀타임으로 하지 않겠다."고 그는 말했다.

다이애나 마인홀드가 사례 관리자 그리고 성년 후견인으로 새로 일하기 시작한 첫 해에 그녀의 첫 고객이 죽었다. "참 힘들었다. 그러나 그들에게 남은 시간이 얼마가 되든 내가 그들의 삶의 질을 개선시키고 있다고 내 스스로에게 말할 수 있는 한 나는 죽음에 대처할 수 있다. 내가 더 잘 해야 할 것은 내 자신의 생활에서 좀 더 많은 시간을 재미있게 보내도록 하는 일이다. 왜냐하면 분명히 후견인 일은 내 시간과 관심을 소진하게 될 것이기 때문이다."고 그녀는 내게 써 보냈다.

앙코르 커리어 핸드북 인생2막의 변화와 창조

삶이 방해할 때

당신이 좋아하는 대로 모든 것을 계획할 수는 있지만 살다보면 마음대로 되지 않을 수가 있다. 때로는 건강 문제 즉, 당신 자신도 언제가는 죽을 수 밖에 없음을 더욱 느끼게 만드는 진단을 받거나 두려움 때문에 더 많은 의미가 있는 직업으로 옮겨가게 되는 경우가 있다. 또 개인이나 가족에 위기가 닥치면서 앙코르 커리어의 경로에 영향을 미칠 수도 있다.

내가 이 책 때문에 인터뷰를 하려고 사람들에게 연락을 취했을 때 이메일에 대한 답장이 없다가 몇 달 후 답장이 오는 경우가 많이 있었다. 그동안 간병에만 전념했다, 혹은 한 바탕 건강 문제로 모든 것을 잠시 덮어두었다, 이런 일들이 이제 막 끝났다는 이야기들이 들어 있었다. 그런 것들은 우리가 계획할 수 있는 것이 아니다. 그러나 살다 보면 이런 일들이 불가피하게 일어나기 때문에 많은 사람들이 인생2막의 기간에는 어느 정도의 유연성이 있는 것이 중요하다고 생각하고 있다.

앙코르닷오르그에서 나와 함께 일하는 동료인 쥬디(Judy Goggin)는 앙코르 커리어에 전력 질주하고 있을 때 그녀의 첫 손녀가 생명을 위협하는 심장 질환을 갖고 태어날 것이라는 것을 알았다. 앞으로 몇 년 동안 그 아이는 세 번의 심장 수술을 받아야 될 상황이었다. 첫 번째 수술은 당장, 두 번째 수술은 3개월에서 6개월 이내 그리고 세 번째는 두 살이 되면 받아야 한다. 이때 쥬디의 나이 예순 넷, 그녀는 딸과 사위 부부가 위기를 무사히 넘길 수 있도록 돕기 위해 그들과 함께 하고 싶었다. 미리 경고를 했지만 그녀는 멀리 내다보지 않았다. 그녀는 본능에 따라 행동했다. 그녀의 말대로 "다른 사람들도 했을 것"을 했다.

쥬디는 여러 차례 근무 일정을 수정하고 계속 조정했다. 손주가 태어나고 수술을 받을 때는 일정 기간 일을 쉬었다. 그녀가 일터로 다시 돌아올 때에는 매월 단위로 가족의 필요에 따라 근무 일정을 조정했다. 그녀는 남편과 함께 한 번에 몇 달씩 딸의 집으로 들어가 함께 거주하면서 주야간 교대를 하며 간병했다. 한동안 쥬디는 야간 당번을 맡아 새벽 3시부터 아침 9시까지 간병하고, 이어서 직장에 출근하여 온종일 근무했다. 저녁 식사 후에는 곧 바로 잠자리에 들어가는 생활을 매일 반복했다.

그녀가 이렇게 할 수 있었던 것은 인생 후반기 60대이기에 신축적으로 대처할 수 있었고 또 재정적으로도 여유가 있었기 때문이다. 쥬디는 사회보장연금과 노인의료보험의 수급자로 재정적인 부담을 어느 정도 완화할 수 있었다. 직장에서 그녀는 상사와 매주 만나 일주일 업무 계획을 세웠다. 다른 동료들이 그녀 일을 대신해주면서 그녀의 업무량을 효율적으로 관리할 수 있어 조직 전체로는 비용이 증가하지 않았다. "난 계획, 아이디어, 일을 수행하기 위한 자원을 제시하는 일을 맡았다."고 그녀는 말했다. 이 책의 편집이 마감되었을 때 쥬디는 반일 근무하면서 손녀와 새로 태어난 손자를 돌보고 있었다.

다음에 무엇을 할 것인가에 대해서는 주디는 아직 생각하지 않고 있다. "이 2막의 인생의 부분은 내 가족이 나를 절실히 필요로 하는 때라고 본다. 더 길어질 수 있을 것이다. 그리고 현재로서는 이번 사태가 끝났을 때 내가 얼마나 더 일할 것인가에 대한 생각은 미뤄 놓았다."고 그녀는 말했다

존 팬슬로의 간병 결정은 고정관념을 무시한다. 그는 일본에 있는 장모를 돌보고 있다. 컬럼비아대학교 교육대학의 종신직 교수에서 은퇴한 후 팬슬로는 ESL(제2외국어로서의 영어, Engilsh as a Second Language) 분야에 계속 참여하기 위해 새로운 방법들을 많이 찾아냈다. 수입이 필요했다기보다 일을 더 좋아했기 때문이었다. 그는 계속 저술을 하고, 비상근 교수로서 가르치며 뉴욕, 일본과 뉴질랜드의 대학들과 협의했다. 최근에 팬슬로는 이동통신 기술을 통해 세계의 외딴 곳에 있는 교사들에게 교안을 전달하는 창업기업을 만들기 위해 기업가들과 공동작업을 해오고 있다. 거의 50년 전 소말리아에서

평화봉사단 활동을 했고 또 그 이후 수 년간 교사를 했던 그에게는 이 일이 잘 맞는다.

팬슬로는 역시 교수인 그의 부인과 함께 지금 일본에서 살고 있다. 많은 도움이 필요한 90대의 장모는 몇 블록 떨어진 곳에서 살고 있다. 부인이 아직도 정규 교수로 근무하기 때문에 팬슬로는 장모의 주 간병인이 되었다. 당사자 모두에게 효과가 있는 방식이다. "나는 식사를 준비하고, 심부름도 하며, 남성주부로서 할 일을 모두 한다."고 그는 내게 말했다. "정말 흐뭇하고, 마음 편하며, 상쾌하다." 그는 아무 때나 아무 곳에서나 일을 할 수 있기 때문에 이렇게 남성주부 역할을 겸할 수 있는 것이다. 시간이 귀중하고, 그것을 어떻게 쓸 지에 대해 다르게 생각할 수 있도록 깨닫게 하는데는 건강에 대한 두려움만한 것이 없다.

웬디 베이 루이스의 경우에는 그녀의 암 재발과 치료 때문에 일의 경계를 새로 정하게 되었다. 루이스는 열심히 노력하여 새로운 생활을 만들어 냈다. 그것은 스트레스도 더 적고, 덜 일하고, 책임감도 덜하고 그리고 갈등이나 논쟁을 불러일으키기 쉬운 환경에 덜 노출되는 생활이다. 또한 그녀는 일대일 멘토링을 더 하고, 단체와 하는 일은 적게 하기로 결정했다. "나는 스트레스가 적고, 회의가 적고, 덜 일하고, 책임도 적고 그리고 갈등이 적은 환경에서 일하고 싶었다."고 설명했다. 특히 논쟁의 경향이 있는 일에서는 자신을 뺐다고 덧붙였다. 지금은 글을 쓸 시간을 만들고 있다고 한다. 글쓰기는 사람들이 공통적으로 갖고 있는 욕구라고 나는 많은 사람들한테서 들었다.

만성질환 코치인 로자린드 조페 (322쪽 참조)는 심신을 쇠약하게 하는 건강 문제가 있음에도 불구하고 일을 계속하는 것이 어떤 것인지 체험해서 알고 있다. 지금은 다른 사람들을 도우며 생계를 유지하고 있다. 다른 사람을 돕는 일에 자신을 몰입하는 것은 자신이 병으로 고통을 겪는 사람들에게는 전혀 드문 일이 아니라고 그녀는 말했다. "일에 대한 자기 생각이 바뀌었다고 이야

건강 문제 관리하기

의미 있는 일은 당신의 건강과 행복에 꼭 필요한 소중한 것일 수 있다. 그러나 그것은 어디까지나 당신의 에너지와 신체 능력에 맞도록 일을 하는 경우에 해당되는 이야기이다. 조페는 멀티미디어 프로듀서와 대학교수로 활동했다. 그녀는 궤양성 대장염과 다발성 경화증이 진행 중에 있다는 진단을 받은 뒤 자신의 커리어를 다시 생각해야만 했다. 오랜 기간 동안 그녀는 일을 할 수 없었고, 그녀의 건강 상태로는 자기가 일정을 조절할 수 있는 일자리를 잡을 수 없었다. 일을 다시 할 수 있을 정도로 그녀의 컨디션이 안정되자 그녀는 자신에 맞는 일을 만들어 보기로 결심했다. 커리어 전환을 위해 몇 년 동안 일한 후 그녀는 만성질환 코치가 되었고, 지금은 만성 환자들이 건강하게 살 수 있도록 돕는 일에 집중하고 있다. 이제 그녀는 자신의 일터에서 만성질환 관리의 전문가, 코치 및 지지자의 명성을 얻고 있다. 나는 그녀에게 건강 문제로 어려움을 겪으면서도 어떻게 앙코르 커리어를 할 수 있는지 물었다.

다음은 그녀가 내게 들려준 조언이다.(당신이 어떤 일을 하고 싶은가를 안다면 이 가운데 일부는 더 쉽게 적용할 수 있을 것이다.)

- 당신의 정신적 육체적 능력을 평가하라. 일주일이나 몇 달 동안 그것을 기록이나 그래프로 남겨라. 당신의 증상이 무엇인가? 당신의 기력은 어느 정도 수준인가? 어떤 정신적 혹은 감정적 문제를 겪고 있는가? 당신은 간혹 우울증에 빠지거나 피곤을 느끼는가?

- 당신이 하고 있는 것 아니면 해야 할 필요가 있는 과제를 리스트로 작성하라. 당신의 증상으로 볼 때 그런 과제들을 어디까지 할 수 있는지 신중하게 생각하라.

- 문제가 있는 쪽에서 당신이 일을 할 수 있는 방법을 생각하라. 당신의 일 권한을 다른 사람에게 일부 위임할 수 있는가? 당신이 일할 수 없을 때 다른 사람이 당신의 공백을 매울 수 있는 팀의 일원으로 근무

하고 있는가? 당신이 휴식을 필요로 하거나 기력이 떨어져 일을 제대로 할 수 없을 때 당신의 근무 일정을 신축적으로 조정할 수 있는가?

- 이와 같은 문제를 다른 사람과 어떻게 이야기할지 생각해 보고 신중하고 전략적으로 접근해야 한다. 당신의 감정적인 스트레스를 관리할 방법을 찾고 직장 바깥에서 그 문제를 해결하라. 스트레스를 직장 안으로 가져오면 안 된다.
- 자리를 놓고 협상한다면 당신이 필요로 하는 것이 발생하기 전에 그것을 예상하고 다루어라. 당신 자신이 기량을 충분히 발휘하지 못한다는 것을 깨달은 후 다루는 것보다는 더 효과적일 것이다.

기하는 사람들은 자신의 안으로만 들어가 단지 자신만을 걱정하지 말고 다른 사람에게 도움이 되는 일을 하라고 이야기한다. 그렇게 하면 당신에게서 주의를 돌리게 할 뿐만 아니라 당신이 가치 있고 쓸모 있다고 느끼게 할 수 있기 때문이다."라고 나에게 써 보냈다.

<h2 align="center">속도 조절하기</h2>

중년이 되었을 때나 그 이후에 커리어를 시작하면 분명히 여러 가지 의문이 생긴다. 그 일을 언제까지 할 것인가? 그 일에 얼마나 집중할까? 다음 단계로 어떻게 옮겨갈까? 이 기간에 당신의 관심을 끄는 것에 근거하여 결정을 하게 될 것이다. 헬렌 카르(Helen Karr)는 앙코르를 시작할 때부터 시간을 얼마나 할애할 것인지 스스로 컨트롤하고 싶었다. 그녀의 첫 번째 직업은 비행기 승무원이었고, 두 번째는 호텔 안의 미용실 체인점 운영자였다. 그녀는 50대가 되어서 로스쿨로 돌아갔다. 노인의 돈을 갈취하는 사례가 있다는 이야기를 미용실 고객한테서 듣고 그 문제를 알아보기 위해서였다. "미용사로 일

하다 보면 많은 것을 알게 된다. 간병인이나 자녀들이 노인들을 이용하여 그들로부터 돈을 갈취하고, 때로는 그 돈으로 마약을 한다는 이 추잡한 이야기도 내 귀에 들어왔다."고 그녀는 말했다. 로스쿨에 다니는 동안 카르는 수업을 듣고 파트타임으로 일을 했다. 그러다 보니 남편과 자신의 사회생활에는 거의 신경을 쓸 여력이 없었다. 졸업 후에 그녀는 샌프란시스코 검찰청에 자원봉사로 시작하여 유급 일자리를 얻었다. 그리고 검찰청 내 노인 학대 담당과를 설립하는 일을 도왔다. 처음부터 그녀는 풀타임보다 적게 일했다. "인생의 이 단계에서는 올인할 필요가 없다. 내 남편은 나보다 나이가 많았고, 내가 로스쿨을 다니는 4년 동안 지원을 아끼지 않았다. 학교를 마치면 남편과 더 많은 시간을 보내고 싶었다."고 그녀는 설명했다.

그 후 그녀의 남편이 사망하고 나서 그녀는 검찰청으로 다시 들어갔다. 이때 그녀의 나이가 70대 중반으로 그는 일주일에 이틀 일하는 계약직을 수락했다. 나머지 시간에는 캘리포니아 변호사 협회와 샌프란시스코 박물관의 서점에서 자원봉사 활동을 계속했다. "나는 균형이 필요하다는 사실을 오래 전부터 알고 있었다."고 그녀는 말했다.

나이가 더 들어가는데 계속해서 유급 일자리를 찾는다는 것은 분명히 어려운 일이다. 과도기 동안 이런 현상은 앞으로도 마찬가지일 것이다. 사람들은 여전히 직장에서 일하는 노인들을 제대로 평가하지 못하고 있다. 그런데 나이가 들어서도 여전히 유급 일자리 기회를 계속해서 찾는 사람들이 있다. 내가 이들과 이야기를 나눠보니 몇 가지 공통적인 특징을 발견할 수 있었다. 첫째, 일을 놓지 않으려는 생각으로 기회를 얻고자 사회적 네트워크와의 연결을 어떻게 해서라도 계속 유지하려는 강한 의지이다. 둘째, 지속적으로 배우고 기술을 습득하는데 전념한다는 사실이다. 마지막으로 가장 중요한

> "나는 내가 가지고 있는지도 몰랐던 자질을 내 자신 안에서 발견했다."
> – 쥬디쓰 브로더, 비영리 단체 설립자

특징은 더없이 끈질기다는 점이다.

　현재 84세인 조지 울프(232쪽 참조)는 80대를 훌쩍 넘어서도 유급 일자리를 갖고 있었다. 60대 때 제조업을 성공적으로 경영할 때 그런 일자리는 생각해 보지도 않았다. 그러나 사업이 망한 후 그는 극빈층 홀로코스트 생존자들을 도와주는 블루 카드(Blue Card)에서 파트타임 마케팅 이사직을 리서브(ReServe)를 통해 맡게 되었다. 이 단체는 그에게 몇몇 비영리 단체의 기금 모금, 마케팅 그리고 정보통신 일자리를 소개해 주었다. 급여는 낮지만 만족스럽다. 지난 번 우리가 마지막으로 얘기했을 때 그는 인생2막을 찾는 사람들에게 보조금 신청서 작성법을 가르치는 아이디어를 생각해 보고 있었다.

서서히 물러나기

　하워드 존슨 (227쪽 참조)은 수산업 컨설턴트인데 지속 가능한 수산업을 추구하는 비영리 단체에서 풀타임으로 일하게 되었다. 우리가 인터뷰했을 때는 69세였다. 그는 내게 일을 하러 다니느라 한 해 175,000마일을 항해하고 있다고 말했다. "내가 이 나이까지 하게 되리라고는 생각도 못 했다."고 그는 말했다. 그는 아내에게 70세가 되면 덜 돌아다닐 거라고 약속했고, 그때 '절반은퇴'를 할 계획이라고 말했다. "사람들이 내가 은퇴하도록 놔두지 않을 것이다. 그러나 내 계획은 이사회로 들어가서 지금 하고 있는 것의 30퍼센트 정도를 하는 것인데, 지금은 아마도 정상의 140퍼센트 정도를 하고 있을 것이다."라고 그는 웃으며 말했다.

　존슨의 얘기가 보여주듯이 그것은 단지 언제의 문제일 뿐 아니라 어떻게 그리고 다음에 무엇을 할 것인가에 대한 문제이기도 하다. 뉴욕 시 가석방 담당관으로 28년간 일한 프레드 와인버그(Fred Weinberg)는 55세에 은퇴하고, 이후 20년 이상 계속해서 대부분 풀타임으로 인생2막의 일을 했다. 이 가운데 몇몇 일자리는 법을 집행했던 그의 경험과 직접 관련이 있었다. 그는 베라 인스티튜트 포 저스티스(Vera Institute for Justice)에서 감금에 대한 대안을 찾는 작업을 했다. 58세에 학교로 돌아가서 경찰 자격증을 따고 나서 브루클린 지방 검찰청의 조사역 자리를 얻었다. 63세에 그는 이웃의 마약 위기 프로그램에서 5년의 일을 시작했는데 거기서 가석방 담당관으로 일하며 벌었던 것보다 다 벌었다. 심지어 그는 은퇴한 전문가들을 위한 새 학교 인스티튜트(New School's Institute for Retired Professionals)에서 "뉴욕의 범죄에 대해 당신이 항상 알고 싶어했던 모든 것"에 대해 한 학급을 가르친다.

70대 초반인 와인버그는 변화할 준비가 되었고, 예전에 관심을 가지고 있었던 의료 분야에서 일할 수 있는지 알아보기로 했다. 가능하면 자원봉사를 하고 싶었다. "나는 의사가 되고 싶었지만 되지 못했다. 그래서 나는 병원에서 노인들을 위해 일하고 싶었다."라고 그는 내게 말했다. 그는 주위 여러 사람들을 통해 알아보다가 우연히 마땅한 자리를 마침내 잡게 되었다. 한 사회복지사와 함께 한 병원 프로그램에서 일하게 되었다. 노인, 저소득층, 만성질환 환자들이 의료 시스템을 알고 찾아갈 수 있도록 도와 주는 일이었다. 그는 기꺼이 자원봉사를 하려 했지만 리서브의 주선으로 약간의 수당을 받고 있다.

1주일에 3일만 일하기 때문에 와인버그에게 좀 더 중요해지기 시작한 다른 일을 할 시간이 생겼다. 매주 하루씩 뉴저지에서 손주들과 함께 지낼 수 있고, 회고록 쓰기 모임에 몰두할 수 있게 되었다. 우리가 마지막으로 얘기했을 때 그는 일이 잘 되고 있다고 말했다. "나는 곧 79세가 되는데 육체적으로 건강하고 인지상태도 양호하다. 그러나 어느 날 아침에 일어나 일을 더 이상 할 수 없다고 한다면 나는 안으로 들어가서 내가 떠날 때가 되었다고 말할 것이다."

와인버그는 바이털 에이징 네트워크 (174쪽 참조) 리더인 잰 하이블리가 "마지막 순간까지 의미 있는 일"(유급이든 무급이든)이라고 부른 정신을 구현하고

앙코르 커리어 핸드북 인생2막의 변화와 창조

있다. 내가 이 책을 위해 마지막으로 얘기했을 때 80세에 가까웠던 하이블리는 그녀의 일과 삶의 새로운 장으로 한창 전환 중이었다.

"내 생애에서 아주 창조적인 때이다. 깊이 생각할 시간이 있다. 그리고 유산에 대해 생각해야 한다. 그래서 가장 중요한 것은 촉진시키고, 다른 사람들이 이어받도록 해야 한다."라고 하이블리는 쓰고 있다.

하이블리의 인생의 단계가 새로 한 사람을 사랑하게 되고, 미니애폴리스를 떠나 케이프 콧의 해변 가까이에서 살고 싶은 평생의 꿈을 이루는 것이 들어 있다. 그녀는 긍정적 노화와 관련된 두 가지 프로젝트를 하고 있지만 일하는 리듬은 새롭고 더 느려졌다. "나보다 열두 살 젊은 내 배우자와의 약속은 매일같이 해변에 가는 것이다." 해가 짧은 겨울에는 "우리는 오후 3시까지는 떠난다. 그래서 끝마치지 못한 대화는 무엇이든 간에 다음 날로 미룬다."

어떻게 유산의 삶을 살 것인가?

나의 동료 마크 프리드먼은 앙코르 커리어를 만드는 일은 단순히 유산을 남기기보다는 유산의 삶을 살 수 있는 자연스러운 방법이라고 즐겨 말한다. 우리가 흔히 유산이라고 하면 자선 단체에 기부하는 돈이나 건물에 새겨진 이름을 생각한다. 그러나 그보다는 미래 세대를 위해 보다 좋은 세상을 만들고 있는 앙코르 커리어를 유산으로 생각해 보는 것이 어떻겠는가! 이 책을 다 읽었을 때 여러분들이 자신의 유산에 대해 간단하게 써 보기를 바란다. 당신의 경험으로 다른 사람에게 어떻게 영향을 주었는가? 당신이 지금까지 한 일 중에서 가장 의미 있는 일은 무엇인가? 그밖에 당신이 성취하고 싶은 것은 무엇인가? 당신의 유산을 다른 사람과 공유하고 싶으면 제목을 '나의 앙코르 유산' 이라 쓰고 편지를 ECH@enocre.org로 나에게 보내면 된다. 당신이 허락한다면 Encore.org 웹사이트에 당신의 글을 올리고 싶다. 사람들이 그 글을 읽고 더 좋은 세상을 만들기 위해 앙코르 인생을 살고 싶은 마음이 들도록 하기 위해서이다. 당신한테서 연락이 있기를 기대한다.

유산 남기기

유산이라는 단어는 이러한 인생2막의 단계에 관한 대화에서 많이 나온다. 부부인 하워드(Howard)와 마리카 스톤(Marika Stone)은 자신들의 앙코르에 대해 작업을 함께 했다. 트레이너를 훈련시키는 프로그램인 은퇴하기엔 너무 젊다(Too Young to Retire)를 함께 만들어 운영하였다. 은퇴 재구성이라는 그들의 아이디어를 사회복지사, 코치 그 외 다른 전문가들에게 적용하는 것이었다. 14년 동안 운영한 후 그 사업을 접고 다른 것으로 관심을 돌렸다. 그 가운데 몇 개에 대해서는 둘이 함께 했다.

"그런 종류의 사업을 운영하려면 여행을 많이 해야 한다. 그리고 우리 인생의 이 시점에서 만약 우리가 여행한다면 가족과 함께 해야 한다."고 현재 77세인 하워드는 내게 말했다. 평생 음악가로 살아온 하워드는 지금 시니어 센터에서 음악, 연예 그리고 공연을 하는데 많은 시간을 보내고 있다. 70세의 마리카는 플로리다 팜비치 가든에 있는 그들의 집 근처에서 노인들에게 요가를 가르친다. 그녀 역시 기타를 들고 유니테리언 유니버살리스트 교회의 재즈 밴드에서 둘이 함께 연주하는데 그것이 그들 생활에서 큰 부분을 차지하고 있다.

그 둘은 이런 생활에 새로 추가하고 싶은 아이디어를 많이 갖고 있다. "음악에는 성장하고 배울 가능성이 무한하게 있다."고 하워드는 말했다. 작가인 마리카는 자기가 '살아있는 유산'이라고 부르는 것과 관련해 사람들이 작업을 하는 것을 도와주는 프로젝트의 가능성을 보고 있다. 그 사람들의 인생에 관한 스토리를 만들어 자녀들, 손주들, 증손주들이 알도록 해주자는 것이다.

전직 사회사업학 교수인 허버트 존스(Hubert Jones)는 사회 정의, 더 좋은 학교들 그리고 더 강해진 커뮤니티를 실현하기 위해 일하는 보스턴의 많은 비영리 단체에서 리더십 역할을 창출하고, 개혁하고 난 다음에 거기에서 나왔다.

이 책을 위해 내가 마지막으로 그와 얘기했을 때 그는 78세였다. "예전에 나는 많은 회의와 이사회에서 많은 시간을 보냈는데 거기서 나는 영향을 주지 못했다. 내게 중요한 질문은 '여기에서 내가 있음으로 해서 일이 진행되는데 영향을 줄 수 있는가' '내 존재가 진행되는 일에 변화를 줄 수 있는가?' 이다. 만약 내가 없어도 일이 완수될 수 있다면 나는 거기 있을 필요가 없다."고 그는 말했다.

요즘 자신의 죽음에 대한 문제와 더 많이 접하면서 존스는 많은 시간을 새로운 리더들을 멘토링하고 지원하는데 쓴다. "연설요청을 많이 받는다. 그러나 내가 달성한 것에 절대적으로 중요하지 않으면 대부분 거절한다. 내가 이야기하는 것보다는 젊은이들한테 들어야 할 의견이 더 많이 있기 때문이다."

일부 사람들은 다음 단계로 가는 확실한 길은 보지 못해도 윤곽에 대한 감은 있다. 현재 노숙자들을 위한 병원의 관리자인 에드 스피들링이 이 그룹에 속한다. 최근에 그와 대화할 때 스피들링은 70세에 가까웠다. "어떤 시점에서 나는 더 많이 증언하고, 적게 실행하는 일로 전환할 것이다. 노인들이 시위나 행진하면서 다른 젊은이들과 합류하면 그 상황에 활기를 불어넣게 된다. 나는 완전히 무급의 역할로 더 많이 이동할 것 같다. 내가 믿는 것에 대한 증인되기, 현장에 나타나기, 표지판을 들기, 로비하기, 옹호단체에 참여하기 등 그 시기는 모르지만 나는 그렇게 할 것이다."고 그는 말했다.

> "내 인생에서 내가 한 모든 것이 이 일로 이어졌다. 심지어 나의 육아 기술도 이 일에서 자산이다. 늙은 사람은 가르칠 수 없다는 것은 허튼 소리다. 교실에서는 아무도 나를 억누를 수 없다."
> – 샌디 페이손, 배우/엄마에서 교사로 전환

현실성 있는 기회

결혼 생활 2년쯤 지났을 때 남편과 나는 특별히 힘든 시기를 겪고 있었다. 나는 재혼이었지만 남편은 그렇지 않았다. 그래서 가끔 나는 남편이 혹시 나와 결혼한 것을 후회하고 있는 것은 아닌지가 궁금했다. 어느 날 밤 우리는 뉴욕 우리 집 근처에 있는 워싱턴 스퀘어 파크(Washington Square Park)를 나란히 말 없이 걷고 있었다. 나는 "결혼 생활, 생각보다 힘들지?"라고 남편에게 물었다. 남편은 "아마 그런 것 같애."라고 대답했다. 그리고 재빨리 말을 덧붙였다. "가치 있는 것치고 어렵지 않은 것이 없잖아." 나는 앙코르 커리어를 생각할 때는 종종 바로 이 감정을 되돌아 본다.

이 책을 마치면서 나에게 마음을 열고 자신들의 삶의 모습을 이야기해 준 수백 명의 사람들을 회상하면서 감사를 드린다. 앙코르 커리어를 하고 있는 사람들은 얼리 어댑터들이다. 그들은 앙코르로 전환이나 앙코르 커리어가 빠르지도 깔끔하지도 않다는 사실을 나에게 가르쳐 주었다. 앙코르는 골치 아프고 힘든 일이다. 그런 엉망인 상황을 타개하면서 만들어낼 만한 가치가 있는 것을 만들어 내는 사람들에게는 앙코르 일은 정말 인생의 최고 업적이며 앙코르라는 말 그대로 기립 박수를 받을 만한 가치가 있다.

이 책에는 많은 사람의 이야기를 실었다. 그렇게 한 이유는 이야기를 공유하는 것이 기대를 바꾸는데 효과적인 방법이기도 하고, 또 많은 사람들이 어떤 것을 하는 것을 보게 되면 당신도 같은 일을 하고 싶은 유혹을 느끼게 되기 때문이다. 저술가인 티나 로젠버그(Tina Rosenberg)는 그것을 '긍정적인 동료 압력'이라고 부르면서 사회적 변화를 일으키는데 최상의 방법 중 하나라고 말한다. 나도 그렇기를 바라고 있다.

나는 몇 가지 다른 희망도 갖고 있다. 이 책을 읽은 당신도 당신의 이야기를 공유하게 하고 그리고 다른 사람들에게 요청하여 그들의 이야기를 공유하게 하기를 희망한다.

당신이 의미 있는 앙코르 일을 잘 해 나갈 수 있도록 이 책이 현실성 있는 시각을 당신에게 주었기를 희망한다. 가장 중요한 것은 당신에게 늘어나고 있는 앙코르의 열광적인 팬클럽에 가입할 수 있는 도구를 이 책이 주었기를 나는 희망한다. 나는 그 대가가 당신 자신을 위해서, 다른 사람들을 위해서 그리고 다가올 세대를 위해서 엄청날 것이라는 사실을 굳게 믿는다.

대화에 참여하라

당신은 다른 사람들이 어떻게 그들의 앙코르를 만들었는지 그리고 개인의 재생과 공익을 위한 운동을 만드는데 어떻게 도움을 주었는지에 대해 들었다. 이젠 당신 차례다. 당신의 앙코르의 일을 찾고, 일하기 시작하면서 당신이 할 수 있는 몇 가지가 여기 있다.

- 앙코르 운동에 동참해라. 더 자세한 것은 Encore.org 참조
- 당신의 앙코르 목표에 대해 다른 사람들과 이야기하기 시작해라.
- 이 책을 이용해 토론 그룹이나 앙코르 이행 모임을 시작해라. 앙코르(Encore)와 빅 쉬프트(The Big Shift)를 가이드 북으로 와 삼아라. (그룹 토의 도구들은 온라인 encore.org/handbook에 올라 있다.)
- 당신이 이미 앙코르에 정착했다면 다른 사람들을 멘토링하는 것으로 보답하라.

인생2막의
유망 직업 리스트

다음은 유망한 인생2막의 직업 리스트이다. 각각의 직업에는 사람들이 인생2막의 직업에서 찾고자 하는 특성이 한 가지 이상 있다. 즉, 향후 필요성이나 수요가 많을 것으로 예상되는 것, 탄력적 혹은 파트타임으로 일을 할 수 있는 것 그리고 자영업으로 할 수 있는 것이다. 이 모든 직업들은 수년 간의 경험이 있는 사람들에게 적합하다.

이 리스트는 모든 분야를 포함하는 것은 아니지만 당신이 답을 찾지 못하고 있다면 어디에서 시작할 수 있는지에 대한 아이디어를 줄 수 있을 것이다. 창의적으로 생각하는데 도움이 된다. 어떤 분야에는 관심이 있지만 일자리의 어떤 면들이 마음에 들지 않는다면 그 업계의 다른 일자리를 찾아보라. 예를 들어 당신이 병원에서 일하고 싶은데 간호하는 일은 전혀 하고 싶지 않다면 병원 일자리 리스트를 훑어보라. 혹은 만약 호스피스에서 일하고 싶지만 위독한 사람들을 직접 다루고 싶지 않다면 환자보다 가족 구성원들을 다루는 일자리를 생각해 보라. 만약 이런 일자리 중 그 어떤 것에도 흥미가 생기지 않더라도 여기 나와 있는 설명을 읽다 보면 특정 분야를 배제하는데 도움이 될 수 있고 또 다른 것을 깊이 조사하는데 도움이 될 수 있다.

"평균"이라 표시된 급여 데이터는 달리 언급이 없으면 미국 노동통계청에서 나온 것이다.

건강 관리

간호사 – 간호직은 경험수준에 따라서 학교, 의원, 병원 그리고 개인 가정을 포함한 많은 곳에서 다양한 취업 기회가 있다. 간호 교대 근무는 24시간 돌아가기 때문에 일하는 시간은 탄력적일 수 있다. 급여는 지리적 위치, 근무하는 곳, 교육과 경험의 연수(年數) 그리고 기타 요인들에 따라 다르다. 간호직은 노련하고 의사결정 경험이 많은 것이 도움이 되는 직업이다. 간호 역할을 포함한 간호직에 대한 정보는 discovernursing.com 혹은 vcn.org에서 찾아보라. 간호직은 아주 인기 있는 인생 2막의 선택지이며, 앞으로 간호사에 대한 막대한 수요가 있을 것이라고 노동 예측 전문가들은 전망한다. 간호직은 아주 육체적인 노동이고, 건강해야 할 수 있는 일이지만 그렇다고 해서 40대, 50대 그리고 그 이상의 연령의 사람들이 이 분야에서 일하는 것을 단념할 필요는 없다. 간호사 온라인 게시판에는 50세 이후에 간호일을 시작해서 긍정적인 경험을 하고 있다고 하는 사람들의 개인적인 사연들이 많이 올라와 있다. 간호사뿐 아니라 응급구조사, 의사 보조, 물리치료사나 작업요법사, 모든 종류의 검사실 기사와 같은 건강 관리 관련 직업들이 교대 근무 혹은 파트타임에 적합하기 때문에 특별히 인생2막의 일을 찾는 사람들에게 매력적이다. 속성프로그램을 포함한 간호교육 훈련프로그램을 찾으려면 allnusringschools.com에 들어가 보라.

건강관리 일자리에 대해서는 Virtual Career Network-Healthcare(vcn.org/healthcare/)를 방문하라. 이 사이트는 새로 시작된 것으로 노동부가 후원하는 곳이다. 향후 수요가 예상되는 80개 건강관리 분야에 관한 수요량을 알 수 있다.

간호조무사(LPN) – 이 간호사들은(LVN이라 불리기도 함) 기본적인 간호 관리를 한다. 즉, 활력징후(Vital sign; 체온, 맥박, 호흡, 혈압 등)을 측정하고 기록하기, 드레싱 처치, 혈액 채취, 환자 기록부 관리 그리고 감정적 위안을 주는 일 등을 한다. 훈련 프로그램은 보통 지역 전문대학 혹은 직업 학교에서 하며, 최소 고등학교 졸업자나 그에 상응하는 자격이 필요하며, 1-2년간의 기간과 2,000달러 이상의 비용이 든다. 전문가들은 병원들이 모든 간호사에게 학사 학위 자격을 요구하는 방향으로 가게 될 것이라고 예상한다. 그렇긴 하지만 노인 대상의 시설들이 증가하면서 학위 없는 간호사까지도 취업 기회를 갖게 될 것 같다. 평균 연봉: 42,040달러

정규 간호사(RN) - 정규 간호사들은 간호조무사들을 감독하며, 폭넓은 훈련을 받았고, 책무도 더 많다. 그들은 신체검사를 하고, 환자 상태를 관찰하며, 다른 건강 관련 전문가들과 환자 관리를 조정하고 그리고 환자 치료의 수많은 측면을 처리한다. 이것은 일대일로 소통하고 반응하는 것을 좋아하는 사람들에게 아주 멋진 직업이다. 정규 간호사들은 흔히 환자와 그 가족들에게 조언을 해주고, 정신적으로 지원해준다. 정규 간호사가 되려면 2년제 간호 전문학교 졸업자나 4년제 간호대학 졸업자라야 한다. 혹은 일부 병원에서 운영하는 간호학교를 졸업해야 한다. 이미 다른 분야의 학사 학위를 가진 사람들이 할 수 있는 속성 간호 프로그램도 있다. 평균 연봉: 69,110달러

임상 간호사(NP) - 이미 정규 간호사이지만 기량과 책무를 늘리고 싶다거나 혹은 더 높은 단계에서 간호직을 시작하고 싶다면 임상 간호사가 되는 것을 생각해 보라. 이것을 고려해라. 이런 간호사들은 진단 및 투약 처방 업무를 비롯하여 의사들이 하는 업무도 많이 수행하기도 한다. 이런 간호사들은 대부분 병원, 의원, 건강 클리닉 등에서 일한다. 개업을 하는 사람도 있다. 이 일을 하려면 석사 학위가 필요하다. 학사 학위를 가진 정규 간호사와 다른 분야 학사 학위 소지자들을 위한 석사 과정 프로그램들이 있다. 교육 훈련 기간은 당신이 지금까지 받아온 교과과정에 따라 다르다. 평균 연봉: 83,710달러

앙코르 커리어 핸드북 인생2막의 변화와 창조

간호 강사 – 간호 강사가 되면 간호사가 지식을 전수하고, 의욕적인 간호사들의 멘토가 되고 또 그 분야에 계속 관여하기에 아주 좋다. 게다가 가르치는 일을 하게 되면 육체적으로 고된 풀타임 간호직에서 한 숨 돌릴 수 있다. 소규모 시설에서는 학사 학위만 있어도 가르칠 수 있겠지만 대부분의 학교와 병원에서는 최소한 석사 학위가 있어야 가르칠 수 있다. 간호사 교육 자격증을 주는 대학 프로그램들이 있지만 자격증을 따로 따지 않아도 교육과 직업 경험이 있으면 가르칠 수 있을 것이다. 평균 연봉: 67,810달러

의사 보조자(PA) – 의사 보조자가 하는 일은 임상 간호사와 비슷하다. 책무는 겹친다고 해도 훈련은 다르다. 의사 보조자 훈련 프로그램은 일반적으로 2년이지만 학사 학위가 없다면 5년 만에 학사 및 석사 학위를 받을 수 있는 프로그램도 있다. 두 직업의 또 다른 중요한 다른 점은 의사 보조자는 의사의 감독하에서 일하고, 임상 간호사는 독자적으로 일할 수 있다. 평균 연봉: 89,470달러 (출처: 미국 의사 보조인 아카데미, aapa.org)

응급구조사(EMT) – 의술에는 마음이 끌리지만 의사나 간호사의 길을 가기에는 너무 늦었다고 느낀다면 응급구조사로 일하는 것도 생명을 살리는 기회이다. 위급한 상황에서 신속하게 합리적인 결정을 내릴 수 있어야 하고, 스트레스가 많고 또 육체적으로 힘든 일을 처리할 능력이 있어야 한다. 응급구조사는 민간 앰뷸런스 회사, 지방자치단체 또는 병원에서 일한다. 일하는 시간은 탄력적이다. 응급구조사에는 기초, 중급, 준의료 종사자의 3단계가 있다. 초보 단계 훈련은 150시간의 교과과정이 필요하다. 준의료 종사자는 1,200시간의 훈련을 한다. 지역 전문대학,

★

직업 전망 안내서(bis.gov/ooh)는 미국 노동부가 운영하는 유용한 사이트다. 게재된 각 직업마다 어떤 일을 하는 것인가에 대한 설명이 되어 있다. 아울러 예상 시간, 예상되는 성장률, 전국 중간치 급여, 유사 직업에 대한 정보도 알 수 있다.

전문 학교, 병원들에서 훈련 프로그램을 찾을 수 있다. 평균 연봉: 34,030달러 (출처: National Registry of Emergency Medical Technicians, nremt.org; click on "Become an EMS Professional")

재택 건강 보조인 – 노인 인구가 늘면서 가정 재택 건강 보조인에 대한 수요가 크게 늘고 있으며, 가까운 장래에도 그럴 것이다. 재택 건강 보조인은 장애자, 만성병 환자, 인지 장애자 혹은 노쇠한 사람들을 돕는다. 목욕, 옷 갈아 입히기, 화장실 가기 같은 기초적인 일을 도와준다. 그들은 가벼운 집안일을 하고, 건강 상태를 확인하고 약을 주는 것 같은 기본적인 의료일을 도울 수 있다. 일상적인 활동을 돌봐주기를 좋아한다면 이 일이 잘 맞겠지만 일은 대단히 힘들 수 있다. 고용주들이 현장 훈련을 제공하겠지만 지역 전문대학이나 직업 학교에서 정규 훈련 프로그램 (일부 주에서는 필수)을 이수할 수 있다. 재택 건강 보조인은 에이전시를 통하거나 아니면 스스로 일할 수 있다. 돌봄의 종류에 따라 급료는 상당히 다를 수 있다. 평균 연봉: 21,820달러 (출처: Virtual Career Network, vcn.org/healthcare). 검색창에 "home health aide"를 쳐라.

물리 치료사 혹은 작업 요법사 – 물리 치료사와 작업 요법사는 병이나 부상으로 움직이기가 어려운 사람들을 돕는다. 둘 다 근력 강화, 유연성, 조정력에 중점을 두지만 목표는 다르다. 물리 치료사는 움직임과 기동성을 회복하는 것을 목표로 하며, 대개 보행, 테니스 하기 같은 총체적 운동 기능의 회복에 중점을 둔다. 작업 요법사들은 목욕, 단추 채우기, 펜이나 포크 잡기 같은 일상 활동을 스스로 할 수 있도록 도와 준다. 둘 다 일반적으로 클리닉, 병원, 학교 등에서 일한다. 이런 직업은 개업하는 데는 각각의 분야에서 최소한 석사 학위가 있어야 한

★

재택 건강 보조 일자리는 간호역할을 하기 위한 디딤돌일 수 있다 (vcn.org의 재택 건강보조사에 대한 페이지에서 '직업 경로' 지도를 보라).

앙코르 커리어 핸드북 인생2막의 변화와 창조

다. 평균 연봉: 물리 치료사 (79,830달러); 작업 요법사 (74,970달러) (출처: 미국 물리 치료사 협회, apta.org, 미국 작업 요법사 협회, aota.org)

마사지 치료사 – 마사지 치료사는 근육의 긴장과 고통을 완화하고 유연성과 기동성을 증가시키고자 한다. 스트레스, 편두통, 요통, 관절염, 기타 질환으로 고통 받는 환자들을 치료한다. 마사지 치료는 흔히 일반적인 의료 처치를 보완하거나 대신하는 대체의학 치료를 함께 한다. 마사지 치료사는 개인 가정, 스파, 체육관, 병원, 기타 다른 건강 관련 업소에서 일한다. 고용되어서 일할 수도 있고, 스스로도 할 수도 있다. 파트타임으로 일하는 마사지 치료사가 많다. 훈련과 자격 요건이 매우 다르고, 그에 따라 급여도 매우 다르다. 지역 전문대학과 직업 학교에서 훈련 프로그램을 제공한다. 평균 연봉: 39,920달러 (출처: 미국 마사지 치료사 협회 amta-massage.org)

요가 강사 – 요가는 사람의 근육을 탄력성 있고 강하게 하고, 유연성을 높이며, 긴장을 푸는데 도움이 된다. 요가 강사로 생계를 유지할 수 있지만 요가를 가르치는 것은 대개 파트타임으로 하는 일이고, 요가 반마다 보수가 다르다. 강사들은 요가 강습소, 헬스클럽, 리조트 스파 그리고 개인 가정에서 가르친다. 훈련 기회를 갖기 위해서는 자체 프로그램을 가지고 있거나 프로그램을 추천할 수 있는 커뮤니티 요가 강습소, 헬스클럽, 체육관에서 시작해라. 훈련에는 일반적으로 최소 200시간과 3,000달러 이상의 비용이 들 수 있다. 그렇지만 당신이 체육관이나 커뮤니티 센터에서만 가르치려 한다면 좀 더 짧게 훈련을 받아도 가르칠 수 있다. 평균 연봉: Indeed.com에 따르면 42,000달러 (출처: 요가연합, Yogaalliance.org)

환자 네비게이터/애드보커시 – 환자 네비게이터(때로 환자 애드보커시 혹은 건강 네비게이터)는 환자들에게 의료 서비스 체계를 안내한다. 그들은 환자들이 진료를 이해하도록 도와주고 또 보험 관련 문제를 처리하고, 치료 계획을 따르며, 병원 밖에서 지낼 수 있도록 도와준다. 이것은 새롭게 생기는 일자리로서 일부 병원, 커뮤니티 건강 센터, 보험회사가 이들을 고용하긴 하지만 아직 널리 이용되고 있지는 않다. 그렇지만 이런 기관과는 독립적으로 할 수 있는 일이어서 많은 지역 전문대학과 비영리 단체들이 더 많은 사람들이 이 일을 할 수 있도록 훈련 및 자격증 프로그램을 개발하고 있다. 사회복지 관련 경험이 있으면 도움이 될 수 있다. 평균 연봉: (SimplyHired.com에 따르면) 44,000달러. (출처: Advoconnectionblog.com; click "Become a Patient Advocate", and Society for Healthcare Consumer Advocacy, shca-aha.org).

지역 건강 관리사 – 지역 건강 관리사들은 건강 관련 교육, 지도 그리고 기본적인 직접 서비스(응급 조치나 혈압 체크 같은)를 저소득층에 속하는 개인이나 그룹에게 제공한다. 당신이 밀접한 관계를 갖고 지역에 기여하고 싶다면 이것이 한 가지 길이다. 지역 건강 관리사들은 일반적으로 지역을 잘 이해하고 있으며, 흔히 그들의 고객들과 같은 문화적 배경이나 언어, 생활 경험을 함께 공유하고 있다. 정부기관, 비영리 단체들, 의료 제공자들이 이들을 고용한다. 이 신생 직업을 위한 단일 훈련이나 교육 요건은 없지만 간호학, 사회복지, 영양학 등 관련 분야의 학사 학위가 있으면 도움이 된다. 일부 지역 전문대학들은 지역 건강 프로그램을 제공한다. 평균 연봉: Virtual Career Network에 따르면 29,600~50,810달러, 혹은 시간당 14~24달러. (출처: Virtual Career Network, vcn.org/healthcare; type "community health worker")

건강 혹은 웰니스 코치 – 신생의 이 직업 경로는 다른 사람들의 정신적 육체적 건강 발달과 유지를 돕고 싶어 하는 사람들에게 맞다. 개인 훈련에서 사회 사업까지 웰빙 관련 직업 배경을 가진 사람들이 후보자가 될 것 같다. 건강 계획 혹은 병원 같은 기존 제공자를 코칭하거나 혹은 당신 스스로 할 수도 있다. 부전공으로 할 수 있는 것은 만성질환을 가진 사람을 코칭할 수 있다. 즉, 당뇨병 같은 병을 가진 사람들을 도와 병을 관리하고, 합병증을 피하고 또 입원을 하지 않고 생활할 수 있도록 코칭하는 것이다. 국가 공인 훈련 기준이 없기 때문에 자격증 프로그램의 범위, 강도, 비용은 다르다. 평균 연봉 : SimplyHired.com에 따르면 54,000달러 (출처: wellcoachesschool.com, integrativenutrition.com, and health-science.org)

주택 개조 전문가 – 이 설계와 건축 전문가들은 노인 및 장애자들이 자신들의 집에서 가능한 한 독립적으로 살게 돕는다. 집안을 개조하여 경사로, 붙잡기 가로대, 높이 조정이 가능한 카운터, 많은 종류의 데이터를 가족 혹은 의료진에게 제공하는 전자 모니터 시스템 배선 같은 것을 설치한다. 건축이나 건설 관련 경력을 갖고 있다면 공익을 위해 당신의 기술을 쓸 수 있는 기회다. 평균 연봉 (SimplyHired.com에 따르면) 53,000달러. (출처: 주택건설업자 협회에서 이 전문가 자격을 준다 nahb.org에서 'aging-in-place를 검색해라. 또 Fall Prevention Center of Excellence, stopfalls.org, 의 Homemods.org을 확인해라.)

사회적 서비스, 카운슬링, 코칭

사별/슬픔 상담사 – 사별/슬픔 상담사는 사랑하는 사람의 죽음 혹은 관계나 일자리를 잃은 사람들이 대처할 수 있도록 돕는다. 호스피스, 병원, 요양원, 정부 그리고 비영리 단체에서 일하거나 혹은 스스로 일을 시작할 수 있다. 지역 전문대학에서 사별 상담과 사망론, 죽음과 죽는 것에 대한 연구 프로그램을 제공한다. 학위를 취득할 수 있는 프로그램도 있다. 평균 연봉: (정신 건강 카운슬러): 44,850달러. (출처: The American Academy of Grief Counseling, aihcp.org와 Association for Death Education and Counseling, adec.org에서 이 분야 국내 공인 자격을 준다.)

아동 보육사 – 인생2막에서 아이들을 돌보는 것은 엄청나게 성취감을 주는 (아주 힘들 가능성이 있지만) 일이 될 수 있다. 대부분의 주에서 학력 요건을 제시하지 않지만 많은 곳에서 보육사에게 어느 정도의 훈련을 요구한다. 가정, 데이케어센터 혹은 학교에 따라 많이 다르다. 기본 교육을 하는 지역 전문대학과 직업 학교 프로그램들이 있다. 자격증이나 훈련 기회 같은 자세하고 더 많은 정보를 얻기 위해서, 당신의 지역 아동 보호 기관이나 위탁 기관을 접촉해라. 평균 연봉: 21,320달러. 주요 출처: 당신이 데이케어센터를 열고 싶다면, Child Care Aware (childcarea-ware.org)를 확인해라.

목사 카운슬러 – 신학 대학이나 신학 프로그램에 들어가는 많은 사람들이 신자들 앞에 서게 되지는 않는다. 그들은 카운슬러가 된다. 목사 카운슬러 신학과 심리학 두 가지 훈련을 받아 치료에 신앙과 과학의 요소를 사용한다. 꼭 목사가 아니더라도 카운슬러가 될 수 있는 길이 있다. 당신이 만약 자격증이 있는 행동 건강 전문가로 종교 커뮤니티에서 활동한다면 교과 과정과 감독 기간을 포함하여 필요 요건들을 마친 후에 미국 목사 카운슬러 협회를 통해 카운슬러 자격을 가질 수 있다. 신학이나 심리학 배경이 없는 사람들을 위해서는 이 두 가지 과목을 다루는 목사 카운슬러 2년제 석사 학위 프로그램이 있다. (주에 따라 주 면허 교부 요건은 추가적으로 2년 정도가 더 걸릴 수 있다. 목사 카운슬러는 상담 센터, 병원, 예배당, 요양원 그리고 개인 진료소를 포함한 다양한 곳에서 일한다.) 평균 연봉: 44,850달러. (출처: 미국 목사 카운슬러 협회, aapc.org)

앙코르 커리어 핸드북 인생2막의 변화와 창조

중독자 카운슬러 – (마약, 음식, 도박 그리고 잠재적으로 위험한 물질 혹은 행동에) 중독된 사람들을 전문으로 다루는 카운슬러들은 고객별 또는 그룹세션으로 일할 수 있다. 교육, 훈련, 자격증, 면허 요건은 주에 따라 조금씩 다르다. 일부 주에서는 고등학교 졸업장과 자격증만 있으면 중독 카운슬러로 일할 수 있다. 그렇지만 고객들을 일대일로 보기를 원한다면 석사 학위가 필요할 수도 있다. 각 주별 자격 요건을 확인하려면 지역의 주 면허 혹은 자격증 위원회를 접촉해라.(addiction-career.org/find/certinfo/index.asp). 평균 연봉: 41,030달러.(출처: Addiction Technology Transfer Center Network, addiction-careers.org)

커리어 카운슬러/자문/코치 – 당신의 앙코르 커리어의 직업에서 다른 사람들의 앙코르를 찾아주는 것은 어떤가? 혹은 적어도 그들에게 가장 잘 어울리는 일자리를 찾는 것은? 커리어 카운슬러, 자문, 코치는 일을 둘러싼 고객들의 욕구, 필요, 바람 즉, 작업 환경, 대중과의 접촉, 급료 수준과 같은 것들을 알 수 있도록 도와준다. 그리고 그들은 구직활동의 실제 기술 즉, 이력서 쓰기, 네트워킹, 면접 등을 어떻게 하는지를 지도해 준다. 당신이 선택하는 역할에 따라, 태도, 관심, 동기, 개인적 스타일을 측정하는 표준화된 테스트를 할 수도 있다. 인력 자원, 구인, 카운슬링, 자문 혹은 관련 분야에 경험을 가지고 있다면 이것이 당신에게 어울릴 수 있다. 그러면 카운슬링, 자문 그리고 코칭은 어떻게 다른가? 미묘한 차이를 찾아가는 것은 쉽지 않을 수 있다. 이런 역할들은 내가 여기 언급한 세 가지보다 더 많은 이름으로 불리고 있고, 상이한 배경에서 존재하며, 다양한 수준의 교육이나 훈련을 필요로 한다. 커리어 카운슬러는 일반적으로 카운슬링 석사 학위와 주 정부 면허를 가지고 있다. 커리어 자문은 성인 교육이나 학사 지도 같은 많은 분야에서 대학원 수준의 훈련을 받아야 한다. 커리어 코치가 되는 요건은 없지만 많은 코치들은 다양한 곳에서 하는 자원봉사 훈련이나 자격증을 택한다. 커리어 카운슬러와 자문들은 대학, 정부 기관 그리고 비영리 단체에서 일할 수 있다. 커리어 코치는 카운슬러와 같은 것을 하며 혼자 일한다. 평균 연봉: 56,540달러.(출처: 국제 코치 협회, coachfederation.org). 당신의 주에서 요구하는 면허증을 알려면 지방 규제 위원회(nbcc.org/directory)를 접촉해라. 인디애나 대학과 성인경험학습이론위원회의 커리어와 교육자문 자격증을 고려해라.(cael.org/Pro-fessional-Development/).

사회복지사 – 이들은 우리 사회에 영향을 끼치는 가장 가슴 아픈 문제들 – 아동 학대, 가정 폭력, 가난, 노숙자, 장애, 불치병 등 – 을 다루는 사람들의 옹호자로서 일한다. 그들은 고객들을 자원과 서비스에 연결하며, 새로운 기술을 가르치고, 이익을 보호하며, 카운슬링을 제공한다. 이들은 학교나 병원, 호스피스, 비영리 단체, 정부 기관을 포함한 다양한 곳에 배치될 수 있다. 사회복지사가 되기 위해서는 최소한 학사 학위가 필요하다. 카운슬링 서비스를 하고 싶다면 석사 학위가 필요하다. 평균 연봉: 44,410달러. (출처: 전국 사회복지사 협회, beasocialworker.org)

노인 애드보커시(Advocacy)와 노인학 – 이것은 많은 다른 종류의 일을 포괄하는 광범위하고도 성장하는 범주이다. 노인의 웰빙에 기여하는 어떤 것이라도 애드보커시의 일이 될 수 있다. 환자 네비게이터(377쪽 참조)가 되어 노인이나 노약자들에게 그들이 필요로 하는 돌봄을 받도록 도울 수 있다. 당신의 지역에서 노인들을 참여시키는 프로그램을 개발하거나 관리할 수 있다. 노화 과정에 관한 조사를 하고, 노인들의 요구에 관해 다른 사람들을 가르칠 수 있다. 노화의 연구 즉, 노인학 교육과 훈련을 받으면 그런 일을 하는데 도움이 될 수 있다. 일부 자격증 프로그램들은 단 1주 짜리다. 당신의 지역 전문대학을 확인해라. 거기에서는 노인학 관련 준학사 학위도 줄 수 있다. 평균 연봉: 역할에 따라 다르다. (출처: 노화에 관한 고등 교육 커리어 노년학 협회 (Association for Gerontology in Higher Educations's in Aging, careersinaging.com). 그리고 Association for Gerontology in Higher Education(aghe.org, 특히 "Careers in Aging" tab)를 참조하라.

교육

비상근 교수 – 비상근 교수들은 대개 석·박사 학위나 특별한 전문적 경험을 가지고 대학이나 지역 전문대학에서, 심지어 온라인으로 한 번에 한두 과목을 가르친다. 전통적인 정규 교수와 다르게 비상근 교수들은 일시적인 과제를 위해 일한다. 그들은 대개 복지 수당을 받지 못하거나 전용 사무실 공간이 없으며, 종신 교수가 될 자격이 없다. 그러나 당신의 지식을 건설적으로 물려줄 파트타임 앙코르를 찾고 있다면 그런 잠재적 단점은 당신에게 문제가 되지는 않을 것이다. 이 계통의 일에서는 교직 경험이 선호되지만 꼭 요구되지는 않는다. 당신에게 가르쳐본 경험이 없다면 호놀룰루 지역 전문대학의 자료를 확인해 보라. 거기에는 수업계획서를 준비하는 것에서부터 학생들과 긴장을 풀 때 시용하는 말까지 모든 정보가 망라되어 있다. (www2.hono-lulu.hawaii.edu/facdev/guidebk/teachtip/teachtip.htm) 전국평균연봉은 코스 당 약 3,000달러이지만 편차가 크다. (출처: Hig-hered-jobs.com)

교사 – 교직은 대상 지역과 위치에 따라 크게 다르지만 대부분 지역에서 과학, 수학, 특수 교육, ESL 교사는 대부분의 지역에서 필요하다고 해도 과언이 아니다. 학사 학위가 있으면 대체 속성 교사 자격 프로그램을 이수하여 1~2년 내에 가르칠 수 있다. 훈련 비용은 몇천 달러에서 10,000달러가 훨씬 넘을 수 있다. 평균 연봉: 전국 평균은 39,000달러 (지역 위치에 따라 급여료는 아주 다르다.)(출처: National

Center for Education Information online (teach-now.org/map.cfm), the New Teacher Project-Teaching Fellows (tntp.org/what-we-do/training/teaching-fellows), Education Week's TopSchoolJobs (topschooljobs.org)

교사 보조/조수 내지 보조 교사 – 훈련 요건은 주에 따라 다르지만 교사 보조는 보통 고등학교 졸업장과 때로는 대학 교육이 약간 필요할 수 있다. 저소득 가구의 학생들과 일하는 사람들은 2년제 대학 교육이나 그에 상응하는 자격을 요구하는 연방 정부의 요건을 맞추어야 한다. 많은 보조 교사들은 특수 교육 학생들을 지원하는 일을 한다. 파트타임 일을 원한다면 이 일이 잘 맞는 일이 될 수 있다. 거의 40퍼센트에 달하는 보조 교사들이 파트타임으로 일한다. 평균 연봉: 25,270달러. (출처: 미국 교사 연합 웹사이트, aft.org, 'paraprofessionals'를 검색하라)

대체 교사 – 교사가 되기를 생각하고 있거나 간간이 아이들과 함께하는 앙코르를 원한다면 대체 교사를 고려해라. 당신이 사는 곳에 따라 학사 학위와 교사 자격증 혹은 단지 고교 졸업장이 필요할 것이다. 기회나 필요 조건, 절차를 알고 싶으면 주와 지구에 따라 다르지만 당신과 가까운 곳에 있는 학구의 행정담당 사무실로 전화해라. (큰 학구에서는 대개 웹사이트에 이 정보를 올려 놓는다). 평균 연봉: 전국 대체 교사 연맹에 따르면 일당 평균 105달러.

방과 후 프로그램 지원 스태프 – 방과 후 근무자에는 유자격 교사에서 대학생까지 다양한 사람들이 있다. 그들은 개인지도에서 학생 활동 지도까지 다양한 역할을 한다. 평균 연봉: 하는 역할에 따라 다르다. (주요 출처: 학구를 확인하여 방과 후 프로그램을 하는 곳을 알아내라. 그리고 Boys & Girls Clubs, bgca.org와 YMCA, ymca.net 같이 청소년을 위한 레크리에이션 센터와 단체를 접촉해라.)

앙코르 커리어 핸드북 인생2막의 변화와 창조

독서 지도사 – 독서 지도사를 하면 한 어린이의 배움의 기초 즉, 읽기 능력을 닦도록 도울 수 있다. 지도사들은 개인 레슨을 하거나 혹은 기존의 영리 혹은 비영리 프로그램에서 일할 수 있다. AARP 경험 봉사단(experiencecorps.org)은 전국 19개 도시에서 55세 이상의 중년들을 훈련시켜 유치원에서 3학년까지 아동 대상의 독서 지도사나 멘토로 활동할 수 있도록 한다. 어떤 지도사들은 주당 15시간을 일하며 적은 보수를 받는다. OASIS (oasisnet.org) 전국의 약 20개 커뮤니티에서의 지도사 기회를 제공하고 있다. 평균 연봉: 일부는 자원봉사로 혹은 적은 돈을 받고 일한다. 그러나 개인 지도사는 시간당 보수가 매우 다르다. 사업을 시작하고 싶다면 전문 지도사들과 접촉하여 조언을 얻어라. (출처: 전국 개인지도 교사 협회, ntatutor.com와 미국 개인지도교사 협회 americantutoringassociation.org)

비영리 단체

기금 모금가/개발 전문가 – 기금 모금은 비영리 단체와 그 단체가 봉사하는 커뮤니티의 건전성이 아주 중요하다. 모금 전문가로서(개발 전문가라고도 부른다.) 당신은 개인 혹은 그룹에 직접적으로 호소할 수 있으며 또한 기금 모금인들 및 다른 특별 이벤트를 주관할 수도 있다. 보조금 신청을 위한 제안서를 작성(다음에 나오는 보조금 신청서 작성자 참조)할 수 있고 아니면 그런 기능을 하는 다른 사람들에게 지시할 수 있다.

비영리 단체에서 일하거나 아니면 스스로 할 수 있다. 기금 모금가들은 불굴의 정신으로 사람들에게 돈을 요청해야 하며, 반드시 매력과 설득력, 존중과 감사함의 적절한 균형을 이룰 수 있어야 한다. 많은 대학에서 비영리 단체 기금 모금가 자격증 프로그램과 비학점 교과과정이 있으며, 비영리 단체와 민간 훈련 회사들 역시 지도를 한다. 평균 연봉: 2011년 기금 모금가 전문가 협회 보고서에 의하면 75,595달러.(주요 출처: 기금모금가 전문가 협회, afpnet.org, the Foundation Center founcationcenter.org, Chronicle of Philanthropy, philan-thropy.com; 인디애나 대학 자선사업가 센터, philanthropy.iupui.edu)

보조금 신청서 작성자 – 당신이 만약 실력 있는 연구자이며 작가라면 보조금 신청이 잘 맞을 것이다. 보조금 신청서 작성자는 기부자들에게 보낼 제안서를 만들어 왜 보조금 신청자가 특정 재정 지원을 받아야 할 최상의 후보인지를 입증한다. (어느 정도의 설득력이 필요하다.) 또한 지원금 신청서에 예산과 재무를 다루게 될 것이므로 숫자를 편하게 다룰 수 있어야 한다. 직원 또는 컨설턴트로서 비영리 단체, 대학, 종교 기관과 정부 기관을 위해 일한다. 그들은 그들이 친숙한 전문분야에 집중할 것이다. 예를 들어 당신이 과학 분야의 배경을 가졌다면 과학 연구와 관련된 제안을 개발하는데 잘 어울릴 것이다. 지역 전문대학, 비영리 단체 그리고 민간 개별 훈련 회사들이 수요가 많은 이 분야에 대한 교과과정을 제공한다. 평균 연봉: Indeed.com에 따르면 49,000달러.(출처: 미국 보조금 신청서 작성자 협회, agwa.us, Foundation Center(foundationcenter.org)

비영리 단체 소셜 미디어 매니저 – 비영리 단체들은 인지도를 높이는데 있어서 소셜 미디어의 힘을 인정한다. 트위터, 페이스북, 링크드인 그리고 유튜브는 주요 소셜 미디어 웹사이트이지만 그 외에도 수없이 많이 있다. 소셜 미디어 매니저로서 당신은 당신이 속한 비영리 단체 고용주의 대의명분을 알리고, 다양한 플랫폼에서 캠페인을 할 수 있다. 온라인으로 관계를 구축하는데 능숙하다면 이 일은 바로 당신에게 적합할 것이다. 소셜 미디어 매니저들은 그 단체의 팬을 확대하고 다른 사람들이 자원봉사로 참여하도록 하는 일을 맡는다. 아울러 선출직 공무원들에게 편지를 쓰고, 모금 및 기타 일도 함께 한다. 그들은 직접 비영리 단체, 소셜 미디어 서비스 회사에서 일하거나 아니면 컨설턴트로 일할 수 있다.

대학이나 비영리 단체 서비스 회사들은 비영리 단체의 소셜 미디어에 익숙해질 수

앙코르 커리어 핸드북 인생2막의 변화와 창조

있도록 하는 프로그램들을 제공한다. 평균 연봉: 크게 다르다. (주요출처: The Case Foundation, casefoundation.org/topic/social-media. 이 분야의 두 거물 베스 캔토 (bethkantor.org와 헤더 맨스필드 diosacommunications.com를 확인해라.)

비영리 단체 임시 상임이사 – 비영리 단체에서 상임이사를 잃는 것은 다른 과도 기적인 계획이 없을 때 엄청난 손실이다. 임시 상임이사가 도움이 될 수 있다. 당신에게 비영리 단체 리더 경험이 있다면 단기 임시직(보통 몇 개월 동안 풀타임 혹은 파트타임으로 지속된다)이 자연스럽게 어울릴 것이다. 평균 연봉: 그 지위의 풀타임 급료에 준해 정해질 것이다. (비교 단체의 급료 확인을 위해 Guidestar.org를 확인해라. Simply Hired는 평균 1년 60,000달러로 평가한다.) (주요 출처: 다양한 지방 비영리 단체 서비스 회사들은 훈련과 취업알선을 제공한다. 예를 들면 the Executive Service Corps of Chicago (esc-chicago.org), the New York Council of Nonprofits (nycon.org), Third Sector New England (tsne.org), and Greenlights for Nonprofit Success in Austin (greenlights.org). 당신과 가까운 곳에서 기회를 찾으려면 온라인으로 비영리단체 임시 상임이사(nonprofit interim executive director)과 당신의 지역을 검색해라.)

★

환경관련 일자리에 대한 더 많은 정보에 대해선 "2012년 환경 사업의 상태"를 확인하라. 이것은 GreenBiz Group이 발간한 포괄적인 보고서이다. 이것은 주류 기업의 환경친화를 다루는 미디어 기업이다.

환경 관련 일자리

내기후 구조화 설비 설치사/기사 – 비와 바람 그리고 다른 요인으로부터 구조물을 보호하는 방법인 내기후 구조화와 건물 설비 개조 붐으로 설치 기술자에 대한 수요가 커지고 있다. 하청업체나 내기후 구조화 기관에 의해 고용되는 그런 노동자들은 기존 건물에 에너지 절약 시설(에너지 효율이 좋은 창문이나 단열재 같은 것)을 설치

한다. 전국의 지역 전문대학에서 그린 에너지 건설 훈련 프로그램을 개발하여 새로운 설치사를 훈련시키고 또한 더 경험 있는 건설 노동자들의 기술을 개선시키고 있다.' 이런 프로그램들은 15시간의 비학점 코스부터 60시간 이상의 다중 코스 자격 프로그램까지 기간과 내용이 다양하다. 평균 연봉: 24,000~36,000달러. 하지만 SimplyHired.com에 따르면 경험과 지역에 따라 다르다. (출처: Greenforall.org 'Green-Collar Jobs Resources' 를 클릭해라).

태양광 설치 트레이너 – 숙련된 설치업자라면 당신의 경험을 사용해서 다른 사람들에게 녹색 일자리를 가지도록 준비시킬 수 있다. 태양광 설치 트레이너는 건설 및 전기 시스템의 초보 및 경력 기술자 모두에게 빌딩 지붕에 태양광 패널 설치 방법을 가르친다. 트레이너들은 지역 전문대학, 전국 트레이닝 제공자, 지역 기반 단체들과 태양광 하청업체에서 일한다. 이 분야는 비교적 새로운 분야이기 때문에 훈련 기회는 아직 확대되지 않았다. 평균 연봉: Indeed.com에 따르면 25,000달러. (출처: U.S. Dept. of Energy Solar Instructor Training Network ,www.eere.energy.gov/solar/instructor_training_network.html).

에너지 감사원 – 에너지 감사원은 주로 건물 내 누출을 찾아 건물의 효율성을 체크하고, 문제의 해결책을 제시한다. 감사원들은 풀타임 혹은 파트타임으로 일하는데 하청업자, 내기후 구조화 서비스 업자, 유틸리티 프로그램을 위해 일하거나 혹은 독립적으로 일한다.

개인적으로 건축과학과 주택 건설에 경험이 있다면 아주 좋은 인생2막이다. 좁은 공간에 기어 들어가 손과 무릎을 쓰며 일해야 한다는 것을 명심해라. 표준화된 교육이나 훈련 요건은 없지만 일부 주에서는 교과 과정이나 자격증이 필요하다. 대학 학위는 필요하지 않다. 다양한 기관에서 훈련 프로그램을 제공한다. 지역 대학들은 자체 프로그램 또는 CleanEdison 같은 전국 트레이닝 제공자들과 함께하는 프로그램이 있다. 평균 연봉: 67,000달러 (Indeed.com에 따름). (출처: Bureau of Labor Statistics Green Career Information page, bls.gov/green-/greencareers.htm).

이력서 샘플과
자기소개서

지금쯤이면 메시지를 받았을 것이다. 당신의 스토리를 말하는 것은 앙코르 이행의 큰 부분이며, 그렇게 하기 위해 당신은 다양한 도구를 필요로 할 것이다. 요즘 당신이 필요로 하는 어떤 서식이라도 훌륭한 샘플 견본과 정형화된 서식을 찾는 것은 쉽다. 그러나 나는 가장 흔한 앙코르의 상황을 어떻게 다룰 것인가에 대해 몇 가지 아이디어를 주고 싶다. 예를 들면 유일한 일 관련 경험이 자원봉사 활동이거나 혹은 집안에서 부모 역할만 오랫동안 한 후 유급의 일자리에 돌아가려 한다면 스스로를 어떻게 자리매김할 것인가에 관해서다. 다음 페이지에는 실제 사람들의 배경에 따라 만든 몇 가지 이력서와 인생2막에 있는 실제 인물들의 서술식 이력서 샘플이다. 당신이 특별히 똑똑하거나 창조적인 방법으로 앙코르에 도전하였다고 생각한다면 당신의 아이디어를 나와 나누기를 부탁한다. ('이력서' '인물 소개' '비즈니스 플랜' 이라는 표제를 붙여 ECH@encore.org 나에게 이메일을 보내라.) 모범 예시들을 모아 앙코르닷오르그 블로그와 장래 다음 판에 공유하겠다. 물론 당신의 개인적인 내용은 절대 밝히지 않을 것이다.

이력서 샘플 #1

아리엘 윌리엄스(Ariel Williams)는 신문 기자와 편집인으로 커리어를 시작해서 커뮤니케이션 컨설턴트가 되었고 이제 비영리 단체 혹은 사회적 마인드를 가진 기업에서 커뮤니케이션을 맡고 싶어 한다. 그녀는 최근에 앙코르 펠로십을 마쳤다. 그 덕분에 비영리 단체의 경험을 좀 하였고, 그 영역에서 네트워크를 키웠다.

Ariel Williams 5 Langley St • Park FL 01111 • 555-123-4567
Twitter:@ArielPRPRO • awil@gmail.com • http://www.linkedin.com/in/arielwillaims

특장점

- 세부사항에 세심하게 주의를 기울이며 마감 시한이 있는 다수 과제를 취급하는데 익숙함.

  특정 영역에서 일한 적이 없다면 이전 가능한 기술을 강조하라.

- 브랜드 포지셔닝에 대한 전략적 메시지를 만들고 전달한 경험 있음.

- 메시지 전달과 홍보에 있어 팀원 및 리더 카운슬링에 뛰어남.

  만약 신기술이 당신이 관심을 가진 섹터와 관련되어 있다면 신기술에 재능이 있다는 점을 강조해라.

- 전략적 파트너와 지지자들과 네트워킹 및 관계 관리에 능숙함.

- 전통적인 도구와 새로운 미디어 도구를 이용한 브랜드 인지도 향상에 경험 풍부.

최근 경력 경험

마케팅과 커뮤니케이션 앙코르 펠로, Kid UP! 플로리다 주 마이애미 과학센터 (2012.9~현재)

앙코르 펠로십에 선정되어 1년간 반일 근무; 앙코르닷오르그가 운영하는 펠로십 프로그램은 경험 많은 임원이나 전문가들을 비영리 단체에서 사회적 영향이 큰 업무에 연결하는 일을 함.

- 페이스북 콘테스트와 연계하여 박물관 최초의 전시 오프닝 TV 뉴스 보도. 그 결과 박물관의 새 페이스북에 3만건 이상의 댓글이 달리고, 가족회원 15퍼센트가 증가함.

- 도시 빈민가 학교를 방문해 쌍방향 과학실험을 하는 수업 중 '현장 학습'을 만들기 위해 350,000달러 신규 보조금 확보에 도움을 줌.

  가능한 한 담당 책무만이 아니라 달성한 성과를 서술하라.

- 커스 그룹을 이끌어 전략적 기획에 참여하여 박물관의 사명, 목적, 브랜드 포지셔닝을 명확히 하였음.

- 웹사이트 재디자인 조언, 새로운 로고를 크라우드소스하기 위해 콘테스트 시행, 사이트 재론칭을 감독함. 론칭 후 1개월 이내, DoGood.org의 주목해야 할 비영리 단체 사이트 리스트에 올라감.

- 모든 소셜 미디어 플랫폼에 대한 감사를 수행하였으며, 4명의 간부들과 함께 작업을 하여 온라인상에서 박물관을 지속적으로 더욱 부각시키는 전략적 목표를 개발하였음. 트위터와 구글+ 프로필 관리를 위한 소셜 미디어 자원봉사 프로그램을 개발해 웹 트래픽을 25퍼센트까지 증가시킴.

1인 전문가, 플로리다 포트 로더데일 (2009~2011)

- 몇몇 기술 벤처 스타트업의 CEO와 긴밀히 일함. 신문, 방송, 디지털 미디어 홍보 감독 관리, 페이스북과 트위터를 포함한 소셜 미디어를 사용해 섹터 영향력자들을 설득하고 온라인 언론을 획득.
- 포브스, Information Week, PC World, CNET News, Popular Mechanics 등에서 홍보자료가 보도됨.
- 국내 및 해외에서 업계 컨퍼런스의 고객사 임원들이 기조연설을 할 수 있는 기회를 50개 이상 확보.
- 보도자료, 웹사이트 콘텐츠, 브로셔, 보고서, 제안서, 마케팅 자료를 생산하기 위해 글쓰기, 편집 및 다른 작가들 관리.

시니어 에디터, 메릴랜드 베데스다 Oak consulting (1995~2009)

- 비즈니스와 경영을 전문으로 하여 이 국제적 회사의 모든 부문 파트너들과 함께 일하며 백서, 온라인 콘텐츠, 구독자용 애널리스트 보고서 인쇄물을 작성, 편집 및 발간.
- 전 세계 30명 이상의 스태프, 프리랜서 작가, 편집자들의 네트워크를 관리하여 분기별 뉴스레터 제작. 품질 및 의견의 일관성 유지, 편집 및 디자인 가이드라인 준수에 대한 책임.

기자 겸 편집인, 워싱턴 DC The Daily Gazette (1983~1995)

- 수습 기자로 신문사에 합류; 2년 후 정식 기자로 승진.
- 격월간의 'Domestic Bliss' 칼럼을 시작하여 8년간 연재.
- 1990년 편집인으로 승진, 25명 이상의 직원과 프리랜서 관리, "Washington Life' 섹션 특집 기사 개발을 감독.

학력 & 기술

저널리즘 석사: 미시간 렉싱턴 대학

학사: 캘리포니아 로스앤젤레스 리드 대학 영문학과

기술: 마이크로소프트 오피스 애플리케이션(워드, 엑셀, 액세스, 파워포인트), 워드프로세서를 포함한 웹과 블로그 플랫폼, 링크드인, 페이스북, 트위터, 구글을 포함한 소셜 네트워킹 도구들.

줄리 번(Julie Byrn)은 15년 전 아이들을 키우기 위해 직장을 그만 두었는데, 지금 재취업하려고 하고 있다. 그녀는 개발/기금 모금 코디네이터로서의 앙코르를 찾고 있다. 그녀의 최근 경력은 지역 및 아이들 학교에서 자원봉사 활동을 한 것이 전부이다.

유급직으로 일한 경험이 적다면 자원봉사 활동을 부각시켜라.

Julie Byrn

1234 Main Street ‧ Oak Park, CO 88823 ‧ 555-123-4567

jbyrn@gmail.com ‧ http://www.linkedin.com/in/juliebyrn

개발/기금 모금 코디네이터

미션에 충실한 단체를 위해 새로운 방법으로 지역 파트너와 개별 기부자로부터 기금 모금을 하는데 능숙함. 연구조사, 글쓰기, 전략적 계획 기술을 사용하여 새로운 예상 기부자를 확보하고, 기존 기부자의 기부액을 높이는 팀을 이끈 경험.

유급직으로 일한 경험이 적다면 자원봉사 활동을 부각시켜라.

최근 경력

여성과 아동을 위한 토르노 쉼터, Oak Park,CO

기금 모금 지휘 (2010~ 현재)

- 쉼터 최초의 'Tour of Homes' 조직 및 운영 위원회 의장. 지역 산업계와 협의하여 후원을 받았으며, 지역 공급업자 및 파트너를 초청하였음. 지역에서 티켓을 판매하였고, 지역 외 거주자에게 'Home Away' 티켓 판매. 50,000달러 이상 모금하였으며, 이는 이 단체가 역대 단일 행사에서 모금한 금액의 5배 이상.
- 모금 행사 모범사례를 연구하여 '영웅이 되어라' 홍보 전화 영업팀을 지휘하여 기업들이 비영리 단체들과 파트너가 되도록 독려함. 하루 오후에만 4,700달러 모금.
- 웹사이트에 '지금 기부하세요' 페이팔 버튼을 설치해, 기부하지 않았을 기부자들로부터 연간 7,500달러어치의 소액 기금을 모금함.

특장점

리더십 기술

- 비영리 단체를 위한 혁신적 모금 캠페인 창안 및 지휘
- 신규 자원봉사자 모집 및 멘토링

커뮤니케이션과 프리젠테이션 기술

- 기부자들에게 기부금을 더 내도록 설득하는 소셜 미디어 캠페인 만들기
- 예상 기부자에 대해 조직적이고도 설득력 있는 프리젠테이션을 하기 위해 파워포인트와 슬라이드로켓 사용하기

전략적 계획과 조직 기술

- 단체의 사명, 참여자 능력과 희망 보수를 조사하여 성공적인 기금 모금 기법을 알아내기
- 미개척 기업 스폰서를 알아내어 단체 외연 확대하기

컴퓨터 기술

- 워드, 파워포인트, 슬라이드로켓, 엑셀, 아웃룩, 어도브 크리에이티브 스위트, 페이스북, 트위터

학력

학사: 애틀랜타 사우스이스트 대학, 커뮤니케이션 학과

이 특장점 섹션은 당신의 업적과는 대조적으로 당신이 가진 기술들을 강조할 수 있는 곳이다.

Bell Elementary PTA, Pueblo, CO
개발 부장 (2008~2010)

- 다이렉트 메일 캠페인 감독 및 실행으로 학교를 다시 부각시키는데 성공했음. 수표 쓰기 캠페인으로 약 15,000달러 모금.
- 회원과 파트너를 접촉해 학교에 협력하도록 한 결과 기부 물품과 기부 시간이 65퍼센트 증가하였음.

자원봉사 코디네이터 (2002~2008)

- 집행위원회와 부모 소위원회와 공동으로 학교를 위한 신규 자원봉사자 모집 전략을 입안함.
- 자원봉사자 활동 시간 추적용 신규 컴퓨터 시스템을 조사하여 도입함으로써 사친회가 활동적인 자원봉사 부모와 교사에 대해 보답할 수 있도록 함.

이력서 샘플 #3

16년 동안 자신의 소기업을 시작해 운영한 후 허만 챈(Herman chan)은 교사가 되기로 결심했다. 최근 그는 대학으로 돌아가 학사 학위를 마치고, 지금 특수 교육 교사 자리를 찾고 있다.

HERMAN CHAN

123 Main Street · Jesper, OH 98745 · 123-456-7890 · Hermanchan@gmail.com
www.linkedin.com/in/Hermanchan · www.Hermanchan.com

특수 교육 교사/특별 교육 전문가

교직 경력

교생, Lake View 초등학교, 보스턴, 매사추세츠 (2012.01~06)

- 담임과 협력하여 학생들의 성적과 성장 향상.
- 평가 교사팀에 의해 '우수함' 평가를 받은 몇몇 새로운 교안을 만듦. 학생 개개인의 필요에 부응하는 맞춤형 교안 수립.

"내가 교직에 있었던 15년 동안 특수 교육 대상 학생들과 함께 일하는데 허만보다 더 적합한 사람을 고용한 적이 없다. 허만은 학교 밖에서의 자신의 경험을 학생들에게 도움이 되게 사용한다."
– 슈 스미스, 수석 특수 교육 교사, 레이크 뷰 초등학교 www.linkedin.com/Her-manChan

교생, Broad 초등학교, 캠브리지, 매사추세츠 (2011. 08~12)

- 장애 학생용 특별 교실에서 하는 프로그램 지원을 하면서 일반 교실에서 하는 프로그램, 완전히 일반 학생과 같은 교실에서 하는 프로그램 등 다양한 특수교육 교실 환경에서 근무했음. 자폐, 장애, 발달 장애를 가진 학생들을 가르침.
- 담임 선생님과 협력하여 학생 개인별 교육 계획을 마련.
- 특수 교육 개혁에 대한 훈련 세션 수료. 특별 교육이 필요한 학생들을 위한 모범 실행 사례 연구조사를 수행했으며, 최종 보고서 편찬 (다운로드 가능한 곳 www.HermanChan.com)

자원봉사 활동 경력

이사회 임원, Tools for Special Schools, 보스턴, 매사추세츠 (2009~현재)

- 예산 위원회 공동 회장. 작년 연간 비용 1/3로 낮추는 책임을 맡음.
- 정기적으로 몇몇 지역 기업 리더들과 만나 물품과 서비스 기증을 독려함. 예를 들면 인쇄, 학교 용품, 프로그램과 행사용 음식 등.

자원봉사활동, Tools for Special Needs Schools, 보스턴, 매사추세츠 (2000~2009)

- 자원봉사 비즈니스 컨설턴트로서 그룹에 참여, 사업계획과 예산에 관해 이사회에 자문역.
- 특수 학교와 학생에 관한 공개 세션 참석. 부모, 교사, 학생 문제에 대해 잘 알게 되고, 해결책 제시를 돕는 방법 습득.
- 서비스를 제대로 받지 못하는 저소득 지역의 부모를 만나 자녀들을 돌보는 것에 대한 자문을 함.

다른 직업 경력

창업가 & 소유주, Herman's Hardware, 보스턴, 매사추세츠 (1995~2011)

16년 동안 지역 철물점 소유 및 운영. 2명의 정규 직원과 3명의 파트 타임 직원을 고용해서 관리하고, 회계를 유지하면서 주 단위 스케줄을 조정하고 물품 구입을 감독함.

> 자원봉사 활동은 인생 전반의 관련 없는 커리어보다 더 중요할 수 있다.

프리젠테이션

"Add and the Public School," 특수 교사회 연례 회의에서 발표, 2012년 4월

학력, 자격증, 소속 단체 및 컴퓨터 기술.

특수 교육학 학사, 직업 변경 프로그램, 보스턴 대학, 2012년 6월

자격증: 특수 교육 자격 (미결)

소속 단체: 전국 특수 교육 교사 협회 (2011~현재)

컴퓨터 기술: 워드, 엑셀, 파워포인트, 어도브 CS5, 트위터 링크드인을 포함한 소셜
　　　　　　 미디어 도구들

서술적 인물 소개서 샘플 #1

로자린드 조페(ROSALIND JOFFE)

다발성 경화증과 궤양성 대장염을 포함한 만성질환을 갖고 살았던 그녀만의 경험에 의거하여 로잘린드 조페는 만성질환 커리어 코칭회사 cicoach.com을 설립했다. 만성질환자들이 그들의 직업에서 성공하는데 필요한 기술을 개발하도록 돕는 일에 헌신하면서 로잘린드는 만성질환을 가진 채 산다고 해서 인생을 완전히 그리고 성공적으로 살아가는데 방해가 되는 것은 아니라고 굳게 믿고 있다.

데모스 메디컬(Demos Medical)이 발행한 「여성, 일 그리고 자가면역 질환: 여자친구여, 계속 일하라」(Women, Work, and Autoimmune Disease: Keep Working, Girlfriend!)'의 공동저자인 로잘린드 조페는 직장에서의 만성질환에 관한 전문가로 전국적으로 알려져 있다. 커리어 코치 선두주자로서 월스트리트 저널, 뉴욕 타임스, 워싱턴 포스트, 보스턴 글로브, msnbc.com, WebMD, ABC Radio에서 뿐 아니라 지역 및 전국 다양한 미디어에서도 그녀의 말을 인용했다. 로잘린드는 수십 곳의 질병 단체 및 보건 저널에 글을 게재하였다. 그녀는 전국 다발성 경화증 협회, BiogenIdec, State Street Corporation, New Directions, 커리어 전문가 협회, HealthTalk.com, 뉴잉글랜드 관절염 재단, NENMMS 그리고 피부 경화증 협회를 포함한 많은 단체에서 인기 있는 연사이며 워크숍 지도자이다.

교육학 석사 학위를 소지한 로잘린드는 공인 중재인이고, 실습에 집중한 훈련과 ICF 인가 기업 코치 대학(Corporate Coach University) 프로그램을 이수했다.

나는 왜 이 회사를 설립했나

도움 없이는 침대에서 몸을 일으킬 수 없으며, 한쪽 시력을 잃었던 나의 개인적 경험은 거의 30년 전 시작되었다. 나는 다발성 경화증 진단을 받았고, 내 인생은 결코 전과 같아질 수 없었다. 몇 년이 지나 병은 비교적 완화되고 감당할 만해졌지만 나는 건강 상태에 따라 크고 작은 결정을 계속해야 했다. 내 직업에 관련하여 특히 그러했다. 그리고 초기 진단을 받고 난 15년 후 나는 2차 자가면역 질환과 궤양성 대장염으로 입원했다. 나는 두 명의 어린 아이와 남편 그리고 성공적이지만 힘이 많이 드는 일을 하고 있었다. 내가 건강을 통제하는 것이 가장 큰 과제였다. 그러나 내가 신체적으로는 일을 다시 할 수 있게 되었을 때 나는 똑같이 어려운 도전에 직면했다. 내가 활동 능력을 방해하는 질병을 가지고 어떻게 직업적으로 계속 성공할 수 있을까? 동시에 이런 장애 조건은 내가 새로운 걱정거리에 직면했음을 의미했다.

- 이것에 대해 언제 어떻게 얘기하나?
- 내 건강을 거의 유지할 수 없을 때 나는 내 일을 어떻게 감당할 것인가?
- 당장 내일 계획도 할 수 없을 때 어떻게 내 커리어 계획을 하는가?

자기소개서는 선전하는 방법이다.

나를 이끌어줄 자료나 사람이 거의 없었다. 대부분의 책(그리고 돌봄이)에서 스트레스는 나쁘고, 일은 스트레스가 많으며, 만성질환자는 일을 중단해야 한다는 것을 지지하는 것을 보고는 분개했다. 우리 중 많은 사람들은 그것이 유일한 선택이라고 보지 않는다. 나는 분명히 그렇지 않다고 생각한다. 시행착오를 통해 나는 다시 한 번 내 일을 성장시킬 지점에 이르렀다. 만성질환을 지닌 채 살고 일한 내 경험이 영감을 주었고, 다른 사람들과 함께하는 내 일의 핵심을 이룬다. 여기 내가 배운 몇 가지가 있다.

- 다른 어떤 종류의 역경처럼 질병은 받아들여야 할 과업으로 간주할 때 가장 잘 처리할 수 있다.
- 당신이 어디에 있는지, 어디에 있고 싶은지에 대한 분명한 비전이 있어야 앞으로 나아가게 하는 힘과 명확성이 생긴다.
- 질병에도 불구하고 직장에서 성공을 하게 되면 사람이 변화한다. 크고 작은 다른 과제에 직접 맞설 힘과 확신이 생긴다.

내 병을 진단했을 때 신경과 전문의는 내 질병이 나에게 소중한 인생의 교훈을 줄 거라

부록 B 인생2막의 유망직업 리스트

고 예견했다. 질병은 무엇이 중요한지를 명확하게 볼 수 있게 한다. 그리고 거기에 나는 내 자신의 교훈을 덧붙인다. 질병은 직업적 혹은 개인적 성공을 방해하지 않는다.

서술적 인물 소개서 샘플 #2

스티브 리스타우(STEPHEN RISTAU)

스티브 리스타우는 35년 동안 서비스 부문의 임원, 시니어 매니저, 컨설턴트, 트레이너, 임상의로서 개인적으로나 사회적으로 개선 작업에 전념해왔다. 그는 비영리 단체, 정부 그리고 기업에서 일했다. 그는 노스이스트의 비영리 단체 4곳의 대표 및 CEO로 일했다. 그가 현재 집중하고 있는 퍼포스 워크(Purpose Work)는 50세 이상의 중년들이 비영리 단체로 가는 길을 넓히고 있다. 그는 비영리 단체들이 경험 많은 전문가들로 하여금 그들의 재능과 열정으로 지역 사회에 봉사하도록 하여 삶에서 큰 의미와 목적을 찾을 수 있도록 할 수 있다고 본다. 현재 노스웨스트에 살고 있는 그는 은퇴한 사업가들을 의미 있는 비영리 단체의 일에 배치하는 소셜 벤처 파트너스 포틀랜드 앙코르 펠로 프로그램을 이끌고 있다.

그는 The Idealist Guide to Career in the Nonprofit Sector for Sector Switchers (2008)의 기고자이며 "사람은 사람들을 필요로 한다: 사회적 교류가 노령의 두뇌 건강을 향상시킨다(People Do Need People: Social Interaction Boosts Brain Heamth in Older Age)" (Generations, Journal of the American Society on Aging, 2011, vol. 25, no. 2); 부머즈 앤드 비욘드: 도서관 역할 재고(Boomers and Beyond: Reconsidering the Roles of Libraries) (미국 도서관 협회, 2010)에서 "50세 이후의 일과 목적"이라는 한 장과 "참여해라: 캘리포니아 공공 도서관들을 통한 시민 참여 홍보 (Get Invloved"Promoting Civic Engagement Through California Public Libraries" (캘리포니아 주 도서관 블레틴, 2010, no 97)를 썼다.

그는 포토폴리오의 일부로 그는 노스 포트랜드에 있는 펜인슐러 어린이 센터 (Peninsula Children's Center in North Portland)에서 매주 한 번 자원봉사 활동을 하는데 거기에서 유아들에게 책을 읽어주고 '인간 정글짐'으로 봉사한다. 그는 또한 포틀랜드 도심의 남녀들에게 종교 간 정신적 목표를 제공해주고 있다. 그와 부인 수잔은 노스이스트에 살고 있는 성인이 된 두 아들의 자랑스러운 부모이다.

예산 연습 문제지

당신의 재무 상태를 파악하면 당신의 앙코르 이행을 훨씬 원활하게 할 수 있다. 아래의 연습 문제지로 시작해 보라.

자산/부채 연습 문제지

자 산	금 액	비 고
당좌예금		
보통예금		
IRA 또는 기타 은퇴 계좌		
401(k)		
기타 투자금		
유가증권 (주식/채권)		
받을 어음 (당신이 받을 돈)		
생명보험 (중도해약 환급금)		
부동산		
자동차 (현재 가치)		
기타 개인 재산 (가사 용품)		
기타 자산		
자산 합계		

부채

지급 어음		
만기 어음		
신용카드 부채		
자동차 대출금		
주택담보 대출금		
미납 세액		
기타 부채		
부채 합계		
자산 합계		
− 부채 합계		
= 총 순자산		

예산 연습 문제지

수입 (연간)

다음 각 항목에 대해 당신이 연간 받는 혹은 당신이 이행을 시작해서 받게 될 금액을 표시하라. 예를 들면 당신이 48세이고, 당신의 401(k)를 59.5세에 받기 시작하려고 계획한다면 그렇게 하는데 따른 불이익이 없을 때 거기에서 나오는 수입은 현재 0이다.

	금 액	비 고
투자 이자		
투자 배당금		
연금 (DB 또는 DC401(k), 403(b), 457)		
연금 보험		
부동산 임대 수입		
개인 연금 적금		
증여		
상속		
수입 합계		

앙코르 커리어 핸드북 인생2막의 변화와 창조

집 / 주거	금 액	비 고
주택 담보 대출금/임대		
수리 및 유지관리		
소유주 혹은 임차인 보험		
재산세		
소계		
생활비		
물/하수도/가스/전기		
케이블		
전화/인터넷		
식품/식료품		
의류 및 드라이클리닝		
기타		
소계		
건강관리		
건강보험료 (메디케어 또는 민간 보험)		
현금지불경비(비급여 처방포함)		
장기 건강 보험		
생명 보험		
소계		
부채		
주택담보 대출		
신용카드		
학자금 대출금		
기타		
소계		
교통비		
자동차 할부금		
자동차 보험료		
수리비		
주차비		
연료비		

대중교통비		
기타		
소계		
세금		
주정부		
연방정부		
재산세		
소계		
재량적/선택적 비용		
저축		
엔터테인먼트 및 레스토랑 식대		
이발/미용		
여행/휴가		
부모 돌봄		
교육 (자녀 혹은 자신)		
스포츠/취미		
자선 기부금		
기타		
소계		
가족 부양		
부모님		
자녀		
기타 (예: 애완동물)		
소계		
비용 합계		

앙코르 커리어 핸드북 인생2막의 변화와 창조

사업계획서 만들기

성공한 많은 기업가들은 흔히 이렇게 말할 것이다. 사업계획서는 필요없다, 만들고 난 다음에는 절대로 보지 않았다, 그들 사업은 사업계획과 일치하는 것이 거의 없다 등 아마 그 모두가 사실일 수 있겠지만 상관없다. 사업계획서를 만드는 주된 이유는 당신의 아이디어를 다듬기 위해서이며, 당신 분야의 전문가가 되기 위한 것이며, 모든 이해당사자들에게 당신의 사업을 능숙하게 잘 주장하기 위해서이다. 심지어 사업계획서를 작성한 결과 당신은 사업을 추진하는데 관심이 없다는 결론에 이를 수도 있다.

핵심 사항:

- 당신은 잠재적 투자자를 위해 사업계획서를 만들 수도 있겠지만 그것을 당신의 사업에 도움을 줄 가능성이 있는 사람들과 공유할 문서라고 생각하는 것이 더 낫다.
- 당신과 당신의 팀이 친구나, 조언자, 비평가, 잠재적 투자자 그리고 관여하고 싶어 하는 기타 사람들과 사업계획서를 공유하는 데서 배우게 됨에 따라 사업

계획서는 여러 차례 수정을 거치게 된다. 사업에 대한 당신의 비전이 진화하는 것처럼 사업계획서도 변화하는, 살아 있는 문서로 취급해라.

- 사업계획서는 여러 가지 형태를 취할 수 있다. 핵심적인 질문에 답할 수 있고, 또한 사업이 성공할 수 있으며, 우리 팀이 성공에 필요한 요소를 갖고 있고, 핵심적인 이슈를 모두 고려하였다고 이해 당사자들을 설득할 수 있으면 어떤 형태든 상관없다. 사업계획서의 길이에 대해서도 적절한 기준이 없다. 단 5페이지짜리도 있고, 60페이지 이상인 것도 있다.

아래에 나는 사업계획서의 윤곽과 그것에 살을 붙일 방법에 대해 생각해보도록 몇 가지 질문을 제시했다. 각 섹션의 질문들은 당신을 충분히 생각하게 하고, 계획서 각 섹션의 내용을 작성하는데 도움이 될 것이다. 이런 질문에 대해 서면으로 그리고 직접 만나 대답할 수 있도록 대비하라. 잠재적 투자자 혹은 자금 제공자, 종업원, 파트너, 피드백을 받기 위해 찾아갈 그밖의 사람들은 분명히 이런 질문을 할 것이다. 만약 섹션 제목이나 이슈의 순서를 다르게 해서 사업에 더 도움이 된다면 구성 방식은 마음대로 해도 좋다. 여기 있는 대로 하라는 의미는 절대 아니다. 사실 이 작업을 하면서 사회적 벤처 사업계획서 양식이나 샘플을 온라인으로 검색해 보라. 이런 것들을 많이 보게 되면 당신의 사업계획서를 어떻게 만드는 것이 가장 좋을 가를 파악하는데 도움이 될 것이다. 그리고 모든 대답을 갖고 있지 않다고 해서 걱정하지 말라. 연구조사를 하여 제대로 된 대답을 찾아라. 그러나 이 모든 것에는 어느 정도 어림짐작이 있다는 것을 이해하여야 한다.

임원용 요약

아마 이것이 사업계획서의 가장 중요한 섹션이지만 다른 섹션을 끝낸 후에 작성하는 것이 가장 좋다. 여기에서 당신의 아이디어를 팔고, 왜 그 아이디어를 실현하고 싶어 하는지를 설명해야 한다. 시작부터 이것을 읽는 사람의 마음을 꽉 잡고 설

앙코르 커리어 핸드북 인생2막의 변화와 창조

득력 있는 이야기를 하라. 이 부분은 1페이지 이내로 작성하라. 요약에는 다음 질문들에 대한 답이 들어있어야 한다:

- 당신의 사업이 해결하려고 하는 문제는 무엇이며, 왜 그게 필요한가? 당신의 주장을 뒷받침할 자료를 포함시켜라.

- 성공의 결과는 어떤 모습일까? 장기간에 걸쳐 어떤 재정적, 사회적 혹은 환경적 결과를 목표로 하는가? (예를 들면 당신은 최초 2년 후 정부의 요양원 비용에서 3백만 달러를 절약하는 것을 계획하는가?)

- 투자자들로부터 얼마를 구하려 하는가? 간단히 말하면 그 돈으로 얼마나 갈 수 있으며 또 어디에 쓰려고 하는가?

사업 설명

여기에서는 당신의 사업이 해결할 문제를 좀 더 자세하게 설명해야 할 것이다. 이 섹션에서는 당신이 당신의 시장을 잘 알고 있음을 보여 주어야 한다. 즉, 당신이 만족시키고자 하는 고객이나 시장에 대한 그림을 그려 보여야 하고 또 그것들의 특징은 무엇이며, 다른 것들과 다른 점은 무엇인지를 설명하여야 한다. (다음의 이슈들이 적용되면 언급을 하라.)

- 이것으로 누구에게 영향을 미치고자 하는가? 만약 당신이 비영리 단체를 계획한다면 당신의 제품 혹은 서비스의 혜택을 보는 것은 누구인가?

- 사람들은 당신이 제공하는 것에 왜 끌릴까? 이미 있는 것과 어떻게 다른가?

- 전체 시장의 규모는 어떠하며, 그 큰 카테고리의 몇 퍼센트를 당신은 목표로 하는가? 어디서든 관련 자료를 찾아 이용해라.

- 비용 효과적인 방법으로 잠재 고객에게 어떻게 접근할 것인가?

- 상당한 사회적 영향력을 어떻게 만들 것인가?

- 왜 당신은 이런 이슈나 사람들을 다루는 것에 관심이 있는가? 당신의 잠재 고

405

객들과 어떤 경험을 한 적이 있는가?

Note: 당신은 여러 고객 그룹을 가질 수 있을 것이다. 예를 들면 일자리가 필요한 개인들을 위한 직업 훈련 프로그램을 만들 수 있고, 또 실직자들을 대상으로 일하는 코치, 사회복지사, 일자리 카운슬러를 위한 별도의 프로그램을 만들 수 있을 것이다. 당신의 계획은 양쪽 그룹을 다 다룰 필요가 있을 것이다.

지속 가능성과 사회적 미션

당신 사업의 사회적 미션에 대해 설명하는 별도의 섹션을 만들 수도 있고 아니면 당신의 상품이나 서비스를 설명할 때 엮어 넣을 수도 있다. 다음과 같은 점을 적절한 곳에서 포함시켜라.

제품/서비스

- 어떤 사회적 문제 혹은 불평등을 해결하는데 당신의 사업이 도움이 될 것인가? 커뮤니티를 어떤 방법으로 만드는 것인가 아니면 특정 사람들의 삶을 더 편하게 만드는 것인가?
- 어떤 면에서는 당신의 제품/서비스가 경쟁사의 제품/서비스보다 환경친화적인가?

운영 방식

- 어떤 면에서 당신의 운영 방식, 제품이나 서비스를 만들어 내고 전달하는 방법이 종래의 방법보다 더 지속 가능하거나 인도주의적인가?
- 어떻게 당신의 운영방법이 공급업자와 당신의 전체 공급망으로 하여금 사회적으로 공정하고 지속 가능한 운영을 하도록 권장하는가?
- 당신의 사업은 종업원, 공급업자, 지역 사회, 고객들을 어떻게 대우할 것인가?

앙코르 커리어 핸드북 인생2막의 변화와 창조

- 어떤 방법으로 마케팅을 하여 지속 가능성과 지역사회 발전에 대한 인식을 높이고, 공정하고 지속 가능한 제품과 해결책을 찾고자 하는 욕구를 높일 것인가?
- 어떤 면에서 당신의 유통 및 판매 방법이 다른 방식보다 더 사회적인 문제를 의식하고 있는가? (예를 들면 좀 더 지역적이거나 독성이 덜하다든가)
- 지속 가능성 혹은 사회적 기여의 이슈를 마케팅에 어떻게 사용할 것인가?
- 마케팅에서 주장한 내용을 이행할 수 있다는 것을 어떻게 보증할 것인가?

Note: 지속 가능성에 유의하게 되면 에너지와 원료에 쓰는 돈을 절약하는 경우가 많다. 선행을 하게 되면 판매가 더 늘어난다.(톰즈 슈즈의 '한 켤레를 사면 한 켤레를 기부한다'는 사업모델의 엄청난 성공을 보라.) 가능하다면 이 섹션의 모든 주장을 사업적 위험과 환경적 영향을 줄이고 이윤을 늘리는 방법과 결부시켜라.

사업팀

여기에서는 당신의 인생2막 스토리를 이야기하고, 왜 당신이 이 사업을 이끌 이상적인 인물인지를 이야기한다.

- 무엇이 당신으로 하여금 이 사업을 시작하도록 만들었는가?
- 왜 이 이슈에 당신의 시간과 재능을 투입하기를 결심하였는가?
- 당신이 이전에 했던 것으로부터 이 사업이 어떻게 자연스럽게 흘러왔나?
- 이 사업이 성공하도록 당신의 네트워크와 다른 자원들을 어떻게 활용할 계획인가?

경쟁자

이 섹션을 작성하기 위해서는 당신의 사업에 대한 모든 직접적 경쟁자들을 파악하기 위해 조사를 할 필요가 있다. 현재의 경쟁자와 잠재적 경쟁자를 알아야 한다.

파악된 각 경쟁자에 대해 강점과 약점을 평가하고, 당신의 사업이 어떻게 빈 틈을 메우거나 아니면 기존의 것보다 더 잘할 것인가를 보여라. 다음의 표가 도움이 된다면 사용하라.

현재의 경쟁자들

경쟁자	강 점	약 점	더 잘 할 방법

잠재적 경쟁자들

누가 당신의 시장에 들어올 것인가? 그것에 대해 두 번째 표를 만들어라. 경쟁자들이 이 분야로 들어오는 것을 막기 위해서 또는 만약 경쟁자들이 진입하였을 경우 경쟁자들을 잘 다루기 위해서 당신의 사업전략을 어떻게 탄탄하게 만들 것인가?

경쟁자	강 점	약 점	더 잘 할 방법

대체자

만약 당신의 사업이 순조롭게 시작하지 못한다고 가정하면 고객들은 필요한 서비스나 상품을 어떻게 찾을 것인가?

대체자	강 점	약 점	더 잘 할 방법

당신의 경쟁 전략을 요약하라

당신의 전반적인 경쟁 전략의 본질은 무엇인가? 당신은 어떻게 고객을 얻을 것인가? 일단 당신이 성공한다면 어떻게 다른 사람들이 당신을 모방하거나 더 잘 하지 못하게 할 것인가? 만약 다른 사람들이 이 시장에 들어온다면 그것이 당신이 목표했던 성공의 일부가 될 수 있을까? 다른 말로 하면 당신의 사업 목표가 중국에 있는 공장들의 노동 관행을 변화시키는 것이라면 다른 사람들이 당신의 뒤를 따르고, 당신의 사업을 하나의 본보기로 삼도록 하고 싶지 않은가?

마케팅 및 판매 계획

여기에서는 당신의 사업 모델을 설명한다. 수입 또는 매출은 어떻게 창출할 것이며, 사업에 대한 입 소문은 어떻게 낼 것이며 그리고 어떻게 성장할 것인가? 아래의 모든 분야를 언급할 필요는 없겠지만 어떤 것을 적용할 것인지를 정하고 그것을 설명하라.

마케팅 계획

- 미디어: 목표 고객에게 어떻게 접근할 것인가? (전통적 미디어, 소셜 미디어, 전시회, 컨퍼런스, 웹 전략, 다일렉트 메일, 입 소문, 홍보, 기사, 판촉물, 모방에 의한 전달, 기타)
- 비용: 마케팅에 얼마나 많은 시간과 돈을 쓸 것인가?
- 메시지: 어떤 메시지를 전달할 것인가? 고객 별로 다른 메시지를 전달할 것인가?

사업 모델과 가격 결정

- 당신의 사업 모델은 무엇인가?

- 어떻게 비용을 부과할 것인가? – 아이템 별, 시간 별, 프로젝트 별, 결과 별로? 여기에서도 당신 사업 모델에 있어서 최종 결과물의 두 가지 속성 즉, 이윤과 사회적 영향을 어떻게 측정할 것인가를 강조할 수 있다. (예를 들면, 건강 스낵 한 개를 팔 때마다 비만 방지 캠페인을 벌이는 단체에 수익의 1퍼센트를 기부할 계획이다.)

- 가격과 직접 비용을 어떻게 결부할 것인가?

- 가격 결정 모델 및 고객들이 이 가격을 지불할 것이라 믿는 근거를 세부적으로 서술하라.

- 장기적으로 당신의 사업이 스스로 자생할 방법은 무엇인가? 지속적인 투자가 필요할 것인가 아니면 사업에서 나오는 수입으로 당신이 추구하는 성장에 필요한 자금을 댈 것인가?

- 이 프로젝트가 자립적으로 굴러가는 데까지는 얼마나 많은 시간이 필요할까?

판매 전략

- 누가 판매를 할 것인가? 창립자들, 전담 판매 인력, 유통업자, 회사 판매 인력, 웹사이트, 기타?

- 판매가 이루어진 이후 사후 관리는 어떻게 할 것인가? 거래가 이루어진 후 당신은 무엇을 제공할 것인가?

운영 계획

이 섹션에서는 당신의 제품 생산과 운송 혹은 서비스의 전달 과정을 다루게 될 것이다. 당신은 이 과정이 왜 비용 효과적이며 효율적인지를 보여줄 수 있어야 한다. 다시 한번 당신의 사업의 이면에 있는 가치를 분명히 설명해라.

앙코르 커리어 핸드북 인생2막의 변화와 창조

- 당신이 직접 할 것은 무엇인가?
- 다른 사람에게서는 무엇을 구입할 것인가? 이런 공급업자들과 어떤 관계를 가질 것인가?
- 제품이나 서비스를 대량 생산 판매로 전환하려면 무엇을 해야 할 것인가?
- 만약 당신이 뭔가를 제조한다면 제품에 필요한 원료가 어디에서 오는지 아는가? 당신과 제휴할 파트너들의 명성과 배경에 대해 안심하는가?

팀

투자자, 자금 제공자 그리고 다른 사람들은 사업을 누가 하는지 그리고 당신들 각자가 기여하는 것이 무엇인지를 알고 싶어한다. 관례적으로 이 섹션에는 창립 멤버 각자의 배경과 기술을 강조하는 인물소개서가 들어간다. 당신에게 공동창립자, 파트너 혹은 종업원들이 아직 없다면 누가 이사회에 들어있는지 혹은 누가 당신을 지원하는지를 다른 방법으로 보여주라. 프로젝트를 위해 그들의 이름을 빌려주고 노동을 제공할 자문 팀(변호사, 공인회계사, 해당 문제 전문가들)이 있는가? 이미 투자한 사람이 있는가? 만약 이 사업을 하는데 필요하지만 아직 합류하지 않은 다른 핵심 직원, 자문, 사람들이 있다면 어떤 사람들을 찾고 있는지 그리고 어떻게 모집할 것인지를 열거하라. 의사결정이 어떻게 이루어질 것인가에 대해서 최종 사업계획서에는 넣지 않을 수 있지만 생각은 해두라. 당신의 나이에 대해 질문을 받을 것이라 예상한다면 승계 계획에 관하여 이야기할 준비를 하라. 즉, 당신이 더 이상 적극적으로 일에 참여할 수 없을 때 어떻게 일이 지속될 수 있을 것인가에 대한 계획이 있어야 한다.

이것은 사회적 기업에는 특별히 중요하다. 당신이 사회적 문제를 해결하는데 관심이 많다면 당신 다음에는 누가 그 일을 이어갈 것인가를 계획해야 한다.

위험성과 가정

지금까지는 사업계획서에서 긍정적인 면을 주로 다루었다. 그러나 직면할 수 있는 모든 잠재적 위험성과 과제들을 충분히 생각하여 그것들에 대해 정면으로 대처하도록 하는 것이 중요하다.

생각해 보고 대처할 질문들:

- 이 사업은 어떤 가정에 근거하고 있는가? (좀 회의적인 다른 사람들에게 이 질문에 대한 답변을 도와달라고 하라.)
- 잘못 될 원인이 가장 큰 것은 무엇인가?
- 위험을 어떻게 관리할 것인가?

재무 계획

앞으로 사업에 필요한 자금을 어떻게 조달할 것인가를 서술하라. 여기에 3년간의 재무 계획을 넣어라. 어느 정도까지 정교하게 작성할 것인가는 어떤 사람들에게 제시할 것인가에 따라 결정하면 된다. (SCORE.org 웹사이트에는 다양한 재무 서류를 만들 수 있도록 사용할 수 있는 무료 서식이 있을 뿐 아니라 어떻게 사용하는지 도와주는 멘토도 있다.)

정보를
입수할 수 있는 곳

[지역에 있는 단체들]

(지역 단체를 알아 보려면 Encore.org/connect/local에서,
대부분 단체에 관한 설명은 encore.org/connect/all_localresources에서 볼 수 있다.)

AARP EXPERIENCE CORPS
(여러 도시에 있음)
aarp.org/experiencecorps

BOOMERS LEADING CHANGE IN HEALTH
(덴버)blcih.org

BOOM! THE NEW ECONOMY
(디트로이트)
boomtheneweconomy.org

CENTERPOINT INSTITUTE FOR LIFE AND CAREER RENEWAL
 (시애틀에 있지만, 온라인 코칭도 제공)
centerpointseattle.org

COMING OF AGE
(여러 도시에 있음)
comingofage.org

다운로드 할 수 있는 전자책 'The Age for Change' 이 있음

DISCOVERING WHAT'S NEXT
(보스턴)
discoveringwhatsnext.org

ENCORE
(그랜드 래피즈, 미시건)
grfoundation.org/encore

ENCORE LEADERSHIP CORPS
(메인)
encoreleaders.org

ENGAGED RETIREMENT & ENCORE CAREERS CENTER
(프린스턴, 뉴저지)
engagedretirement.org

EXPERIENCE MATTERS
(피닉스)
experiencemattersaz.org

GENERATIONS INCORPORATED
(보스턴)
generationsinc.org

LEADERSHIP GREATER HARTFORD
THIRD AGE INITIATIVE
(하트포드, 코네티커트)
leadershipgh.org/programs/adult-
programs/third-age-initiative.html

LIFE BY DESIGN
(포틀랜드, 오리건)
pcc.edu/climb/life

NEXT CHAPTER KANSAS CITY
(캔자스)
nextchapterkc.org

NEXT CHAPTER PUGET SOUND
(시애틀 지역)
nextchapterps.com

RE-ENGAGE FOR GOOD
(브로워드 카운티, 플로리다)
cfbroward.org/Our-Leadership-
Work/Re-engage-for-Good.aspx

RESERVE
(뉴욕시; 웨스트체스터 카운티, 뉴욕; 뉴와
크, 뉴저지; 마이애미; 메릴랜드)
reser-veinc.org

SHiFT
(미니애폴리스)
shiftonline.org

TECHTOWN

(디트로이트)
techtownwsu.org

TEMPE CONNECTIONS
(템프, 애리조나)
tempeconnections.org

THE TRANSITION NETWORK
(여러 도시에 있음)
thetransitionnetwork.org

VITAL AGING NETWORK
(미니애폴리스/세인트 폴_주 전체에 적용되
는 프로그램)
vital-aging-network.org

[재무 계획]

AARP'S WORK AND RETIREMENT
TOOLS
aarp.org/work/work_tools
사회 보장 연금 401(k), 기여금과 수수료, 다
양한 급여 기여금 변용을 계산할 수 있는 좋
은 도구가 있음.

FINANCIAL SECURITY PROJECT AT
BOSTON COLLEGE
fsp.bc.edu
포괄적이며 객관적인 연구를 바탕으로 한 재
무 설계 사이트. 보스턴 대학이 후원.

THE SOCIAL SECURITY CLAIMING GUIDE
crr.bc.edu/special-projects/books/the-
social-security-claiming-guide/
보스턴 대학 은퇴 연구센터가 만든 유용한
정보 가이드

RETIREMENTREVISED.COM
특히 힘든 시기의 은퇴 자금 투자, 혜택, 커
리어, 건강 보험에 초점을 둔 사이트

더 읽을 도서

The Hard Times Guide to Retirement Security: Practical Strategies for Money, Work, and Living, by Mark Miller (Bloomberg Press, 2010)

[교육 계획]

교육 자금 조달하기

AMERICAN ASSOCIATION OF COMMUNITY COLLEGES PLUS 50 I NITIATIVE
plus50.aacc.nche.edu/Students/tips_student/Pages/FinancialAidResources.aspx
실직한 플러스-50 근로자들에 대해 AACC 는 다양한 장학금, 기금을 제공하고 다른 재무 보조금 재원에 연결.

FEDERAL STUDENT AID, U.S. DEPARTMENT OF EDUCATION
studentaid.ed.gov/PORTALSWebApp/students/English/funding.jsp
성인 학생들에게 꼭 필요한 자금조달 정보 제공.

FINAID GUIDE TO FINANCIAL AID FOR OLDER AND NONTRADITIONAL STUDENTS
fnaid.org/otheraid/nontraditional.phtml
성인 학생들을 위한 다양한 장학금과 펠로십 링크 및 정보 제공.

LEARNINGCOUNTS.ORG
Council for Adult and Experiential Learning의 사이트. 학교 밖에서 배운 지식을 평가해 그것이 대학 학점, 자격증, 타교에서의 이수 과목 단위 승인에 사용될 수 있을지를 평가. 돈을 절약할 수 있는 가능성이 있음.

장학금

FASTWEB
fastweb.com
무상 장학금 검색 엔진.

AARP FOUNDATION WOMEN'S SCHOLARSHIP PROGRAM
aarp.org/womensscholarship
저소득층 50세 이상 여성들을 위한 교육, 훈련, 기술 업그레이드에 필요한 재원이 되는 장학금 제공.

적절한 프로그램 찾기

AMERICAN ASSOCIATION OF COMMUNITY COLLEGES—PLUS50 INITIATIVE
plus50.aacc.nche.edu/Pages/Default.aspx
50세 이상을 위해 고안된, 지역 전문대학의 현행 프로그램들의 데이터베이스.
커뮤니티 대학 찾기 툴 포함

AMERICAN COUNCIL ON EDUCATION
acenet.edu
성인 학습자용 프로그램, 서비스, 기타 정보의 리스트를 제공한다.

THE EDUPUNKS' GUID
Eedupunksguide.org
학교 밖 학습과 맞춤형이며 적당한 가격의 교육에 대한 포괄적 가이드. 다운로드 할 수 있는 무료 e가이드 제공. DIY U 의 저자 Anya Kamenetz 가 설립.

ENCORE.ORG/COLLEGES
전국 주요 대학, 지역 전문대학, 그리고 특수목적 학교에서 시행하는 앙코르 교육에 대한 기본적인 정보 제공(온라인 및 학교 교육).
프로그램 리스트를 영역별, 업무별, 주별, 알파벳 순서로 제공.

NATIONAL CENTER FOR EDUCATION STATISTICS COLLEGE NAVIGATOR

nces.ed.gov/collegenavigator
미국 교육부의 대학 검색 툴

BACK TO SCHOOL FOR GROWNUPS

bcktoschoolforgrownups.com
성인 학생 교육에 대한 정보와 뉴스 속보

더 읽을 도서

Back to School for Grownups: Your Guide to Making sound Decisions: (And How Not to Get Run Over by the School Bus), by Laura H. Gilbert, Ph. D. (CreateSpace, 2009)

앙코르 중심의 대학 프로그램

BEACON AT STANFORD UNIVERSITY

alumni.gsb.stanford.edu/beacon
스탠퍼드 경영학 대학원 졸업생 전용의 프로그램으로서 경영학 공부를 계속하여 제2의 커리어를 추구하고자 하는 사람에게 제공.

EMPOWERED UCLA EXTENSION

encoreci.com
iPad 앱을 통해 글로벌 안정성과 환자 옹호 같은 분야에서 9~12개월 온라인 자격증 프로그램을 제공. 등록하는 모든 학생에게는 애플사의 새 iPad를 배송.

HARVARD UNIVERSITY'S ADVANCED LEADERSHIP INSTITUTE

advancedleadership.harvard.edu
인생2막에서 사회적 문제 해결에 관심을 가진 경험 많은 전문가들을 위한 1년짜리 프로그램. 대학의 자원을 이용해, 펠로우들은 펠로우십 이후의 커리어를 준비하기 위해 배우고 가르치고 멘토를 하고 계획한다.

LEARNINGLIFE AND THE PURPOSE PROJECT (UNIVERSITY OF MINNESOTA)

csh.umn.edu/programs/The_Purpose_Project/home.html
http://cce.umn.edu/learninglife/
커리어 변화를 고려하는 사람들에게 대학에서 워크숍과 리소스를 제공한다.

NEXT3 (SUFFOLK UNIVERSITY)

suffolk.edu/49316.html
인생2막의 커리어에 관심 있는 졸업생 리더들을 위한 대학 연계 프로그램.

VERMONT LEADERSHIP INSTITUTE (UNIVERSITY OF VERMONT)

snellingcenter.org/leadership/vermont-leadership-institute/
버몬트 대학의 Snelling Center for Government가 후원하는 8박의 집중 프로그램. 참가자는 단체, 커뮤니티, 버몬트 주에 더 크게 기여하기 원하는 사람들이다.

[펠로우십/경험적 학습]

THE BROAD SUPERINTENDENTS ACADEMY

broadcenter.org/academy
성적이 좋지 않은 도심 학군에 배치할 간부들을 훈련시킨다.
참가자들은 현재의 일을 계속하면서 10개월 동안의 주말 세션에 참석한다.
Broad Center for the Management of School Systems에서 후원한다.

CALIFORNIA TEACHER CORPS

cateachercorps.org
주 전체를 포괄하는 단체. 헌신적인 후보자

들을 교사를 채용하기가 어려운 교실에서 가르치게 하는 동시에 그들에게 교사 자격증을 수여.

CITIZEN SCHOOLS

citizenschools.org
이 학교의 AmeriCorps Teaching Fellow-ship은 펠로우들이 미 전역의 커뮤니티나 학교에서 일하는 한편 2년간 교직과 비영리 단체 경험을 할 수 있게 해 준다.

THE ENCORE FELLOWSHIPS NETWORK

encore.org/fellowships
중요한 특정 사회적인 문제를 해결하는 단체에 재능을 가진 새로운 인물들을 배치하려는 목적으로 고안되었다. 앙코르 펠로우십은 유급으로 기술력 있고 경험이 풍부한 전문가들을 중년 후반에 사회적 목적을 가진 기관에 6~12개월의 한시적인 기간 동안 연결해 준다. 펠로우십은 몇 개 주에서 가능하며, 새로운 것들이 계속해 나오고 있다.

현재 진행되는 프로그램은, Enco-re.org/fellowships 에서 확인할 수 있다.

ENCORE HARTFORD

continutingstudies.uconn.edu/professional/nonprofit/encore/index.html
비영리 부문에 관심을 갖는 코네티커트의 전문가들을 2개월간 Greater Hartford 비영리 단체의 수준 높은 프로젝트에 배치한다. 앙코르 코네티커트의 일부이다.

ENCORPS TEACHERS

encorpsteacher.com
과학, 테크놀로지, 엔지니어링, 수학 부문의 숙련된 전문가들을 캘리포니아 지역 저소득 커뮤니티에서 이런 과목을 가르칠 수 있도록 전환을 돕는다.

ENCORPS EDUCATOR PATHWAY

certification.inspiredteaching.org/apply.php?p=who
워싱턴 D.C. 기반으로 교육 개혁 추진에 관

제대 군인이 정보를 입수할 수 있는 곳

앙코르 지향적이지 않지만 군 복무 배경을 가진 제대 군인들에게 특별히 맞춤화된 기회를 제대군인들은 찾고자 할 수 있다. 다음에서는 영리 펠로우십에서 교육 훈련까지 모든 것을 알 수 있다.

The Mission Continues
missioncontinues.org

Mission Serve
missionserve.org

Paws for Purple Hearts
pawsforpurplehearts.org

Team Rubicon
teamrubiconusa.org

Tempered Steel
temperedsteelinc.org

Troops to Teachers
proudtoserveagain.com

Purple Heart Homes
purplehearthomeusa.org

심 있는 교사 후보자들을 모집, 선정한다.

THE NEW TEACHER PROJECT

tntp.org/whatwedo/training/trainingfel
lows
힘든 교육계 교사 경험이 없는 재직 중인 전
문가들을 위한 훈련 프로그램을 제공한다.
사전에 집중적 트레이닝으로 시작해 주 자격
증을 받는 것으로 종료된다.

REGISTERED APPRENTICESHIP

doleta.gov/oa
미 노동부 프로그램으로 구직자들을 다양한
분야의 유급직으로 연결해 주며 실습을 시키
고 대학 학점을 준다.

VERMONT ASSOCIATES

vermontassociates.org
55세 이상의 참가자들을 훈련시켜 고성장 경
제 부문, 비영리 커뮤니티의 서비스 일자리
를 제공하는 비영리 그룹이다.

[커리어 탐색/재창조]

일자리 검색과 재창조에 대한 수많은 정보
제공. 여기에 표시된 것은 특히 앙코르 커리
어를 찾는 사람들에게 유용하다.

WORK REIMAGED

workreimagined.aarp.org
미국 은퇴자 협회와 링크드인의 공동 프로젝
트. 이곳은 사회적 커뮤니티로서, 20년 넘는
직장 경험을 가진 사람들의 재능을 교환하는
곳이다.

WORKSEARCH INFORMATION NETWORK

aarpworksearch.org
일자리 검색 과정을 처음부터 끝까지 알려주
는 온라인 취업 가이드.
평가를 해주고 이력서 작성 도구를 제공한
다. 미국 은퇴자 협회 재단에서 후원한다.

PIVOTPLANET

pivotplanet.com
VocationVacations의 창안자들이 만든 서
비스. 새로운 커리어를 모색하는 사람, 창업
을 구상 중인 사람, 기술을 연마하고자 하는
사람들을 다양한 직업에서 일하는 전문 자문
단과 연결하여 일대일 비디오 혹은 인터넷
음성 지원의 멘토링 세션을 하도록 한다.

PRIMECB.COM

경험 있는 구직자와 퇴직자에게 맞춤화된
CareerBuilder.com의 한 부문. 일자리 검
색, 이력서 올리기, 직업 박람회를 찾고 최근
일자리 시장 소식을 얻을 수 있다.

RETIREDBRAINS.COM

베이비부머, 은퇴자 그리고 은퇴 계획자로서
풀타임, 파트타임, 유연한 고용 형태를 찾는
사람들에게 일자리 및 정보를 제공하는 독립
단체이다.

RETIREMENTJOBS.COM

50세 이상의 구직자들을 그들의 삶의 방식
에 맞는 일자리와 연결한다.
무료 서비스와 프리미엄 서비스가 있다.

YOURENCORE

yourencore.com
은퇴한 과학자와 엔지니어들을 혁신적 기업
들과 연결한다. 포춘지 선정 500대 기업에
속하는 기업이 많다. 생활 과학, 소비자 과
학, 식품 과학, 특수 재료, 항공과 방위산업
에 특화.

CAREERONESTOP

careeronestop.org
미국 노동부가 후원하는 사이트. 다양한 커리
어에 정보를 포함하고 있다. 예를 들면 급여,
혜택, 교육, 훈련, 채용에 도움이 되는 도구 등.

CITY TOWN INFO CAREER SEARCH

citytowninfo.com/career-stories
2백 개에 달하는 다양한 일자리에 대한 실제
적이고 자세한 설명, 조언과 필수 팁 제공.

BUREAU OF LABOR STATISTICS OCCUPATIONAL OUTLOOK HANDBOOK
bls.gov/ooh
수백 개의 직업 소개. 급여 수준, 필요한 훈
련, 하나가 되는 방법 등에 대한 정보 포함.
각각의 직업에 대해 2010~2020년 노동통계
국의 고용 전망이 들어 있다.

더 읽을 도서

One Person/Multiple Careers: A New Model for Work/Life Success, by Marci Alboher (Business Plus, 2007)

100 Conversations for Career Success: Learn to Tweet, Cold Call, and Network Your Way to Career Success, by Miriam Salpeter and Laura M. Laborich (Learning Express, 2012)

Reboot Your Life: Energize Your Career and Life by Taking a Break, by Catherine Allen, Nancy Bearg, Rita Foley and Jay Smith (Beaufort Books, 2010)

What Should I do with the Rest of My Life? True Stories of Finding Success, Passion, and New Meaning in the Second Half of Life, by Bruce Frankel (Avery, 2010)

My So-Called Freelance Life: How to Survive and Thrive as a Creative Professional for Hire, by Michelle Goodman (Seal Press, 2008): anti9to5guide.com

AARP Crash Course in Finding the Work You Love: The Essential Guide to Reinventing Your Life, by Samuel Greengard (Sterling, 2008)

Great Jobs for Everyone 50+: Finding Work that Keeps You Happy and Healthy, and Pays the Bills, by Kerry Hannon (Wiley, 2012); kerryhannon.com

What's Next? Follow Your Passion and Find Your Dream Job, by Kerry Hannon (Chronicle Books, 2010); kerryhannon.com

The Start-up of You: Adapt to the Future, Invest in Yourself, and Transform Your Career, by Reid Hoffman and Ben Casnocha (Crown Business, 2012)

Working Identity: Unconventional Strategies for Reinventing Your Career, by Herminia Ibarra (Harvard Business Review Press, 2004)

Test-Drive Your Dream Job: A Step-by-Step Guide to Finding and Creating the Work You Love, by Brian Kurth with Robin Simons (Business Plus, 2008)

The Pathfinder: How to Choose or Change Your Career for a Lifetime of Satisfaction and Success, by Nicholas Lore (Touchstone, 1998)

What Color Is Your Parachute? for Retirement, Second Edition: Planning a Prosperous, Healthy, and Happy

419

Future, by John E. Nelson (Ten Speed Press, 2010)

Escape from Corporate America: A Practical Guide to Creating the Career of Your Dreams, by Pamela Skilling (Ballantine Books, 2008)

Tweak It: Small Changes, Big Impact: Make What Matters to You Happen Every Day, by Cali Williams Yost (Center Street/Hachette, 2013)

Work + Life: Finding the Fit That's Right for You, by Cali Williams Yost (Riverhead, 2004)

[소셜 미디어 사용하기]

더 읽을 도서

Share This! How You Will Change the World with Social Networking, by Deanna Zandt (Berrett-Koehler, 2010)

The Twitter Book, by Tim O'Reilly and Sarah Milstein (O'Reilly Media, 2011)

Social Networking for Career Success: Using Online Tools to Create a Personal Brand, by Miriam Salpeter (Learning-Express, 2011)

The Twitter Job Search Guide: Find a Job and Advance Your Career in Just 15 Minutes a Day, by Susan Britton Whitcomb, Chandlee Bryan and Deb Dib (Jist Works, 2010)

The Dragonfly Effect: Quick, Effective *and Powerful Ways to Use Social Media to Drive Social Change*, by Jennifer Aaker and Andy Smith (Jossey-Bass, 2010)

[소셜 벤쳐/앙코르 기업가 활동]

ACUMEN

acumenfund.org
미래의 사회적 부분 리더를 위한 1년짜리 글로벌 펠로우십 프로그램을 제공한다. 펠로우들은 사회적 기업과 함께 하는 세계적 수준의 리더십 훈련을 받고 현장 연구에 몰입하게 된다.

ASHOKA

ashoka.org
전 세계 60개국 이상에서 사람의 도움이 필요한 모든 영역에서 사회적 문제를 해결하는 데 대한 혁신적 해결책을 가진 우수한 사회적 기업가에게 펠로우십을 제공한다.

BAINBRIDGE GRADUATE INSTITUTE

bgi.edu
독특한 비즈니스 교육을 통해 사회적이고 환경적인 책임을 불어넣는다. 또한 재무적으로 성공적이며 사회적인 책임감이 있고, 환경적으로 지속 가능한 기업을 만들도록 학생들을 준비시킨다.

B LABS

bcorporation.net
비영리 단체로 B기업들을 인증한다. B기업이란 비즈니스를 통해 사회적이고 환경적인 문제를 해결하는 기업이다. 그리고 기업들이 사회적이고 환경적인 일을 수행하는 능력을 증진시킬 수 있도록 지도한다.

DOWSER

dowser.org
사회적 혁신에 관해서 알리며, 사회적 변화

앙코르 커리어 핸드북 인생2막의 변화와 창조

에 대한 창조적인 접근방법을 강조한다.

ECHOING GREEN

echoinggreen.org

2년간의 펠로우쉽 프로그램을 제공하며, 유망한 사회적 기업가들이 새로운 단체를 출범시키는데 필요한 자금을 제공한다. 펠로우쉽은 젊은이들을 목표로 하지만 여기의 자료는 모든 연령층의 사회적 기업가들에게 유용하다.

FOUNDATION CENTER

foundationcenter.org

비영리 단체에 보조금을 지원하는 기관 조사에 대한 탁월한 정보를 제공한다.(413쪽 참조)

GIIRS

giirs.org

회사 및 기금의 사회 환경적인 영향에 대해 평가하는 B Lab 프로젝트로서, 평가를 하는 것이 결과적으로 그 회사의 지명도를 높이거나 더 나은 모금 기회 등을 제공한다.

GREEN BUSINESS OWNER.COM

포부를 가진 환경관련 기업가들을 위한 정보를 제공하며 영감을 준다. 온라인 세미나, 리소스 링크, 환경 관련 용어집이 들어 있다.

GLOBAL SOCIAL BENEFIT INCUBATOR

cms.scu.edu/socialbenefit/entrepreneurship/gsbi

산타 클라라 대학 프로그램으로 빈곤층의 사람들을 가난에서 벗어나도록 돕는 기업가들을 돕는다. 참가자들은 학내 '캠프' 에 참가해 멘토링과 사업계획 평가 등의 훈련을 받는다.

IMPACT REPORTING & INVESTMENT STANDARDS

iris.thegiin.org

IRIS 는 유연하고, 단순화한, 표준화된 데이터를 단체들이 사회 환경적 영향을 보고하는 데 사용할 수 있도록 한다. IRIS 지표는 다수의 수행 목표를 대상으로 하고 있으며, 재무 서비스, 농업, 에너지 부문을 포함하는 다양한 영역에 대한 특화된 측정치를 포함하고 있다.

NATIONAL BUSINESS INCUBATION ASSOCIATION

nbia.org

신규 회사들과 사업주들을 지원한다. 연례 회의 조직, 특화된 훈련 및 교육 제공, 산업 조사연구와 통계 제공, 옹호단체와 네트워킹 리소스 제공.

NET IMPACT

netimpact.org

사회적 기업가, 비영리 전문가 그리고 '기업의 변화 추진자' 를 위한 비영리 회원제 그룹. 세계 곳곳에 자원봉사자가 이끄는 지부가 있으며, 3만 명 이상의 네트워크가 있다. 온라인 회의, 다운로드할 수 있는 도규, 일자리 게시판 그리고 연례 회의 제공.

THE PRESIDIO SCHOOL

presidioedu.org

지속 가능한 관리에 대한 석사 프로그램을 제공한다. MBA, MPA, MBA/MPA, 지속가능 리더십에 관한 임원용 자격증 3개월 과정 등이 있다. 샌프란시스코에 위치한다.

SANSORI

sansori.org

시간제 혹은 연간 '즉흥 토론' 제공. 사회적 기업가를 열망하는 사람들의 프로젝트 개발과 출범을 돕는 협동 교육 프로그램임.

SENIOR ENTREPRENEURSHIP WORKS

seniorentrepreneurshipworks.org

55세 이상의 기업가들이 지속 가능한 사업을 시작할 수 있도록 돕는 비영리 단체. 훈련 코스, 지원, 뉴스, 연구 조사 제공.

SKOLL FOUNDATION
skollfoundation.org
사회적 기업가 및 단체들에게 보조금 지급, 프로그램과 관련되고 사회적 미션에 맞춰진 투자 포트폴리오에 2천만 달러 이상의 기금 지급. 옥스퍼드 대학의 Said Business School과 Sundance Institute 등 여러 단체와 협업.

SMALL BUSINESS ADMINISTRAION
sba.gov
카운슬링 및 훈련 제공, 전국의 중소기업들에게 대출, 보조금, 기타 재정 지원을 통하여 정부지원을 한다.

SOCAP
socialcapitalmarkets.net
선도적인 글로벌 투자자, 재단, 기관, 사회적 기업가들을 연결시키는 연례 이벤트 시리즈.

SOCIAL VENTURE NETWORK
svn.org
사회적 기업가들의 회원제 커뮤니티. 집단적인 지식, 리소스, 트렌드, 조언, 지원을 공유하며, 투자자들을 연결시킴. 많은 이벤트와 회의 개최.

SOCIAL VENTURE PARTNERS
socialventurepartners.org
비영리 투자자들과 자선가들을 연결하는 글로벌 네트워크

SPRINGBOARD INNOVATION
springboardinnovation.org
지역적 혹은 글로벌 문제에 대한 지속 가능한 해결책을 설계하고 시작하는데 관심을 가진 기업가들을 위한 프로그램과 리소스를 제공한다.

STANFORD CENTER FOR SOCIAL INNOVATION
csi.gsb.stanford.edu
사회 개혁 분야의 최신 연구를 담은 유용한 뉴스레터를 발간.

더 읽을 도서

How to Change the World: Social Entrepreneurs and the Power of New Ideas, by David Bornstein (Oxford University Press, 2007)

Social Entrepreneurship: What Everyone Needs to Know, by David Bornstein and Susan Davis(Oxford University Press, 2010)

Forces for Good, Revised and Updated: The Six Practices of High-Impact Nonprofits,By Leslie R. Crutchfield and Heather McLeod Grant (Jossey-Bass, 2012)

The Power of Unreasonable People: How Social Entrepreneurs Create Markets That Change the World, by John Elkington and Pamela Hartigan(Harvard Business Review Press, 2008)

Be Bold, by Cheryl L. Dorsey, Lara Galinsky (Echoing Green, 2006)

Work on Purpose, by Lara Galinsky with Kelly Nuxoll (Echoing Green, 2011)

Where Good Ideas Come From: The Natural History of Innovation, by Steven Johnson (Riverhead Trade, 2011)

앙코르 커리어 핸드북 인생2막의 변화와 창조

Enchantment: The Art of Changing Hearts, Minds, and Actions, by Guy Kawasaki (Portfolio Hardcover, 2011)
Start Something That Matters, by Blake Mycoskie (Spiegel & Grau, 2012)

The Blue Sweater: Bridging the Gap between Rich and Poor in an Interconnected World, by Jacqueline Novogratz (Rodale Books, 2010)

Intrapreneuring in Action: A Handbook for Business Innovation, by Gifford Pinchot and Ron Pellman (Berrett-Koehler Publishers, 2000)

Social Entrepreneurship in Education: Private Ventures for the Public Good, by Michael R. Sandler (R&L Education 2010)

Little Bets: How Breakthrough Ideas Emerge from Small Discoveries, by Peter Sims(Free Press, 2011)

Rippling: How Social Entrepreneurs Spread Innovation Throughout the World, by Beverly Schwartz(Jossey-Bass, 2012)

Tactics of Hope: How Social Entrepreneurs are Changing Our World, by Wilford Welch (Earth Aware Editions, 2008)

Leaving Microsoft to Change the World: An Entrepreneur's Odyssey to Educate the World's Children, by John Wood (HarperBusiness, 2007)

Creating a World Without Poverty:

Social Business and the Future of Capitalism, by Muhammad Yunus(PublicAffairs, 2009)

[자원봉사]

Directories

ALL FOR GOOD
allforgood.org
2008년 오바마 대통령의 자원봉사 요청에서 영감을 받아 만들어진 이 검색 엔진은 엄청나게 많은 자원봉사 기회들을 웹에서 데이터베이스화 한 것이다. 유명한 비영리 파트너에서 풀뿌리 단체까지 다양하다.

CREATE THE GOOD
createthegood.org
AARP의 자원봉사 사이트. 장단기 자원봉사 기회와 이벤트에 대한 리스트 게재. 겨울 코드 모금 행사 개최 방법 혹은 커뮤니티 회원을 도와 자연재해에 대비하게 하는 방법과 같은 간단한 방법에 대한 안내 게재.

HANDSON NETWORK
handsonnetwork.org
세계적인 자원봉사 활동 센터 250개의 네트워크. 사람들을 지역 커뮤니티의 자원봉사 기회와 연결해 주며, 개인과 기업의 시간과 재능을 사용하여 사회적 문제를 해결하는데 특별히 초점을 둔다.

IDEALIST.ORG
자원봉사 기회와 이벤트 검색, 단체들과의 연결, 그들의 유용한 리소스 센터를 활용. 당신 자신의 프로젝트를 만들고, 사이트를 통해 지지자들을 찾을 수도 있다. (413쪽 참조)

INTERNATIONAL ASSOCIATION OF JEWISH VOCATIONAL SERVICES
iajvs.org

미국, 캐나다, 이스라엘의 주요 대도시에 있
는 32개 국내 및 국제 복지시설 기관들의 비
영리 네트워크. 회원국 기관들은 커리어 관
리 및 기술 트레이닝 등의 여러 서비스를 제
공한다.

OASIS

oasisnet.org/GetInvolved/Volunteer.aspx
전국적인 비영리 단체로 평생학습, 건강한
삶, 사회 참여를 통해서 성공적인 노화 프로
그램을 추진한다. 센터에서는 평생 교육 수
업과 자원봉사 기회를 노인들에게 제공한다.

SPARKED

sparked.com
'마이크로 자원봉사' 활동의 기회를 제공한
다. 마이크로 자원봉사는 몇 분 혹은 몇 시간
을 들여 온라인에서 할 수 있는 과제를 통해
사회에 환원하는 일을 한다. 적당한 활동으
로는 상품 브레인스토밍, 소셜 미디어, 디자
인 등이 있다.

VOLUNTEERMATCH

volunteermatch.org
자원봉사 기회에 대한 최대의 온라인 데이터
베이스 가운데 하나. 종업원들이 자원봉사
활동을 쉽게 할 수 있기를 바라는 기업들을
위해 자원봉사 프로그램을 만든다.

International
AMERICAN JEWISH WORLD SERVICE

ajws.org
개도국의 건강, 교육, 경제 개발, 재해 구호,
사회 정치적 변화를 증진하기 위해 일하는
수백 개의 풀뿌리 단체들에게 헌신하는 인권
단체이다. 개인과 그룹에게 여행, 일 그리고
학습 기회를 제공한다.

CHF INTERNATIONAL

chfinternational.org
주거 협동조합 재단으로 간단하게 CHF

International로 알려져 있다. 세계 25개국
이상에서 매년 2천만 명 이상을 위해 봉사하
며, 위험한 상태에 처해 있는 커뮤니티들의
사회, 경제, 환경적 상황 개선을 돕는다. 풀타
임, 자원봉사, 컨설턴트 일자리를 제공한다.

CROSS-CULTURAL SOLUTIONS

crossculturalsolutions.org
많은 나라의 50+ 자원봉사자들에게 1~12주
자원봉사 프로그램을 연중 내내 제공한다.
자원봉사자들은 혼자 혹은 친구나 가족들과
함께 여행할 수 있다. 이동에 제약이 있는 사
람들도 가능하다.

ENCORE SERVICE CORPS

encoreservicecorps.org/whatwedo.cfm
이전에 해외 개발 경험을 가진 숙련된 전문
가들을 위한 비영리 자원봉사 활동 단체. 교
사 훈련 프로그램 수립에서 피난민을 위한
법률적 지원 서비스 창출하는 프로젝트까지
범위가 다양하다.

FLY FOR GOOD

flyforgood.com
자원봉사자들을 위해 항공료 할인을 협상하
고 각양각색의 자원봉사 활동과 목적지에 대
한 기본적인 사실들을 제공한다. 여행 계획
하기 및 퀴즈가 있다.

GLOBAL VOLUNTEERS

globalvolunteers.org
UN과 UNICEF에 속한 단체로, 지역 리더들
이 주도하여 위험에 처한 어린이를 대상으로
진행중인 커뮤니티 개발 프로젝트에 단기간
의 자원봉사자를 짝지어준다.

GREENFORCE

www.greenforce.org
해양 보존에서 중국의 팬더 보호까지 환경
지향적인 글로벌 자원봉사 활동.

ROAD SCHOLA

Rroadscholar.org

미국과 해외 양쪽에 걸쳐 수천 가지의 교육 여행을 제공. 참가자들의 신체적 능력에 맞게 프로그램을 선택할 수 있도록 쉬운 것에서 어려운 것까지 활동 수준에 따라 여행이 배정된다.

UNITED NATIONS EDUCATIONAL, SCIENTIFIC AND CULTURAL ORGANIZATION

unesco.org

세계적인 구호 단체로 모든 직업 생애의 단계에 있는 사람들에게 풀타임 고용 기회뿐 아니라 다양한 펠로우십과 프로그램을 제공한다.

INTERNATIONAL LABOUR ORGANIZATION

ilo.org

UN 산하 기관으로 대부분 노동 기준과 정책을 다루며, 전세계의 많은 국가에서 숙련된 전문가들에게 풀타임과 단기 고용을 제공한다.

U.S. AGENCY FOR INTERNATIONAL DEVELOPMENT

usaid.gov

해외 근무 기관의 모든 직위에 개발의 배경이 요구되지는 않는다. 전 세계와 워싱턴 D.C.의 전문직과 한시적 직책 모두를 제공한다.

VOLUNTOURISM.ORG

여행과 사회적 서비스 두 가지 전통적 요소에 관심을 갖고 있는 개인들에게 국제 자원봉사 활동 기회를 제공한다.

WORKING ABROAD

workingabroad.com

자원봉사자들을 풀뿌리 단체들과 연결하는 국제적인 네트워킹 서비스. 단기 및 장기 프로그램으로 모든 기술 수준의 기회들을 제공

한다. 주요 집중 분야는 야생 동물 서식지 보존, 환경 교육과 관리, 교육, 사회 사업 그리고 유기농업과 문화 개발 등이다.

Board Service

252쪽 참조.

National and Community Service

252쪽 참조

[분야별]

비영리/공익

이 사이트들은 당신 자신이 비영리 부문의 역할에 익숙해지는데 유용하거나 혹은 일자리 검색에 유용하다(어떤 사이트는 둘 다 한다). 일자리 게시판은 52쪽 참조.

BRIDGESTAR'S TRANSITION TO A NONPROFIT LEARNING CENTER

bridgestar.org/LearningCenters/Transition.aspx

비영리 부문에서 시작하여 기회를 찾을 수 있는데 대한 조언, 기사, 이력서 샘플, 일자리 리스트, 성공 사례 등이 들어 있다.

CHANGE. ORG

온라인 플랫폼으로서 누구라도 그들 자신의 풀뿌리 변화캠페인을 만들 수 있게 한다. 무료 훈련, 조언, 온라인 및 오프라인 캠페인 도구, 전략적 지원, 잠재적인 파트너와의 연결, 미디어 접촉 등을 제공한다.

CHARITYCHANNER—CAREER SEARCH ONLINE

charitychannel.com/professional-growth/career-search-online

비영리 전문가들에게 유용한 커리어 데이터베이스

THE CHRONICLE OF PHILANTHROPY'S CAREERS PAGE

philanthropy.com/section/Jobs/224
비영리 지도자에 대한 가장 인기 있는 비영리 부문 뉴스 제공원의 하나로, 커리어 아이디어와 조언, 고용주 프로필, 중간치 연봉, 유용한 커리어 데이터베이스를 제공한다.

GUIDESTAR

guidestar.org
비영리 단체들에 대한 정보를 모아 발표한다. 무료 데이터베이스에는 수백 개의 미영리단체의 미션, 프로그램, 리더들, 목표, 성과, 필요에 대한 최신 정보 등이 들어있다.

COMMONGOOD CAREERS

cgcareers.org
전국 선도적인 비영리 단체 및 사회 혁신단체에 충원을 전문으로 하는 채용 회사.

EXECSEARCHES.COM

비영리, 정부, 교육, 건강 부문에서 일할 임원, 중간 간부, 기금 모금 전문가 채용 전문 일자리 안내 게시판.

IDEALIST.ORG

일자리 리스트 제공 뿐만 아니라 모든 종류의 비영리 활동에 대한 허브 역할을 한다. 미국외의 배치 기회를 포함하여 비영리 부문 일자리와 인턴십에 대한 광범위한 리스트를 보유하고 있다. 또한 맞춤화된 이메일로 당신의 관심 분야에 맞는 기회를 추적할 수 있도록 돕고 있다.

OPPORTUNITY KNOCKS.ORG

일자리 검색, 이력서 게재, 비영리 부문 일자리 리소스 검색 가능.

THE FOUNDATION CENTER

foundationcenter.org
재단과 자선 단체에 대한 대규모 데이터베이스를 가지고 있으며, 이곳에서는 자선 활동을 위한 기금 모금 및 보조금 프로그램에 대한 유익한 정보, 비영리 단체 조사연구에 필요한 훌륭한 정보를 찾을 수 있다. 5개 지역 도서관 배움 센터와 국내 및 전 세계의 수백 개 정보 센터와 함께 조사연구, 교육, 훈련 프로그램도 운영. 매일 업데이트 된다.

THE NONPROFIT TIMES CAREER CENTER

nonprofitjobseeker.com/career-resources.html
각 주별 혹은 직위별 일자리 검색하고, 이력서에 대한 조언, 구직 안내, 커리어 계획에 기사를 읽어라. 무료 이메일 뉴스레터 확인할 곳:

nonprofitjobseeker.com/signup/index.html

더 읽을 도서

The Nonprofit Career Guide: How to Land a Job That Makes a Difference, by Shelly Cryer (Fieldstone Alliance, 2008)

The Idealist.org Handbook to Building a Better World: How to Turn Your Good Intentions into Actions that Make a Difference, by Idealist.org and Stephanie Land Perigee Trade, 2009)

The Idealist Guide to Nonprofit Careers for Sector Switchers, by Steven Joiner and Meg Busse) (Hundreds of Heads Books, 2010)

Jobs That Matter: Find a Stable, Fulfilling Career in Public Service, by Heather Krasna (Jist Works, 2010)
heatherkrasna.com
Change Your Career: Transitioning to

the Nonprofit Sector, by Laura Gassner Otting (Kaplan Publishing, 2007) nonprofitprofessionals.com

교육

ADJUNCT PROFESSOR ONLINE

adjunctprofessoronline.com
비상근 및 초빙 교수, 온라인 교육 강사, 기타 파트타임 고등 교육 채용에 관한 사이트.

THE CHRONICLE OF HIGHER EDUCATION JOB BOARD

chronicle.com/section/Jobs/61
교육 부문의 교수, 연구원, 행정직, 임원 일자리 리스트를 제공한다.

EDUCATION WEEK TOPSCHOOLJOBS

topschooljobs.org
일자리를 훑어 보고 커리어에 대한 조언을 얻어라.

HIGHEREDJOBS

higheredjobs.com
카테고리 별(교수, 행정, 임원), 위치 별, 기관형태 별 일자리 리스트를 보라.

NATIONAL ASSOCIATION OF INDEPENDENT SCHOOLS

nais.org
미국 내 약 1,400개 사립 학교와 협회를 대표하는 사이트. 교사 주소록, 뉴스, 트렌드, 기타 유용한 정보를 제공한다.

NATIONAL CENTER FOR ALTERNATIVE CERTIFICATION

teach-now.org
대안 교사 인증서 획득에 대한 정보를 얻을 수 있는 사이트. 센터에서는 미래의 교육자, 정책입안자, 입법자, 연구원들에 대한 조언을 해준다.

건강관리 일자리/훈련

AMERICAN HOSPITAL ASSOCIATION AHACareerCenter.org

Part of the National Healthcare Career Network.

AMERICAN ASSOCIATION OF COLLEGES OF NURSING

aacn.nche.edu
690개 이상의 간호 대학을 대표하는 이 사이트는 전국의 간호학 프로그램을 평가하고 확인할 수 있는 유용한 곳이다.

AMERICAN MEDICAL ASSOCIATION'S CAREERS IN HEALTH CARE DIRECTORY

ama-assn.org/go/alliedhealth
AMA(미국 의사 협회)의 주소록은 80개 이상의 건강 관리 직업 및 공인된 8,400개 교육 프로그램에 대한 정보를 열거하고 있다. 그들의 이메일 레터는 교육 추세와 직업 관련 문제들을 다룬다.

CARE AND COMPLIANCE GROUP

careandcompliance.com
개호 요양 시설과 주거 공동체 내의 일자리에 대한 면허증과 자격증 취득에 관심을 가진 관리자, 돌봄 제공자 그리고 건강 관리 전문가들을 위한 훈련 정보.

DISCOVERNURSING.COM

존슨앤존슨에서 후원하는 이 웹사이트는 간호사 지망생들에게 학위 프로그램과 전문 분야를 찾는데 도움을 주며, 장학금과 학자금 융자를 찾아보고, 현재 간호사로 일하는 간호사들의 이야기를 볼 수 있다.

EXPLOREHEALTHCAREERS.ORG

전국의 재단, 전문가 협회, 건강 관리 어드바이저, 교육 기관 그리고 대학생들을 포함한 합동 계획. 무료인 이 웹사이트는 건강 관리 직업에 대한 최신 정보를 제공하며 건강 관련 교육과 훈련 프로그램, 학비 지원 정보, 특화된 교육 기회 그리고 현재 건강 관리 관련 주요 이슈에 대한 링크를 제공한다.

EXPLORING CAREERS IN AGING

businessandaging.blog.com
폭발적으로 증가하는 노인학 분야의 창업 및 일자리 기회에 대한 가이드.

HEALTHCAREERCENTER.ORG

신뢰할 수 있는 최신의 직업 검색, 커리어 개발, 채용 정보를 제공한다.

AMERICAN HEALTH CARE ASSOCIATION-LONG TERM CARE CAREER CENTER

careers.adcancal.org/jobs
요양 시설이나 노인 개호, 기타 장기적 돌봄 프로그램에서 일하는데 관심을 가진 구직자들을 위한 무료 데이터베이스.

NURSINGLINK nursinglink.monster.com

Monster.com로부터 간호 일자리를 위한 커리어 리스트.

VIRTUAL CAREER NETWORK: HEALTHCARE

vcn.org/healthcare
미국 노동부 고용 훈련청의 후원과 미국 지역 전문대학 협회가 주도하는 사이트. 건강 관리 일자리, 교육 훈련 프로그램에 대한 정보 제공 및 온라인 과정 제공..

더 읽을 도서

Career Opportunities in Health Care, by Shelly Field (Ferguson Publishing Company, 2007)

Health Care: Field Guides to Finding a New Career, by S. J. Stratford (Ferguson Publishing Company, 2009)

정부 관련 직업

GOVLOOP

govloop.com
일자리 포스팅, 커뮤니티 블로그, 리소스, 디렉토리에 관한 사회적 네트워킹 사이트. 5만 명 이상의 연방 정부, 주 정부 그리고 지역 정부 개혁가들을 연결.

PARTNERSHIP FOR PUBLIC SERVICE

ourpublicservice.org
인재 채용에 있어 연방정부 기관과 직접적으로 일하는 비영리, 초당적 조직.

PUBLICSERVICECAREERS.ORG

공공 부문 일자리에 대한 정보, 조언과 포스팅의 소스. 공공 정책 분석관리 협회, 미국 행정학회 그리고 전국 행정 대학원 연합회가 공동 후원한다.

STATE AND LOCAL GOVERNMENT ON THE NET

statelocalgov.net/50states-jobs.cfn
주, 카운티, 시 정부의 공식 웹사이트 및 일자리 목록에 대한 리소스.

USAJOBS

usajobs.gov
연방 정부 일자리와 채용 정보에 대해 연방 정부가 제공하는 공식적 원스톱 종합 소스.

환경 관련 일자리

GRAY IS GREEN

grayisgreen.org
지속 가능성에 관해 배우기, 온전한 기후 변화 정책 지지, 지속가능성에 관계하는 청소년을 돕기 위한 봉사에 관심 있는 노인들을 위해 환경 교육을 하고 그들을 대변하고 그리고 행동하는 단체.

GREEN CAREER CENTRAL

greencareercentral.com
좀더 친환경적이고 지속 가능한 직업으로 전환하는 경험 많은 전문가들을 돕는 코칭 프로그램과 워크숍을 한다. Green Economy Map을 반드시 확인해라: greencentral.com/map.

GREEN DREAM JOBS

sustainablebusiness.com
고용주와 구직자들을 목표로 한 Sustainable Inc. 의 서비스. 일자리 게시판에는 다양한 고용주들과 모든 수준의 친환경 일자리를 열거하고 있다.

GREEN ECONOMY POST

greeneconomypost.com
환경 관련 일자리 및 커리어 리소스 탭을 확인해 당신의 주에 있는 환경 관련 일자리를 검색하라.

GREENJOBS

greenjobs.com
세계적으로 재생 가능 에너지 고용에 관심을 가진 고용주와 구직자를 위한 서비스를 제공한다.

GREEN JOB SPIDER

greenjobspider.com
지역 별 및 영역 별로 수천 가지의 환경 관련 그린 일자리를 검색하라.

GREEN JOBS NETWORK

greenjobs.net
환경과 사회적 책임에 중점을 두는 구직자를 위한 사이트. 그들의 그린 칼라 블로그에는 교육 기회의 리스트가 있다.

SUSTAINLANE.COM'S GREEN COLLAR JOBS BOARD

sustainlane.com/green-jobs
환경관련 일자리 이외에, 이 사이트는 '한경 관련 이력서 쓰기' 와 '환경 관련 커버 레터 작성' 을 포함해, 기사, 정보, 조언, 리소스를 제공한다.

U.S. DEPARTMENT OF AGRICULTURE'S AGRICULTURE CONSERVATION EXPERIENCED SERVICES PROGRAM

acesprogram.org
환경 보존과 보호 노력을 지지하는 55세 이상 경험이 풍부한 개인들을 위한 풀타임과 파트타임 일자리를 제공한다. 전국 노인 근로자 커리어 센터와 국립 자원 보호 관리소와의 제휴 프로그램이다.

U.S. GREEN BUILDING COUNCIL CAREER CENTER

careercenter.usgbc.org
비영리 협의회로 환경 친화적 빌딩 디자인과 건축을 촉진하며, LEED (Leadership in Energy and Environmental Design: 에너지 및 환경 디자인 리더십) 단체는 이 분야를 알고자 관심을 가진 사람들에게 필수적이다.

더 읽을 도서

Green Careers: Choosing Work for a Sustainable Future, by Jim Cassio and Alice Rush (New Society Publishers, 2009)

Green Careers for Dummies, by Carol L. McClelland (For Dummies, 2010)

기타 추천도서

65 Things to Do when You Retire, 65 Notable Achievers on How to Make the

Most of the Rest of Your Life, by Mark Evan Chimsky (Sellers Publishing Inc, 2012)

All the Money in the World: What the Happiness People Know About Getting and Spending, by Laura Vanderkam (Portfolio Hardcover, 2012)

The American Way to Change: How National Service and Volunteers Are Transforming America, by Shirley Sagawa (Jossey-Bass, 2010)

The Big Shift: Navigating the New Stage Beyond Midlife, by Marc Freedman (PublicAffairs 2011)

Boundless Potential: Transform Your Brain, Unleash Your Talents, Reinvent Your Work in Midlife and Beyond, by Mark S. Walton (McGraw-Hill, 2012); has a chapter called "The Encore Manifesto."

Composing a Further Life: The Age of Active Wisdom, by Mary Catherine Bateson (Knopf, 2010)

The Couple's Retirement Puzzle: 10 Must-Have Conversations for Transitioning to the Second Half of Life, by Roberta K. Taylor and Dorian Mintzer (Lincoln Street Press, 20110)

Doing sixty and Seventy, by Gloria Steinem (Elders Academy Press, 2006)

Don't Retire, Rewire! By Jeri Sedlar and Rick Minders (Alpha, 2002)

Drive: The Surprising Truth About What Motivates Us, by Daniel H. Pink (Riverhead Trade, 2011)

Encore: Finding Work that Matters in the Second Half of Life, by Marc Freedman PublicAffairs, 2008)

Fifty Is the New Fifty: Ten Life Lessons for Women in Second Adulthood, by Suzanne Braun Levine (Viking, 2009)

Good to Great and the Social Sectors, by Jim Collins (HarperBusiness, 2005)

Halftime: Moving from Success to Significance, by Bob Buford (Zondervan, 2008)

The Happiness Project: Or, Why I Spent a Year Trying to Sing in the Morning, Clean My Closets, Fight Right, Read Aristotle, and Generally Have More Fun, by Gretchen Rubin(Harper Perennial, 2011)

Happiness: Unlocking the Mysteries of Psychological Wealth, by Ed Diener and Robert Biswas-Diener) (Wiley-Blackwell, 2008)

A Long Bright Future, by Laura Carstensen (PublicAffairs, 2011)

My Time : Making the Most of the Rest of Your Life, by Abigail rafford(Basic Books, 2003)

The New Frugality: How to Consume Less, Save More, and Live Better, by

앙코르 커리어 핸드북 인생2막의 변화와 창조

Chris Farrell (Bloomsbury Press, 2010)
New Passages, by Gail Sheehy (Ballantine, 1996)

The Number: What Do Your Need for the Rest of Your Life and What Will It Cost? by Lee Eisenberg (Free Press, 2006)

The Power of Half: One Family's Decisions to Stop Taking and Start Giving Back, by Hannah Salwen and Kevin Salwen (Mariner Books, 2011)

Project Renewment: The First Retirement Model for Career Women, by Bernice Bratter (Scribner, 2008); projectrenewment.com

Reset: How This Crisis Can Restore Our Values and Renew America, by Kurt Andersen (Random House, 2009)

Ripe: Rich, Rewarding Work After 50, by Julia Moulden (Julia Moulden, 2011)

Self-Renewal: The Individual and the Innovative Society, by John W. Gardner (W.W. Norton & Company, 1995)

Smart Women Don't Retire?They Break Free: From Working Full-Time to Living Full-Time, by The Transition Network and Gail Rentsch (Springboard Press, 2008)

Something to Live For: Finding Your Way in the Second Half of Life, by Richard J. Leider (Berrett-Koehler Publishers, 2008)

Switch: How to Change Things When Change Is Hard, by Chip Heath and Dan Heath (Crown Business, 2010)

The Secret Life of the Grown-up Brain: The Surprising Talents of the Middle-Aged Brain, by Barbara Strauch (Penguin, 2011)

The Third Chapter: Passion, Risk, and Adventure in the 25 Years After 50, by Sara Lawrence-Lightfoot (Sarah Crichton Books, 2009)

Transitions: Making Sense of Life's Changes, by William Bridges (Da Capo Press, 1980)

The Wall Street Journal Complete Retirement Guidebook: How to Plan It, Live It and Enjoy It, by Glenn Ruffenach and Kelly Greene (Three Rivers Press, 2007)

Where Good Ideas Come From: The Natural History of Innovation, by Steven Johnson (Riverhead Trade, 2011)

이 책을 쓰는 동안 나를 끈질기게 괴롭히는 문제가 있었다. 너무 많은 사람들이 그들에게 스포트라이트가 집중되는 것을 원치 않는다는 이유로 인터뷰 하기를 꺼렸다. 몇몇 경우는 그들이 옹호하는 사회 문제에만 집중한다는 약속 하에서만 인터뷰 하는데 동의하기도 했다. 아이들이 읽기를 배우고, 이전 범죄자들이 새로운 출발을 위해 노력하고, 학교 어린이들을 위한 신선 식품 부족, 테러의 희생물 그리고 끊임없이 계속되는 것들. 그들 자신에 관한 이야기를 하는 것이 인생2막을 시작하려는 다른 사람들을 돕는 일이라는 확신을 준 이후에 그들은 입을 열었다. 때때로 한 가지 인터뷰를 위해 들락날락 하기도 했다. 하지만 때때로 나는 전화와 이메일을 반복하며 묻고 또 묻기를 하면서 끈질기게 조금씩 밀고 나아갔다. 다른 무엇보다도 그들의 이야기를 나누는데 동의했던 모든 사람들에게 나는 감사의 인사를 하고 싶다.

이 책은 인생2막의 직업을 시작하는 수천 명의 선구자들, 그들에게 평범한 일을 만들어 주기 위해 매달리는 수백 개 단체 그리고 그들의 노력을 이끌며 정착시키는 두 가지 역할을 한 앙코르닷오르그(이전 Civic Ventures로 알려진) 그룹의 수고를 대변한다. 나의 동료이자 친구이며, 앙코르닷오르그 설립자 겸 CEO인 마크 프리드먼은 인생2막의 현상에 그의 이름을 넣고, 비전으로 우리를 이끌고 있다. 그가 없이는 이 책과 책에서 보여주는 모든 일은 존재하지 않았을 것이다. 앙코르닷오르그에 다른 동료들은 이런 노력을 같이 한 파트너들이지만 모든 단계에서 나와 같이 하며, 거의 모든 페이지의 형태를 잡아주고, 문장을 다듬고, 조정을 해준 스테파니 와이스를 능가할 사람은 없다. 작가라면 인생에 스테파니 같은 동료가 있어야 할 것이다. Michele Melendez는 인생2막의 유망 직업 리스트를 종합하는 영웅적인 일을 해냈다. David Bank, Doug Braley, Cal Halvorsen, Lyle Hurst, Michelle Hynes,

Jim Emerman, Judy Goggin, John Gomperts, Alexandra Kent, Antoinette La Belle, Leslye Louie, Lyle Hurst, Nancy Peterson, Phyllis Siegel, and Ruth Wooden 모두가 그들의 전문성을 공유해 주었으며, 수많은 구절을 읽고, 피드백을 주었다. - 흔히 한 번 이상 사전 통보도 없이 David Cohen, Sarah Maple, David Morse, Terry Nagel, Aireen Navarro, Laura Robbins, Carol Rudisill, Richard Smith, 그리고 앙코르닷오르그 이사회 멤버들 역시 이 책에 기반한 일들에 엄청난 기여를 했다. 다나 블레처는 책 편집자로 합류해서 끝까지 함께 하며 우리가 쓰기에서 마케팅으로 넘어갈 때 새로운 에너지와 아이디어를 가져다 주었다. 그리고 아론 파네베커는 지금 우리가 이러한 프로젝트에서 다른 사람들이 사용할 수 있도록 공유하는 예시가 되는 인생2막의 이야기들을 추적할 수 있도록 마스터 스프레드시트를 만들었다. 몇몇 자금 제공자들은 앙코르닷오르그의 일을 지원해 주고 있다: the Atlantic Philanthropies, the David and Lucile Packard Foundation, the Deerbrook Charitable Trust, the John Templeton Foundation, the MetLife Foundation, S.D. Bechtel Jr. Foundation, the Skill Foundation, and the Virginia G. Piper Charitable Trust. 많은 전문가들이 인생2막의 풍경에 대한 나의 이해의 갭을 메우려고 했을 때 그들의 시간과 지식을 내게 주었다.

당신의 이름을 이 책의 어느 페이지에서 보게 된다면 내가 고마워한다는 것을 알아주기 바란다. 제3장의 연습문제에 대한 비전을 보여준 캐롤 맥클랜드와 부록 B 이력서에 관해 지도해 준 미리언 살피터에게 특별한 고마움을 전한다. Virginia Cruickshank, Lisa DiMonta, Lisa Futterman, Andy Goodman, Marty Nemko, Ellen Schall, Peter Scherer, Phyllis Snyder과 CAEL 팀 그리고 Mary Sue Vickers 모두가 이 책의 모든 면에 대해 조언을 주었다. 나는 워크만 출판사에서 있었던 경험을 다른 작가들에게 자주 언급하지 않는데 너무 많은 질투를 유발할 수 있기 때문이지만 지금은 내 기회다. Maisie Tivnan는 꿈의 작가였다. - 편집자로서 그는 주제에 깊이 파고 들어 모든 원고를 더 아름답게 노래하게 만들었는데, 하지만 언제나 나의 단어나 목소리를 영예롭게 해 주었다. 그것이 그녀를 가까이 하며 즐겁게 지낼 수 있게 했다. 아주 많은 다른 사람들 - Suzie Bolotin, David Schiller, Page Edmunds, Bob Miller, Jessica Weiner, Selina Meere, Courtney Greenhalgh, John Jenkinson, Jenny Mandel, 그리고 Justin Krasner - 이 책의 출판을 사업만큼이나 세상에 대한 봉사로 여기는 전문가들의 능숙한 손에 들어 있었음을 확인해 주었다. 뒤에서 수고해 준 Jessica Rozler, Jarrod Dyer, Raquel Jaramillo, Janet Vicario 에게도 감사를 표한다. 나는 우리 이웃 길거리와 Prodigy Coffee에서 당신들 중 많은 사람을 우연히 계속해 만나게 될 것을 알고 기운이 솟는다.

이 책이 나오게 되기까지 그동안 작가로서의 내 삶과 일과 커리어에 대한 나의 생각에 영향을 주었던 작가, 편집자, 그 외 다른 사람들로 이루어진 훌륭하고 멋진 커뮤니티에는: Barry Adler, Christine Bader, Brent Bowers, Ben Casnocha, Kathy Chetkovick, Helen Coster, Susan Sandler Brennan, Jennine Cohen, Elena Deutsch, Dory Devlin, Peggy Doyle, Jennifer Edwards, Misa Fujimura-Fanselow, Micki Goldberg, Ellen Goodman, Dominique Hawkins, Deborah Epstein Heyr, Christine Kenneally, Kibum Kim, Jennifer Kohler, Phyllis Korkki, Jennifer Dinn Korman, Adelaide Lancaster, Carrie Lane, Katherine Lanpher, Heidi Levin, Suzanne Braun Levine, Ellen Maguire, Courtney Martin, Phyllis Messenger, Nancy Miller, Sarah Milstein, Sarah McKinney, Michael Melcher, Katie Orenstein, Dan Pink, Belinda Plutz, Barbara Raab, Scott Rambardan, Renee Reso, Jennifer Rosenzweig, Gretchen Rubin, Charles Salzberg, Kevin Salwen, Hannah Seligson, Ramit Sethi, Susan Shapiro, Deborah Siegel, Jolie Solomon, Penelope Trunk, Amy Whitaker, Larry Vranka, Kamy Wicoff,

앙코르 커리어 핸드북 인생2막의 변화와 창조

Lauren Weisenfeld, and Cali Williams Yost.

내가 이 프로젝트에 매달려 있는 동안 가장 친근한 방법으로 나를 지지하고 지원해 주었던 사람들은 바로 가까이 있었던 사람들이다. 나이는 단지 숫자에 불과하다는 것을 증명하고 있는 나의 엄마는 내 미래를 위해 낙천주의를 내게 채워준다. 남동생은 날마다 사회적 기업가가 되게 하는 일견을 제공한다. 이제 97세인 유모는 우리의 노인들을 품고 이해하는 것이 얼마나 중요한가 하는 것을 상기하게 한다. 내 사랑과 인생의 파트너인 제이는 끊임없는 재창조의 모델이다. 그는 또한 내가 어디로 여행을 떠나든 반드시 집으로 돌아오고 싶게 한다. 당신들 모두는 우리가 세상에 나가서 하는 것만큼 가정 가까이에서 하는 것이 마찬가지로 중요하다는 것을 다시 한번 알려준다.

김 경 회

3년 전 나의 인생2막의 길을 찾던 과정에서 이 책을 읽고 많은 분들이 공유할 수 있도록 번역하고 싶었다. 의미 있는 인생2막의 삶을 살아가는 것이 중요하다는 주장은 많은데, 막상 어떻게 해야 할 지를 잘 몰라 혼자 시행착오만 거듭하고 진전이 없어 답답해하는 경우가 많다. 이 책은 인생2막의 길을 설계하고 실천하는 각 과정에 대한 세세한 지침과 아울러 풍부한 사례를 제시함으로써 이러한 갈증을 해소하는데 실질적인 도움을 줄 수 있다.

김 신 형

700만 명에 달하는 50플러스 베이비부머들에게 가장 중요한 삶의 지향점은 남은 생애 동안 행복하게 사는 일일 것이다. 많은 사람들이 인생 후반기에는 앙코르 공연과 같은 삶을 꿈꾸고 있다. 앙코르 커리어는 전반기 인생에서 지금까지 축적해온 나의 경험과 삶의 노하우를 보다 좋은 우리 사회를 만들기 위해 경험 배당금이라는 형태로 사회로 되돌려주는 의미 있는 일이다. 많은 사람들이 이와 같은 앙코르의 삶을 살고 싶어 하지만 대부분 막상 어디서 어떻게 시작해야 할지 몰라 고민하고 있다. 이 책은 바로 그런 고민을 하나씩 차근차근 풀어줄 것이다. 이 책은 앙코르 커리어를 고민하고 있는 50플러스를 위한 실용적인 가이드북이다. 이 책은 당신이 행복한 앙코르의 삶을 설계할 수 있도록 도와준다. 봉사와 공헌 활동으로 보다 좋은 공동체를 만들고 싶어 하는 당신에게 좋은 길라잡이가 될 것이다.

홍 혜 련

앙코르 삶을 시작하는 다양한 선구자들을 이 책을 통해 만나던 2016년 가을은 특별한 시간이었다. 50, 60대에 새롭게 무엇을 할 것인가는 모두의 관심이 아닐 수 없다. 번역작업을 할 수 있도록 도와주신 분들께 진심으로 고마운 마음을 전한다.

서울특별시50플러스재단 소개

서울특별시50플러스재단은 서울시 50+세대(50-64세)의 새로운 인생준비와 성공적인 인생설계를 지원하기 위해 설립되었습니다. 은퇴 후에도 50년을 더 살아야 하는 100세 시대. 나이 70이면 생을 마감했던 앞 세대와 달리 살아온 만큼 더 살아야 하는 새로운 중장년의 시간은 인류가 최초로 경험하는 시간입니다. 우리는 인류 최초의 시간을 맞이할 이 세대를 '50+세대'라 칭합니다. 50년을 살아왔고, 플러스(+)의 50년을 더 살아가야 할 50+세대. 고령화 사회로 진입한 서구국가에서는 일찍부터 50+세대의 잠재력에 주목해 적극적인 지원정책을 펼치고 있습니다. 서울특별시50플러스재단은 우리나라에서 가장 먼저 서울시 50+세대(50-64세)의 새로운 인생준비와 성공적인 인생설계를 지원하기 위해 설립되었습니다. 50+재단, 50+캠퍼스, 50+센터는 서울시민의 +50의 시간을 체계적으로 준비할 수 있도록 돕는 촘촘한 3단계 지원체계입니다. 이 추진체계를 통해 시민의 실제 삶과 맞닿은 생생한 50+정책을 만들고 확산하고 실행해 갑니다.

50+정책을 개발합니다

50+세대를 위한 맞춤형 정책을 발굴하고 개발하기 위해 정보와 지식을 모으고 연구합니다. 현장과 가장 가까운 곳에서 가장 앞선 지식을 통해 실효성 있는 정책을 만들고자 노력합니다. 정책을 효과적으로 보급·실행할수 있는 시스템을 구축해 갑니다.

국내 · 외 협력 교류의 장을 엽니다.

50+세대가 함께 모이고, 협력하고, 사회 발전을 위해 봉사할 수 있도록 기회의 장을 마련합니다. 또 국내 · 외적으로 현장의 경험과 정보를 공유할 수 있는 다양한 교류의 기회를 마련합니다.

새로운 50+문화를 만듭니다.

다양한 캠페인을 통해 50+에 관한 긍정적인 사회 인식과 공감대를 형성하며, 새로운 커리어의 개척, 적극적인 사회 공헌, 능동적인 여가의 향유 등 균형 잡힌 삶을 설계할 수 있도록 지원합니다.

시민과의 접점을 만들어 갑니다.

현재 서부캠퍼스와 중부캠퍼스를 시작으로, 2019년 서울 전역에 모두 6개의 서울특별시50플러스캠퍼스가 운영됩니다. 아울러 자치구50플러스센터의 활동을 지원하여 서울시민 누구나 지역에 상관없이 50+정책 서비스를 누릴 수 있도록 합니다.

www.50plus.or.kr | 02-734-8331

서울특별시50+재단/50+캠퍼스/50+센터

● 서울시50플러스재단
● **서울시50플러스캠퍼스(권역별 6개소)**
● **자치구 50플러스센터(자치구별 19개소)**

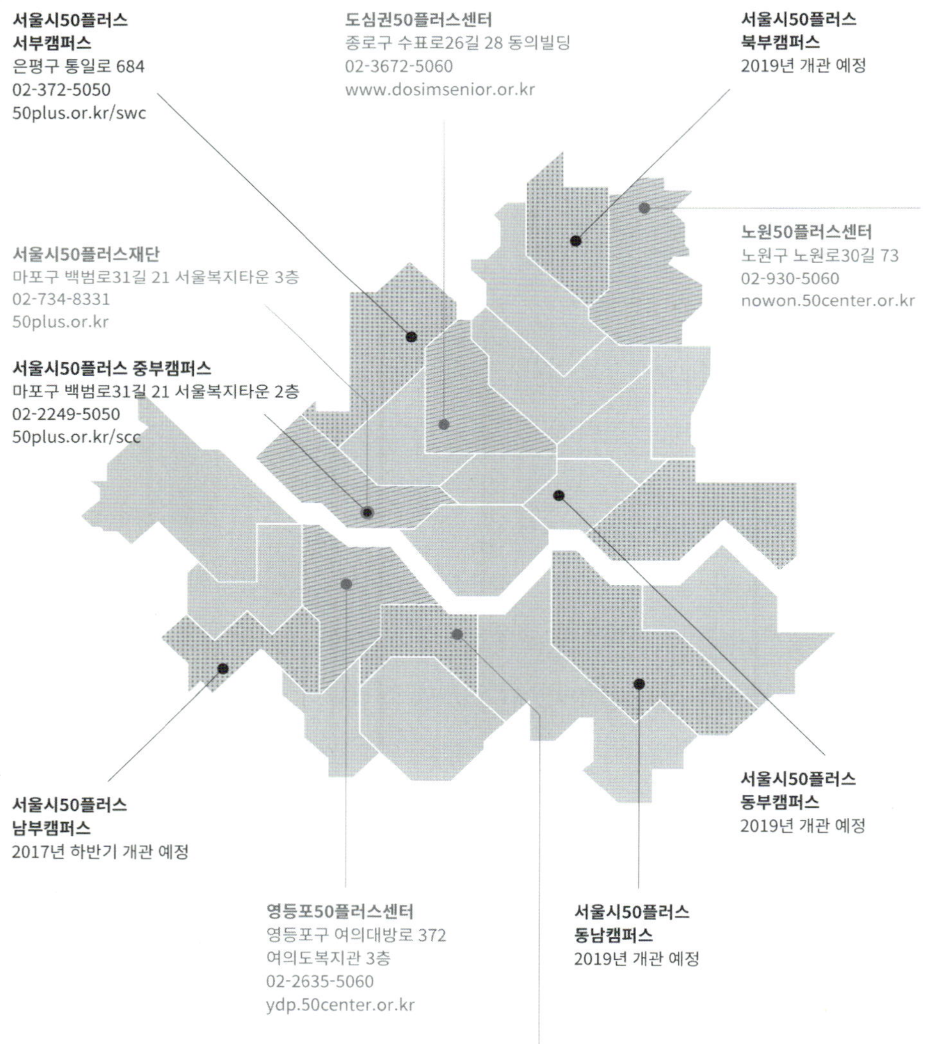